Heinrich Rantzau
(Christianus Cilicius Cimber)

Belli Dithmarsici vera descriptio

Wahre Beschreibung des Dithmarscher Krieges

Übersetzt, ediert und eingeleitet
von
Fritz Felgentreu

Schleswig 2009

VERÖFFENTLICHUNGEN DES LANDESARCHIVS SCHLESWIG-HOLSTEIN

— 86 —

Bibliografische Information der Deutschen Nationalbibliothek
Die Deutsche Nationalbibliothek verzeichnet diese Publikation in der Deutschen
Nationalbibliografie; detaillierte bibliografische Daten sind im Internet über
http://dnb.d-nb.de abrufbar.

ISBN 978-3-931292-78-2

Bezugsadresse:
Landesarchiv Schleswig-Holstein
Prinzenpalais, 24837 Schleswig
Tel. 04621 8618-00; Fax 04621 8618-01
E-Mail: landesarchiv@la.landsh.de
www.landesarchiv.schleswig-holstein.de

Inhaltsverzeichnis

Vorwort des Landesarchivs Schleswig-Holstein   7
Vorwort   9
Einführung   11
    Die Ausgaben   11
    Editions- und Übersetzungsprinzipien   12
    Von Kimbern und Zimbern   13
    Die hoch- und niederdeutschen Fassungen des *Bellum Dithmarsicum*   15
    Hieronymus Osius, Heinrich Rantzau und Christianus Cilicius Cimber   18
    Der Aufbau des *Bellum Dithmarsicum*   23
    Asche zu Asche: die Beerdigung Johann Rantzaus   25
Belli Dithmarsici [...] vera descriptio (*Wahre Beschreibung des Dithmarscher Krieges*)   31
    Titulus (*Titelblatt*)   31
    Ad lectorem (*An den Leser*)   32
    Epistula Cilicii (*Widmungsbrief des Cilicius*)   36
    Epistula Thracigeri (*Geleitbrief Tratzigers*)   37
Liber primus (*Erstes Buch*)   38
Liber alter (*Zweites Buch*)   88
Appendix Ranzoviana (*Anhang über das Haus Rantzau*)   182
    Ad lectorem (*An den Leser*)   182
    Elogium primum (*Lobrede*)   182
    Aliud elogium (*Weitere Lobrede*)   196
    Epitaphium Iohannis Ranzovii (*Epitaph Johann Rantzaus*)   202
    In tumulum eiusdem (*Auf dessen Grab*)   204
    De obitu eiusdem (*Über dessen Tod*)   205
    In tumulum eiusdem (*Auf dessen Grab*)   206
    Versus continens numerum anni quo obiit (*Vers mit der Jahreszahl seines Todes*)   207
    Querela Storae fluvii (*Klage der Stör*)   207
    Epitaphium eiusdem (*Epitaph desselben Mannes*)   207
    Aliud epitaphium eiusdem (*Weiteres Epitaph desselben Mannes*)   209
    De armis Iohannis Ranzovii (*Von den Waffen Johann Rantzaus*)   210
    Querela Annae Ranzovii (*Klage Anna Rantzaus*)   211
    De sepultura Iohannis Ranzovii (*Die Beerdigung Johann Rantzaus*)   211
    Epitaphium in quo ipse loquitur (*Epitaph in seinen eigenen Worten*)   221
    Ad lectorem (*An den Leser*)   224
    Monumentum Rantzoviorum (*Denkmal des Hauses Rantzau*)   225
    Pater ad tumulum filii (*Der Vater am Grab des Sohnes*)   232
    Filius ad patrem (*Der Sohn an den Vater*)   233
    Distichon continens annum obitus (*Distichon mit dem Todesjahr*)   233
Anmerkungen   234
Literaturverzeichnis   237
Namens- und Ortsindex   240
Abbildungsnachweis   246

Vorwort des Landesarchivs Schleswig-Holstein

Heinrich Rantzau (1526–1598) ist im Landesarchiv Schleswig-Holstein sehr präsent. Damit ist die ihn betreffende archivische Überlieferung gemeint – schließlich befindet sich hier in den modernen Magazinen die rantzauische Überlieferung im Familienarchiv der Breitenburger Rantzaus, in den Archiven der Schleswig-Holsteinischen Ritterschaft und des Klosters Itzehoe sowie der Dithmarscher Landschaften und Kirchspiele (LASH Abt. 101 Norderdithmarschen, Abt. 102 Süderdithmarschen). Hingewiesen werden kann auch auf die langjährige Arbeit des Historikers und Archivars Prof. Dr. Heinz Stoob (1919–1997), der Urkunden zur Geschichte der Dithmarscher Bauernrepublik, zu der auch Korrespondenzen Heinrich Rantzaus gehören, gesammelt hat, die in seinem Nachlass im Landesarchiv Schleswig-Holstein (LASH Abt. 399.87) verwahrt werden.

Darüber hinaus ist Heinrich Rantzau in der Öffentlichkeitsarbeit präsent. Aus Anlass seines 400. Todestages fand im Jahr 1999 im Prinzenpalais die große Ausstellung *Heinrich Rantzau (1526–1598). Königlicher Statthalter in Schleswig und Holstein. Ein Humanist beschreibt sein Land* statt, die von einem umfangreichen Katalog begleitet wurde. Neben den Exponaten wurde auch Rantzaus *Cimbricae chersonesi [...] descriptio nova* mit einer deutschen Übersetzung von Hans Braunschweig (Schleswig) publiziert. Eigene Beiträge gehen auf die „Neue Landesbeschreibung" von 1597, Rantzaus Frau Christine von Halle (1533–1603), Erwerb und Baugeschichte der Güter, adlige Selbstdarstellung, Wappen- und Siegeldarstellungen sowie das Problem des europäischen Friedens in der zweiten Hälfte des 16. Jahrhunderts ein.

Im Jahr 2008 war Heinrich Rantzau wieder in einer Ausstellung des Landesarchivs Schleswig-Holstein zu sehen. Aus Anlass der ersten Landesgartenschau in Schleswig wurde *Die Ordnung der Natur. Historische Gärten und Parks in Schleswig-Holstein* vorgestellt. Rantzau besaß zahlreiche Güter mit Gärten, die in Holzschnitten und Kupferstichen überliefert sind.

Zum 450-jährigen Gedenken an die „Letzte Fehde" legt das Landesarchiv Schleswig-Holstein nun eine wissenschaftliche Edition und Übersetzung von Heinrich Rantzaus *Belli Dithmarsici vera descriptio. Wahre Beschreibung des Dithmarscher Krieges* vor. Am 20. Juni 1559 gaben ca. viertausend Dithmarscher, die den Krieg überlebt hatten, ihre Waffen an das Heer Johann Rantzaus (1492–1565), leisteten Abbitte für „Trotz und Rebellion" und schworen ihren neuen Herren die Treue. 1570 erschien der Erstdruck von Heinrich Rantzaus Beschreibung des Dithmarscher Krieges, der seine Verfasserschaft erst ein Vierteljahrhundert später offenbarte. In der Geschichtsschreibung hat sich sein Buch als umfassendste, exakteste und objektivste zeitgenössische Darstellung der „Letzten Fehde" durchgesetzt. Zugleich gelingt es Rantzau als Schriftsteller, die Ereignisse verständlich und gut lesbar zu schildern.

Ich danke Priv.-Doz. Dr. Fritz Felgentreu (Freie Universität Berlin) sehr herzlich für seine mühevolle Arbeit der Übersetzung und Edition. Der Verein für Dithmarscher Landeskunde hat die Drucklegung in mehrfacher Hinsicht gefördert, dafür sei dem Vorstand verbindlich gedankt. Im Landesarchiv betreuten Veronika Eisermann und Hannegret Hempel in bewährter Weise die Bildauswahl und die Erstellung der Druckvorlage. Für die konstruktive Zusammenarbeit bei der Drucklegung danke ich der Husum Druck- und Verlagsgesellschaft, insbesondere Ingwert Paulsen und Susanne Jensen.

Schleswig, im Mai 2009

Prof. Dr. Rainer Hering
Ltd. Archivdirektor

Vorwort

Die Anregung zu dieser Ausgabe geht auf Prof. Dr. Walther Ludwig (Universität Hamburg) zurück, der mich im Jahr 2000 bei einem Gespräch über die Dithmarscher Bauernrepublik auf Heinrich Rantzaus Monografie über die Eroberung Dithmarschens aufmerksam gemacht hat.

Gelingen konnte das Vorhaben aber nur durch die Hilfe vieler Freunde, Kolleginnen und Kollegen, die mir bei spezifischen Fragestellungen mit Rat und Tat zur Seite gestanden haben. Dabei ist an erster Stelle Prof. Dr. Reimer Hansen (Freie Universität Berlin) zu nennen, ohne dessen Sach- und Quellenkenntnis ich mich über manche Verlegenheit nicht hätte hinwegretten können. Dr. Marisa Kern (Freie Universität Berlin) verdanke ich wichtige Hinweise zu kunstgeschichtlichen Aspekten, dem Hebbel-Stipendiaten Rüdiger Möller eine Kopie der Rantzau-Übersetzung von Helene Höhnk. Dr. Reinhard Klockow danke ich für seine Hilfestellung bei den *Turcica* in der *appendix Ranzoviana*, Prof. Dr. Widu-Wolfgang Ehlers (Freie Universität Berlin) für Rat und Kritik in vielen Einzelgesprächen und Prof. Dr. Felix Mundt für sein scharfes Auge bei der Korrektur von Ausgabe und Übersetzung. Dr. Volkhard Wels und Christian Hogrefe von der Herzog August Bibliothek Wolfenbüttel habe ich für ihre Hilfe bei der Reproduktion der Titelseiten der Schriften von Hieronymus Osius zu danken, Kaleb Yilma für sein Engagement bei der Erstellung der Druckvorlage. Es versteht sich von selbst, dass noch verbliebene Fehler in der alleinigen Verantwortung des Verfassers liegen.

Ermöglicht wurde diese Ausgabe durch die Aufnahme in die Schriftenreihe des Landesarchivs Schleswig-Holstein und durch einen substanziellen und großzügigen Druckkostenzuschuss des Vereins für Dithmarscher Landeskunde. Dem Direktor des Landesarchivs, Prof. Dr. Rainer Hering, und dem ehemaligen Direktor, Prof. Dr. Reimer Witt, sowie dem Verein für Dithmarscher Landeskunde bin ich deshalb in besonderem Maße zu Dank verpflichtet.

Gewidmet sei dieses Buch dem Andenken von Hans Carstens aus Wesselburen.

Berlin, im Mai 2009   *Fritz Felgentreu*

2002

HISTORIA BEL-
LI DITMARSICI GESTI ANNO M.D.
LIX. AB INCLYTO REGE DANIAE FRIDERICO, &c. et
Illustrissimis Principibus Slesuici & Holsatiæ Ducibus, &c. Item
Coronatio Inclyti Regis Daniæ Friderici, &c. facta Anno eo-
dem die mensis Augusti uicesimo. Descriptæ carmi-
ne Heroico à Hieronymo Hosio Poëta Lau-
reato ab inclyto Rege Daniæ
Christiano.

INCLYTO AC SERENISSIMO REGI
FRIDERICO, REGI DANORVM, NORVEGIAE, GOT-
thorum, & Henetorum, Duci Slesuicensi, & Holsatiæ, Principi Ditmar-
siæ, &c. Comiti in Oldenburg D. suo Cle-
mentißimo.

VM priore æstate mei cuiusdam negotij causa ad te in Daniam profectus essem Serenissime Rex Friderice, eo tempore, quo inclytæ M. tuæ
Coronatio facta est, & aliquandiu Haphniæ commorari cogerer, quidam consiliariorum M. tuæ me sollicitabant, ut rerum à te in bello Dit-
marsico præclarè gestarum & coronationis tuæ historiam, antequam
discederem, heroico carmine Haphniæ describerem, & fore affirmabant, ut hanc operam R. M. tua non improbatura esset, ideoque summam historiæ Ditmarsicæ ab ijs conscriptam, qui bello ipsi interfuerunt, & qui tando
re & uirtute præditi sunt, ac ueræ historiæ seriem summatim annotarant, tradi mihi curabant. Illi uiri cum me hominem peregrinum omni humanitate, ac beneuolentia singulari prosequerentur, & alias mihi in meo negocio non defuissent, recipi me, quod peterent, pro ingenij mei tenuitate sedulo facturum, præsertim cum recordarer, quantù beneficiorum ab inclyto, ac laudatissimo heroe Rege Daniæ patre tuo Christiano accepissem, & pro his meritis æternæ me ei, & illius posteritati gratitudinè debere agnoscerem.

Itaque bonam partem belli Ditmarsici Latino carmine tum reddidi, & eam R. M. tuæ
manu scriptam exhibui, eo consilio, ut explorarem, utrum M. tua & M. tuæ consiliarij, quorum multi non generis tantum nobilitate, & uirtute, sed & eruditione, & sapientia ante-
cellunt, hanc uersionem, & uenæ meæ tenuitatem probarent, quod ex ipsorum iuditio
pendere mallem, quàm mei ingenij inualidis uiribus confidere, præsertim cum ea materia huiusmodi esset, ut nonnisi præstantis poëtæ, qualem me minimè esse cognosco, ac
confiteor, uires, ac ingenium exigere uideretur. Sed cùm obtulissem R. M. T. eam historiæ partem, quam carmine reddideram, non tuæ M. tantùm, sed & præcipuis consiliariorum R. M. tuæ hanc qualemcunque uersionem materiæ tractatu difficilioris non in-
probari coniecturæ me firmæ docebant.

Nam & nobilissimo uiro, uirtute, eruditione ac sapientia excellenti D. Ioäni Fris summo R. M. tuæ cancellario uenam meam quantumuis tenuem & ieiunam non displicere
multis argumentis coniectare potui. Qui uir, ut ipsemet literarum lumen est ac ingens
decus: ita Musarum hoc seculo uulgò exulantium Mecœnas ac Patronus summus haberi, ac coli iure debet. Nec clarissimis uiris uirtute & eruditione præstantibus Doctori Hieronymo Zennero Cancellariæ Germanicæ præfecto, Et Doctori Bordingo, quo
nunc Haphniensis Academia Rectore gubernatur, & Casparo Baselig Licètiato aliquo
meas Lucubrationes aliquando non displicuisse noui.

Iniunctum mihi ergo tum R. M. tuæ nomine fuit, ut, si fieri posset, ante, quam à Germaniam redirem, integrã historiam absoluerem, quod facturum me fuisse multi aulico-
rum sciunt, nisi cum comitatu inclyti ac illustrissimi Ducis Augusti Electoris Saxoniæ
&c. discedere commodum ac minus periculosum fore mihi uisum fuisset.

Promis

Titelblatt der *Historia belli Ditmarsici*
des Hieronymus Osius.

Einführung

Die Ausgaben

Die Erstausgabe der *Descriptio belli Dithmarsici* wurde 1570 von dem weitgehend unbekannten Samuel König in Basel im Oktavformat gedruckt. Das von König verwendete Signet, eine Allegorie der Geduld, ist seitenverkehrt an einen Kupferstich des Nürnbergers Hans Sebald Beham angelehnt, der seinerseits als Entwurf für eine Brunnenfigur Michael Wumards in Biel gedient hat.[1] Der Text der Erstausgabe ist auch die Grundlage eines Nachdrucks, den Johannes Wolff „supplementi cuiusdam instar" seiner 1583 bei den Erben Andreas Wechels in Frankfurt/Main erschienenen Ausgabe von Albert Krantz' *Chronica* anfügte. Wolffs aufwendiger Folio-Band beginnt mit einer umfangreichen *praefatio*, gefolgt von den neun Büchern der dänischen (*Dania, pp.* 1–200) und den jeweils sechs Büchern der schwedischen (*Suecia, pp.* 201–326) und der norwegischen Geschichte des Albert Krantz (*Norvagia, pp.* 328–422). Auf *pp.* 423–472 schließt sich die *Descriptio belli Dithmarsici* in der Fassung von 1570 an, allerdings ohne die in Distichen verfasste *praefatio* „In commendationem huius historiae ad lectorem" und ohne den Anhang zu Ehren Johann Rantzaus, der aus zwei noch zu dessen Lebzeiten entstandenen Elogien und diversen Epitaphien auf den Eroberer Dithmarschens in Versen und in Prosa besteht (*pp.* 257–323 Regius; 150–97 Iobinus). Dieser Anhang (in der Fassung der ersten Auflage) war damals bereits im dritten Band der zuerst 1574 erschienenen *Rerum Germanicarum scriptores varii* des Simon Schardius erneut abgedruckt worden.[2] Am Ende der Ausgabe Wolffs finden sich auf *pp.* 473–497 Jakob Zieglers *Schondia*, eine knappe, nur die geografischen Eckdaten berücksichtigende Beschreibung Skandinaviens, und eine weitere Schrift Zieglers mit dem Titel *Excidium Holmense*,[3] die hier ohne Angabe des Verfassers abgedruckt ist und die eine Darstellung des von Christian II. 1520 in Stockholm angerichteten Blutbads enthält (*pp.* 498–505). Die Druckerei Andreas Wechels und seiner Erben Johann Aubry und Claude de Marne war ein traditionsreiches, nach der Bartholomäusnacht 1572 von Paris nach Frankfurt verlegtes Haus.[4]

Grundlage dieser Edition der *Descriptio* ist aber die erweiterte und verbesserte Auflage, die 1574 von Bernhard Jobin in Straßburg gedruckt wurde. Rantzau hat für diese Neuauflage seiner Schrift den Ursprungstext an vielen Stellen zumeist durch Richtigstellungen und erläuternde Zusätze ergänzt. Nach dem Vorwort zur ersten Auflage lesen wir ein zweites Vorwort in Form eines Briefes Adam Tratzigers.[5] Ans Ende stellt Rantzau jetzt die Abschrift einer damals in der Breitenburg angebrachten bronzenen Gedenktafel seines Hauses für die Zeit von 1440 bis 1572. Der Stammbaum des dänischen Königshauses, den er in der Erstausgabe in das erste Buch integriert hatte, ist hier in erweiterter Fassung ausfaltbar zwischen *p.* 207 und *p.* 208 eingefügt. Die im Text festgestellten Abweichungen von der Erstausgabe werden hier in einem editorischen Apparat verzeichnet. Bei der Konstitution des Textes ist allerdings nicht in jedem Falle der Fassung Jobins zu folgen: Auslassungen, Umstellungen und Abweichungen in der Formulierung, die keine eindeutige Verbesserung gegenüber dem Urtext darstellen, sind oft auch auf Fehler des Druckers zurückzuführen, sodass in solchen Fällen die Variante der Erstausgabe den Vorzug verdient.

Hinzu kommt, dass Jobin die am Ende der Erstausgabe verzeichneten Corrigenda[6] übersehen hat und deshalb Druckfehler reproduziert, auf die bereits König hinweist und die Wolff bei seinem Nachdruck der Erstausgabe berücksichtigt. Diese *errata typographica* ermöglichen eine Rekonstruktion des Editionsvorgangs: Offenbar hat Rantzau seine Korrekturen an einer Druckfassung der Erstausgabe, vielleicht einem durchschossenen Exemplar, vorgenommen, das Jobin als Vorlage

diente. Jobin arbeitete zwar sorgfältig die Ergänzungen des Verfassers ein, übersah aber die von seinem Basler Kollegen verzeichneten Berichtigungen auf der letzten Seite der Erstausgabe. Ein neues oder das überarbeitete ursprüngliche Manuskript Rantzaus kann Jobin nicht vorgelegen haben, weil er gerade die Druckfehler der Erstausgabe übernimmt, die König selbst noch aufgefallen sind, Fehler also, die nicht aus dem Manuskript des Autors stammen können. Wolff wiederum, der nur auf König zurückgreift, überträgt dessen Corrigenda in seinen Text, wie es auch in dieser Ausgabe geschieht.

Editions- und Übersetzungsprinzipien

Der lateinische Text dieser zweisprachigen Ausgabe ist auf der Grundlage der Straßburger Auflage von 1574 erstellt worden. Ziele der Wiedergabe sind syntaktische Transparenz und eine möglichst weitgehende Treue gegenüber den orthografischen Konventionen, denen die Vorlage folgt. Ein diplomatischer Abdruck ist jedoch nicht beabsichtigt; denn die Originalausgaben sind leicht genug zugänglich, um Forschungsinteressen zu befriedigen, die unmittelbar auf Fragen der ursprünglichen Textgestaltung abzielen. Zudem hätte der Versuch, jedes Detail originalgetreu zu dokumentieren, auch ein detailliertes Verzeichnis der vielfältigen orthografischen Abweichungen in der nicht von Rantzau verantworteten Frankfurter Ausgabe erforderlich gemacht. So wäre entweder einen ausufernder kritischer Apparat oder ein ausführlicher textkritischer Anhang von geringem Informationswert entstanden.

Stattdessen wird hier, um das Textverständnis zu erleichtern, auch auf moderne Lesegewohnheiten Rücksicht genommen. Das betrifft vor allem eine vereinfachte Zeichensetzung, die anders als die Ausgaben aus dem 16. Jh. nicht jede kleinere syntaktische Einheit (z. B. *a. c. i.*, *participium coniunctum*, *ablativus absolutus* und Appositionen) stets durch Kommata markiert. Da bereits Rantzau in seiner Zeichensetzung ausschließlich syntaktische (nicht rhetorische) Einschnitte hervorhebt, besteht die Vereinfachung in erster Linie aus dem Weglassen von Kommata. In seltenen Fällen werden Parenthesen durch Gedankenstriche anstelle ursprünglicher Kommata oder Doppelpunkte gekennzeichnet. Was Eingriffe in die Orthografie betrifft, so wird auf Akzente verzichtet, das Graphem *e* wird stets durch *ae* ersetzt, und der Doppelvokal *ij* erscheint entweder als *ii* oder (in den Komposita von *iacio*) als *i*.

Die Übersetzung soll einen gut lesbaren Text liefern, der das Latein Rantzaus durchschaubar macht und so zum Verständnis des Originals beiträgt. Dabei wird zugleich versucht, Eigentümlichkeiten der Vorlage auch im deutschen Text zu vermitteln. So imitiert die Übersetzung, wenn das möglich ist, ohne Solözismen zu produzieren, die gelegentlich inkonsequente Zeitenfolge in größeren Perioden, wo Rantzau die drei Vergangenheitstempora im Konjunktiv nebeneinander verwenden kann, ohne dass eine zeitstufengliedernde Wirkung erkennbar wäre. Um den Leser auf gestalterische Absichten aufmerksam zu machen, wird das sehr bewusst eingesetzte *praesens historicum* auch hier zumeist präsentisch übersetzt, selbst wenn Rantzau in Nebensätzen die präteritale Zeitenfolge verwendet. Eine stilistische Glätte, die über die Eigenwilligkeit rantzauischer Latinität hinwegtäuschen müsste, ist nicht angestrebt.

Die Verwendung eines modernen Vokabulars gerade für taktische Begriffe (z. B. Kavallerie für *equitatus*, Artillerie für *tormenta*) ist eine Notlösung für ein Problem, das sich *mutatis mutandis* schon für Rantzau selbst stellte: Wir benutzen das Deutsch der Gegenwart, er das Latein Cäsars, um Gegebenheiten des 16. Jh. abzubilden. So wird bei Rantzau der Stellvertreter des Feldmarschalls zum *legatus* — und der moderne Leser hat sofort Labienus, Cäsars zweiten Mann im

Gallischen Krieg, vor seinem geistigen Auge. Nun mögen Parallelisierungen zwischen *Bellum Dithmarsicum* und *Bellum Gallicum* sehr wohl den Absichten Rantzaus entsprechen, aber er hatte doch auch nur wenig Spielraum, es anders zu machen: Die Verwendung rein neuzeitlicher Ausdrücke hätte den ästhetischen Ansprüchen des Renaissance-Klassizismus nicht genügt. So, wie Rantzaus lateinisches Vokabular von einer Klassik geprägt ist, die damals bereits mehr als anderthalb Jahrtausende zurücklag, wirkt es heute befremdlich, im Deutschen lexikalisch hinter die Weimarer Klassik zurückzufallen. Rantzaus *legatus* wurde deutsch im 16. Jh. als „Leutnant" (wörtlich „Platzhalter") bezeichnet, ein Wort, das eine moderne Übersetzung nicht verwenden kann, ohne Irritationen hervorzurufen. Um einen Eindruck davon zu vermitteln, wie zeitgemäß Rantzaus Schrift ihrem militärisch-technischen Charakter nach war, wird deshalb in dieser Übersetzung auf Begriffe wie „Fußvolk" und „Reiterei" verzichtet, die uns terminologisch eher in das erste Jahrhundert vor Christus zurückversetzen, und stattdessen ein Vokabular verwendet, das, wortgeschichtlich anachronistisch, dennoch geeignet erscheint, die Zeitlosigkeit der Aufgaben zu reflektieren, vor die sich Angreifer und Verteidiger 1559 gestellt sahen.

Von Kimbern und Zimbern

In der Übersetzung des *Bellum Dithmarsicum* wird hier abweichend von der gängigen Praxis grundsätzlich von „Zimbern" gesprochen, wo Rantzau *Cimbri* sagt. Mit dieser — den phonetischen Regeln des neuzeitlichen Lateins entsprechenden — Schreibung soll dem Umstand Rechnung getragen werden, dass es sich bei der Gleichsetzung der deutschsprachigen Bewohner der „Kimbrischen" Halbinsel zwischen Elbe und Skagerrak mit den antiken Kimbern um ein ideologisches Konstrukt handelt, das historisch nicht zu

begründen ist. Seit der Wiederentdeckung der taciteischen *Germania*[7] waren deutsche Historiker daran interessiert, eine nationale Kontinuität nachzuweisen, die das zeitgenössische Deutschland mit dem antiken Germanien zu identifizieren erlaubte. Im Zusammenhang dieser Bemühungen lag Rantzau daran, auf die Kimbern als ältesten Stamm der Germanen[8] seine Holsteiner zurückzuführen: Schleswig-Holstein wird bei ihm zum Stammland der deutschen Nation – ein Umstand, der seinen Herrschern einen Prestigegewinn verschaffen und bei entsprechenden machtpolitischen Konstellationen auch politische Ansprüche legitimieren konnte.

Als Rantzau die Gleichsetzung der Holsteiner mit den Kimbern postuliert, kann er bereits auf eine längere humanistische Tradition zurückgreifen. Schon Jakob Wimpfeling (1450–1528) streicht in dem *Epithoma rerum Germanicarum*, der ersten in Deutschland entstandenen Monografie zur deutschen Geschichte, das hohe Alter der Kimbern heraus, das durch die Erwähnung der mit ihnen identifizierten Kimmerier bei Homer (*Od.* 11, 14–9) verbürgt werde: „Ex his fama vetustiores Cimbri […] Homeri celeberrimi poetarum aetate vel paulo supra eius aetatem militiam agitavere."[9] Wimpfeling, dessen deutsche Geschichte mit apologetisch-chauvinistischer Zielsetzung auf den Vergleich mit Rom und Italien hin angelegt ist,[10] folgert daraus, die Germanen seien älter als die Römer: „Haec commemorare libuit, uti nosceres, quanta nostrates gloria floruerint ante urbem Romam conditam."[11] Wie Rantzau scheint Wimpfeling davon auszugehen, dass die Bewohner Schleswig-Holsteins mit den Kimbern identisch sind („Habitant autem in Germaniae ora Cimbricum chersonesum […] inter Germanicum Sarmaticumque oceanum."),[12] lässt sich aber nicht detailliert auf diese Frage ein.

Aber Wimpfelings Landsmann Beatus Rhenanus (1485–1547) geht es in seinem knappen Kimberntraktat allein um die Frage, ob die Kimbern überhaupt Germanen gewesen seien,[13] und auch Willibald Pirckheimer (1470–1530) sagt in

der *Descriptio Germaniae* nichts darüber, ob er die Holsteiner als Kimbern betrachtet.[14] Selbst Albert Krantz, der den Kimbern in Buch 1, 8–10 seiner *Saxonia* einen Exkurs widmet, eignet sich kaum als Vorbild für Rantzau. Er erklärt den Zusammenhang zwischen Kimmeriern (am Asowschen Meer) und Kimbern zwischen Nord- und Ostsee mit der Annahme, bei den antiken Kimbern müsse es sich um Slawen (nlat. *Wandali*, „Wenden") gehandelt haben, deren Siedlungsgebiet noch im Mittelalter beide Regionen miteinander verband: „[…] suspicemur Wandalorum gentem olim Cimbricam […] appellatam eam esse. […] Testis est lingua, quae etiam nunc veteribus Wandalis, quorum apud nos sunt reliquiae, Bohoemis, Polonis, Russis, latissimae genti una est."[15] Noch weniger als diese Zuweisung gab für Rantzau die Etymologie des Stammesnamens her, auf der Krantz insistiert: Es handele sich um ein keltisches oder altgermanisches Wort für „Plünderer", „Räuber", „Bandit": „[…] Cimbri veteri Gallorum lingua latrones vocitentur".[16]

Obwohl aber die Theorien des Albert Krantz nicht geeignet sind, die Kimbern für die Holsteiner im 16. Jh. als Vorbild einer positiven Identifikation erscheinen zu lassen, knüpft Rantzau in einzelnen Punkten seiner Darstellung kimbrischer Frühgeschichte an Krantz' Kimbernexkurs an, deren interessantester als eine Art Bindefehler die Auseinandersetzung mit Krantz eindeutig belegt: Denn wie Krantz lokalisiert Rantzau die Halbinsel zwischen „britannischer" und „germanischer" See (*p.* 11). Während aber Kranz mit dem „britannischen Meer" nur die Nordsee gemeint haben kann, geht Rantzau, der die Nordsee als „deutsche See" kennt, unsinnigerweise davon aus, es handele sich um die Ostsee. Deshalb reicht bei ihm das Danewerk „von der ‚Schlei' genannten Förde der Britannischen See unweit von Schleswig und Gottorf bis nach Hollingstedt am Ufer der Eider". In der *Cimbricae Chersonesi descriptio* berichtigt Rantzau später diesen Fehler („ad Sleam sinum maris Balthici"; *CCD p.* 130 b).

Als Quelle für Rantzaus Interpretation der Herkunft seiner Landsleute ist deshalb besonders der Tacitus-Kommentator Jodocus Willich (1501–1552) zu nennen, der nicht nur einen Gewährsmann für die Identifikation von Kimbern und Holsteinern darstellt, sondern auch die auf Ps.-Berosus zurückgehende biblische Genealogie der Kimbern angeführt hat:[17] „Thuyscon apud Mosem Ascenas dicitur. Filius Gomeri primogenitus Sarmatas maximos populos fundavit autore Beroso et ab hoc Germani sunt Thuyscones […]. Sic a Gomero […] Combri et postea Cimbri dicti sunt, cum ex Italia decedentes septentrionalia loca petebant, ubi et hodie Cimbrica chersonesus est, quam hodie Holsati et Schondiani aliquot incolunt."[18] Später bekräftigt Willich ausdrücklich, dass die modernen Holsteiner von den antiken Kimbern abstammen: „A [Cimbris] chersonesus tota Cimbrica dicta est, olim parva civitas, sed hodie magna. Nam quicquid terrarum est inter Lubecum et Hamburgum usque ad eius chersonesi extremum angulum Cymbrorum nomine continetur, ubi sunt Holsati, Dani, Jutlandi."[19] Andere Tacitus-Kommentatoren sind zurückhaltender: Zwar hält immerhin auch Rantzaus Lehrer Melanchthon in seinen Erläuterungen zu Orts- und Völkernamen bei Tacitus (*Vocabula regionum et gentium*) „eas gentes, quae tenent Cimbricam chersonesum, videlicet Cimbros Danos Gothos"[20] wie Willich für die Reste antiker Germanenstämme, aber Heinrich Glareanus (1488–1563) unterscheidet im *Commentariolus in P. Cornelii Taciti De moribus et populis Germaniae libellum* zwischen antiken Kimbern und modernen Sachsen: „Cimbrorum loca videntur hodie tenere Saxonum ultimi."[21]

Doch obwohl Rantzau mit seiner Auffassung nicht alleine steht, legt er besonderen Wert auf das unmittelbare Abstammungsverhältnis von Holsteinern und Kimbern. Auf diese Weise bringt er das von der dänischen Königsfamilie beherrschte Volk mit der Frühgeschichte der Deutschen in Verbindung und beweist, dass seine Landsleute als erste von

allen Germanen die Römer besiegt haben und von ihnen besiegt worden sind — ein ideologischer Hintergrund, der Schleswig-Holstein bei der Begründung imperialer Ansprüche seitens der dänischen Krone eine Schlüsselrolle zuweist. Die Identifikation von Kimbern und Holsteinern hat ähnliche Gründe, ähnliche Ziele und dieselbe Berechtigung wie etwa die von Römern und Italienern oder von Griechen der Antike mit denen der Neuzeit. Da nun aber die Historiker des 16. Jh. und unter ihnen vornehmlich Heinrich Rantzau das zweitausendjährige Volk der Kimbern eigentlich erst erfunden haben, bietet es sich an, den Namen ihres Konstrukts so ins Deutsche zu übersetzen, wie Rantzau selbst ihn aussprach: als Zimbern.

Die hoch- und niederdeutschen Fassungen des *Bellum Dithmarsicum*

Zusätzlich zu den lateinischen Ausgaben der *Descriptio* bei König (1570), Jobin (1574) und Wolff (1580) bzw. ihres Anhangs bei Schardius (1574) liegen zwei weitere Versionen desselben Textes in hoch- und niederdeutscher Sprache vor: die *Wahrhafftige und kurtze Verzeychniß*, die 1569 in Straßburg bei Theodosius Rihel erschienen ist und 1939 in der Zeitschrift „Dithmarschen" nachgedruckt wurde, sowie die von Neocorus um 1600 aus dem Lateinischen übersetzten Passagen, die einen großen Teil seiner Darstellung der Letzten Fehde ausmachen.

Als den anonymen Verfasser der *Wahrhafftigen und kurtzen Verzeychniß* nennt Venge im Anschluss an ungenannte Vorgänger „seit der Mitte des 17. Jh." ohne Begründung Johann Rantzau.[22] Diese Angabe dürfte sich vor allem auf die Ergebnisse der Analyse beziehen, die Waitz dem zweiten Band seiner Quellensammlung vorausschickt.[23] Waitz geht zunächst von einem Vergleich zweier Passagen der *Ver-*

zeychniß und der *Descriptio* aus,[24] die ausreichen, um die enge Verwandtschaft beider Texte zu demonstrieren. Ergänzend sei hier eine weitere repräsentative Gegenüberstellung vorgenommen:

[H. Rantz.] 163
Zu disen zeiten waren die Dietmarsen in vermessenheyt und frevel nuhmehr so weit gerathen / daß sie auch als Scheydrichter Unterhandlunge zwischen dem Könige zu Dänemark und Hertzogen von Holsteyn / von wegen des Hertzogthumm zu Sleßwick fürzunemmen / unangesehen daß sie die Disputation von den Lehen nicht verstunden / und vermeynten / eyn Pferd und eyn Fürstenthumm zuverleihen were gleich / nit scheweten. Und hatten beinahe auß disem Unverstande den Fürsten abkennen wöllen / ihre Zusprüche und vermeynte Gerechtigkeyt.

BD 1 p. 45 s.
Progressi exinde sunt eo arrogantiae Dithmarsi, ut inter Daniae regem ducemque de Slesvicensi (uti dictum est) ducatu dissidentes se arbitros et sequestros interponere cogitaverint. At intelligentes parum, quid in iure feudali controverteretur, existimabant perinde esse iumentum commodato an ducatus in feudum detur eaque barbara et agresti sua inscitia principum ius pene intervertere conati sunt.

Nicht nur der identische Satzbau, sondern vor allem die geistreiche Polemik, mit der der Verfasser den Dithmarschern unterstellt, einen Streit um Feudalrechte nicht von einem Pferdehandel unterscheiden zu können, belegt, dass einer dieser Texte aus dem anderen übersetzt sein muss.[25] Das Beispiel ließe sich um eine lange Reihe ähnlicher Ausschnitte ergänzen; darüber hinaus ist die Gliederung beider Schriften in einen ethnologisch-historischen ([H. Rantz.] 153–165) und einen zeitgeschichtlichen Teil identisch.

Diese Beobachtung veranlasst Waitz zu der Frage, „welche von den beiden Erzählungen die authentische" sei.[26] Ohne Belege anzuführen, sieht er die lateinische Fassung durch Zusätze von „subjektive[m] Gepräge" („Hass und Verachtung gegen die trotzigen Bauern, Verherrlichung der Fürsten und daneben der Rantzaus") qualifiziert. Er zieht daraus den Schluss, Heinrich Rantzau habe als Verfasser der *Descriptio* „die vorgefundene kurze Beschreibung" zur Grundlage seiner lateinischen Bearbeitung gemacht, von der er zu Recht annimmt, dass sie für einen „größeren Kreis der europäischen Gelehrten und Staatsmänner" bestimmt sei. In Cilicius' Anspruch, den dithmarsischen Krieg als Erster in der vorliegenden Weise darzustellen (*BD* 1, 11), erkennt Waitz einen Versuch Heinrich Rantzaus, sich deutlich von der älteren deutschen Fassung des Textes abzugrenzen. Da also Heinrich Rantzau als Verfasser der *Verzeychniß* auszuschließen sei, komme zunächst, wie schon Bolten[27] und Dahlmann meinen,[28] Johann Rantzau in Frage. Allerdings relativiert Waitz die Wahrscheinlichkeit dieser Zuweisung, indem er auf Widersprüche zwischen dem Text der *Verzeychniß* und erhaltenen Briefen Johann Rantzaus hinweist, die vor und während des Krieges entstanden sind.[29]

Dieser Einwand ist um eine ganze Reihe grundsätzlicher Bedenken zu erweitern. Es fällt a priori schwer, sich den greisen Johann Rantzau dabei vorzustellen, wie er seine letzten Jahre damit verbringt, eine humanistisch überformte Monografie anzufertigen, die nicht nur die Kriegsereignisse referiert, sondern z. B. auch die Abstammung der Zimbern von Noahs Enkel Gomer und ihre Wanderungen vom Schwarzen Meer bis nach Holstein erörtert ([H. Rantz.] 153–155). Johann Rantzau hat nie einen längeren Text mit derartigen literarischen Prätentionen produziert, ganz zu schweigen von der Tatsache, dass die *Verzeychniß* nur in hochdeutscher Sprache vorliegt: Die Wahrscheinlichkeit erscheint gering, dass er als alter Mann damit begonnen haben könnte, in einer Sprache als

Chronist tätig zu werden, die für ihn, wenn er sie überhaupt auf dem Niveau der *Verzeychniß* beherrschte, zumindest immer eine Fremdsprache geblieben ist.[30] Bertheau wendet ein, dass Johann Rantzau als Verfasser der *Verzeychniß* „seine Persönlichkeit mehr in den Vordergrund" gestellt hätte.[31] Und schließlich ist die *Verzeychniß* erst 1569 erschienen, sodass selbst Dahlmann dem zu diesem Zeitpunkt bereits seit vier Jahren verstorbenen Feldherrn seinen Sohn Heinrich wenigstens als Herausgeber zur Seite stellen muss. Wie Dahlmann bekennt, erlaubt das Zeugnis des Neocorus, der die Schrift intensiv benutzt hat, es dann auch nicht, sie Johann Rantzau zuzuweisen: Neocorus führt die *Verzeychniß* in seiner Quellenliste unter „Ranzovius Bello Dith‹marsico›" an, die *Descriptio* unter „Christianus Cilicius Cimber".[32]

Bereits Waitz' Überlegung, eine der beiden Fassungen müsse „die authentische" darstellen, ist methodisch nicht zwingend. Noch Bertheau schließt sich diesem Ansatz insofern an, als er die *Verzeychniß* für das sekundäre Erzeugnis hält („eine abgeblasste Kopie"),[33] weil sie zum einen Informationen enthalte, die aus einer anderen Quelle als der *Descriptio* stammen müssen, und zum anderen durch ihre Kürze und durch Textumstellungen vielfach ungenau werde.[34] Die von Bertheau angeführten Argumente zeigen, dass wir es hier mit dem klassischen Problem zu tun haben, wie bei unklarer relativer Chronologie das Abhängigkeitsverhältnis zweier verwandter Texte zu bestimmen ist: Denn wenn einer der Texte gegenüber dem anderen bestimmte Vorzüge aufweist, dann stellt er entweder die Vorlage oder aber eine Verbesserung dar. Wenn also beispielsweise in der *Descriptio* Angaben wie etwa die Namensliste der in der Schlacht bei Hemmingstedt gefallenen holsteinischen Adligen fehlen,[35] kann das sowohl auf eine unterschiedliche Quellenlage als auch auf Verzicht und damit eine gestalterische Absicht zurückzuführen sein. Im letzten Falle müsste die *Descriptio* auf die *Verzeychniß* aufbauen, im ersten könnte sie es nicht. Eine

dritte Quelle von Abweichungen endlich kann außerhalb der Verantwortung der Verfasser liegen. So schreibt Cilicius „relicto ad latus pago Vintbergo" (2 *p.* 94₍₂₎), was in der *Verzeychniß* als „vor den Weinbergen uber" (177) erscheint. Bei Meldorf wachsen nun zwar keine Reben, aber Theodosius Rihel, der Straßburger Drucker der *Verzeychniß*, dürfte mit der Topografie Dithmarschens weniger vertraut gewesen sein als mit Fragen des Weinbaus. So ist dieser Fehler womöglich mit einem Eingriff Rihels zu erklären, der eine ihm unverständliche Textstelle des Manuskripts heilen wollte.[36]

Mit der von Waitz und Bertheau gewählten Methode, den aus ihrer Sicht jeweils überlegenen Text als den ursprünglichen zu betrachten, sind keine endgültigen Erkenntnisse zu gewinnen. Ein Blick auf die überlieferten Daten kann dennoch einen Beitrag zur Klärung der Abhängigkeits- und der Verfasserfrage leisten: Die *Verzeychnis* ist irgendwann im Laufe des Jahres 1569 erschienen, die *Descriptio* hat am 1. August 1569 publikationsreif vorgelegen (Datum des Widmungsbriefes an Heinrich Rantzau) und ist 1570 gedruckt worden. Wenn also Bertheau recht hätte, der „über die Entstehung [der *Verzeychniß*] keine bestimmte Vermutung aufstellen" mag,[37] dann müsste der Verfasser Zugriff auf das Manuskript der *Descriptio* gehabt und binnen vier Monaten seine Version angefertigt und publiziert haben. Er wäre auf jeden Fall im engen Umfeld des Verfassers der *Descriptio* anzusiedeln. Da aber beide Texte beinahe zeitgleich erschienen sind, können sie ebensogut auch auf der Grundlage derselben Gliederung parallel und gleichzeitig entstanden sein. Dafür spricht z. B., dass in beiden Texten der grobe Irrtum enthalten ist, die Eider an Dithmarschens Ostgrenze zu verlegen,[38] ein Fehler, der einen späteren Überarbeitungs- und Übersetzungsvorgang kaum hätte überstehen können. In welcher der beiden Sprachen die Darstellung ursprünglich konzipiert wurde, ist daher schwer zu entscheiden. Da aber die deutsche Fassung mehr Fehler enthält und insgesamt deutlich

kürzer ist als die lateinische (auch auf die Einteilung in zwei Bücher und auf den panegyrischen Anhang wird verzichtet), liegt die Vermutung dennoch nahe, dass sie ein früheres Stadium der Ausarbeitung repräsentiert. Denn in ähnlicher Weise korrigiert später auch die zweite Auflage der *Descriptio* mehrfach die erste[39] und erweitert den darin abgedruckten Stammbaum des Hauses Oldenburg.

Die genannten Unterschiede aber müssen stets auch auf die Frage bezogen werden, welche Informationen der Text seinen jeweiligen Lesern vermitteln soll. Dass ein lateinkundiger, studierter Leser andere Anforderungen stellt als jemand, der nur auf die deutsche Fassung zurückgreifen kann, liegt auf der Hand. Die Differenzierung der Leserschaft nach ihrer literarischen Vorbildung hat ihre Entsprechung in einer sozialen Differenzierung, die dazu führen kann, dass ein Leser der *Verzeychniß* den Anliegen der Kriegsparteien mit einer ganz anderen Haltung begegnet als ein Leser der *Descriptio*. Anstatt zu untersuchen, welcher der beiden Texte die Vorlage für den anderen ist, erscheint es deshalb aussichtsreicher, sie als zwei Varianten derselben darstellerischen Absicht aufzufassen, die unterschiedliche Leserkreise erreichen und mit den jeweils angemessenen Mitteln ansprechen will.

Dafür ein Beispiel: Die holsteinischen Verluste bei der Schlacht in der Hamme konstatiert die *Verzeychniß* mit den nüchternen Worten: „Bald darauff wurde Hertzog Gerhard / in der Hamme mit zwölff Rittern / und treihundert auß dem Fürstenthumme Sleßwick und Holsteyn […] von den Feinden erschlagen" ([H. Rantz.] 162). Cilicius schreibt ebenso knapp: „Praeter ducem occubuerunt bisseni equestri honore insignes et ex nobilitate trecenti" (*BD 1 p.* 42). Auffällig ist aber, dass er statt der Zahl *duodecim* das an dieser Stelle unnötige *bisseni* (wörtlich „zweimal sechs") wählt. Er verweist damit auf ein berühmtes *exemplum virtutis* der römischen Frühgeschichte: Wie Livius berichtet, war die römische Gens Fabia bei ihrem Privatkrieg gegen den Erbfeind Veji zuletzt

in einen Hinterhalt geraten und aufgerieben worden (Liv. 2, 50). Die Zahl der Opfer hatte damals dreihundertundsechs betragen: „trecentos sex periisse satis convenit" (11). Indem Cilicius nun die Toten der Schlacht in der Hamme mit „dreihundert und zweimal sechs" beziffert, legt er zwei Gedanken nahe: Erstens, dass die Opferbereitschaft und damit die *virtus* der Holsteiner die der Römer übertroffen habe, und zweitens, dass es wie später den Römern, so auch ihnen irgendwann gelingen werde, den langjährigen Feind zu besiegen. Dass er so weitreichende Implikationen an die Verwendung des einen Wortes *bisseni* knüpfen kann, belegt einerseits, wie gut Rantzau Livius kennt, andererseits aber auch, dass er dieselben Kenntnisse zumindest bei einem Teil seiner Leser ebenfalls voraussetzt. Für sie fügt er ein wertvolles Signal in den Text ein, das den Lesern der *Verzeychniß* vorenthalten bleibt. Umgekehrt versorgt der Verfasser der *Verzeychniß* seine Leser etwa mit einer ausführlichen Liste der bei Hemmingstedt Gefallenen ([H. Rantz. 163–165) und liefert offizielle Texte wie die Kriegserklärung ([H. Rantz.] 172f) und die Dokumente der dithmarsischen Unterwerfung ([H. Rantz.] 196–199) im Wortlaut — Informationen, auf die Cilicius vielleicht aus kompositorischen Gründen verzichtet, die aber den Eindruck von Authentizität und Zuverlässigkeit so verstärken, dass noch Waitz und Dahlmann der *Verzeychniß* größere Sympathie entgegenbringen als dem ehrgeizigen Projekt des *Bellum Dithmarsicum*.[40]

Eine letzte auffällige Parallele von unmittelbarer Relevanz für die Urheberschaft ist dabei bisher noch gar nicht diskutiert worden: Weder *Verzeychniß* noch *Descriptio* nennen ihren Verfasser. Die erste Schrift erscheint anonym, die zweite unter einem Pseudonym, das Heinrich Rantzau erst in seinem letzten Werk, dem *Commentarius bellicus* von 1595, auflöst.[41] Hier liegt es nun nahe, ähnliche Phänomene auf ähnliche Ursachen oder Absichten und damit auf denselben Ursprung zurückzuführen. Insgesamt spricht deshalb weit mehr dafür, beide Texte demselben als zwei verschiedenen Autoren zuzuschreiben. Gehen wir also davon aus, dass Neocorus die von ihm „Bellum Dithmarsicum" genannte *Verzeychniß* mit Recht als die Schrift eines Rantzau ausweist: Dann bleibt kein anderer Schluss, als dass auch sie von dem Rantzau stammt, der sich hinter der Maske des Christianus Cilicius verbirgt. Bei dem Verfasser beider Texte handelt es sich sehr wahrscheinlich um dieselbe Person: Heinrich Rantzau.

Wie weitgehend schließlich Neocorus von Rantzau abhängt, deutet Dahlmann in einigen Bemerkungen an,[42] die Waitz durch genaue Belege absichert.[43] Besonders bei der Darstellung der Letzten Fehde folgt Neocorus seinen Vorlagen weitgehend wörtlich, wobei er stets sowohl die *Verzeychniß* als auch die *Descriptio* verwendet. Sein eigener Beitrag, der — von der Übersetzungsleistung und einigen Ergänzungen abgesehen — vor allem in der Auswahl aus beiden Texten und dem Arrangement des Ausgewählten liegt, kann hier nicht ermittelt werden.[44] Gerade weil Neocorus aber jahrhundertelang die Brücke gebildet hat, über die Rantzaus Werk indirekt rezipiert worden ist, wäre eine detaillierte Analyse der Kriterien, nach denen er seine Synthese erstellt, eine wünschenswerte Ergänzung der vorliegenden Arbeit.[45]

Hieronymus Osius, Heinrich Rantzau und Christianus Cilicius Cimber

An Rantzaus Vorgehen bei der Veröffentlichung seiner Monografien über den Krieg gegen Dithmarschen fällt, wie gesagt, besonders auf, dass er konsequent darauf verzichtet, sich selbst als den Verfasser sowohl der *Verzeychniß* als auch der *Descriptio* zu präsentieren. Worin ist diese Zurückhaltung begründet? Einen ersten Hinweis könnte das Schlusswort des

Widmungsbriefes liefern, mit dem der fiktive Verfasser Cilicius den realen Verfasser Heinrich Rantzau um die Veröffentlichung seines *Bellum Dithmarsicum* bittet (*BD* 1, 11 *s*.):

Qui enim in literas id bellum primus ita contulit, ipse consiliis secretioribus rebusque gestis omnibus fere interfuit [...]. Proinde te, amplissime honoratissimeque vir, etiam atque etiam rogatum volo, ut hanc qualemcunque lucubratiunculam, quo ab invidorum iniuria et calumniis tutior sit, sub nominis tui auspicio et patrocinio in lucem exire patiaris meaque studia tibi commendata habeas.

Cilicius warnt hier vor „den Übergriffen und Schmähungen von Neidern", vor Kritikern also, die seine Sicht der Dinge nicht teilen. Um deren Argumente schon im Voraus zu entkräften, verweist er auf die Autorität, die er als Augenzeuge und aktiv Beteiligter beanspruchen kann.

Dieser Hinweis wird erst verständlich, wenn man ihn auf eine weitere zeitgenössische Quelle bezieht, die in der Forschung des 20. Jh. offenbar stets übersehen worden ist.[46] Denn bei Erscheinen des *Bellum Dithmarsicum* lag bereits seit zehn Jahren eine ältere Darstellung derselben Ereignisse vor. Der Wittenberger Professor Hieronymus Osius,[47] *poeta laureatus* König Christians III. von Dänemark, hatte in etwa dreitausend Versen ein lateinisches Epos auf den Krieg gegen Dithmarschen und die Krönung Friedrichs II. von Dänemark verfasst, das schon 1560 in Wittenberg erschienen war. In demselben Jahr veröffentlichte Osius auch eine kürzere deutschsprachige Darstellung desselben Stoffes.[48] Wenn Cilicius nun für sich beansprucht, den Krieg „so tatsachengetreu und so ausführlich [...] hier als Erster literarisch so dargestellt" zu haben (11 *s*.), dann muss er Osius als einen Konkurrenten betrachten, dessen Werk er obsolet machen will. Nicht etwa die *Wahrhafftige Verzeychniß* ist es, gegen die sich Cilicius abgrenzt,[49] sondern Osius. Der aber hatte

sein Epos König Friedrich persönlich gewidmet, und in der *praefatio* nennt er einflussreiche Männer in Kopenhagen als Gewährsleute und Unterstützer: den Kanzler Johannes Friis, den deutschen Kanzler Hieronymus Zenner und den Rektor der Universität Jakob Bording (Osius *p.* 47 a). Bereits Osius verwahrt sich auch gegen ungenannte Kritiker, die „anderer Leute Arbeit als unbedeutend beurteilen und nur ihre eigenen Werke bewundern und loben".[50] Die Vermutung liegt nahe, dass bereits hier — fast zehn Jahre vor Erscheinen der *Wahrhafftigen Verzeychniß* — an Rantzau gedacht ist.

Was Rantzau an Osius auszusetzen hat, kann im Detail nur durch einen genauen Vergleich beider Darstellungen ermittelt werden, der hier nicht zu leisten ist. Der Grundkonflikt aber lässt sich bestimmen. Osius hatte sehr schnell gearbeitet: Sein Epos, das im Umfang immerhin etwa der Hälfte der *Aeneis* entspricht, muss in dem halben Jahr zwischen Kriegsende und dem 1. Januar 1560 (dem Datum des Widmungsbriefes) entstanden sein.[51] Die dichterische Qualität wird dann auch zumindest diejenigen nicht überzeugen, deren Geschmack an Ovid geschult ist.[52] Verse wie „regni vellet et instauraret honoribus aram" (*p.* 48 a), der keine Zäsur erkennen lässt, und Elisionen wie die des *-o* in „huíc pedi-*tum* ómne viro, huíc datur ágmen equéstre regéndi / copia" (*p.* 48 b) gehören nicht zum guten Ton klassischer Latinität. Formulierungen bleiben oft dunkel, und häufige Wiederholungen stören den Lesefluss. Mehr als eine handwerklich halbwegs akzeptable Versifizierung des ihm vorliegenden Materials hat Osius in der Kürze der Zeit nicht herstellen können. Dennoch wird Rantzaus Kritik kaum allein der literarischen Qualität des Textes gelten. Problematische Punkte behandeln beide sehr unterschiedlich. So legitimiert etwa Osius, dass dithmarsische Kriegsgefangene im Verhör zu Tode gefoltert wurden, mit erfundenen Gräueltaten, die angeblich die Dithmarscher schon vorher an ihren Gefangenen verübt hätten (Osius *p.* 50 b), Rantzau hingegen, der nichts

Erfundenes hinzufügt, lässt die drei durch Folter getöteten Dithmarscher einfach unerwähnt (*BD* 2 *p.* 93).[53] Wichtiger für ihn aber muss der Umstand sein, dass Osius kein Wort über die diplomatische Krise verliert, die dem Krieg voraus ging und in der Heinrich Rantzau und sein Vater eine entscheidende Rolle spielten. Wenn Rantzau die Leistungen seines Hauses geschmälert sah, dann wird dieses Defizit für seine Kritik den Ausschlag gegeben haben.

Hinter Osius aber standen mächtige Männer bei Hofe und wohl auch der König selbst, dem das Gedicht gewidmet ist und der darin als die Hauptfigur erscheint.[54] Cilicius erwähnt eine nicht genau identifizierte Personengruppe, die versucht habe, durch Intrigen einen Bürgerkrieg zwischen Friedrich II. und Herzog Adolf zu provozieren, und der Heinrich Rantzau sich erfolgreich entgegengestellt habe (*p.* 80 *s.*). Offensichtlich hatte der Statthalter in Kopenhagen nicht nur Freunde. Da Osius nun schon 1560 die autorisierte Darstellung des Krieges vorgelegt hat, muss Rantzau nach Möglichkeiten suchen, seine Sicht der Dinge zu präsentieren, ohne allzu deutlich in Opposition zu seinem Dienstherrn zu treten. Kritik an der *Historia belli Ditmarsici* wird auch dadurch erschwert, dass Osius jedes negative Urteil über sein Werk prophylaktisch als gegen den König gerichtet interpretiert:[55]

Et quanquam scio diversa iudicia de hoc scripto futura esse, quod multi fortasis sunt, qui tibi, inclyte rex, hanc tam augustam ac felicem victoriam clam invident et me historiae veritatem ubique non observasse dicent, tamen eius conscius mihi, quod nihil de victa gente in hoc opere, quod non exploratissimum mihi fuerit, scripserim, parum illorum iudicia moror.

Osius geht hier offen darauf ein, dass ihm von ungenannter Seite vorgeworfen wurde, er habe Unwahrheiten über die Dithmarscher verbreitet. Dieser Kritik begegnet er mit der Unterstellung heimlicher Missgunst gegen den König und heimlicher Sympathie für den Feind.

Rantzau lässt sich von den Drohgebärden seines Konkurrenten nicht abschrecken, verzichtet aber doch darauf, seinen Gegenentwurf offen zur Diskussion zu stellen. Stattdessen erwidert er die 1560 von Osius veröffentlichte *Wahrhafftige und gründliche Beschreibunge* im Jahre 1569 mit der anonym publizierten *Wahrhafftigen unnd kurtzen Verzeychniß*, um ein Publikum zu informieren, das des Lateinischen nicht mächtig war,[56] und für die Gebildeten erfindet er Christianus Cilicius Cimber, einen Angehörigen des Stabes Johann Rantzaus (*BD* 1, 12), der überall persönlich zugegen war und der sein Buch zwar nicht dem König, aber immerhin doch dessen Stellvertreter in Holstein widmet: Heinrich Rantzau. Der Sinn des Pseudonyms („christlicher Kilikier aus Holstein") kann in einer Anspielung auf den für Luther so zentralen Kilikier Paulus liegen;[57] denn auf Paulus geht die Theorie von der göttlichen Herkunft jeder staatlichen Ordnung zurück (Röm. 13, 1), die die ideologische Grundlage für die Eroberung Dithmarschens bildet (*BD* 1, 3 *In commendationem vv.* 1–4). Indem er sich als „paulinischen Christen" bezeichnet, bekennt sich Rantzau also gleichzeitig zur Reformation und bekundet den Anspruch seiner Regierung auf volle Autorität in Holstein.

Der Vergleich mit Osius ermöglicht es, die subtile Boshaftigkeit des programmatischen Widmungsbriefes an Heinrich Rantzau auch im Detail zu würdigen. Durch die Vers-*praefatio* an den Leser hat Cilicius bewiesen, dass es nicht Unvermögen ist, das ihn von einer Darstellung in epischen Hexametern abhält. Mit den ersten Sätzen der Epistel kritisiert er jetzt indirekt den von Osius gewählten Titel (*Historia belli Ditmarsici*), indem er den Wittenberger Professor mit einer peinlichen Anspielung auf die Etymologie des Wortes *historia* beschämt (*BD* 1, 7): ἱστορέω heißt „durch Be-

ALBERTI
KRANTZII,

RERVM GERMANICA-
rum historici clariss. Regnorum A-
quilonarium, Daniæ, Sueciæ,
Noruagiæ, Chronica.

Quibus gentium origo vetustissima, & Ostrogothorum, Wisi-
gothorum, Longobardorum atq, Normannorum, antiquitus inde
profectorum, res in Jtalia, Hispania, Gallia & Sicilia gestæ, præter
domesticam historiam, narrantur.

Accessit, supplementi cuiusdam instar, Dithmarsici belli
historia, Christiano Cilicio Cimbro autore.

Item Iacobi Ziegleri Schondia, id est regionum & populorum Septentrionalium,
ad Krantzianam historiam perutilis descriptio.

Cum præfatione ad Illustrissimum Principem LVDOVICVM Ducem
Wirtenbergensem, Ioan. Wolfij I. C.

Addito Indice locupletissimo.

FRANCOFVRTI AD MOENVM
APVD AND. WECHELVM.
M. D. LXXV.

Titelblatt der Ausgabe von Johannes Wolff.

BELLI DITHMARSICI

AB INCLYTO DANIÆ REGE FRI-
DERICO II. ET ILLVSTRISSIMIS HOL-
satiæ ducibus, Ioanne & Adolpho fratribus, gesti, Anno post
Christum natum M D LIX. *vera descriptio, duo-*
bus libris comprehensa.

STRENVO ET NOBILI VIRO, D. HEN-
RICO RANZOVIO, INCLYTI REGIS DANIÆ
in ducatibus Holsat. Slesvic. & Dithmarsiæ vicario prudentissimo, Consiliario & præfecto arcis Segebergæ,
Domino ac patrono suo plurima fide
·obseruando.

V I olim veterum, Henrice RanZoui, vir amplissime,
historias siue res gestas temporum suorum ad vtilita-
tem posterorum literis prodiderunt, eorum plerique
aut ea, quæ scripta sunt ab illis, gesserunt ipsi, aut ab a-
liis geri coràm inspexerunt, ex quo & Historiæ appel-
latio nomen accepit. Aut enim administrabant inferebantq́, ipsi bel-
la, aut ab Imperatoribus & ducibus in expeditiones, quasi comites
inspectoresq́, factorum & consiliorum omnium, vnà ducebantur: vt
eo certius sanctiúsq́, in exequenda rerum gestarum serie, procul affe-
ctibus omnibus, veritatem proderent. Ita Xenophon, ita Thucydi-
des, vt de cæteris taceam, bella literis mandabant, quæ vt essent gesta
confectáq́, ipsi ignorare haud poterant. Ita C. Iulius Cæsar rerum
suarum commentarios pura veráq́, simul oratione, vt Marti Apol-
linem Musásq́, sociaret, militans in castris conscribebat. Etenim
quum historia quasi quædam vitæ magistra & speculum esse debeat,
in quod intueatur posteritas, vt præclara inde sectanda virtutis vi-
tiorúmq́, fugiendorum exempla capiat, discatáq́, diuersos bonorum
malorúmq́, esse exitus, & præterea rerum notitia certissimáq́, & ma-
ximè necessariis documentis, ad similia belli pacísq́, opera obeunda, af
fatim instruatur, in primis vtile & necessarium est, vt ex fide res ge-
stæ commemorentur. Adferunt quidem delectationem nonnullam
voluptatémq́, speciosâ & subtiliter excogitatâ fabulâ, sed magis iu-
uat, mouet, persuadet, incitat, stimulósq́, acres in animis figens relin-
quit vera narratio. Neque tamen inficias eo, quædam à magnis cele-
bratissimísq́, viris ingeniosè & prudenter conscripta esse, quæ tamet-
si gesta nunquam fuerint, magnam tamen & vtilitatem & volupta
tem habeant. Sed hæc ipsi, qui comminiscendo ea ad posteros transmi-

N ij

Textanfang der Ausgabe von Johannes Wolff.

obachtung erforschen". Eine *historia* kann demnach nur derjenige schreiben, der — anders als Osius — selbst Zeuge des Dargestellten geworden ist. Indem Cilicius dann Überlegungen über die Absichten von Autoren anstellt, die ihre fiktiven Texte deutlich als solche gekennzeichnet haben (*BD* 1, 9 *s.*), erfüllt er implizit Osius' oben zitierte Erwartung, seine Kritiker würden sagen, er habe „nicht überall die historische Wahrheit beachtet".

Fast schon zu raffiniert zeigt Cilicius sich, wenn er die Widmung an Heinrich Rantzau in beinahe dieselben Worte kleidet wie Osius die an den König. Die Formulierung: „Existimavi hanc quoque inclyti regis tui principumque illustris victoriae qualemcunque descriptionem te non improbaturum" (*BD* 1, 11) nimmt zwei Stellen aus dem Widmungsbrief der *Historia* wieder auf: „fore affirmabant, ut hanc operam R‹egia› M‹aiestas› Tua non improbatura esset" und „non Tuae M‹aiestati› tantum, sed et praecipuis consiliariorum R‹egiae› M‹aiestatis› Tuae hanc qualemcunque versionem materiae tractatu difficilioris non improbari coniecturae me firmae docebant".[58] Cilicius übernimmt von Osius *qualiscunque* und die Litotes *non improbare* in der *coniugatio periphrastica activi*. Osius' Unterstellung, seine Kritiker missgönnten dem König den Erfolg, pariert Cilicius en passant, indem er Rantzau die *Descriptio* gerade als Schilderung eines großen Sieges Friedrichs II. ans Herz legt. Dennoch wirkt es kühn, wie der *vicarius regis* hier auch durch die Wortwahl an die Stelle eines Königs tritt, dem er die Schrift nicht zueignen kann.

Weiterführende Schlussfolgerungen über die Auseinandersetzung zwischen Rantzau und Osius und über ihre Bedeutung für die dänisch-holsteinische Politik der Sechziger- und Siebzigerjahre des 16. Jh. kann nur ein genauer Vergleich von *Historia* und *Descriptio* ermöglichen, der den Rahmen dieser Arbeit sprengen müsste. Klar ist, dass wir es mit Entwürfen zweier Autoren zu tun haben, von denen der eine in propagandistischer Absicht die Person Friedrichs II. in den Vordergrund stellt, während der andere — sicherlich zum Teil aus ähnlichen Beweggründen — die Rolle des Feldmarschalls und der Familie Rantzau betont. Keinesfalls darf aber der Eindruck entstehen, als habe sich Heinrich Rantzau mit seiner Sicht der Dinge schnell durchgesetzt. Denn als Simon Schardius seine 1574 posthum veröffentliche Sammlung der *Rerum Germanicarum scriptores* kompilierte,[59] lagen ihm beide Texte vor. Vor die Wahl gestellt, entschied er sich für die Aufnahme des Osius, der das Gütesiegel der dänischen Krone trug; aus der Erstauflage des Cilicius hingegen übernahm er nur den panegyrischen Anhang.

Der Aufbau des *Bellum Dithmarsicum*

Das Gesamtkorpus des *Bellum Dithmarsicum* gliedert sich in drei Teile: das erste Buch mit den präfatorischen Texten (der Elegie *In commendationem huius libri*, dem Widmungsbrief an Heinrich Rantzau und in der Straßburger Ausgabe dem Brief Adam Tratzigers), das zweite Buch, das die eigentliche Darstellung des Krieges enthält, und den panegyrischen Anhang mit Lobreden und Epitaphien auf Johann Rantzau sowie (in der Straßburger Ausgabe) dem *Monumentum Rantzoviorum* und den abschließenden Grabepigrammen für Theodor Rantzau. Die Gewichtung dieser Teile ist ungleich: Das zweite Buch, das offenkundig den Schwerpunkt des Interesses bildet, ist allein etwa genauso lang wie die beiden anderen Teile zusammen. Gegenüber der im Umfang vergleichbaren *Appendix Ranzoviana*, wie der Anhang hier genannt werden soll, ist das erste Buch insofern höher gewichtet, als Rantzau es als das erste von zwei Büchern konzipiert hat, während er die bunte Textsammlung der *Appendix* nicht als eigenständiges Buch erscheinen lässt.

Die beiden *praefationes* erfüllen unterschiedliche Aufgaben: Während die an den Leser gerichtete Widmungselegie eine kurze Inhaltsangabe liefert und die auf Röm. 13, 1 gegründete zentrale ideologische Aussage einführt, erläutert die Epistel das literaturtheoretische Programm des Cilicius und stellt sowohl den fiktiven als auch den wirklichen Verfasser der Schrift vor. Das erste Buch ist in drei Blöcke gegliedert: Zur Einführung wird über die internationale politische Lage im Jahre 1559 berichtet (*pp.* 1–7) und die holsteinische Topografie beschrieben (*pp.* 7–11). In einem ersten Hauptteil erzählt Cilicius die Geschichte der Kimbern und der mit ihnen identifizierten Holsteiner zunächst von den Anfängen bis zum Gallischen Krieg (*pp.* 11–23), dann — nach einem ethnografischen Exkurs (*pp.* 23–30) — von ihrer Rückkehr in den Norden bis zur Regierungszeit des Hauses Oldenburg (*pp.* 30–33). Der etwa ebenso lange zweite Hauptteil des ersten Buches enthält die Geschichte Dithmarschens bis zu der in epischer Breite geschilderten Schlacht bei Hemmingstedt im Jahre 1500 (*pp.* 33–52).

Nachdem Cilicius mit der Geschichte des Aufstiegs der Bauernrepublik eine beträchtliche Fallhöhe erzeugt hat, geht er zu Beginn des zweiten Buches ohne weitere einleitende Worte daran, die Vorgeschichte der Letzten Fehde darzustellen. Sie nimmt (bis zur Konferenz von Hohenwestedt, von der am 18. Mai 1559 die Kriegserklärung ausgeht) das gesamte erste Drittel des Buches ein (*pp.* 53–85), und obwohl sich Cilicius zunächst auf Herzog Adolf als treibende Kraft konzentriert, verleiht die ausführliche Schilderung der diplomatischen Aktivitäten im Frühjahr 1559 allmählich Johann und Heinrich Rantzau größeres Gewicht. Der eigentliche Kriegsbericht mit der Beschreibung der Kampfhandlungen, der etwa die Hälfte der Textmenge in Anspruch nimmt, steht im Zentrum des zweiten Buches und damit der gesamten Monografie. Er beginnt mit der Kriegserklärung an die Achtundvierziger und endet mit der Bilanz der holsteinischen Verluste und dem Nachtlager der Sieger nach der Schlacht bei Heide (*pp.* 85–127, wobei Jobin *pp.* 90–98 versehentlich doppelt zählt). Höhepunkte der Darstellung sind der Kriegsrat mit den gegeneinandergestellten Reden von Johann und Breide Rantzau (*pp.* 97–92(2)), die Schlacht bei Meldorf (*pp.* 95(2)–100) und natürlich die Schlacht bei Heide (*pp.* 114–123). Das letzte Fünftel des Buches wird darauf verwendet, die Friedensverhandlungen und den Prozess der Übergabe im Detail nachzuvollziehen (*pp.* 128–146). In einem emphatischen Schlusswort interpretiert Cilicius die dithmarsische Niederlage als Gottesurteil über ein Volk, das sich einer von Gott eingesetzten Ordnung hartnäckig widersetzt habe (*pp.* 146–149).

Die in der *Appendix Ranzoviana* gesammelten Texte über Johann Rantzau sind chronologisch angeordnet. Am Anfang stehen die beiden noch zu Lebzeiten Rantzaus, aber nach 1559 entstandenen Elogien (*pp.* 151–173). Es folgen die Itzehoer Grabinschrift (*pp.* 174f) sowie diverse Gedichte auf den Verstorbenen (*pp.* 175–183). Den Abschluss im Sinne der ursprünglichen Konzeption der *Vera descriptio*, wie sie sich in der Basler Ausgabe präsentiert, bilden Kellinghausens ausführliche Darstellung der Beerdigung Rantzaus im Jahre 1567 (*pp.* 184–195) und das dem toten Helden in den Mund gelegte Epikedium (*pp.* 195–197). Die Bedeutung der *Appendix* für die Gesamtinterpretation der *Vera descriptio* ist nicht zu unterschätzen: Erst durch sie erscheint Johann Rantzau als der eigentliche Protagonist des dithmarsischen Krieges. In welcher Weise Kellinghausens Bericht das Schicksal Johann Rantzaus mit den im ersten und im zweiten Buch der *Descriptio* geschilderten Ereignissen verklammert, soll die unten angefügte Deutung belegen.

Die in sich abgerundete Komposition der *Descriptio* wird in der zweiten Auflage durch sachliche Ergänzungen gestört. Unproblematisch ist noch der Brief Adam Tratzigers (*BD* 1, 13), der als dritte *praefatio* hinzutritt: Er enthält die in der Auseinandersetzung mit Osius hilfreiche Information, Her-

zog Adolf selbst (dessen aggressives Vorgehen bei Cilicius nicht immer in einem günstigen Lichte erscheint) habe die Zuverlässigkeit der Schrift gelobt. Aber schon die Ergänzungen des oldenburgischen Stammbaums machen es technisch unmöglich, das zu groß gewordene Faltblatt an der dafür vorgesehenen Stelle (*p.* 33) einzukleben, sodass der Stammbaum nun am Ende des Buches nachgeschlagen werden muss. Das bei Jobin nachgetragene *Monumentum Rantzoviorum* (*pp.* 199–208), dem ein zweiter, erweiterter Abdruck des Vorworts der *Appendix* voransteht (*p.* 198; vgl. *p.* 150), und die Grabepigramme auf Theodor Rantzau (*pp.* 208f) sprengen schließlich vollends den ursprünglich vorgesehenen Rahmen: Am Ende des Werkes steht jetzt nicht mehr der Kriegsheld Johann, sondern der elfjährige Theodor Rantzau, der nicht das Geringste mit der Eroberung Dithmarschens zu tun hatte — ein schwer verständlicher Eingriff, der kaum anders als mit der Trauer Heinrichs um den verstorbenen Sohn zu erklären ist.

Asche zu Asche: die Beerdigung Johann Rantzaus

Fast der gesamte Anhang des *Bellum Dithmarsicum*, eine auf den ersten Blick wenig strukturierte, unterhaltsam bunte Sammlung kurzer Gedichte und Prosastücke, ist den Umständen von Tod und Beerdigung Johann Rantzaus gewidmet. Auf diese Weise verleiht erst ihr letzter Abschnitt der Monografie den Charakter eines Denkmals für den Vater des Verfassers, der so einen weiteren eindrucksvollen Beweis seiner Sohnesliebe, seiner *pietas*, liefert. Darüber hinaus aber setzt Christoph Kellinghausen am Ende seiner Darstellung der Begräbnisfeierlichkeiten die Beerdigung Johann Rantzaus auch inhaltlich zu den mit der Eroberung Dithmarschens verbundenen ideologischen Fragen in Beziehung. In einer Diskussion über den philosophischen Wert glanzvoller Begräbnisse schreibt er (*p.* 194):

Etsi enim sunt, qui sepulturae iacturam levem ducant, quando ex quocunque terrae operculo tantundem ad superos itineris esse piis creditur, et multi praestantissimi viri [...] vel in teterrimis carceribus [...] consumpti sint vel pisces in undis obruti [...] paverint vel in pulvere coenoque patente sub dio a vermibus ferisque immitibus laniati devoratique sint aliisve indignis extincti suppliciis [...] computruerint, ii tamen ipsi honestum post mortem sepulchrum haud adeo aspernantur, quin, si contingat, ingens bonum, sin denegetur a fortuna, leviter ferendum esse statuant.

Dieser Satz beginnt mit der Anspielung auf eine berühmte Stelle in der *Aeneis* Vergils. Als Aeneas dort seinen Vater Anchises aus dem brennenden Troja retten will, weigert sich der alte Mann mit den Worten: „Das Grab ist kein großer Verlust" (*levis iactura sepulcri*; 2, 646), lässt sich später aber doch zur Flucht bewegen. Kellinghausen legt so zunächst einen Vergleich Rantzaus mit Anchises nahe: Beide sind heroische Gestalten, die in hohem Alter sterben; Rantzau aber, der in seinem Leben nie einen Schicksalsschlag hat hinnehmen müssen, übertrifft in diesem Punkt das mythische Vorbild, das angesichts des Untergangs seiner Heimatstadt auf ein Grab in der Fremde keinen Wert legt. Die gebildeten Leser Kellinghausens wissen aber natürlich, dass Aeneas im fünften Buch des Epos anlässlich des ersten Todestages am Grabe des Anchises prächtige Leichenspiele veranstaltet — ein ehrendes Fest für den Verstorbenen, das dessen aus Verzweiflung geborene Bemerkung widerlegt. Die Leichenspiele für Anchises haben ihrerseits eine Parallele in der großartigen Beerdigung Johann Rantzaus, die ebenfalls mit mehr als einem Jahr Verzögerung erfolgte (*pp.* 185 *s.*). Und schließlich ist damit auch der Vergleich Heinrich Rantzaus, der das Fest ausrichtete und als einziger Sohn des Patriarchen anwesend war, mit Aeneas, dem mythischen Ahnherrn

der Römer, impliziert. Das unscheinbare Zitat erweist sich als ein Medium der großen ideologischen Ansprüche, die Heinrich für das Haus Rantzau formuliert.

Was aber hat das alles mit Dithmarschen zu tun? Das gleiche Vergil-Zitat wurde schon einmal in einem den Dithmarscher Kriegen gewidmeten Text verarbeitet. Der Hamburger Theologe und Historiker Albert Krantz hatte in einem der letzten Kapitel seiner monumentalen sächsischen Geschichte (*Saxonia*) das Schicksal der in der Schlacht bei Hemmingstedt gefallenen Holsteiner so dargestellt (13, 26):[60]

Sed tum in luto computruere sub sole tot splendidi equites. „Facilis iactura sepulchri“, ait ille, et alius: „Coelo tegitur qui non habet urnam“. Tertia haec insignis in Thietmarsia clades Holsatorum.

Gerade das zweite Zitat kann Krantz verwenden, um eine detaillierte Schilderung des Schlachtfeldes zu ersetzen. Es stammt aus dem siebenten Buch der *Pharsalia* Lukans, aus einer Passage, in der das Erzähler-Ich dem siegreichen Cäsar die pietätlose Grausamkeit zum Vorwurf macht, mit der er den gefallenen Pompejanern nach der kriegsentscheidenden Schlacht bei Pharsalos (48 v. Chr.) ein Begräbnis verweigert (7, 819). In suggestiven Formulierungen beschwört Lukan das Schreckensbild unzähliger verwesender Leiber herauf (7, 820–824):[61]

tu, cui dant poenas inhumato funere gentes,
quid fugis hanc cladem? quid olentis deseris agros?
has trahe, Caesar, aquas, hoc, si potes, utere caelo!
sed tibi tabentes populi Pharsalia rura
eripiunt camposque tenent victore fugato.

Die literarischen Anspielungen, auf die Krantz sich verlässt, verleihen der Schlacht von Hemmingstedt in seiner Darstel-

lung eine hohe Dignität; sie nähert sich — zumindest in ihrer Bedeutung für die Betroffenen — so epochalen Krisen wie dem Untergang Trojas und dem Höhepunkt des römischen Bürgerkriegs.

Dass Kellinghausen die Stelle kannte, beweist nicht allein die Wiederaufnahme des Vergil-Zitats: Seine Aufzählung von Todesfällen, die keine Beerdigung zulassen, gipfelt in der Beschreibung derer, die unter freiem Himmel der Verwesung anheim fallen. Wie Krantz verwendet er am Ende der Aufzählung das Verb *computrescere*, malt aber die Szene ansonsten detailliert aus. Damit weicht Kellinghausen in demselben Punkt von Krantz ab wie im ersten Buch des *Bellum Dithmarsicum* Heinrich Rantzau bei der Beschreibung des Schlachtfelds von Hemmingstedt (*pp. 51 s.*):

Totque viri praestantes et nobili orti sanguine et virtute rara factisque egregiis clari in lacunis, in fossis et campis coeno integente squalidis aperto sub coelo foede computrescere ferasque animantes, canes volucresque voraces corporibus suis passim pascere sunt visi.

Es ist die rhetorisch reizvolle Möglichkeit, die Würde der Toten der Würdelosigkeit ihres Todes gegenüberzustellen, die Rantzau wie Kellinghausen nutzen, um Krantz mit schriftstellerischen Mitteln zu übertreffen. Drei entscheidende Merkmale aber verbinden die Passage aus Kellinghausens Seligpreisung Johann Rantzaus eindeutig zunächst mit Krantz' Darstellung der Schlacht bei Hemmingstedt und so indirekt auch mit der Heinrich Rantzaus: die Verwendung von *computrescere*, die gewählten Varianten für den Ausdruck „unter freiem Himmel“ (*sub sole*, *aperto sub coelo*, *patente sub dio*)[62] und das Vergil-Zitat. So gelingt es Kellinghausen, ohne Dithmarschen jemals direkt zu erwähnen, die Opfer früherer Angriffe auf die Republik als Folie für den vollkommenen Triumph Johann Rantzaus einzusetzen, der

selbst nach seinem Tode noch etwas erreicht hat, was seinen glücklosen Vorläufern verwehrt geblieben ist: ein ehrenvolles Begräbnis. Auf diese Weise bindet Kellinghausen seinen Beitrag auch inhaltlich in das Buch ein, für das er ihn verfasst hat, und ruft seinen Lesern unmittelbar vor dem Ende (der ersten Auflage) das Thema der Monografie noch einmal ins Gedächtnis: Johann Rantzau hat die Demütigungen der Holsteiner an Dithmarschen gerächt und die gottgewollte Ordnung wieder hergestellt. Dafür ist er in jeder erdenklichen Weise belohnt worden.

Anmerkungen

1 S. Kern 166f und Abb. 47 u. 48; Bartsch 86 Nr. 138–[II].
2 Schardius 3 *pp.* 73–82. Schardius 3 *pp.* 46–72 ersetzt Rantzaus Darstellung des Krieges gegen Dithmarschen durch das Epos des Hieronymus Osius auf den Krieg und die Krönung Friedrichs II. (1560 in Wittenberg erschienen; Osius *p.* 47 b).
3 Vgl. Andermann 254.
4 Die von Wechel und Erben verwendeten Druckermarken (Flügelpferd) sind veröffentlicht bei P. Heitz: Frankfurter und Mainzer Drucker- und Verlegerzeichen. Naarden 1970 (Straßburg 1896), Tabb. 61–66; das in Wolffs Ausgabe von 1583 vorliegende Signet findet sich auf Tab. 61 Nr. 97. Zur Geschichte und dem verlegerischen Profil des Hauses s. Andermann 253f.
5 Zu Tratziger (Thracigerus) s. Andermann 262.
6 Im editorischen Apparat verzeichnet unter der Abkürzung *Reg. in err. typ. (Regius in erratis typographicis).*
7 Zur Überlieferungsgeschichte s. M. Winterbottom: Tacitus. Minor Works. In: Texts and Transmission. Hrsg. von L. D. Reynolds. Oxford 1983, 410f.
8 „vetustissimi Germanorum"; Wimpf. *epith. fol.* IIIr.
9 „Die der Sage nach ältesten von ihnen, die Kimbern, begaben sich zur Zeit Homers, des berühmtesten der Dichter, oder kurz vor seiner Zeit auf Kriegszüge." (Wimpf. *epith. fol.* IIIr).
10 W. W. Ehlers: Jacob Wimpfelings *Epithoma rerum Germanicarum.* Von der *Germania* zu den *Res Germanicae.* In: Es hat sich viel ereignet, Gutes wie Böses. Lateinische Geschichtsschreibung der Spät- und Nachantike. Hrsg. von G. Thome und J. Holzhausen. München–Leipzig 2001, 179–93.
11 „Diese Dinge wollte ich erwähnen, damit man sieht, in welcher Ruhmesblüte unsere Landsleute schon vor der Gründung Roms standen." (Wimpf. *epith. fol.* IIIv).
12 „Sie bewohnen die Kimbrische Halbinsel an der Küste Germaniens, die zwischen der Germanischen und der Sarmatischen See liegt." (Wimpf. *epith. fol.* IIIr).
13 Beat. Rhen. *p.* 33–37.
14 „Sequitur chersonesus Cimbrica, quae hodie est ducatus Holsatiae et Slesvicensis". (Pirckh. *p.* 679).
15 „Ich vermute, dass es sich um ein Wendenvolk handelt, das einst ‚Kimbern' genannt wurde. Das belegt die Sprache, die noch immer bei den alten Wenden, deren Reste bei uns leben, bei den Tschechen, den Polen und Russen, einem weit ausgreifenden Volk, ein- und dieselbe ist." (Krantz *Sax.* 1, 8).
16 „Kimbern heißen in der alten Sprache der Gallier die Straßenräuber." (Krantz *Sax.* 1, 8; vgl. 1, 8–10 *passim* und Rantzaus Kritik *CCD p.* 150 b).
17 Zu Tuisco und der Fälschung des Berosus Chaldaeus durch Annius von Viterbo sowie seiner Rezeption in der deutschen Geschichtsschreibung des 16. Jh. s. Mundt 144 mit Anm. 1.
18 „Tuisco heißt bei Moses ‚Askenas'. Der erstgeborene Sohn des Gomer hat laut Berosus die großen Völker der Sarmaten gegründet, und nach ihm sind die Germanen ‚Tuisconen'. So heißen nach Gomer die Kombern und später Kimbern, als sie Italien verließen und nach Norden zogen, wo noch heute die Kimbrische Halbinsel liegt, die heute die Holsteiner und eine Menge von Skandinaviern bewohnen." (Willich. *p.* 423).
19 „Nach den Kimbern heißt die ganze Halbinsel die ‚Kimbrische', einst ein kleines Volk, jetzt ein großes. Denn das ganze Land zwischen Hamburg und Lübeck einerseits und dem äußersten Winkel der Halbinsel andererseits wird unter dem Namen der Kimbern zusammengefasst. Dort leben die Holsteiner, Dänen und Jüten." (Willich. *p.* 586; vgl. *p.* 590: „Cimbri, qui nunc in Danos et Holsatos abierunt").
20 „Die Völker auf der Zimbrischen Halbinsel, d. h. Holsteiner, Dänen und Schweden"; zitiert nach Schardius 1 *p.* 80.
21 „Das Gebiet der Kimbern bewohnen heute anscheinend Randstämme der Sachsen"; zitiert nach Schardius 1 *p.* 73.
22 Venge „Rantzau" 223f.
23 Waitz 146–154; vgl. Dahlmann in Neoc. 2, 577f.
24 [H. Rantz.] 166 und *BD* 2 *p.* 53; [H. Rantz.] 180f und *BD* 2 *p.* 106; vgl. die Gegenüberstellungen bei Bertheau 242–244.
25 Vgl. Waitz 149.

26 Waitz 150f.

27 Bolten 1, 146f.

28 „Das Buch ist in seiner ungelenken Schreibart, sach- und sinnreichen Kürze des alten Helden wohl würdig." (Neoc. 2, 577).

29 Waitz 151–154. Dass der Verfasser der *Verzeychniß* selbst an dem Krieg teilgenommen hat, verrät er indirekt, wo er von „den Feinden" und „den unseren" spricht: „Bej disem Stättlin / wurden der Feinde biß in die vierhundert erlegt: von den unsern / werden ungefährlich Hundert gezehlet" ([H. Rantz.] 178; vgl. *BD* 2 *p.* 99 ‚ex Dithmarsis' / ‚ab altera parte'). Zum Verhältnis der *Verzeychniß* zu Cilicius vgl. die auf Colding gestützte Erörterung bei Will 10–17, der in Heinrich Rantzau den „Herausgeber" beider Schriften vermutet (13). Lammers 36, Anm. 133, akzeptiert ohne Diskussion die Zuweisung an Johann Rantzau.

30 Vgl. Brandt (1927) 27.

31 Bertheau 251; vgl. 257.

32 Neoc. 1 *p.* 3; vgl. 2, 577.

33 Bertheau 249, vgl. Bolten 1, 146.

34 Bertheau 239–250.

35 Bertheau 245.

36 Anders Bertheau 247.

37 Bertheau 257.

38 [H. Rantz.] 159, *BD* 1 *p.* 33.

39 Z. B. *BD* 1 *p.* 2–4 *passim.*

40 Zur Kapitulationsakte s. ausführlich Witt (1969 und 1996).

41 „Dithmarsici belli descriptio sub nomine Christiani Cilicii ab auctore Henr‹ico› Ranz‹ovio› comprehensa et edita", zitiert nach Dahlmann bei Neoc. 2, 577; vgl. Bolten 1, 148, Wetzel 202 und passim, Bertheau 249f und zum *Commentarius bellicus* s. Hansen (1999).

42 Neoc. 2 XII („schmerzliche Denkmale der Unterwerfung waren der beiden Rantzauen Schriften"); *p.* 152 (Anm.) und 577.

43 Waitz 147–149.

44 Eine Vorstudie liefert Bertheau 265–279; zur Benutzung der deutschsprachigen Darstellung des Osius s. Bertheau 274–276.

45 An dieser Stelle sei ehrenhalber auch noch einmal auf die Übersetzung der *Vera Descriptio* durch Helene Höhnk (1914) hingewiesen, über deren Zuverlässigkeit die Verfasserin im Untertitel („frei aus dem Lateinischen übertragen") selbst alles sagt, was zu sagen ist.

46 Vgl. aber noch Bertheau 224–238, Waitz 156f und Dahlmann: „Es ist das Werk des sächsischen Dichters Hieronymus Hosius [...] Er [...] beschrieb den Dithmarsischen Krieg in lateinischen Versen." (Neoc. 2 *p.* 152 [Anm.] mit einem Verweis auf Bolten 1, 151–153). Dahlmanns Informationen stammen offenbar nur aus zweiter Hand, sonst könnte er nicht irrtümlich mit Osius' 1560 veröffentlichter *Historia belli Ditmarsici* eine unbekannte „Relation, gedruckt, der Curfürstin dedicirt 20. Augusti, uff der Kröning" (Randglosse des Neocorus) identifizieren, die Neocorus „misbilligend citirt".

47 Für die spärlichen Informationen zu Osius s. Jöcher–Adelung 5, 1235f; Bolten 1, 153 verweist noch auf Hans Gottschalch: De Hieronymo Osio eiusque scriptis. Ålborg 1769. Als *poeta laureatus* Christians III. weist ihn der Titel der *Historia belli Ditmarsici* (Osius *p.* 46) aus, vgl. *p.* 46 b: „praesertim cum recordarer, quantum beneficiorum ab inclyto ac laudatissimo heroe rege Daniae patre tuo Christiano accepissem, et pro his meritis aeternam me ei et illius posteritati gratitudinem debere agnoscerem".

48 Vgl. Osius *p.* 47 a und Jöcher–Adelung 5, 1236, wo irrtümlich das Erscheinungsjahr 1590 angegeben ist.

49 So Waitz 151; anders Wetzel 203f und im Anschluss an ihn Bertheau 240, die aber beide verkennen, dass „primus" sich auf „ita" bezieht („als erster in dieser Form") und damit in Opposition zu der älteren und weniger zuverlässigen, aber für mindestens zehn Jahre maßgeblichen Arbeit des Osius steht.

50 „qui nullius momenti aliorum operas esse iudicant et suas tantum admirantur et laudant" (Osius *p.* 47 b).

51 Das Material („summam historiae Ditmarsicae ab iis conscriptam, qui bello ipsi interfuerint [...] ac verae historiae seriem summatim annotarant") war Osius „im Sommer" („cum priore aestate [...] in Daniam profectus essem") zur Verfügung gestellt worden (Osius *p.* 46 ab).

52 Vgl. Bertheau 227 („ein gekünsteltes und parteiisches Machwerk"). Bertheau stört vor allem der Mangel an Objektivität. Da es sich bei der *Historia* aber um ein propagandistisches Werk handelt, das — als lateinischer Text — ein internationales, gebildetes Publikum für Friedrich II. einnehmen soll, wird dieses Bewertungskriterium den Anliegen des Osius nicht gerecht.

53 Vgl. Bertheau 237 zu Osius und seiner Hauptquelle, dem von Michelsen edierten anonymen Augenzeugenbericht.

54 Friedrich II., dessen Autorität im Jahre 1560 noch nicht so gefestigt gewesen sein kann wie zehn Jahre später, hatte damals womöglich besonderes Interesse an einer Darstellung, die ihn als energischen, kampfbereiten Herrscher präsentiert. Osius' lateinisches, also für ein internationales Publikum geeignetes Epos dient somit auch dem Zweck, potenzielle Feinde etwa in Schweden oder in den Hansestädten von Angriffen auf einen schwachen jungen König abzuschrecken.

55 „Und obwohl ich weiß, dass das Urteil über diese Schrift unterschiedlich ausfallen wird, weil es vielleicht viele Menschen gibt, die dir, ruhmreicher König, diesen herrlichen und glücklichen Sieg heimlich missgönnen und die sagen werden, ich hätte nicht überall die historische Wahrheit beachtet, mache ich mir wenig aus solcher Leute Urteil, weil ich mit mir darüber im Reinen bin, dass ich in diesem Werk nichts über das besiegte Volk geschrieben habe, was ich nicht ganz genau in Erfahrung gebracht habe." (Osius *p.* 47 b).

56 Bei diesem Publikum mag Rantzau mit einer gewissen Sympathie für die Dithmarscher gerechnet haben. So lässt er das Vorwort („Vermahnung an den Leser") in einem auffällig versöhnlichen Ton ausklingen: „Dann als sie ihres Ungehorsams und mißhandlunge / daß sie nemlich wider Gottes gebot und die Rechte das Schwert genomme / also offentlich und thätlich uberzeuget / [...] halte sich nuh [...] gnädigste und gnädige Herren und trewe Knechte mit eynander in guter ruhe. Der Allmechtig Gott wolle sie bey derselbigen lange zeit im Fride erhalten." ([H. Rantz.] 152).

57 Diesen Hinweis verdanke ich Walther Ludwig.

58 „Sie versicherten, dass Deine Königliche Majestät dieses Werk nicht ungnädig aufnehmen werde" (Osius *p.* 46 a); „sichere Beweggründe zeigten mir, dass diese Fassung eines schwer zu behandelnden Stoffes — wie geglückt sie auch sein mag — bei Deiner Majestät und Deiner Königlichen Majestät wichtigsten Ratsherren nicht ungnädig aufgenommen wurde" (Osius *p.* 47 a).

59 Unter dem Titel *Schardius redivivus* erneut herausgegeben von Hieronymus Thomas, Gießen 1673. *Historia* und *Coronatio* sind als einziges Werk des Osius (unter

dem überraschenden Titel *Descriptio belli Ditmarsici*) auch aufgenommen in die *Delitiae poetarum Germanorum huius superiorisque aevi illustrium* (hrsg. von A. F. G. Gruter. Frankfurt 1612, *pars* 4 *pp.* 1273–1366).

60 „Aber damals vermoderten im Schlamm unter freiem Himmel so viele strahlende Ritter. ‚Das Grab ist kein großer Verlust‘, sagt der berühmte Dichter, und ein anderer: ‚Wer keine Urne hat, den deckt der Himmel‘. Das war die dritte bedeutende Niederlage der Holsteiner in Dithmarschen.“

61 „Du, dem die Völker mit ihrem unbegrabenen Leichnam büßen müssen, / warum fliehst du vor dieser Niederlage? Warum verlässt du die stinkenden Felder? / Trinke, Caesar, dieses Wasser, atme, wenn du kannst, diese Luft! / Aber dir entreißen die verwesenden Massen das Land von Pharsalos: / sie halten das Feld, und der Sieger ist in die Flucht geschlagen.“

62 Vgl. *BD* 1 *p.* 43: „reliqua multitudo […] insepulta sub dio“ über die Toten nach der Schlacht in der Hamme.

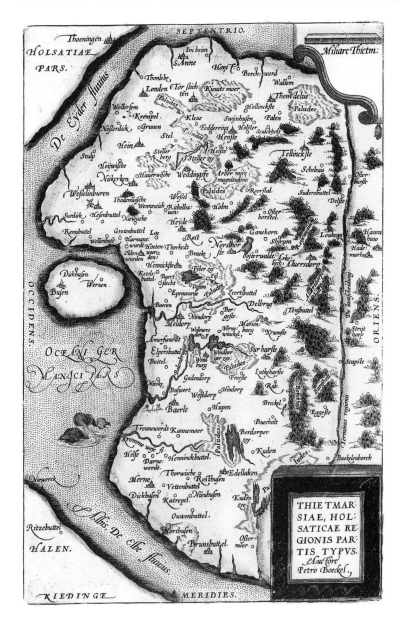

Peter Boeckel: Karte von Dithmarschen.

[1]

<table>
<tr><td>

Belli Dithmarsici

ab inclyto Daniae rege Friderico II.
et illustrissimis Holsatiae ducibus
Iohanne et Adolpho fratribus gesti
anno p. Chr. n. MDLIX

vera descriptio

duobus libris comprehensa.

Patientia vincimus.

Basileae per Samuelem Regium anno MDLXX.

Denuo nunc et de integro recognita auctaque.

Sapientia constans.

Argentorati per Bernhardum Iobinum anno 1574.

</td><td>

Des Krieges gegen Dithmarschen,

den der ruhmreiche König von Dänemark
Friedrich II. und ihre Hoheiten, die Herzöge
von Holstein, Johannes und Adolf,
im Jahre 1559 n. Chr. geführt haben,

wahrheitsgemäße Darstellung

in zwei Büchern.

Durch Geduld siegen wir.

Basel bei Samuel König 1570.

Zweite und erweiterte Auflage.

Die Weisheit ist beständig.

Straßburg bei Bernhard Jobin 1574.

</td></tr>
</table>

[3] **In commendationem huius**
historiae ad lectorem.

Si Deus est autor legum, mortalibus aequum
    quae ius constituunt et malefacta vetant,
ille magistratum quoque legibus addidit idem,
    qui curam vindex indubitatus agat.
hunc nihili quisquis facit aspernatur et odit,   5
    peccat in aeterni iussa severa Dei.
nec sibi fert impune: sed ingens numinis ira
    et pede subsequitur debita poena cito.
et prior hoc et nostra recens tibi comprobat aetas:
    si petis, exemplum vel liber iste dabit.   *10*
hic tibi de bello memoratu digna recenset,
    quod susceperunt rexque ducesque duo:
ille suos Danos sumptis regit inclytus armis,
    hi celebres Cimbros sub ditione tenent.
sanguine descendunt uno, labor unus et illis,   *15*
    ut meritis virtus sternat ad astra viam.[1]
gens habitat septem praedura sub axe Trionum,[2]
    qua claudit Cimbros insula pene freto.
terra quod undosas habeat depressa paludes,
    nomen Dithmarsis vox genuina dedit.[3]   *20*
hi dominos ferro pepulerunt finibus olim
    nec veriti illata tollere morte suos.
[4] hinc multos parta pro libertate per annos   *[a 2]*
    fortiter hostiles sustinuere manus.
lubrica nec coeptis aberat fortuna malignis   *25*
    successusque gravi non sine strage dabat,
donec, ubi rebus nimium coepere secundis
    uberis et terrae luxuriare bonis,

---

1 vitam *Iobinus.*
2 septem [...] Trionum *Regius*, sed haec [...] Troinum *Iobinus.*
3 Cf. *CCD p.* 127 a–b, Neoc. 1 *p.* 81 s.

Zur Empfehlung dieser zeitgeschichtlichen Abhandlung an den Leser

Wenn Gott der Urheber der Gesetze ist, die für uns Sterbliche Recht und Gerechtigkeit begründen und Missetaten verbieten, dann hat Er den Gesetzen auch den Amtsträger hinzugefügt, damit er als entschlossener Hüter seine Aufgaben erfüllt. Wer auch immer ihn nicht respektiert, ihn verachtet und hasst, versündigt sich gegen die strengen Gebote des ewigen Gottes. Aber er tut das nicht ungestraft, sondern der gewaltige Zorn der Gottheit und die gebührende Strafe folgen mit raschem Schritt. Das beweisen dir die Vergangenheit und auch unsere eigene Epoche: Wenn du eines suchst, wird auch dieses Buch ein Beispiel geben. Es wird dir darlegen, was von einem Krieg überliefert zu werden verdient, den ein König und zwei Herzöge unternommen haben: Ruhmreich herrscht der eine gewappnet über seine Dänen, die anderen haben die Macht über die vielgerühmten Zimbern. Sie alle sind eines Blutes, und die eine Aufgabe verbindet sie: Dass ihre Tugend ihnen, wie sie verdienen, den Weg zu den Sternen bahnen möge.

Ein hartes, rohes Volk lebt unter dem Himmel des Siebengestirns, wo eine Halbinsel die Holsteiner durch das Meer umschließt. Weil das tief gelegene Land zum Teil aus wässrigen Sümpfen besteht, hat ihre Muttersprache ihnen den Namen „Dithmarscher" gegeben. Sie vertrieben einst mit Waffengewalt ihre Herren aus dem Land und schreckten nicht davor zurück, sie durch Mord zu beseitigen. Für die errungene Freiheit hielten sie danach viele Jahre lang tapfer gegen die Gewalt ihrer Feinde durch. Das schlüpfrige Glück begünstigte ihr übles Treiben und brachte ihnen unter schrecklichem Gemetzel Erfolg, bis schließlich, als ihr Wohlergehen und der Reichtum ihres fruchtbaren Landes sie zu allzu großem Übermut verleitete, sich gottloser Stolz zu frivoler Ausschweifung gesellte und überall in großer Zahl Verbrechen geschahen.

impia lascivum comitata superbia luxum
 et scelerum passim magna caterva fuit.
his Deus exarsit iustam inflammatus in iram
 pro meritis poenas imposuitque graves.
nam ius curabant crescente libidine nullum
 et leges illis non nisi ludus erant.
nec satis est visum regi ducibusque propinquis
 illorum terris clade nocere data:
quin etiam indignis ausi proscindere dictis,
 qualia nec vulgus mobile ferre solet.
et tamen his rerum tunc debebantur habenae
 et poterant aequo subdere iure sibi.
ergo dolor tandem stimulans et conscia virtus
 impulit et verum robur in arma dedit,
ut refrenarent sceleratos viribus hostes
 assererentque suum Marte favente decus.
sic miseri magna domiti cum caede suorum
 principibus victas exhibuere manus.
et fractis animis et libertate relicta
 legitimum docti sunt tolerare iugum.
[5] hoc liber enarrat tenuis sermone Latino
 et sequitur praeter remque fidemque nihil.
nam bonus et veri est observantissimus, haec qui
 in seriem primus contulit acta libri.
nec tantum bello praesens interfuit isti,
 sed quoque gestorum pars quotacunque fuit.
praeterea gentem liber hic describit et oram,
 fluctibus includit quam mare pene suis.
et res adiungit gestas et Martia bella,
 aetas quae vidit tempore prisca suo.
hunc animo grato, lector syncere, laborem
 suscipe, nec fructu destituere tuo.
disce magistratum colere et non spernere leges,
 ne gravis affligat vindicis ira Dei.

30

35

40

45

50

55

60

[a 3]

Da entbrannte Gott heftig in gerechtem Zorn gegen sie und erlegte ihnen, wie sie verdienten, schwere Strafen auf.

Denn während ihre Begierde wuchs, kümmerte sie das Recht nicht, und über die Gesetze spotteten sie nur. Auch genügte es ihnen nicht, dem König und den Herzögen in ihren Nachbarländern zu schaden, indem sie ihnen eine Niederlage bereiteten: Nein, sie wagten auch noch, sie mit so unwürdigen Reden zu geißeln, wie sie sonst nicht einmal die willenlose Masse vorbringt! Dabei gebührten damals doch diesen Fürsten die Zügel der Macht, und sie hätten sich die Dithmarscher mit vollem Recht unterwerfen können. Also trieb endlich der Stachel des Schmerzes und beschämte Tapferkeit sie an, wahre Stärke hieß sie sich wappnen, mit aller Macht den verbrecherischen Feind wieder zu zügeln und, wenn Mars ihnen hold wäre, ihrem Ruhm die Gewähr zu verschaffen. So streckten die Dithmarscher nach schrecklichen Verlusten gebändigt den Fürsten die besiegten Arme hin. Ihr Geist ist gebrochen, ihre Freiheit mussten sie aufgeben: Sie haben gelernt, ihr rechtmäßiges Joch zu ertragen.

Davon erzählt dieses dünne Buch in lateinischer Sprache. Dabei richtet es sich ausschließlich nach den Tatsachen und nach der Wahrheit. Denn ein guter Mann von strenger Wahrheitsliebe ist der, der als Erster diese Ereignisse in die Abfolge eines Buches gebracht hat. Und er war in diesem Krieg nicht nur selbst anwesend, sondern hatte sogar einen (allerdings kleinen) Anteil am Geschehen. Darüber hinaus beschreibt das Buch die Leute und das Land, das das Meer mit seinen Fluten fast einschließt, und fügt ihre Geschichte und die Kriegszüge hinzu, derer die Vergangenheit zu ihrer Zeit Zeuge wurde.

Nimm, Leser, wenn du ein reines Herz hast, dieses Werk dankbar an, und du wirst deinen Nutzen davon haben. Lerne dem Amtsträger gehorsam zu sein und die Gesetze nicht zu missachten, damit dich nicht Gottes, des Rächers, mächtiger Zorn niederschmettert.

[7] STRENUO ET NOBILI VIRO D‹OMINO› HENRICO RANZO-
VIO, INCLYTI REGIS DANIAE IN DUCATIBUS HOLSAT‹IAE›,
SLESVIC‹ENSI› ET[4] DITHMARSIAE VICARIO PRUDENTISSIMO,
CONSILIARIO ET PRAEFECTO ARCIS SEGEBERGAE, DOMINO AC
PATRONO SUO PLURIMA FIDE OBSERVANDO.

DEM TÜCHTIGEN UND EDLEN MANNE, HERRN HEINRICH RANT-
ZAU, DEM HOCHWEISEN STATTHALTER DES RUHMREICHEN KÖ-
NIGS VON DÄNEMARK IN DEN HERZOGTÜMERN HOLSTEIN,
SCHLESWIG UND DITHMARSCHEN, DEM RAT UND AMTMANN
DER BURG SEGEBERG, MEINEM GEBIETER UND SCHUTZHERRN,
DEM ICH IN GRÖSSTER TREUE GEFOLGSCHAFT SCHULDE.

Qui olim veterum, Henrice Ranzovi vir amplissime, historias sive res gestas temporum suorum ad utilitatem posterorum literis prodiderunt, eorum plerique aut ea, quae scripta
sunt ab illis, gesserunt ipsi aut ab aliis geri coram inspexerunt. Ex quo et historiae appellatio nomen accepit. Aut enim
administrabant inferebantque ipsi bella aut ab imperatoribus
et ducibus in expeditiones quasi comites inspectoresque
factorum et con*[a 4][8]*siliorum omnium una ducebantur, ut
eo certius sanctiusque in exequenda rerum gestarum serie
procul affectibus omnibus veritatem proderent. Ita Xenophon, ita Thucydides, ut de caeteris taceam, bella literis mandabant, quae ut essent gesta confectaque ipsi ignorare haud
poterant; ita C. Iulius Caesar rerum suarum commentarios
pura veraque simul oratione, ut Marti Apollinem Musasque
sociaret, militans in castris conscribebat. Etenim cum historia quasi quaedam vitae magistra et speculum esse debeat, in
quod intueatur posteritas, ut praeclara inde sectandae virtutis vitiorumque fugiendorum exempla capiat discatque di-
versos bonorum malorumque esse exitus, et praeterea rerum
notitia certissimisque et maxime necessariis docu*[9]*mentis
ad similia belli pacisque opera obeunda affatim instruatur,
inprimis utile et necessarium est, ut ex fide res gestae commemorentur.

Diejenigen unter den Menschen im Altertum, erhabener Herr
Heinrich Rantzau, die einst die Historie, also die Geschichte
ihrer Zeit zum Nutzen der Nachkommen schriftlich festhiel-
ten, von denen haben die meisten das, was von ihnen beschrieben wurde, entweder selbst getan oder waren
unmittelbare Augenzeugen der Handlungen anderer. Daher
hat auch die Bezeichnung „Historie" ihren Ursprung. Denn
entweder hatten sie in Angriffskriegen selbst das Kommando, oder sie wurden von Feldherrn und Kommandeuren
als Begleiter und Augenzeugen aller ihrer Taten und Entscheidungen mit in den Krieg geführt, damit sie, wenn sie
dessen Gesamtverlauf nachvollzögen, umso genauer, umso
wahrhaftiger und ganz unvoreingenommen die Wahrheit dar-
stellten. So pflegten Xenophon, so Thukydides, um von allen
anderen zu schweigen, Kriege niederzuschreiben, deren Verlauf und Ende sie genau kennen mussten; so verfasste Gajus
Julius Cäsar, um zu Mars Apoll und die Musen zu gesellen,
die Berichte über seine eigenen Taten in schlichten und dabei
wahren Worten als Soldat im Felde. Denn weil die Geschichtsschreibung eine Art Lehrerin und ein Spiegel des Lebens sein soll, in den die Nachwelt blickt, um dort
vortreffliche Beispiele von Tugend zu finden, die es nachzu-
ahmen, und von Fehlern, die es zu vermeiden gilt, und um zu
lernen, dass es mit guten und schlechten Menschen unterschiedlich ausgeht, und weil darüber hinaus Geschichts-
kenntnis erst durch zuverlässig gesicherte und absolut
unverzichtbare Beweise ausreichend so fundiert wird, dass
man sich in Krieg und Frieden ähnlichen Aufgaben stellen

---

4 et *om. Iobinus.*

Adferunt quidem delectationem nonnullam voluptatemque speciosae et subtiliter excogitatae fabulae, sed magis iuvat movet persuadet incitat stimulosque acres in animis figens relinquit vera narratio. Neque tamen inficias eo quaedam a magnis celebratissimisque viris ingeniose et prudenter conscripta esse, quae tametsi gesta nunquam fuerint, magnam tamen et utilitatem et voluptatem habeant. Sed haec ipsi, qui comminiscendo ea ad posteros transmiserunt, neque haberi undiquaque ut veras rerum gestarum commemorationes voluerunt, dum omne scriptionis suae telum ad unicum eum scopum inten*[a 5][10]*dunt et dirigunt, ut perfectae absolutaeque numeris omnibus virtutis vitiorumque simulachra ob oculos ponant, et vera plurima falsis admiscuerunt. Qui tamen ipsi, si eum in modum usumque verae historiae argumentum praebitum fuisset, id scribendo pertexere multo maluissent, ut nunc historici potius quam philosophi viderentur et fructus quoque inde maior ad posteros redundasset.

Nam quae utiliter ad virtutem conficta conscriptaque sunt cum delectent afficiantque nonnihil animos, ipsae verae rerum gestarum narrationes alte penetrant inflammant animantque[5] ad virtutem legentes, a vitiis absterrent abstrahuntque et quemlibet mentibus affectum induunt. Hae vero nomine historiae nuncupantur, qualis illa quoque est, quam ad te, vir nobi*[11]*lissime, nunc mitto de bello Dithmarsico, quod serenissimus Daniae rex illustrissimique Holsatiae principes anno abhinc nono feliciter admodum gesserunt.

kann, ist es besonders nützlich und notwendig, Geschichte tatsachengetreu zu berichten.

Nun verschaffen uns prächtige, feinsinnig erdachte Geschichten gewiss Freude und Genuss, aber mehr noch erfreut, bewegt, gewinnt, erregt und stachelt der Bericht der Wahrheit unsere Herzen an. Dabei will ich gar nicht in Abrede stellen, dass große, berühmte Männer geistreich und klug manches geschrieben haben, das zwar niemals geschehen ist, aber dennoch Nutzen und Freude bringt. Aber die, die sich diese Dinge ausgedacht und sie so der Nachwelt übermittelt haben, wollten selbst keinesfalls, dass man sie für wahre Darstellungen geschichtlicher Ereignisse hielte. Dabei konzentrierten und richteten sie ihr ganzes Schreiben auf das eine Ziel, Beispiele von Lastern und vollkommener, in jeder Hinsicht reiner Tugend vor Augen zu führen, und mischten deshalb das Falsche mit sehr viel Wahrheit. Aber wenn ihnen auf dieselbe Weise und zu demselben Zweck der Gegenstand einer wahren geschichtlichen Begebenheit zur Verfügung gestanden hätte, hätten sie dennoch eben dessen schriftliche Darstellung selbst bei Weitem vorgezogen, sodass sie heute eher als Historiker denn als Philosophen gälten und von daher der Nachwelt auch ein noch größerer Nutzen zugeflossen wäre.

Denn während das, was zur Förderung der Tugend in nützlicher Weise erfunden und aufgeschrieben worden ist, die Herzen durchaus erfreut und bewegt, können gerade Berichte von wahren Ereignissen die Leser im Innersten berühren und sie zum vollen Einsatz für die Tugend begeistern, von Fehlverhalten abschrecken und jedwede Gemütsverfassung herbeiführen. Solche Berichte werden im wahrsten Sinne als Historien bezeichnet, und darum handelt es sich auch bei diesem hier, den ich dir, edler Herr, jetzt über den Krieg gegen Dithmarschen sende, den der durchlauchtigste König von Dänemark und die erlauchten Fürsten von Hol-

---

5 animant om. Iobinus.

Cum enim haudquaquam sim nescius, quanto cum omnium caeterarum artium et literarum optimarum tum vel inprimis temporum gentiumque quarumlibet historiae cognoscendae desiderio et amore deflagres, existimavi hanc quoque inclyti regis tui principumque illustris victoriae qualemcunque descriptionem te non improbaturum.

Neque arbitror propterea eius lectionem minus gratam tibi fore, quod serius extincta pene apud mortales recenti eius belli memoria in lucem prodeat, cum a nullo, quod sciam, tanta rei gestae fide tamque prolixe edita sit. Qui enim in literas id bel*[12]*lum primus ita contulit, ipse consiliis secretioribus rebusque gestis[6] omnibus fere interfuit: quod te minime omnium ignorare iudico, qui multo maximam quoque partem tuam attulisti. Proinde te, amplissime honoratissimeque vir, etiam atque etiam rogatum volo, ut hanc qualemcunque lucubratiunculam, quo ab invidorum iniuria et calumniis tutior sit, sub nominis tui auspicio et patrocinio in lucem exire patiaris meaque studia tibi commendata habeas. Vale.[7]

Datum Itzohoae Calendis Augusti anno 1569.

Christianus Cilicius Cimber.

stein vor nunmehr neun Jahren zu einem recht glücklichen Ausgang geführt haben. Weil ich nämlich genau weiß, mit welch einem sehnsüchtigen Verlangen du darauf brennst, neben den anderen Künsten die große Literatur und vor allem die Geschichte aller Zeiten und Völker zu studieren, durfte ich zu der Auffassung gelangen, du würdest auch diese Darstellung des herrlichen Sieges deines ruhmreichen Königs und der Fürsten nicht ungnädig aufnehmen — wie geglückt sie auch sein mag.

Auch glaube ich nicht, dass dir ihre Lektüre deshalb weniger Freude machen wird, weil sie so spät veröffentlicht wird, nachdem die frische Erinnerung an diesen Krieg bei den Menschen schon beinahe verloschen ist; denn soweit ich weiß, hat sie noch niemand so tatsachengetreu und so ausführlich vorgelegt. Derjenige nämlich, der diesen Krieg hier als Erster literarisch so dargestellt hat, hatte fast zu allen nicht öffentlichen Beratungen Zugang und war fast überall mit dabei: Was du meines Erachtens am besten wissen musst, weil du dich ja selbst mit allen Kräften engagiert hast. Dementprechend möchte ich dich, du großer, vielgeehrter Mann, mit größter Inständigkeit darum bitten, dass du diese kleine Nachtarbeit (wie geglückt sie auch sein mag) unter der verantwortungsvollen Obhut deines Namens der Veröffentlichung zuführst, damit sie vor den Übergriffen und Schmähungen von Neidern geschützt ist, und dass du dir meine Bemühungen anempfehlen lässt. Lebe wohl.

Itzehoe, am 1. August 1569.

Christian Cilicius, ein Zimber.

---

6 gestis om. Regius.
7 Vale. *om. Iobinus.*

[13] Eidem strenuo nobilissimoque viro Henrico Ranzovio, etc‹etera›, Adamus Thracigerus i‹uris› c‹onsultus› et Adolphi illustrissimi ducis Holsatiae, etc‹etera›, cancellarius s‹alutem›.

Nobilis et magnifice domine, abs vestrae excellentiae ministro literas V‹estrae› E‹xcellentiae› una cum belli Dithmarsici ante paucos dies promissa mihi historia recepi. Quod munus mihi pergratum fuit. Et cum arbitrarer principem meum ex quartana adhuc male affectum memoria illarum rerum in Dithmarsia gestarum affici, principia secundi libri decumbenti in lecto praelegi. Conveniunt omnia consiliis et rebus patratis. Stylus etiam concinnus et satis elegans est ad historiae contextum. Quod attinet ad cathalogum biblio*[14]*thecae meae historicae, eum nunc missurus eram. Sed cum V. E. minister abitum nimis maturaret, describendi facultas mihi data non fuit: praesertim cum illa historiarum mearum annotatio inter reliquam meam supellectilem Slesvici esset atque mihi facultas a decumbente principe discedendi non daretur. Sed E. V. ex Dania redeunti datam fidem praestabo, ut V. E. omnia integre annotata recipiat. Confido etiam me quasdam historicas farragines maxime ad res Saxonicas pertinentes V. E. communicaturum: quas V. E. pro suo iudicio et consideratione non displicituras spes est. Interim V. E. omnia mea officiosa obsequia de me sibi polliceatur.

Ex Gottorpio 11. Novembris. Anno 1571.

Demselben tüchtigen und hochedlen Manne, Heinrich Rantzau (usw.), wünscht Adam Tratziger, Jurist und Kanzler seiner Hoheit des Herzogs Adolf von Holstein (usw.) alles Gute.

Edler und großer Herr, von dem Diener Eurer Exzellenz habe ich den Brief Eurer Exzellenz zusammen mit der Geschichte des Krieges gegen Dithmarschen erhalten, die mir vor wenigen Tagen versprochen worden war. Dieses Geschenk hat mir große Freude gemacht. Und da ich dachte, dass mein Fürst, der noch immer schwer unter Wechselfieber leidet, gerne an die Ereignisse in Dithmarschen zurückdenkt, habe ich ihm, während er krank zu Bette lag, den Anfang des zweiten Buches vorgelesen. Alles stimmt mit den damaligen Entschlüssen und Leistungen überein. Auch stilistisch ist der Text im Sinne des für die Geschichtsschreibung Charakteristischen kunstgerecht und von beträchtlicher Eleganz. Was den Katalog meiner historischen Bibliothek anbelangt, so wollte ich ihn gerade jetzt abschicken. Da aber der Diener Eurer Exzellenz allzu rasch abreiste, war mir die Möglichkeit, ihn kopieren zu lassen, nicht gegeben: vor allem, weil das besagte Verzeichnis zu meiner Historikersammlung sich bei meinem sonstigen Hausrat in Schleswig befindet, ich aber keine Möglichkeit hatte, mich vom Krankenbett des Fürsten zu entfernen. Das Versprechen jedoch, das ich Eurer Exzellenz bei ihrer Rückkehr aus Dänemark gegeben habe, dass nämlich Eure Exzellenz ein vollständiges Verzeichnis empfangen soll, werde ich halten. Auch bin ich zuversichtlich, dass ich Eurer Exzellenz ein buntes Allerlei historischer Schriften, die größtenteils mit der Geschichte der Sachsen zu tun haben, werde zukommen lassen können: Ich darf hoffen, dass sie Eurer Exzellenz nach Urteil und Einschätzung sehr gefallen werden. Bis dahin möge Eure Exzellenz sich in jeder Hinsicht meines pflichtschuldigen Gehorsams versichert wissen. Gottorf, den 11. November 1571.

[p. 1]

Descriptionis belli Dithmarsici liber primus.

Breviter commemoraturus bellum, quo Dithmarsi gens Cimbrica adempta libertate a rege Daniae ac ducibus Holsatiae sub iugum redacti sunt, operae precium me facturum et rem non iniucundam lectori[1] existimavi, si primum pauca de eius temporis in Europa statu perstringerem, altius deinde ab antiquissimis temporibus repetitam gentis originem eum incolentis tractum, mores et instituta, ac denique, quantam olim Dithmarsi crudelitatem et ferociam in Danos Holsatosque finitimos et populares exercuerint, explicarem. Quo ordine servato cum ipsum tempus belli apparebit clarius (in quod et alia quaedam haud indigna memoratu inciderunt), tum odiorum initia et incrementa eas inter gentes aperientur: ac postrema haec expeditio quanto periculo labore et difficultate suscepta sit quantumque emolumenti iis subactis hostibus accesserit victoribus planius cognoscetur. Itaque eam partem seorsum tractans, ne confunderem liberumque lectori foret utram malit legendo expedite cognoscere, peculiari *[b][p. 2]* libro complexus sum altero historiam ipsius belli ex instituto pertexens.

Der Darstellung des Krieges gegen Dithmarschen erstes Buch

Im Begriff, kurz den Krieg aufzuzeichnen, durch den die Dithmarscher, ein zimbrischer Stamm, ihre Freiheit verloren haben und vom König von Dänemark und den Herzögen Holsteins unterjocht worden sind, kam ich zu der Auffassung, dass es der Mühe wert und für den Leser erfreulich sein würde, wenn ich zuerst ein wenig die damalige politische Lage in Europa umrisse und dann tiefer dem ältesten Ursprung des Volkes nachginge, das diesen Landstrich bewohnt, und seine Sitten und Einrichtungen darlegte sowie schließlich auch, mit welch einer grausamen Wildheit sie gegen die Dänen und Holsteiner, ihre Nachbarn und Landsleute, vorgegangen sind. Wenn dann in dieser Reihenfolge der zeitgeschichtliche Hintergrund des Krieges klarer sein wird (worunter auch allerlei anderes fällt, das Erwähnung verdient), wird der Beginn und das Anwachsen der Feindseligkeit unter jenen Völkern aufgezeigt werden: Und unter welchen Gefahren, Mühen und Schwierigkeiten dieser letzte Feldzug unternommen wurde, welch einen Vorteil die Unterwerfung dieser Feinde für die Sieger bedeutete, wird deutlich nachvollziehbar sein. Deshalb habe ich, um nichts durcheinanderzubringen und damit es dem Leser freistünde, sich bei der Lektüre unbehindert den Teil zu erschließen, der ihn mehr interessiert, diesen Teil getrennt behandelt und ihn in einem eigenen Buch zusammengefasst, während ich in dem anderen Buch wie geplant den eigentlichen Kriegsverlauf ausführe.

---

1 et rem non iniucundam lectori om. Iobinus.

Erat igitur post partam humano generi salutem annus unde-
sexagesimus supra millesimum quingentesimum, quo hoc in
Dithmarsos bellum motum gestumque est. Quo ineunte anno
calendis Ianuariis inclytus et laudatissimus heros Christianus eius nominis tertius Daniae et Norvegiae rex annum aetatis sextum et quinquagesimum agens,[2] cum plures dies longo
et inveterato morbo graviter decubuisset, ex calamitosae
vitae huius aerumnis ad coelestem consuetudinem et beatam
immortalitatem evocatus placido piissimoque obitu naturae
concessit. Nam cum per annos plusculos tabida lentaque aegritudine paulatim confectum vires corporis prope omnes
destituissent, ea demum magis magisque ingravescente dor-
miens per insomnium monitus est, si quae mandare suis et
post obitum efficienda in regno constituere vellet, mature ut
id faceret: ipsi enim post octiduum vitae finem imminere et
ad aliud regnum hoc Danico longe pulchrius beatiusque ab-
reptum iri. Id somnium suum experrectus reginae uxori et familiaribus narravit quaeque a morte sua fieri voluit sacris
factis iussit praedictoque tempore moriens somnii fidem im-
plevit.

Qui sane princeps ut rebus maximis bello ac pace praeclare foeliciterque gestis clarissimus semper habitus *[p. 3]*
est, ita insigni pietatis iustitiae prudentiae clementiae et ae-
quitatis gloria, quae singulae virtutes mirifice et certatim in
eo excelluerunt, cunctis aetatis suae regibus facile queat
comparari. Per annos enim circiter viginti et alterum Danici

Es war also das Jahr fünfzehnhundertneunundfünfzig nach
der Geburt des Heilands der Menschheit, in dem der besagte
Krieg gegen die Dithmarscher begonnen und geführt wurde.
Zu Beginn dieses Jahres hatte am 1. Januar der ruhmreiche,
vielgepriesene Held Christian, der dritte König von Dänemark und Norwegen dieses Namens, im 56. Lebensjahr,
nachdem ihn eine langwierige, chronische Krankheit schon
mehrere Tage an das Bett gefesselt hatte, aus den Beschwerlichkeiten unseres jammervollen Lebens herausgerufen zum
Umgang mit dem Himmlischen und zu glückseliger Unsterblichkeit, durch ein friedvolles Verscheiden in tiefer
Frömmigkeit das Zeitliche gesegnet. Denn als beinahe alle
Kraft seinen seit einigen Jahren durch ein schleichendes Leiden nach und nach ausgezehrten Leib verlassen hatte und die
Krankheit immer schlimmer wurde, ermahnte ihn im Schlaf
ein Traumbild, wenn er seinen Angehörigen etwas auftragen
und dazu bestimmen wolle, dass es nach seinem Verscheiden in seinem Reich ausgeführt werde, dann müsse er das
rasch erledigen: Denn ihm stünde binnen acht Tagen das
Ende seines Lebens bevor, und er werde dann in ein anderes
Reich fortgerissen, viel schöner und seliger als das Dänische.
Als er aufwachte, berichtete er seiner Frau, der Königin, und
seinen Vertrauten von diesem Traum, beschwor feierlich,
was nach seinem Tod geschehen solle, und bewies die Glaub-
würdigkeit des Traumes, indem er zu der geweissagten Zeit
verstarb.

Dieser Fürst galt nun wegen seiner großen Leistungen und
Erfolge in Krieg und Frieden gewiss ebenso als eine außerordentlich bedeutende Persönlichkeit, wie er angesichts des
herrlichen Ruhmes seiner Frömmigkeit, Gerechtigkeit, Klugheit, Milde und Gelassenheit – Tugenden, die ihn in wunderbarer Weise einzeln und im Wettstreit miteinander
auszeichneten – leicht den Vergleich mit allen anderen Königen seiner Epoche aushalten dürfte. Denn etwa 21 Jahre
lang hielt er das Zepter des Dänischen und Norwegischen

---

2 agens *Iobinus*, ingressurus *Regius*.

atque Norvegici regni sceptrum relictum quidem ipsi morte[3] parentis Friderici, sed continuo eoque maxime ancipiti[4] quatuor ferme annorum bello, quod ei neque parentis testamento neque a regni proceribus regi designato gravissimos competitores adversariosque fortuna virtuti inimica obiceret, vi armata[5] occupatum defensumque in summa gubernationis tranquillitate maximoque cum regni incremento ac commodo emolumentoque populi obtinuit rexitque. Ipso vero ingenti omnium luctu ac desiderio rebus humanis exempto filius avitum referens nomen, qui paucis ante annis vivente etiamnum[6] patre unanimi omnium regni procerum atque ordinum consensu rex designatus salutatusque fuerat ac iam pridem in summam singularis et praestantis indolis praeclarissimaeque[7] virtutis spem cunctorum animos erexerat, in regiae dignitatis culmen ac titulos opesque paternas successit.

Erat tunc quidem Dania pacata undique: tranquillam enim ac florentissimam ipsi pater moriens, ut qui in omni vita pacis studiosissimus fuerit, reliquerat. Sed et[8] Christiernus ille secundus rex olim *[b 2][p. 4]* Sueciae Daniae ac Norvegiae (qui propter interfectos tyrannice antistites et Suecorum Danorumque nobilissimos quosque sublatos eiectus regnis tribus septemtrionalibus detinebatur[9] captivus et ad[10] novum

---

3 voluntate ac morte *Regius.*
4 maxime ancipiti *Iobinus,* gravissimo *Regius.*
5 quod ei [...] armata *deest apud Regium.*
6 etiamnum *deest apud Regium.*
7 clarissimaeque *Regius.*
8 Sed et *Iobinus,* atque *Regius.*
9 qui [...] detinebatur *Iobinus,* qui cum [...] detineretur *Regius.*
10 et ad *Iobinus,* ad *Regius.*

Reiches, das ihm zwar durch den Tod seines Vaters Friedrich vermacht worden war, dann aber, weil ihm, der weder durch ein Testament seines Vaters noch von den Edlen des Reiches zum König bestimmt worden war, das Schicksal, der Feind der Leistung, mächtige Konkurrenten und Feinde entgegenwarf, in einem andauernden, lange ganz unentschiedenen, beinahe vierjährigen Krieg mit Waffengewalt erkämpft und verteidigt werden musste, in einer von tiefer Ruhe geprägten Regierungszeit zu größtmöglicher Mehrung seines Reiches und zum Nutzen und Vorteil des Volkes fest in der Hand. Als er aber, von allen schmerzlich betrauert und vermisst, der Welt und den Menschen entrissen wurde, rückte sein Sohn, der wieder den Namen des Großvaters trug, auf den Gipfel der Königswürde und in die Rechte und Mittel seines Vaters nach. Er war wenige Jahre zuvor noch zu Lebzeiten seines Vaters von den Edlen und Ständen des Reiches einstimmig als Kronprinz bestätigt und gegrüßt worden und hatte schon lange in allen Herzen die größten Hoffnungen auf eine einzigartige und vortreffliche Begabung und eine großartige Tatkraft geweckt.

Dänemark befand sich damals an jeder Grenze im Frieden. Denn friedvoll und in hoher Blüte hatte sein Vater, der ja zeit seines Lebens ganz auf Frieden bedacht war, es ihm hinterlassen. Aber auch der berüchtigte Christian II., ehemals König von Schweden, Dänemark und Norwegen (der tyrannisch Bischöfe hatte hinrichten und die Spitzen des schwedischen und dänischen Adels beseitigen lassen, deshalb vom Thron der drei nördlichen Reiche gestoßen und inhaftiert worden war und jetzt, wie man befürchtet hatte, den Anlass für einen neuen Krieg hätte liefern können, weil seine zwei Töchter, Nichten der Kaiser Karls V. und Ferdinands von Seiten ihrer Schwester, in zwei mächtige Geschlechter, die von der Pfalz und die Lothringer, eingeheiratet hatten), war am 23. Tag nach dem Ende des Königs im Alter von 78 Jahren aus dem Leben geschieden, weil ihn, wie man glaubt, wegen

aliquem belli motum causam praebere posse visus fuerat, quia duae ipsius filiae Caroli V. et Ferdinandi imperatorum ex sorore neptes duabus clarissimis familiis Palatinae Lotharingicaeque per connubia essent insertae)[11] tertio et vigesimo die post obitum regis, cum duobus minus annis[12] octogenarius esset, vita excesserat ob famam inopinatae mortis patruelis sui timore consternatus, uti creditur.[13] In vicinis quoque ducatibus hostile nihil movebatur timebaturve: aliae vero pleraeque in Europa regiones bellis ac tumultibus cum civilibus tum externis deflagrabant.

Gerebatur bellum atrox inter Philippum Hispaniarum et Henricum Galliae reges, commissoque cruento utrisque praelio ad Sancti Quintini oppidum in Rhemensi provincia (quod oppidum docti putant Samarobrinam[14] veteribus fuisse C. Caesaris hybernis et conventu Gallorum olim ibi indicto celebrem) magna strages edita est. Etsi vero complures utrinque et caesi et capti sunt, Gallus tamen maiorem ea in pugna cladem accepit amisso in primis insigni nobilitatis flore ac praecipuis belli duci*[p. 5]*bus regnique proceribus captis. Quam ob causam et iniquioribus paulo conditionibus pacem cum hoste fecit perque connubium demum (ut fere inter pacificantes principes fit) controversia ea omnis sublata est. Incidit illa inter duos potentissimos Europae reges pacificatio in mensem Martium eiusdem anni, quo optimus princeps Christianus vitam cum morte commutaverat.

der Gerüchte um den plötzlichen Tod seines Vetters die Angst niederwarf. Auch in den benachbarten Herzogtümern gab es keine feindlichen Regungen zu befürchten: Aber andere, und zwar die meisten Teile Europas, brannten lichterloh von inneren und mehr noch von auswärtigen Kriegen und Unruhen.

Heftig wurde von den Königen Philipp von Spanien und Heinrich von Frankreich Krieg geführt, und als beide bei Saint-Quentin in der Provinz Reims (Saint-Quentin identifizieren die Gelehrten mit dem antiken Samarobrina, das durch ein Winterlager Cäsars und die dort einberufene Versammlung der Gallier berühmt ist) die Entscheidungsschlacht suchten, kam es zu großem Blutvergießen. Zwar wurden auf beiden Seiten viele Menschen getötet und gefangen genommen, aber der Franzose erlitt in dieser Schlacht dennoch die schwerere Niederlage, hatte er doch die Blüte seines Adels verloren, während die wichtigsten Kommandeure und Würdenträger in Gefangenschaft geraten waren. Aus diesem Grund schloss er einen etwas unvorteilhaften Frieden mit seinem Feind, und schließlich wurden (wie unter Fürsten üblich, die Frieden schließen wollen) durch eine Ehe alle Streitigkeiten beigelegt. Dieser Friedensschluss zwischen zwei der mächtigsten Könige Europas fiel in den März desselben Jahres, in dem der große König Christian das Leben für den Tod eintauschte.

---

11 quia […] insertae deest apud *Regium*.
12 duobus minus annis *deest apud Regium*.
13 ob famam […] creditur *Iobinus*, quod audita morte Christierni tertii sibi metuisse crederetur *Regius*.
14 Cf. Caes. *BG* 5, 24, 1 et 53, 3 (Samarobriva).

Tenebat tunc imperii Romani sceptrum Ferdinandus Austriacus superiore anno in Caroli Quinti fratris locum septemvirorum Germaniae suffragio suffectus. Is enim Carolus[15] clarissimus potentissimusque imperator, cum ingravescentis aetatis valetudinisque vitio imbecillus tantam rerum molem sustinere diutius nec vellet nec posset et restitutis per Gulielmum Aurantium septemviris imperii insignibus, dignitate imperatoria et muneribus sponte sese abdicasset inque coenobium Sancti Iusti in Hispania abdidisset, in monastica ac solitaria ea vita diem extremum obierat eodem anno, quo et duae eius sorores Maria et Eleonora Ungariae et Galliae reginae filiique Philippi coniunx Maria Angliae regina vita excesserunt.

Ferdinandus igitur sub idem tempus coacto universo imperii senatu et ordinibus in urbe Vindelicorum Augusta conventum agebat. His in comitiis, quae ad tuendam et conservandam imperii dignitatem *[b 3][p. 6]* arcendumque Pannoniae oris Turcam crudelissimum et haereditarium Christiani nominis hostem ac muniendam stabiliendamque per Germaniam pacem et tranquillitatem publicam spectare videbantur, mensibus fere decem acta et constituta sunt.

Frequentibus quoque suffragiis decretum factum, ut Livoniae misere querenti de atrocissimi hostis Moscorum sive Rutenorum principis cervicibus suis assidue imminentis extrema saevitia atque iniuriis, quas inferente illo gravissimas esset perpessa, centenis aureorum millibus ad exercitum conscribendum suppetiae ferrentur. Quod imperii beneficium

---

15 Carolus *deest apud Regium.*

Damals trug Ferdinand von Österreich das Zepter des Römischen Reiches, der ein Jahr zuvor, von den sieben Kurfürsten Deutschlands gewählt, an die Stelle seines Bruders Karls V. getreten war. Denn als dieser bedeutendste und mächtigste Kaiser, geschwächt durch die Unbilden seines fortgeschrittenen Alters und seiner angegriffenen Gesundheit, die ungeheure Last der Verantwortung für den Staat nicht mehr länger tragen konnte und wollte, hatte Wilhelm von Oranien die sieben Kurfürsten wieder eingesetzt, und Karl hatte freiwillig der Reichsinsignien, der Kaiserwürde und seiner Pflichten entsagt und sich in das Kloster des Heiligen Justus' nach Spanien zurückgezogen, wo er in der Einsamkeit eines Lebens als Mönch in demselben Jahr seinem letzten Tag entgegengegangen war, in dem auch seine beiden Schwestern, die Königinnen Maria von Ungarn und Eleonora von Frankreich, sowie die Gemahlin seines Sohnes Philipp, Maria, Königin von England, aus dem Leben schieden.

Ferdinand also hatte zur selben Zeit den gesamten Reichstag und die Stände einberufen und hielt in Augsburg einen Kongress ab. Bei den dortigen Beratungen wurde, was zum Schutz und zur Bewahrung der Würde des Reiches, zur Abwehr des Türken, des grausamsten Erbfeindes der Christenheit, von den Küsten Kroatiens und zur Festigung und Stärkung des Friedens in Deutschland und der Ruhe im Inneren dienlich schien, während zehn Monaten verhandelt und beschlossen.

Mit großer Mehrheit wurde auch der Beschluss gefasst, zur Aufstellung eines Heeres Livland eine Unterstützung von 100.000 Gulden zu gewähren, das über die unerhörte Grausamkeit seines gefährlichsten Feindes, des Fürsten der Moskauer bzw. Russen, der ihm unablässig im Nacken saß, und über die schwerwiegenden Übergriffe, die es von dessen Seite erduldet hatte, heftige Klage führte. Diese Hilfsleistung des Reiches erschien den meisten derer, die damals Livland regierten, als so halbherzig und geringfügig, dass sie lieber

plaerisque eorum, qui tunc Livoniam administrabant, adeo
tenue et exile visum est, ut negligere omnino maluerint quam
rebus in extremum adductis discrimen praeter caetera mala
quibus affligerentur concitata insuper inanis auxilii invidia
sese onerare. Multo enim honestius praeclariusque ad
omnem posteritatem fore sibi iudicabant, si non adiuti ab imperio et tanto adversario[16] viribus longe inferiores vel hostis
potentiae cederent vel rebus omnibus fortunisque exuti viriliter occumberent, quam si aut in tam exigua aeris summa
spem aliquam et fiduciam[17] posuisse temere aut immemores
officii pro patria animis parum masculis et generosis prae-
liati perhiberentur.

Ita Livoniam nequicquam im*[p. 7]*plorantem auxilium et
tam potenti diroque hosti imparem propter ignaviam eorum,
per quos tunc regebatur, cum Rutenus haereditarii cuiusdam
iuris et denegati sibi tributi praetextu numeroso cum exercitu
invasisset, non modo crudeliter igni ferroque evastavit sed et
expugnatis plerisque occupatisque castellis ac munitionibus et
ingenti hominum multitudine trucidata multa praeterea mulierum puerorumque imbellium millia sedibus paternis ma-
ternisque avulsa uberibus in Moscoviam secum abduxit,
lugubre sane spectaculum et deplorandum nobilissimae ferti-
lissimaeque olim regionis fatum, quae tam longo aevi tempore adversus barbarorum finitimorum incursiones firmis-
simum Germaniae[18] munimentum et propugnaculum fuit,
magnum vero Germaniae dedecus, cum maiorum nostrorum
olim virtute et constantia diu fortiter egregieque defensa sit,
quorum ora et aspectum nedum arma vix ferre Romani[4] po-

---

16 tanto adversario *deest apud Regium.*
17 et fiduciam *deest apud Regium.*
18 Germaniae *Iobinus,* imperio Romano *Regius.*
19 Cf. Caes. *BG* 1, 39, 1.

insgesamt die Annahme verweigerten, als sich auf dem Höhepunkt der Krise zu allen sonstigen Schwierigkeiten, mit
denen sie zu kämpfen hatten, auch noch mit dem Neid auf
eine ohnehin nutzlose Unterstützung zu belasten. Denn nach
ihrem Urteil würden sie vor der Nachwelt viel ehrenhafter
und rühmlicher dastehen, wenn sie ohne die Hilfe des Reiches und mit angesichts eines solchen Gegners weitaus geringeren Kräften sich dem übermächtigen Feind geschlagen
gäben oder eben unter dem Verlust all ihrer Mittel und Möglichkeiten mannhaft untergingen, als wenn man von ihnen
berichtete, sie hätten entweder auf eine so kleine Summe
Geldes irgendeine zuversichtliche Hoffnung gesetzt oder
pflichtvergessen nicht männlich und edel genug für das Vaterland gefochten.

So fiel der Russe unter dem Vorwand angeblicher Erb-
rechte und verweigerter Tributzahlungen mit einem großen
Heer in Livland ein, das vergeblich um Hilfe flehte und das
wegen der Feigheit derer, die es damals regierten, einem so
mächtigen und schrecklichen Feind nicht gewachsen war. Er
verwüstete es nicht nur grausam mit Feuer und Eisen, sondern stürmte und besetzte auch die meisten Burgen und Festungen, tötete zahllose Menschen und verschleppte außerdem Tausende von Frauen und noch nicht wehrfähigen Knaben, die er aus dem Vaterhaus und von der Mutterbrust fort-
riss, mit sich ins Moskauer Land. Ein wahres Trauerspiel war
das bejammernswerte Schicksal dieser früher einmal so bedeutenden und fruchtbaren Landschaft, die so lange Zeit hindurch das zuverlässigste, sicherste Bollwerk Deutschlands
gegen Invasionen barbarischer Nachbarn war, aber auch eine
große Schande für Deutschland, weil sie, nachdem die Tapferkeit und Beharrlichkeit unserer Vorfahren sie lange mit
Mut und Erfolg behauptet hatte (deren Gesichter, deren Anblick schon die Römer kaum ertragen konnten — von ihren
Waffen ganz zu schweigen), jetzt, zu trostloser, erbärmlicher
Sklaverei verdammt, der Grausamkeit und Tyrannei der

terant, quod nunc oscitantibus iis, quibus finium defendendorum cura credita erat, in tristissimam miserrimamque redacta servitutem Moscorum saevitiae et tyrannidi cesserit.

Hic tunc iis in Europa locis rerum status erat, de quo nos breviter dicturos recepimus. Nunc consequens est, ut antiquissimae gentis originem et mores altius nonnihil investigemus: quod pro rei ipsius *[b 4][p. 8]* conditione fortasse longius erit. Antequam vero eo veniamus, paucis obiter lectorem admonitum volumus, ne quid nos hoc loco de Dithmarsis sigillatim dicturos existimet. Eorum enim regio, quam septem in longitudinem miliaribus porrectam pauloque angustius in latitudinem sese extendentem incolunt, cum Holsatiae cohaereat continensque cum illa intra Britannicum Germanicumque mare (quae vetustissima Cimbrorum sedes est) sita sit ipsique incolae ut eadem origine descendentes iisdemque viventes moribus et institutis uni eidemque cum Holsatis imperio Saxonum olim subiecti fuerint, neque nos illos separamus unoque sub Cimbrorum nomine utrosque complexi describimus.

At si obiciat quis diversam a Cimbris gentem Dithmarsos videri, quia illi a Gomero nepote Nohae,[20] hi a Marso orti credantur, is haud difficulter responderi sibi posse intelligat. Nam id ita esse tametsi largiar, tamen negari non potest Marsum Gomeri nepotem ex Thuiscone filio perhiberi, unde de cognatione gentis unum insidentis tractum, si id verum sit, facile est colligere. Verum Marsos aliis locis consedisse victosque olim et fusos a Germanico Tacitus accuratus Germaniae descriptor locuples testis est.

Moskauer anheim gefallen ist, während diejenigen mit offenen Mündern zusahen, denen die Sorge um den Schutz der Grenzen anvertraut worden war.

Das war damals in Europa die politische Situation, deren kurze Darstellung ich versprochen habe. Jetzt folgt eine etwas eingehendere Betrachtung von Herkunft und Wesensart dieses uralten Volkes, die ihrem Gegenstand entsprechend vielleicht etwas weitschweifiger ausfallen wird. Bevor wir aber dazu kommen, möchte ich den Leser am Rande kurz davor warnen zu glauben, dass ich hier über die Dithmarscher im Einzelnen sprechen werde. Denn weil das Gebiet, das sie in einer Länge von sieben deutschen Meilen und einer etwas geringeren Breitenausdehnung bewohnen, mit Holstein in einer zusammenhängenden Landmasse verbunden inmitten der Nord- und der Ostsee liegt (dort ist das ursprüngliche Stammland der Zimbern) und weil seine Bewohner nun einmal, da sie denselben Ursprung haben und nach denselben Sitten und Einrichtungen leben, gemeinsam mit den Holsteinern einst unter der Herrschaft der Sachsen gestanden haben, trenne auch ich sie nicht davon ab, sondern beschreibe beide Völker, indem ich sie unter dem einen Namen als Zimbern zusammenfasse.

Wenn nun jemand einwendet, die Dithmarscher seien doch wohl ein anderes Volk als die Zimbern, weil man meint, dass Letztere von Gomer, dem Enkel Noahs, erstere aber von Marsus abstammen, dann sollte er einsehen, dass man ihm unschwer Antwort geben kann. Denn selbst wenn ich großzügig zustimmen wollte, dass es sich so verhält, kann dennoch niemand leugnen, dass man von Marsus berichtet, er sei Gomers Enkel von dessen Sohn Thuisco, woraus man, wenn es wahr ist, leicht auf die Verwandtschaft eines Volkes schließen kann, das in derselben Gegend lebt. Aber dass die Marser sich anderswo niedergelassen haben und einst von Germanicus endgültig besiegt worden sind, bezeugt als reiche Quelle Tacitus, der Germanien so zuverlässig beschrieben hat.

---

20 Cf. *Gen.* 10, 2.

Mihi profecto magis consentaneum vero videtur Dithmarsos ab inhabitata loci ora nomen sortitos *[p. 9]* esse. Etenim universa ea regio, quae intra Cimbricam Chersonnesum est, bifariam distinguitur in palustrem et campestrem sive nemorosam. Qui depressa ideoque palustria et uliginosa tenent loca, hi ab incolis Marsi vocantur quasi inter paludes limosasque voragines demersi[21] habitantes. Inde Stormarsi[22] Crempermarsi Vilstermarsi Haseldorpermarsi et Dithmarsi dicti, qui una omnes quasi serie Albi flumini adiacent: cumque terram aquis humiliorem depressioremque incolant, haud tenui sumptu densis obiectis aggeribus vallisque praealtis praeterlabentis maris ac fluminum[23] vim atque aestum sustinere atque compescere coguntur saltem aggeribus, fossis aut profluentibus separati. In quas oras ut ab ipsa natura situque munitiores se suaque receperunt incolae, ubi gravius alicunde ab hostibus periculum aut terror illatus est,[24] ut postea memorabitur.

Rursus diverso appellantur vernaculo nomine, qui altiora atque aridiora terrae occupant, unde Holsati quasi inter sylvas saltusque siti habitantesque[25] nominati. Quam veriorem de nominis etymo sententiam iudico: nunc ad Cimbros in genere sese convertet oratio.

Mir scheint es sehr viel wahrscheinlicher, dass den Dithmarschern ihr Name von der unbewohnten Küste ihres Landes her zugekommen ist. Denn das gesamte Gebiet der Zimbrischen Halbinsel ist ja in zwei Landschaftsformen gegliedert, in Marschland und Feld- oder Waldland. Diejenigen, die tief gelegene und deshalb sumpfig-feuchte Gebiete bewohnen, werden von den Einheimischen „Marscher" genannt, also Leute, die tief inmitten von Sümpfen und schlammigen Abgründen leben. Daher die Namen der Stormarscher, Krempermarscher, Wilstermarscher, Haseldorfermarscher und Dithmarscher, die alle gemeinsam sozusagen aneinandergereiht an der Elbe liegen: Und weil sie ein Land bewohnen, das niedriger und tiefer ist als der Wasserspiegel, sind sie gezwungen, die Gewalt und die Flut des vorbeiströmenden Meeres und der Flüsse unter hohem Aufwand aufzuhalten und einzudämmen, indem sie in dichter Folge Deiche und steile Wälle dagegengesetzt haben. So sind sie wenigstens durch Deiche, Gräben oder Siele abgegrenzt. In dieses Küstengebiet, das durch die Natur und seine Lage selbst schon recht gut befestigt war, retteten die Einheimischen sich und ihre Habe, sobald von irgendwoher von Feinden schlimmere Gefahr oder Furcht drohte: davon später mehr.

Mit einem anderen Namen werden in der Landessprache wiederum diejenigen bezeichnet, die die höher gelegenen und trockeneren Teile des Landes eingenommen haben und daher „Holsten" heißen, also Leute, die inmitten von Wäldern und Waldtälern ansässig leben. Nach meinem Urteil ist diese Auffassung von der Ursprungsbedeutung des Namens die richtigere: Jetzt aber wird sich die Darstellung den Zimbern im Allgemeinen zuwenden.

---

21 demersi *deest apud Regium.*
22 Stormarsi *Iobinus,* Stormasi *Regius.*
23 maris ac fluminum *Iobinus,* fluminis *Regius.*
24 illatus est *Iobinus,* imminuit *Regius.*
25 siti habitantesque *Iobinus,* habitantes *Regius.*

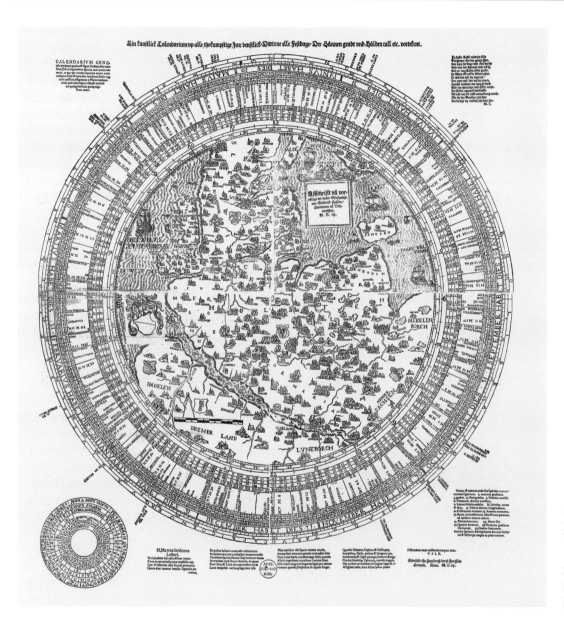

Marcus Jordanus: Karte
über die Herzogtümer
Schleswig und Holstein,
mit einem Kalendarium
für die Jahre 1558–1585.
Hamburg 1559.

Holsatia itaque omnis, uti nunc vocatur, Slesvicensem ducatum Vagriam Stormariam Dithmarsiam[26] et Iutiam minoresque aliquot regiones ac insulas ut Angliam (ex qua Anglis teste Be*[p. 10]*da in maiore Britannia et origo et nomen est)[27] Suvantiam Alsiam minorem Cimbriam, quae et Fimbria dicitur, cum aliis quibusdam[28] complectens veteribus Cimbrica Chersonnesus dicta fuit. Ea ab Albi flumine prope civitatem Hamburgum ad extrema Iutiae (qui locus incolis Schagen dicitur)[29] in longitudinem itinere duodecim dierum extenditur; in latitudinem vero ab insula Fimbria[30] ad Buesen insulam Dithmarsiae dierum sex itinere expedito patens porrigitur, ita ut ab una parte fere tota oceano orientali alluatur, ab altera occidentali, ac propterea peninsulae nomen merito sortiatur. A meridie enim saltem inferiori Saxonicorum ducum regioni contigua est. A reliquis eius loci finitimis ducatibus ut Megalopolitano et Luneburgensi dividitur per Travenam Bilenam et Albim fluvios.

Caeterum cum in genere totam Cimbriam depinxerim, non inutile fore existimavi, si Holsatiam quoque specialiter describerem. Ea quatuor fluminibus circumdata est, Bilena ad orientem, ad occasum Stora, ad meridiem Albi, ad septentrionem Eidora, qui fluvius vetus Daniae limes a quibusdam esse existimatur. Sed Annonius monachus Benedictinus diversum ab hoc limitem constituit, nempe vallum illud adhuc nostro tempore muris et aggesta terra insigne, quod a nostris 𝕯𝖊𝖓𝖓𝖜𝖊𝖗𝖈𝖐, hoc est „Dano*[p. 11]*rum opus" appellatur et propter Caroli Magni exercitum adventantem a Godefrido

Ganz Holstein also, wie man es heute nennt, umfasst das Herzogtum Schleswig, Wagrien, Stormarn, Dithmarschen, Jütland und einige kleinere Gebiete und Inseln wie z. B. Angeln (von wo nach dem Zeugnis Bedas die Angeln in Großbritannien Herkunft und Namen haben), Schwansen, Alsen, Kleinzimbrien, das auch Fehmarn genannt wird, und weitere Landstriche. Es hieß in der Antike die Zimbrische Halbinsel. Sie erstreckt sich von der Elbe bei Hamburg bis zur Spitze Jütlands (ein Ort, den die Einheimischen Skagen nennen) zwölf Tagesmärsche in die Länge, in die Breite aber reicht ihre Ausdehnung von Fehmarn sechs leichte Tagesmärsche bis nach Büsum, einer Insel, die zu Dithmarschen gehört. So wird sie von der einen Seite beinahe ganz von der Ostsee, auf der anderen von der Westsee umspült und trägt deshalb den Namen „Halbinsel" mit Recht. Im Süden nämlich grenzt sie wenigstens an Niedersachsen. Von den übrigen angrenzenden Herzogtümern, z. B. von Mecklenburg und Lüneburg, trennen sie Trave, Bille und Elbe.

Da ich ganz Zimbrien im Allgemeinen dargestellt habe, meine ich nun, es könne recht nützlich sein, wenn ich auch Holstein im Besonderen beschriebe. Es ist von vier Flüssen umgeben: der Bille im Osten, der Stör im Westen, der Elbe im Süden und der Eider im Norden, ein Fluss, den manche als die alte Grenze Dänemarks betrachten. Aber der Benediktiner Annonius hat eine andere Grenze bestimmt als diese, nämlich den berühmten Wall, der noch bis in unsere Zeit durch Mauern und Erdaufwerfungen deutlich sichtbar ist. Von unseren Landsleuten wird er „Dennwerck", also „Werk der Dänen" genannt. Weil ein Heer Karls des Großen heranrückte, wurde er von König Gottfried von Dänemark gebaut und von der „Schlei" genannten Förde der Ostsee unweit von Schleswig und Gottorf bis nach Hollingstedt am Ufer der Eider geführt, die sich später in die Nordsee ergießt.

---

26 Slesvicensem ducatum Vagriam Stormariam Dithmarsiam *Regius*, Stormariam Vagriam Dithmarsiam Slesvicensem ducatum *Iobinus*.
27 (ex qua […] est) *deest apud Regium*. Cf. Beda *hist. eccl.* PL 95, 43 B.
28 Alsiam […] cum aliis quibusdam *deest apud Regium*.
29 (qui […] dicitur) *deest apud Regium*.
30 Fimbria sive parva Cimbrica *Regius*.

Daniae rege structum perductumque est a sinu Oceani Britannici[31] Slue dicto haud procul Slesvico et Gothorpa usque ad Hollingstadium, quod Eidora amnis in Germanicum mare se exoneraturus alluit.

Incoluerunt olim Holsatiam ab antiquissima memoria prisci illi et pugnaces Cimbri bello cum Romanis gesto celebres,[32] unde et nomen universa ea regio accepit, ut ex Ptolomaeo Strabone Plinio et Tacito maximis certe autoribus constat: qui omnes uno quasi ore Cimbros inter duo maria Britannicum[33] nempe et Germanicum nunc vulgo occidentale et orientale dicta Aquilonem versus a Saxonibus consedisse diserte testantur.[34] Et servat etiamnum hoc tempore nominis vestigium insula parva contra Lubecam civitatem sita, quae Fimbria hodie una duntaxat litera innovata appellatur.

Cimbros vero a Gomero nepote Nohae ex maximo natu filio Iapheto ortos esse nomenque ab eo per tot secula paululum immutatum trahere consentiens omnium opinio est. Posteritas igitur Iapheti cum maiorem orbis terrarum partem in Europa Asiaque minore occupaverit, quod ipsi cum etymon nominis dilatationem significantis tum fausta Nohae parentis imprecatio portendebant,[35] posteri a Gomero orti ad *[p. 12]* Bosphorum Maeotidi paludi proximum, qui de illis Cimmerius est appellatus, ultra Thraciam, ubi Tanais oritur, sedes

Holstein bewohnten einst seit ältester Zeit die altehrwürdigen und kriegerischen Zimbern, die wegen des Krieges, den sie gegen die Römer führten, so berühmt sind. Daher hat auch die ganze Gegend ihren Namen erhalten, wie wir aus Ptolemäus, Strabon, Plinius und Tacitus, zweifellos hervorragenden Quellen, sicher wissen. Sie alle bezeugen wie aus einem Munde, dass die Zimbern zwischen zwei Meeren, dem Britannischen nämlich und dem Germanischen, die jetzt gewöhnlich Westsee und Ostsee heißen, von den Sachsen aus im Norden gesiedelt hätten. Auch bewahrt noch in unserer Zeit eine kleine Insel eine Spur dieses Namens. Sie liegt der Stadt Lübeck gegenüber und wird heute Fimbrien genannt, wobei lediglich ein Buchstabe neu eingeführt wurde.

Darüber aber, dass die Zimbern von Gomer abstammen, dem Enkel Noahs von seinem ältesten Sohn Jafet, und dass sie ihren Namen von ihm her so viele Jahrhunderte hindurch nur leicht verändert weiterführen, herrscht allgemeine Übereinstimmung. Als die Nachkommenschaft Jafets also den größten Teil der Erde in Europa und Kleinasien in Besitz genommen hatte, was ihm selbst schon die Etymologie seines Namens, der „Ausbreitung" bedeutet, besonders aber der Glück bringende Segen seines Vaters Noah verhießen, da siedelten seine von Gomer abstammenden Nachkommen an dem Bosporus, der dem Asowschen Meer am nächsten liegt und der nach ihnen „Kimmerischer Bosporus" heißt, jenseits von Thrakien, wo der Don entspringt, und wurden selbst Kimmerier genannt. Diesen Zusammenhang bezeugt zuverlässig auch der Prophet Hesekiel, der Gomer und Togarma ausdrücklich Gegenden im Norden nennt: Das ist von Palästina aus gedacht, wo dieser heilige Mann von der Heiligkeit

---

31 Sed cf. *CCD p.* 130 b: *ad Sleam sinum maris Balthici.*

32 Cf. Tac. *Germ.* 37, 1: *Cimbri* [...] *parva nunc civitas, sed gloria ingens.*

33 Cf. Krantz *Sax.* 1, 8: *inter duo maria Britannicum et Germanicum (nostri vocant orientale et occidentale).*

34 Cf. Ptol. *geog.* 2, 11, 2. 12, Str. 7, 2, 4 (τὰ δὲ πέραν τοῦ Ἄλβιος τὰ πρὸς τῷ ὠκεανῷ παντάπασιν ἄγνωστα), Plin. *nat.* 4, 13, 97, Tac. *Germ.* 37, 1 (*eundem Germaniae sinum proximi Oceano Cimbri tenent*).

35 Cf. *Gen.* 9, 27.

habuerunt ipsi Cimmerii dicti. Cuius rei etiam propheta Eze-chiel certissimus est testis, qui Gomer et Thogorma latera Aquilonis expresse vocat: quod de Palaestina, ubi vir divinus sacri numinis instinctu scripsit, accipiendum est.[36] Quo sane in loco floruisse olim Cimbros potentia et nominis celebritate praeter Bosphorum et mons et oppidum eiusdem loci ab ipsis Cimmerium nominatum documento sunt.[37]

Hinc postea succedente tempore, quod haud difficile illis fuit, per regiones propinquas Russiam Lituaniam Livoniam Bo-russiam et Wandaliam eam, quam nunc Pomerani et Megal-burgici obtinent,[38] in Cimbricam Chersonnesum progressi totoque eo littore se passim diffundentes late dominati sunt et castrato paululum nomine literaque interiecta Cimbri nun-cupati. Quando vero et qua occasione haec migratio conti-gerit, quoniam nulla gentis ab eo tempore monumenta extant, ex quibus id constare possit, ignotum est. Herodotus memi-nit Cimbros, cum eruptione[39] facta Lydiam invasissent, ab eius populi rege repulsos esse.[40] Sabellicus praeterea Alia-tem, qui Lydorum rex fuit, eos Asia eiecisse[41] scribit.

An igitur eo statim tempore eaque occasione in haec loca concesse*[p. 13]*rint, certo affirmari non potest. Nam hac de re quae veteres Saxonicarum rerum scriptores literis prodi-derunt, iis, quae scilicet ab hominibus imperitis rudibusque passim congesta sunt, fides habenda non est eosque Albertus

Gottes inspiriert geschrieben hat. Dass nun an diesem Ort einst die Zimbern in macht- und ruhmvoller Blüte standen, belegen außer dem Bosporus auch eine dort gelegene „Kim-merierstadt" und ein „Kimmerierberg", die nach ihnen be-nannt wurden.

Von dort sind sie später im Laufe der Zeit — was ihnen leicht fiel — über die benachbarten Gebiete Russland, Litauen, Livland, Preußen und jenes Wandalien, das jetzt die Pom-mern und Mecklenburger bewohnen, auf die Zimbrische Halbinsel vorgerückt. An deren ganzer Küste breiteten sie sich überall aus; sie wurden die Herren des Landes und mit leicht verstümmeltem Namen, in den ein Buchstabe einge-schoben wurde, die „Zimbern" genannt. Wann aber und aus welchem Anlass es zu dieser Wanderung kam, ist unbekannt, weil es keine Denkmäler des Volkes aus jener Zeit gibt, die darüber Gewissheit herstellen könnten. Herodot erwähnt, dass die Zimbern sich in Bewegung setzten, in Lydien ein-fielen und von dem König dieses Volkes zurückgeschlagen wurden. Sabellicus schreibt außerdem, dass Alyattes, damals der König der Lyder, sie aus Kleinasien hinauswarf.

Ob sie sich also damals und aus diesem Anlass sofort hier-her zurückgezogen haben, ist nicht mit Sicherheit anzuge-ben. Denn in das, was die älteren Chronisten der sächsischen Geschichte darüber niedergeschrieben haben, kann man kein Vertrauen setzen; schließlich ist es ja auch von unkundigen und schlecht ausgebildeten Männern irgendwie zusammen-getragen worden. Der gewissenhafte Forscher und Historiker Albert Krantz hat ihre Aussagen in fast allen Punkten als un-haltbare Hirngespinste widerlegt. Wenn nun die Beschäfti-gung mit Literatur in gleicher Weise wie das Kriegswesen bei den Zimbern in Blüte gestanden hätte, dann hätten sie uns zuverlässigere Denkmäler ihrer Ankunft in dieser Ge-

---

36 Cf. *Ezech.* 38, 6, *CCD p.* 150 a, [H. Rantz.] 153; perperam Braunschweig: „da-runter ist Palästina zu verstehen".
37 Cf. Strab. 11, 2, 5.
38 Borussiam [...] obtinent *Iobinus,* et Borussiam *Regius.*
39 eruptione *Iobinus,* irruptione *Regius.*
40 Cf. Hdt. 1, 15–16, 2.
41 Cf. Hdt. 1, 16, 2 (Ἀλυάττης [...] Κιμμερίους [...] ἐκ τῆς Ἀσίης ἐξήλασε).

Cranzius diligens et curiosus historiae scriptor ubique fere ut futiles et frivolos refellit. Quod si literarum cultura aeque ac res militaris apud Cimbros floruisset, certiora de suo in haec loca adventu aliisque rebus praeclare feliciterque abs se gestis monumenta nobis reliquissent. Sed ipsi ut et aliae pleraeque gentes animose viriliterque agere et bella gerere quam eleganter et ornate scribere maluerunt.

Illud tamen ego haud nulla ductus coniectura crediderim, non universam simul gentem omnino illuc sese effudisse, sed remansisse nonnullos, qui relicta ab aliis loca colerent, quod homines istius orae veteribus Cimbris non dissimiles sint moribus et institutis, ut historiae produnt. Neque enim singulari cuiusquam imperio parent, sed complures inter eos sunt nobiles viri. Ii ex praedatione et venatu victum et opes quaerunt: quas duas omnino res cum plurimi semper faciant, propter eas saepe ingentes inter ipsos discordiae et contentiones oriuntur. Opinantur nonnulli eos vel inusitata Oceani inundatione coactos vel vi a Gothis expulsos sedibus suis emigrasse. Quod mihi verisimile non *[p. 14]* videtur, sed potius suapte sponte et voluntate sive fato quodam impulsos sive opum alienarum cupiditate accensos cultiora loca appetiisse existimaverim, praesertim quibus ut nulla terrestrium itinerum difficultate praepeditis magnam facultatem ad invadendas occupandasque alienas provincias classis praebuerit.

Neque vero soli Cimmerii, sed et aliae quaedam ipsis conterminae gentes sedibus pristinis relictis in alias terras migrantes transierunt. In his Getae Daci Syevi Teutones sive

gend und anderer großer Erfolge und Leistungen hinterlassen. Sie aber hatten wie die meisten anderen Völker größeres Interesse an der mutigen, männlichen Tat und am Krieg als an schönem Schrifttum in glänzendem Stil.

Dennoch veranlasst mich persönlich manch eine Überlegung zu der Annahme, dass nicht das ganze Volk auf einmal hierher geströmt ist, sondern einige zurückgeblieben sind, um das von den anderen verlassene Land zu bewohnen. Die Geschichtsschreibung verrät uns nämlich, dass die Menschen dort den Zimbern der Antike in ihren Sitten und Einrichtungen sehr ähnlich sein sollen. Denn sie gehorchen nicht dem Befehl eines Einzelnen, sondern es gibt bei ihnen eine Vielzahl von Adligen. Die wiederum suchen sich durch Beute- und Jagdzüge ihren Lebensunterhalt und Reichtum zu verschaffen. Weil sie nun diese beiden Tätigkeiten am höchsten schätzen, kommt es ihretwegen oft zu gewaltigen Händeln und Streitigkeiten untereinander. Manche glauben, dass sie von einer ungewöhnlich schweren Überschwemmung zur Auswanderung aus ihrer Heimat gezwungen oder gewaltsam von den Goten vertrieben wurden. Mir scheint das unwahrscheinlich: Vielmehr möchte ich meinen, dass sie ganz aus freien Stücken, vielleicht von einer Schicksalsmacht getrieben, oder aus heftiger Gier nach fremdem Gut in höher entwickelte Länder vorgestoßen sind – zumal ihnen ja ihre Flotte die beste Möglichkeit bot, unbehindert von den Schwierigkeiten des Landweges in fremde Siedlungsräume einzufallen und sie zu erobern.

Aber nicht allein die Kimmerier, sondern auch bestimmte andere angrenzende Völker haben ihre angestammten Wohnsitze verlassen und sind auf ihrer Wanderung in andere Län-

Thuiscones (ab Ascane filio Gomer,[42] qui et Thuiscon) et Sacae fuerunt, qui omnes mutatis appellationibus nunc Gothi Dani Suedi Germani et Saxones nominantur etiam hodie Cimbris finitimi. Caeterum fuerunt semper Cimbri gens impigra strenua manu prompta et bellicosa: quod cum origo nominis pugnacem significantis tum res ab ipsis audacissime fortissimeque gestae abunde testantur.

Ab iisdem Sicambri et ortum et nomen ducunt, quos nunc Geldrenses esse viri docti arbitrantur. Post aliquot enim numero reges, qui inter priscos Cimbros sive Cimmerios dominatum tenuisse feruntur, cum ad Antenorem secundum, qui Marcomyri filius fuit, rerum summa pervenisset, is fixis per maiores suos et prolatatis iam sedibus ad Rhenum usque et Germanicum mare Britonum regis finitimi filiam *[p. 15]* Cambram nomine in matrimonium sibi copulavit. Quae mulier cum in magno apud regem precio et honore esset ob eximias pudici venustique ingenii dotes, in eius favorem et gratiam novum genti nomen indidit, ut pro Cimbris postea Sicambri appellarentur: idque a conditi mundi exordio anno post quingentos et ter mille quinquagesimo, cum Artaxerxes Longimanus Persis imperaret.

Succedente postea Antenori filio Priamo recens Sicambrorum nomen non modo non deposuerunt, sed peregrinam quoque et ignotam prius Saxonum linguam addiscentes in suam cooptarunt, quod duces eorum crescente in dies magis

der gezogen. Dazu gehörten die Geten, die Daker, die Sueben, die Teutonen oder Thuiskonen (nach Aschkenas, dem Sohn Gomers, der auch Thuiskon genannt wird) und die Saken. Sie alle haben ihre Eigennamen geändert, heißen jetzt Goten, Dänen, Schweden, Deutsche und Sachsen und sind auch heute noch Nachbarn der Zimbern. Im Übrigen waren die Zimbern immer ein fleißiges, tüchtiges, zupackendes und kriegerisches Volk: Das bezeugt schon der Ursprung ihres Namens, der „kämpferisch" bedeutet, aber mehr noch und im Übermaß die Geschichte ihrer wagemutigen und tapferen Taten.

Von ihnen leiten auch die Sugambrer, die die Gelehrten mit den heutigen Bewohnern des Gelderlandes identifizieren, ihre Herkunft und ihren Namen her. Denn als nach einer Reihe von Königen, die angeblich bei den Zimbern bzw. Kimmeriern die Herrschaft innehatten, die Macht auf Antenor II., einen Sohn des Marcomyrus, übergegangen war, da band er, nachdem seine Vorfahren ihr Siedlungsgebiet eingenommen und bis an den Rhein und an die Nordsee vorgeschoben hatten, die Tochter eines benachbarten Königs der Britonen, Cambra mit Namen, als Ehefrau an sich. Weil der König diese Frau, die in einem ungewöhnlich hohen Maße mit Anstand und Liebenswürdigkeit des Charakters begabt war, so sehr schätzte und ehrte, verlieh er um ihrer Gunst und Dankbarkeit willen seinem Volk einen neuen Namen, sodass sie Sugambrer statt Zimbern genannt wurden, und zwar im Jahre 3550 nach Erschaffung der Welt, als Artaxerxes I. Langhand in Persien herrschte.

Als danach sein Sohn Priamus Antenors Nachfolger wurde, behielten sie nicht nur den Namen „Sugambrer", sondern lernten auch die fremde, ihnen bisher unbekannte Sprache der Sachsen und wählten sie zu ihrer eigenen hinzu, weil ihre Heerführer unter einem täglichen, ständigen Machtzuwachs ihre Herrschaft bis an das rechte Rheinufer vorgeschoben hatten. Als sie sich eine lange Zeit später um das

---

42 Cf. *Gen.* 10, 3.

magisque potentia ad Rheni ripam dexteram usque dominatum protulissent. Longo deinde intercedente temporis intervallo circiter annum conditi orbis terrarum a termillesimo octingentesimo quadragesimum regnante Meradoco primo cum Rhenum relinquere ob insolitas frequentesque cum ostiorum eius tum maris inundationes cogerentur, Harciniae tractum occuparunt. Inde vero non multo post a Boiis pulsi[43] traiecto Danubio Noricum insederunt (quo loco etiamnum hoc saeculo comitatus extat ex nomine eius rei argumentum habens), donec Meradoco secundo duce contractis undecunque omnibus gentis suae viribus adiunctisque sibi in societatem Teu*[p.16]*tonum et Ambronum auxiliis Galliam et Italiam invadere coeperunt: unde in Germaniam a Cassandro primo reducti sunt.

Ex Norico enim per Helvetiam Galliamque penetrantes, quorum multitudo trecenta millia tum excessisse memoratur, in Hispaniam populabundi transierunt, qua maximis affecta detrimentis a Celtiberis inde post armis reiecti atque depulsi sunt. Igitur in Galliam revertentes cum omnem eam provinciam, quacunque iter fecerant, crudeliter evastassent, inita cum Teutonibus et Ambronibus belli societate in Italiam armis irruere decreverunt annum circiter decimum ante natum Christum supra centum.

Primus Romanorum Papyrius Carbo consul in Illyrico cum universo exercitu ab ipsis conciditur. Post eum M. Iunius Sylvanus et ipse consul contracta infeliciter pugna superatur, a qua victoria cum missis legatis sedem et agros a senatu Romano postularent, is hoc ipsis negavit. Nec longe post altero commisso praelio Aurelius Scaurus legatus consulis deletis copiis in manus eorum vivus pervenit. Qui in

Jahr 3840 nach Erschaffung der Welt unter König Meradocus I. wegen ungewöhnlich heftiger und häufiger Überschwemmungen der Rheinmündungen und der Küste gezwungen sahen, den Rhein zu verlassen, besiedelten sie ein Gebiet in Herkynien. Von dort wurden sie wenig später von den Bojern vertrieben. Sie überquerten die Donau und ließen sich in Norikum nieder (dort gibt es noch in diesem Jahrhundert eine Grafschaft, deren Name einen Beleg für diese Tatsache darstellt), bis sie unter der Führung Meradocus II. aus jeder Richtung alle Kräfte des Volkes zusammenzogen, sich durch ein Bündnis mit Hilfstruppen von Teutonen und Ambronen verstärkten und begannen, in Gallien und Italien einzufallen. Von dort wurden sie von Kassander I. nach Germanien zurückgeführt.

Aus Norikum nämlich stießen sie mit den Berichten zufolge mehr als 300.000 Menschen über Helvetien und Gallien hinweg vor und zogen plündernd durch Spanien. Von dort wurden sie dann, nachdem sie dem Land schwerste Schäden zugefügt hatten, von den Keltiberern mit Waffengewalt zurückgeschlagen und vertrieben. Deshalb kehrten sie nach Gallien zurück, und nachdem sie dieses ganze Gebiet, wohin sie sich auch wandten, grausam verwüstet hatten, schlossen sie ihr Kriegsbündnis mit Teutonen und Ambronen und beschlossen, mit Waffengewalt in Italien einzufallen. Das war etwa im Jahre 110 von Christi Geburt.

Als erster Römer wurde von ihnen der Konsul Papirius Carbo in Illyrikum mit seinem ganzen Heer niedergemacht. Nach ihm wurde Marcus Iunius Silanus, auch er ein Konsul, besiegt, nachdem er sich unter unglücklichen Umständen auf eine Schlacht eingelassen hatte. Als sie nach diesem Sieg Botschafter entsandten und vom römischen Senat ein Siedlungsgebiet und Ackerland forderten, erteilte der ihnen eine Absage. Bald darauf vernichteten sie in einem weiteren Gefecht die römischen Truppen, und Aurelius Scaurus, der Legat des Konsuls, fiel ihnen lebendig in die Hände. Er

---

43 Cf. Str. 7, 2, 2.

consilium a victoribus adhibitus cum eos deterrere conaretur, ne superatis Alpium iugis in Italiam sese demitterent, quod vinci non posse Romanos diceret, Bolus rex ferocisque ingenii iuvenis[44] confestim manu sua eum interemit. Praelium illud Tacitus *[p. 17]* factum scribit anno sexcentesimo quadragesimo post urbem conditam,[45] a quo alii dissentiunt.

Ad eam advenientis tanta multitudine gentis famam tribusque iam praeliis victricis perterriti Romani nec sibi, donec Italiam hostes ingrederentur, expectandum rati in aditu Alpium denuo exercitum validum opponunt. Igitur inita ad Rhodanum fluvium pugna anno ab urbe condita nono et quadragesimo post sexcentos (quemadmodum annos supputant qui Tacitum non sequuntur) iterum Cimbri memorabilem et funestam Romanis victoriam consequuntur octoginta millibus militum trucidatis, calonum lixarumque quadraginta millibus castrisque binis consularibus potiuntur vix denis (ut aiunt quidam) e tanto exercitu elabentibus. Alter proconsulum, qui duces fuerant, C. Manlius in pugna interfectus occubuit, alter Q. Servius Cepio, cum ex fuga Romam certissimus cladis nuntius pervenisset, abrogato imperio bonisque publicatis cum, quod eius temeritate tanta clades accepta crederetur, tum ob spoliatum auro Delphico templum Tholosanum[46] in carcerem ductus est necatique post cadaver ad scalas Gemonias abiectum. Feruntur uno in praelio Romani maiore clade et detrimento nunquam affecti.

wurde von den Siegern zum Kriegsrat hinzugezogen, aber als er versuchte, sie davon abzuschrecken, die Alpen zu überqueren und sich auf Italien niederzustürzen, weil, wie er sagte, die Römer unbesiegbar seien, brachte ihn König Bolus, ein aggressiver Krieger, sofort eigenhändig um. Tacitus schreibt, dieser Kampf hätte im Jahre 640 nach Gründung Roms stattgefunden; andere sind anderer Meinung.

Die Römer waren angesichts des Gerüchtes, dass ein Volk, das schon in drei Kämpfen siegreich war, in solcher Masse heranrücke, voller Furcht. Da sie meinten, nicht warten zu dürfen, bis die Feinde in Italien einmarschierten, stellten sie ihnen am Eingang der Alpen erneut ein starkes Heer entgegen. Als es deshalb im Jahre 649 nach Gründung Roms (wie diejenigen, die Tacitus nicht folgen, die Jahre berechnen) an der Rhone zur Schlacht kam, gelang den Zimbern erneut ein denkwürdiger, für die Römer vernichtender Sieg: 80.000 Soldaten und 40.000 Pferdeknechte und Angehörige des Trosses wurden getötet. Sie stürmten zwei prokonsularische Lager, und wie manche behaupten, sind kaum zehn aus diesem großen Heer entkommen. Der eine der beiden Prokonsuln, die das Kommando hatten, Gaius Manlius, fiel in der Schlacht. Der andere, Quintus Servilius Caepio, war auf der Flucht als zuverlässigster Bote der Niederlage in Rom angekommen. Weil man glaubte, dass seine Unbedachtsamkeit die Niederlage verursacht hatte, besonders aber, weil er das Gold aus dem Apollotempel in Toulouse hatte rauben lassen, wurde ihm das Kommando entzogen, sein Besitz konfisziert und er ins Gefängnis geworfen. Dann tötete man ihn und warf seinen Leichnam vor die Gemonische Treppe. Angeblich haben die Römer in einer einzigen Schlacht niemals eine größere und verlustreichere Niederlage erlitten.

---

44 Cf. Krantz *Sax.* 1, 10: *quod diceret Romanos vinci non posse, a Bolo rege feroci iuvene occisus est*, Wimpf. *epith. fol.* III[v].

45 Cf. Tac. *Germ.* 37, 2.

46 Cf. Gell. 3, 9, 7, Cic. *nat.* 3, 74.

Quamobrem suspensis metu animis de exitu belli magnopere solli*[c][p. 18]*citi praesentique rerum suarum periculo vehementer perturbati, cum hostes exitium urbi minitantes propediem adventare nunciarentur, missis celeriter trans mare nunciis bellicosum iuxta et fortunatum ducem C. Marium ex Lybia, ubi Iugurtham devicerat, in urbem revocant eumque continuato per annos plures magistratu eius belli imperatorem creant. Hic anno improsperam eam pugnam insequenti secundum consul factus et ad bellum Cimbricum a senatu mandatum profectus fatidicae mulieris suasu, cui Marthae nomen fuit, per biennium conflictu abstinuit. Interea temporis castra ab hostibus summa vi oppugnata nec minore constantia a Mario defensa sunt.

Post elapsos vero duos annos cum Teutonibus et Ambronibus, qui divisis copiis diversa via ex Gallia in Italiam fuerant transgressi, ad Aquas Sextias manus feliciter conseruit. Eo valde acri cruentoque praelio victor ducenta millia hostium fudit, cepit nonaginta millia: tantaque fertur caesorum fuisse multitudo, ut Massilienses postea congestis defunctorum ossibus vineas obsepserint agrique eius loci madefacta sanguine humano gleba et carnium putredine superfuso praesertim rore copioso et imbre quasi stercore multo pinguescentes uberrimi feracissimique redditi sint. Lucius tamen Florus non uno sed *[p. 19]* duobus secundis praeliis eodem loco Teutones et Ambrones a Mario profligatos refert.

Aus diesem Grund befanden sie sich in einem Zustand furchtsamer Anspannung. In großer Sorge über den Ausgang des Krieges und angesichts der gegenwärtigen existenziellen Gefahr äußerst verunsichert, schickten sie, als gemeldet wurde, die Feinde, die der Stadt mit Untergang drohten, würden bald da sein, schnell Boten über das Meer und riefen den kampfeslustigen und dabei erfolgreichen Feldherrn C. Marius aus Afrika, wo er Jugurtha endgültig besiegt hatte, nach Rom zurück. Unter mehrjähriger Verlängerung seiner Amtszeit wählten sie ihn zum Oberkommandierenden in diesem Krieg. Er wurde in dem auf jene unglückliche Schlacht folgenden Jahr zum zweiten Mal zum Konsul gewählt, und als er, nachdem ihm der Senat das Kommando übertragen hatte, in den Zimbernkrieg gezogen war, vermied er auf Anraten einer alten Wahrsagerin namens Martha zwei Jahre lang die Auseinandersetzung. In der Zwischenzeit wurde der römische Stützpunkt von den Feinden mit aller Macht berannt, von Marius aber mit derselben Entschlossenheit verteidigt.

Nach Ablauf zweier Jahre aber ließ er sich mit Teutonen und Ambronen, die in zwei getrennten Abteilungen auf unterschiedlichen Marschrouten von Gallien aus die Grenze nach Italien überquert hatten, bei Aquae Sextiae mit glücklichem Ausgang auf eine Schlacht ein. In diesem sehr heftigen und blutigen Kampf brachte er siegreich 200.000 Feinde zur Strecke und nahm 90.000 gefangen. Man sagt, die Menge der Erschlagenen sei so groß gewesen, dass die Bürger von Marseille hinterher die Knochen der Toten sammelten und ihre Weinberge damit befestigten. Die Scholle troff von Menschenblut und verwestem Fleisch, und vor allem, als sich Tau und Regen reichlich darüber ergossen, wurden die Äcker wie von viel Dünger fett und ungewöhnlich fruchtbar und ertragreich. Lucius Florus berichtet jedoch, dass die Teutonen und Ambronen nicht in einer, sondern in zwei glücklichen Gefechten am selben Ort niedergeworfen wurden.

Tam insperato et infelici sociorum casu Cimbri, qui per Noricum in Italiam descenderant, quanquam attenuati numero et viribus, animo tamen minime fracti sedem a Romanis collocando rerum suarum domicilio petebant. Quo non impetrato Q. Catuli proconsulis exercitum in fugam versum ab Alpium faucibus, quas obsederat, summovent Italiamque ingressi ad Athesin flumen castra metantur. Nec defuit fortunae impotenter sibi blandienti Marius summaque celeritate eo advolans copias suas cum Catuli milite coniungit initoque praelio die vicesimo nono Iulii centum quadraginta millia hostium Cimbrorum occidit, supra sexaginta millia capta in potestatem redigit.

Duravit igitur hoc bellum Cimbricum duodecim continuos amplius annos sumpto initio a Cn. Papyrio Carbone consule a Cimbris interfecto usque ad quintum Caii Marii consulatum, cum ad Athesin illos penitus debellavit. Nec sane modicas Cimbri intra id tempus Romanis clades intulerunt, cum aut caesis aut captis fugatisve eorum ducibus quinque consulares exercitus prosternerent. Equidem nisi fuisset ita divinitus constitutum praedictumque, ut Roma plerisque omnibus subactis provinciis orbis terrarum caput efficeretur summumque in eo imperium et potestatem gere*[c 2][p. 20]*ret, et nisi ea tempestate tam excellentis virtutis et felicitatis incredibilis extitisset imperator, potuisset forsitan tunc imperium Romanum penitus everti atque deleri.

Proinde haud immerito Marius tertius urbis Romae conditor et assertor a Plutarcho appellatur[47] primoresque civita-

---

47 Cf. Plut. *Mar.* 27, 5.

Angesichts des unerwarteten und unglücklichen Schicksals ihrer Verbündeten ließen die Zimbern, die durch Norikum hindurch nach Italien hinabgestiegen waren, ob auch geschwächt an Zahl und Kräften, dennoch nie den Mut sinken. Sie verlangten von den Römern ein Siedlungsgebiet als feste Heimstätte. Als sie aber nichts durchsetzen konnten, schlugen sie das Heer des Prokonsuls Quintus Catulus in die Flucht und entfernten es von den Alpenpässen, die er besetzt hatte. Sie drangen in Italien ein und steckten an der Etsch ihr Lager ab. Marius aber reagierte sofort auf die machtlose Selbstgefälligkeit ihres Glücks: Sehr schnell eilte er herbei, vereinigte seine Truppen mit den Männern des Catulus, griff an und erschlug am 29. Juli 140.000 zimbrische Feinde. Über 60.000 brachte er als Gefangene in seine Gewalt.

Dieser Zimbernkrieg also, der damit begonnen hatte, dass der Konsul Gnaeus Papirius Carbo von den Zimbern getötet worden war, dauerte ununterbrochen mehr als zwölf Jahre an, bis zum fünften Konsulat des Gaius Marius, dem Jahr, in dem er sie an der Etsch endgültig niederrang. Schwerste Niederlagen hatten die Zimbern den Römern in dieser Zeit zugefügt, indem sie fünf konsularische Heere vernichteten, deren Kommandeure sie töteten, gefangen nahmen oder in die Flucht schlugen. Ja, wenn nicht göttliche Vorsehung unabänderlich bestimmt hätte, dass Rom nach Unterwerfung der allermeisten Länder das Haupt des Erdkreises werden und in ihm die höchste Befehlsgewalt ausüben müsse, und wenn nicht zu jener Zeit ein Feldherr von so herausragender Tatkraft und von unglaublichem Kriegsglück hervorgetreten wäre, dann hätte das Römische Reich damals womöglich vollkommen hinweggefegt werden können.

Deshalb ist es nicht unverdient, dass Marius von Plutarch der dritte Gründer Roms und sein Befreier genannt wird und dass der hohe Adel der Stadt, der ihm als *homo novus* derartige Ruhmesgipfel zuvor missgönnt hatte, jetzt bekannte, der Staat sei von ihm gerettet worden. Gekämpft hat man in die-

tis, qui antea ipsi ut novo homini tanta honorum fastigia invident, tunc rem publicam ab eo conservatam fassi sunt. Certatum vero eo bello cunctis imperii Romani viribus totoque adeo regni corpore, cum exhausto ad milites conscribendos aerario Marius omnes populi Romani socios et amicos in auxilium exciverit exulesque undique et ob maleficia iudiciis damnatos permissa impunitate contra leges revocaverit, quo maiore armorum mole tantis hostium conatibus obviam iret. Atqui, ut Tacitus refert eo loco, ubi hanc Cimbrorum in Italiam expeditionem perquam magnificis effert verbis, constitit ea victoria Romanis decem et ducentorum ferme annorum continuis gravissimis difficillimisque bellis, si temporis series a Caecilio Metello et Papyrio Carbone consulibus ad alterum usque Traiani imperatoris consulatum subducatur.[48]

Caeterum quod scriptores nonnulli asserunt postremo hoc praelio Cimbros ad internecionem usque gentis caesos deletosque fuisse, id a vero esse alienum non uno argumento liquet. Etsi *[p. 21]* enim vires eorum tanta in ipsos strage edita adeo fractae attritaeque sunt, ut robur vetus et potentiam pristinam recuperare postea nunquam potuerint, reliquiae tamen fusi ad Athesin exercitus ita fuga dispersae sunt, ut partim ad Maeotidem paludem regressae partim in Graeciam et Pannoniam novis quaerendis sedibus dilapsae sint, nonnulli quoque in Germaniam et natalem peninsulam suam effugerint.

Enimvero post id tempus quod nulla in historiis Cimbrorum extat mentio, nemini mirum videri debet. Nam sumptis

sem Krieg mit allen Machtmitteln, ja mit dem ganzen Leib des Römischen Reiches: Denn Marius hat den Staatshaushalt für Aushebungen erschöpft, alle Verbündeten und Freunde Roms zu Hilfsleistungen mobilisiert und von überall her Verbannte und gerichtlich verurteilte Verbrecher mit dem Versprechen der Straflosigkeit entgegen der Gesetzeslage zurückgerufen, um sich der gewaltigen Herausforderung durch die Feinde in größerer militärischer Stärke stellen zu können. Und doch war dieser Sieg, wie Tacitus an der Stelle sagt, wo er den Italienfeldzug der Zimbern mit großartigen Worten verklärt, für die Römer nur um den Preis unaufhörlicher und verlustreicher Kriege zu erringen, die fast 210 Jahre lang höchste Anforderungen stellten, wenn man die zeitliche Abfolge vom Konsulat des Caecilius Metellus und des Papirius Carbo bis zum zweiten Konsulat des Kaisers Trajan hin berücksichtigt.

Was nun aber den Umstand angeht, dass einige Historiker behaupten, die Zimbern seien in dieser letzten Schlacht bis zur vollkommenen Auslöschung hin aufgerieben worden, so wird durch mehrere Anhaltspunkte deutlich, dass diese Aussage unmöglich der Wahrheit entsprechen kann. Denn ihre Kräfte sind zwar durch diese schreckliche Metzelei an ihnen so stark dezimiert worden, dass sie hinterher nie wieder ihre alte Stärke und ihre vorherige Macht zurückgewinnen konnten, aber dennoch gingen die Reste des an der Etsch zerschlagenen Heeres auf der Flucht in der Weise auseinander, dass sie teils an das Asowsche Meer zurückkehrten, sich teils auf der Suche nach neuen Siedlungsgebieten auf Griechenland und Pannonien verteilten und einige auch nach Germanien auf die Halbinsel ihrer Herkunft entkamen.

Denn dass nun die Zimbern nach dieser Zeit in der Geschichtsschreibung nirgends erwähnt werden, darf niemanden verwundern. Nachdem sie nämlich einmal zu den Waffen gegriffen und sie mit unglücklichem Ergebnis gegen die Römer gerichtet hatten, blieben sie hinterher ruhig; auch

---

48 Cf. Tac. *Germ.* 37, 1 sq.

semel et intentatis improspere contra Romanos armis postea quieti sese tradiderunt nec inter ipsis inventus est, qui temporum rerumque gestarum vices literis mandando posterorum memoriae factorumque aeternitati consuleret. Imperante Augusto Caesare retinuisse Cimbros etiam tum aliquam imperii umbram inde constat, quod ei (ut commemorat Strabo)[49] aereum lebethem peculiari quadam religione abs se consecratum dono miserint, ut eo facto dissidii veteris et iniuriarum memoriam quasi abolerent amicitiaeque foedus cum eo pangerent. Sub idem quoque tempus victos a Danis Iutia parte chersonnesi propinquiore Danis, quam tunc obtinebant, expulsos esse annales meminerunt. Quae igitur inde superfuit multitudo Danorum metu Saxoniae ducibus sese *[c 3][p. 22]* subdidit nec sine multa et varia rebellione paruit.

Neque omittendum mihi hoc loco videtur, quod in commentariis belli Gallici Caesar recenset, Cimbros Teutonesque cum in Galliam Italiamque iter facerent, „impedimentis iis, quae secum agere aut portare non poterant, citra Rhenum depositis custodiae ex suis ac praesidio sex milia hominum" reliquisse.[50] Hos profligatis in Italia sociis et popularibus multos annos a finitimis exagitatos, cum alias bellum inferrent alias illatum defenderent, consensu eorum omnium pace facta inibi locum domicilio sibi delegisse. Inde Aduaticos prognatos, qui obsidenti Caesari dedito oppido, in quod egregie a natura munitum omnia sua contulerant desertis metu

fand sich unter ihnen niemand, der das Auf und Ab der Zeiten und Ereignisse schriftlich festgehalten und so für das Andenken bei der Nachwelt und für die Unvergessenheit ihrer Taten Sorge getragen hätte. Dass die Zimbern zur Regierungszeit des Kaisers Augustus immer noch so etwas wie einen Staat besaßen, kann man daraus entnehmen, dass sie ihm (so Strabon) ein Bronzebecken als Geschenk sandten, welches sie mit besonderer religiöser Verehrung geweiht hatten, um durch diesen Akt das Andenken an ihr altes Zerwürfnis und ihre Übergriffe gewissermaßen abzuwaschen und einen Freundschaftsvertrag mit ihm zu schließen. Die Annalen berichten auch, dass sie um dieselbe Zeit herum von den Dänen besiegt und aus Jütland vertrieben wurden, dem Teil der Halbinsel, der den Dänen am nächsten lag und den sie damals kontrollierten. Deshalb unterwarf sich der Rest der Volksmenge aus Furcht vor den Dänen den Herzögen von Sachsen, denen sie allerdings nur unter heftigem und vielfältigem Widerstand untertan waren.

Auch möchte ich nicht unerwähnt lassen, was Caesar in seinen Berichten vom Gallischen Krieg vermeldet: Dass die Zimbern und Teutonen, als sie nach Gallien und Italien marschierten, „alle Lasten, die sie nicht mitführen oder tragen konnten, diesseits des Rheins deponiert und unter Bewachung durch eine Schutztruppe von 6.000 ihrer Leute" zurückgelassen hätten. Diese Leute seien nach dem Untergang ihrer Verbündeten und ihrer Landsleute in Italien von den Nachbarstämmen bedrängt worden, weil sie Kriege begannen oder sich gegen kriegerische Übergriffe wehren mussten, hätten dann schließlich unter allgemeiner Übereinkunft Frieden geschlossen und in derselben Gegend ein Siedlungsgebiet eingenommen. Von ihnen stammten die Aduatiker ab, die Caesar, als er sie belagerte, zunächst ihren Hauptort übergaben, in den sie, weil er von Natur aus stark befestigt war, all ihre Habe gebracht hatten, nachdem sie aus Furcht ihre anderen Ortschaften und alle Burgen aufgegeben

---

49 Cf. Str. 7, 2, 1 (ἔπεμψαν τῷ Σεβαστῷ δῶρον τὸν ἱερότατον παρ᾽ αὐτοῖς λέβητα αἰτούμενοι φιλίαν καὶ ἀμνηστίαν τῶν ὑπηργμένων), Krantz *Sax.* 1, 8: *Augusto quoque Caesari lebetem plurima sibi sanctitate consecratum dono miserunt.*

50 Cf. Caes. *BG* 2, 29, Krantz *Sax.* 1, 10.

reliquis oppidis castellisque universis, cum insequenti nocte munitiones Romanas compositis insidiis fideque rupta invaderent, ad millia quatuor eorum occidit ac postridie universam oppidi sectionem vendidit numerusque capitum ab emptoribus millia quinquaginta trium ad eum relatus est. Hos alii Nerviis et Eburonibus, qui nobis Tornacenses et Leodicenses sunt, finitimos fuisse arbitrantur alii in Helvetia prope Tauriscos, qui quibusdam Uranienses, collocant. Hinc eorum orta est opinio, qui partem Cimbrorum ab ea clade superstitem in Helvetia sedem nactos consedisse scribunt.

Equi*[p. 23]*dem ex omnibus his omnino haud incertum est ex eadem gente tametsi per omnes dispersa terras plurimos tamen cladi in Italiae acceptae superfuisse.

Porro quae de antiquissimis eius gentis moribus et institutis referre possint, haec fere sunt. Utebantur primis temporibus vetustissimi illi Cimbri, et qui in Holsatia postea sedem habuerunt eorum posteri, prisca illa Germanica lingua, quae Saxonum genuina est. Regem aut principem agnoscebant neminem, sed exortis subinde bellis ex suis fortissimum quenque et factis illustribus spectatum ducem sibi deligebant. Si forte qui explorata virtute et factis praeclaris editis pares electionem dubiam facerent, sorte per ipsosmet iacta iudicabantur. Nec diuturnius cuiusquam erat imperium quam bellum ipsum, cuius gerendi dux esset declaratus. Praeter nobiles colonosque et quosdam conditione servos (quos Christiana nunc pietas sustulit) nullos inter se vitae status aut discrimina alia habebant. Comitum vero et baronum titulos ac nomina plane ignorabant, quemadmodum nec nunc quidem apud finitimos Danos Suecosque in usu sunt, nisi quod ante paucos annos quidam novo exemplo et ambitione inusitata fortasse cum aliqua etiam pristini iuris sui iactura eos incognitos hactenus honoris titulos gradusque in Suecia adepti *[c 4][p. 24]* sunt.

hatten. Als sie dann aber in der folgenden Nacht heimtückisch und vertragsbrüchig die römischen Stellungen überfielen, tötete Caesar an die 4.000 von ihnen und verkaufte tags darauf die Gesamtbeute aus der Stadt. Von den Käufern wurde ihm eine Kopfzahl von 53.000 gemeldet. Von ihnen meinen die einen, sie seien Nachbarn der Nervier und Eburonen gewesen, die wir mit den Bewohnern von Tongern und Lüttich identifizieren, andere lokalisieren sie in Helvetien nahe den Tauriskern (die manche Uranienser nennen). So ist es auch zu der Annahme gekommen, dass ein Teil der Zimbern, der die Niederlage überlebt hatte, in Helvetien ein Siedlungsgebiet erlangt und sich dort niedergelassen hätte.

Alle diese Anhaltspunkte belegen jedenfalls eindeutig, dass viele Angehörige dieses Volkes zwar in alle Welt zersprengt wurden, die in Italien erlittene Niederlage aber überlebt haben.

Folgendes kann man nun über die ältesten Sitten und Einrichtungen dieses Volkes berichten: Die Urzimbern, von denen ich sprach, und ihre Nachfahren, die später in Holstein ansässig waren, gebrauchten am Anfang die angestammte altgermanische Sprache der Sachsen. Sie erkannten niemanden als König oder Fürsten an, sondern wählten sich immer, wenn es Krieg gab, ihren jeweils tapfersten und durch bedeutende Leistungen bewährten Mann zum Herzog. Wenn gleich tüchtige Personen vortraten, bei denen wegen ihrer erprobten Tüchtigkeit und ihrer großen Taten eine klare Wahl nicht möglich war, dann wurde entschieden, indem man über sie das Los warf. Und keiner hatte länger die Befehlsgewalt inne, als der Krieg dauerte, den zu führen er zum Herzog erklärt worden war. Außer dem Adel, den Bauern und einigen vom Stand der Sklaven (den das Christentum nun abgeschafft hat), kannten sie keine ständische Ordnung des Lebens oder sonstige Differenzierungen untereinander. Die Titel und Begriffe „Graf" und „Baron" waren ihnen völlig unbekannt – Titel, die noch nicht einmal heute bei ihren

Summa apud eos dignitas summusque honos et status post electos belli duces equitum erat, quos ab ornamentis, quae illis conferuntur, auratos vocamus. Ad quem maximi honoris gradum nulli patebat aditus, nisi qui virtute bellica factisque in hostem egregiis patratis, cuiuscunque vel classis vel fortunae esset, ad id dignitatis culmen merito ascendere putaretur. Iis enim solis ut praeclarum et ingens compertae spectataeque virtutis praemium in conspectu exercitus patentibusque campis ab ipsis ducibus, quorum ductu et auspiciis strenuam et memorabilem in bello operam praestitissent, solenni ritu et ceremonia conferebatur.

Quod ipsum et apud alias plerasque gentes in more fuit et recenti maiorum memoria Franciscus Galliae rex laudatissimo sane exemplo in consuetudinem quodammodo revocavit. Is enim, cum duplici periculosoque admodum praelio Helvetios pugnacissimam gentem non procul Insubria fudisset, quoniam ipsemet prae ceteris in prima acie audacissime dimicans et optimi ducis et strenui bellatoris munia impleverat, consensu gratulantium principum exercitusque universi eo honore dignissimus habitus de manu Baiardi impigri ducis, quem ante alios fortissime in hostes pugnantem conspexerat, equestris dignitatis ornamenta *[p. 25]* adhibitis de more ceremoniis accepit.

Nachbarn, den Dänen und Schweden, gebräuchlich sind. Vor ein paar Jahren gab es jedoch Einzelne, die neuerdings, von unpräzediertem Ehrgeiz gepackt und vielleicht sogar unter leichten Einbußen an ihren überkommenen Rechten, diese bisher unbekannten Ehrentitel und -ränge in Schweden erlangt haben.

Das größte Ansehen, die höchste Ehre und den höchsten Rang nach den gewählten Herzögen im Krieg bekleideten bei ihnen die Ritter, die wir wegen der Insignien, die ihnen verliehen werden, die „Gegüldeten" nennen. Diese besondere Ehrenstellung war ausschließlich für denjenigen erreichbar, von dem man fand, dass er es wegen seiner Tatkraft im Krieg und wegen herausragender Leistungen gegen den Feind — unabhängig von seiner Klasse und seinen Mitteln — verdient hatte, zu einem solchen Gipfel des Ansehens aufzusteigen. Nur solchen Leuten wurde als die größte denkbare Auszeichnung für erprobte und erwiesene Tapferkeit vor dem Heer und auf offenem Feld von den Herzögen persönlich, unter deren Führung und Kommando sie hart gefochten und eine denkwürdige Kriegstat vollbracht hatten, feierlich die Ritterwürde verliehen.

Dieselbe Sitte gab es auch bei den meisten anderen Völkern, und vor nicht allzu langer Zeit hat König Franz von Frankreich ein glänzendes Vorbild abgegeben, in dem er sie in gewisser Weise wieder etablierte. Denn er hatte in einer zweitägigen, ziemlich gefährlichen Schlacht die Schweizer, ein sehr kampfstarkes Volk, unweit von Mailand besiegt. Weil er dabei persönlich vor allen anderen in vorderster Front mit großer Kühnheit gefochten und so alle Aufgaben eines vorbildlichen Heerführers und eines tapferen Kriegers erfüllt hatte, wurde er von seinen adligen Offizieren, die ihm gratulierten, und vom gesamten Heer einmütig für besonders würdig erachtet, eine solche Ehre zu empfangen. Deshalb nahm er aus der Hand Bayards, seines rastlosen Generals, den der König gesehen hatte, wie er sich beim Kampf gegen

Nostro vero saeculo equestris ordo a fortibus viris et militari laude praestantibus rarius propterea appetitur, quod in eum non semper, ut olim, testatae virtutis merito clari, sed qualescunque passim favore principum sublevati cooptantur. Qui enim vel principum gratia florentes eum dignitatis gradum affectant vel opibus affluentes emptio honore caeteros antecedere cupiunt, licet nulla probatae virtutis testimonia praecesserint, verbis ex solenni ceremonia conceptis districto imperatoris ducisve gladio in sinistro humero leniter percutiuntur eoque ritu et ipse honos et eius insignia ornamentaque quibuslibet promiscue communicantur.

Cimbri porro in Christianae fidei societatem repudiatis idolatricis superstitionibus eodem tempore una cum Saxonibus sese contulerunt. Ante id vero tempus Solem et Lunam aliosque vanae religionis deos adorabant eosque diversis et certis in locis colere et sacra ipsis facere solebant. Neque enim coeleste et immortale numen ullis aut aedibus aut aliis operibus manibus mortalium fabricatis includi et contineri posse credebant. De animarum tamen immortalitate recte statuebant doctrina ea quasi per manus a Gomer usque primo gentis autore posteris tradita.

Honesta item inter ipsos connubia maris unius faeminaeque *[c 5][p. 26]* erant copulatio, quorum alterutro satis functo secundas nuptias non celebrabant. Verum ut pares es-

die Feinde besonders hervortat, in der traditionellen Form die Abzeichen des Ritterstandes entgegen.

In unserer Zeit aber erstreben tapfere, durch im Krieg erworbenen Ruhm ausgezeichnete Männer den Ritterstand seltener, und zwar deswegen, weil nicht mehr, so wie früher, stets verdienstvolle Persönlichkeiten von erwiesener Tüchtigkeit, sondern alle möglichen, von der Gunst ihrer Fürsten befördert, in ihn aufgenommen werden. Wer nämlich fürstliches Wohlwollen genießt und auf die Würde dieses Ranges aus ist, aber auch, wer über großen Reichtum verfügt und durch eine käufliche Ehre die anderen zu überbieten wünscht, dem schlägt, auch ohne dass er vorher Zeugnisse erprobter Tüchtigkeit abgelegt hätte, unter formal festgelegten, feierlichen Worten der Kaiser oder ein Herzog mit dem bloßen Schwert leicht auf die linke Schulter. Auf diese Weise werden sowohl die Ehrung selbst als auch die Abzeichen und Orden, die dazugehören, ohne Unterschied beliebig unter die Leute gebracht.

Weiter gaben die Zimbern zur gleichen Zeit gemeinsam mit den Sachsen ihren götzendienerischen Aberglauben auf und schlossen sich der Gemeinschaft des christlichen Glaubens an. Bis zu dieser Zeit verehrten sie Sonne und Mond sowie andere Götter einer gegenstandslosen Religion, denen sie stets an bestimmten, entlegenen Orten kultische Verehrung und Opfer zuteil werden ließen. Sie glaubten nämlich, die unsterbliche Himmelsmacht lasse sich durch keinerlei Gebäude oder sonstige von Menschenhand geschaffene Werke einschließen und festhalten. Trotz allem hatten sie die richtigen Ansichten über die Unsterblichkeit der Seele, weil ihnen dieses Wissen sozusagen von Hand zu Hand noch von Gomer, dem Stammvater des Volkes, her überliefert worden war.

Weiterhin war eine ehrenhafte Ehe bei ihnen die Verbindung nur eines Mannes mit nur einer Frau, und wenn einer von beiden verstorben war, wurde keine zweite Hochzeit ge-

sent coniuges eiusdemque status et conditionis magnopere observabant: qui aliter contraxissent, eorum uterque publicam et ignominiae et suspicionis notam subire videbatur. Reos adulterii et convictos capitali supplicio afficiebant, ut certior maiorum sanguis propagaretur.

Iurisdicundi iudiciique exercendi hunc habebant morem. Erat universa ditio in certas paroecias sive curias divisa. Eae[51] statis temporibus locisque pro se quaeque seorsum suis cum armis patente sub dio in campis conveniebant, aderantque eiusdem loci viri nobiles, qui velut testes iudicio assiderent. Ibi in medium prodibant, qui contra alios litem habere se existimarent, auditisque et cognitis partis utriusque actionibus defensionibusque conventus universus in consilium ibat, idque temporis spacium, quod interim deliberando terebatur, curam vocabant. Expensis diligenter et velitatis in partem utramque controversiis in consessum redibant vocatisque litigatoribus de iure pronunciabant. Si quis stare iudicio non vellet, ad duodecim constitutos sive iudices sive arbitros et ab his ad universae ditionis conventum provocare ei licebat.

Haec minuendarum litium iudiciique consuetudo semel quotannis observabatur, et est in hunc usque diem *[p. 27]* locus non procul Rendesburgo, qui annuae trabis nomen ab

---

51 Hae *Wolff.*

feiert. Sie achteten aber sehr genau darauf, dass die Eheleute gleichrangig wären, von demselben Stand und aus denselben Verhältnissen, und wenn ein Paar sich anders verheiratete, dann traf beide vor allen Leuten der Makel eines schlechten Rufes, und sie machten sich verdächtig. Angeklagte und verurteilte Ehebrecher wurden hingerichtet, damit das Blut der älteren Generationen möglichst sicher weitergegeben würde.

Rechtsprechung und Gerichtsbarkeit wurden nach den folgenden Regeln vollzogen: Die gesamte Rechtshoheit war auf bestimmte Sprengel (oder „Kurien") aufgeteilt. Sie kamen, nachdem Termin und Ort bestimmt worden waren, einzeln und getrennt in Waffen unter offenem Himmel auf freiem Feld zusammen, und am selben Ort stellten sich auch Adlige ein, die sozusagen als Zeugen an der Verhandlung teilnahmen. Dort traten dann diejenigen vor, die einen Rechtsstreit mit anderen zu haben glaubten, und nachdem man die Anklage und die Verteidigung beider Seiten gehört und zur Kenntnis genommen hatte, nahm die ganze Versammlung die Beratung auf. Den Zeitraum, der dann für die Aussprache anfiel, nannte man „Sorge". Wenn sie die Streitpunkte dann sorgfältig erwogen und scharf diskutiert hatten, setzten sie die Versammlung fort, die Parteien wurden herbeizitiert und das Urteil verkündet. Wenn sich jemand dem Beschluss nicht beugen wollte, konnte er bei zwölf dazu eingesetzten „Schöffen" (oder auch „Schiedsrichtern") und über sie bei der Versammlung mit ihrer richterlichen Oberhoheit Berufung einlegen.

Diese Art, Streit aus der Welt zu schaffen und Recht zu sprechen, kam einmal im Jahr zur Anwendung. Bis zum heutigen Tag gibt es unweit von Rendsburg einen Ort, der von dieser Form von Gerichtsbarkeit den Namen „Jahrscher Balken" noch immer bewahrt, und auch jetzt hält man dort gelegentlich Versammlungen ab, um Streitigkeiten beizulegen. Darüber hinaus gab es in anderen Teilen der Halbinsel ähn-

eo iudicii more etiamnum retinet,[52] solentque illic nunc quoque terminandis controversiis nonnumquam conventus haberi: ac fuerunt praeterea in aliis chersonnesi partibus similia loca, quorum memoria longinquitate temporum intercidit.

Homicidii crimen ultimo supplicio non prosequentes mulcta pecuniaria plectebant, ne uno infelici casu duo de medio tollerentur, idque ita ad[53] Christianum usque eius nominis tertium Daniae regem observatum est. Is enim, ut erat princeps prudentia mira et aequi bonique servantissimus, quoniam ea consuetudo a divino simul humanoque iure discrepare videbatur, inolitam usu et temporis diuturnitate legem ante annos non adeo multos consensu procerum ita constrinxit atque mitigavit, ut, qui inopinantem quempiam armisve ad corporis sui defensionem non instructum interfecerit, capite poenam luat, in reliquis priscae consuetudinis vigor obtineat, ut a sanguinis profusione temperetur. Si acriores forte contentiones de iure aut honoribus inciderent, inter nobiles praesertim, antiquo Romanorum more initis duellis Marte iudice lites dirimebant.

Erant sepulturae eorum in sylvis et agris tumulosque aggestis lapidibus vestientes muniebant, quod genus complures passim adhuc visuntur, qui Gygantum strata vocantur. Non/*p. 28*/nulli quoque sed pauci extructis rogis more Romano cremari cineresque collectos in urnas custodiri volebant, cuius rei vestigia aliquot nostro saeculo reperta sunt.

liche Orte, die im Laufe der Zeit in Vergessenheit geraten sind.

Die Tötung eines Menschen verfolgten sie nicht mit der äußersten Strafe, sondern ahndeten sie mit einer Geldstrafe, damit nicht wegen einer unglücklichen Begebenheit gleich zwei Menschen ums Leben kämen, und zwar wurde es bis in die Regierungszeit König Christians III. von Dänemark immer so gehandhabt. Der nämlich, ein Fürst von bewundernswerter Umsicht und tiefem Respekt für das Gerechte und Gute, befand, dass diese Regelung zu göttlichem und menschlichem Recht gleichermaßen im Widerspruch stand. Deshalb setzte er für das durch langjährige Gewohnheit fest etablierte Gesetz vor nicht allzu vielen Jahren mit Zustimmung des Adels die zivilisierende Einschränkung durch, dass derjenige, der einen arglosen oder nicht mit Waffen auf die Verteidigung seines Lebens eingerichteten Menschen getötet hat, mit seinem Kopf büßen muss, in allen anderen Fällen aber die alte Regelung ihre Gültigkeit behält, um Blutvergießen zu vermeiden. Wenn es einmal zu besonders heftigen Auseinandersetzungen über Grund- und Ehrenrechte kam, vor allem bei Adligen, dann entschieden sie den Streit, indem sie nach der alten Sitte der Römer im Zweikampf Mars zum Richter machten.

Grabstätten hatten sie im Wald und auf den Feldern. Dabei befestigten sie Grabhügel mit einer Schicht aufgehäufter Felsen, eine Art von Grab, wie man sie noch heute öfter sehen kann. Sie heißen „Hünengräber". Einige, aber nicht viele, wollten sich auch nach römischer Sitte auf Scheiterhaufen verbrennen und ihre Asche in Urnen bewahren lassen. Davon sind in unserer Zeit einige Spuren entdeckt worden.

---

52 Cf. *CCD p.* 153 a.
53 ad *om. Wolff.*

In dictis pactis factisque fides summa et mira animorum constantia erat, quam non praestare vel leviusculis etiam in rebus omnino ignominiosum et inhonestum ducebant. Neque opinio ea existimatioque penitus apud posteros evanuit, sed ut ab optimis accepta maioribus studio magno nec minore cum laude etiamnum retinetur, ut nobili inprimis homini nihil aeque turpe putent quam datam fidem fallere, idque qui facere reveritus non fuerit, is haud obscura infamiae macula aspergatur.

Ad bella singuli viritim proficiscebantur ductis secum uxoribus, quae incantationum magicarumque artium gnarae auguriis et vaticiniis operam dabant deque praeliorum eventibus scienter praesagiebant: quemadmodum et[54] hoc bello, quod scribere aggressi sumus, Dithmarsorum mulieres fecisse compertum est. Quam consuetudinem Germanis quoque usitatam fuisse Iulius Caesar autor est, „ut eorum matresfamilias sortibus et vaticinationibus declararent, utrum committi praelium ex usu esset necne, dicerentque non esse fas Germanos superare, si ante novam lunam praelio contendissent".[55] Fugere in bello res insolens ipsis erat, quique id fecisset, *[p. 29]* ei nullus ad suos reditus patebat omniumque commercio erat interdictum neque graviorem ullam turpitudinem aut ignominiam noverant. Victui et opibus quaerendis ex re pecuaria magis quam agricultura studebant.

Erat regio omnis, ut supra quoque demonstratum est, in campestrem et palustrem discreta. Bonis et possessionibus

---

54 et *om. Wolff.*
55 Cf. Caes. *BG* 1, 50, 4 sq.

In Worten, Verträgen und Taten herrschte äußerste Zuverlässigkeit und eine bewundernswerte Charakterfestigkeit. Unzuverlässigkeit selbst in Kleinigkeiten galt bei ihnen überhaupt als schändlich und unehrenhaft. Diese tief verinnerlichte Auffassung ist auch bei ihren Nachkommen nicht völlig verschwunden, sondern man hält daran als an etwas von den verehrten Vorfahren Überkommenem mit großer Überzeugung und nicht geringerem Lob noch immer fest. Deshalb gibt es ihrer Meinung nach vor allem für einen Adligen nichts Schimpflicheres, als wortbrüchig zu werden, und wer davor nicht zurückgescheut hat, der ist mit einem offensichtlichen Schandmal behaftet.

In den Krieg zogen sie einzeln, Mann für Mann, und nahmen ihre Frauen mit, die sich auf Zaubersprüche und die Künste der Magie verstanden. Sie machten Vorhersagen und Prophezeiungen und erahnten kenntnisreich den Ausgang der Kämpfe, so, wie es in dem Krieg, dessen Darstellung ich begonnen habe, nach zuverlässigen Angaben auch die Frauen der Dithmarscher getan haben. Dass es sich dabei um einen auch bei den Germanen gängigen Brauch handelte, belegt Julius Cäsar („so verkündeten bei ihnen die Frauen der Familienoberhäupter, ob es sinnvoll sei, in die Schlacht zu ziehen oder nicht, und sie sagten, dass den Germanen der Sieg verwehrt bleibe, wenn sie vor Neumond eine Schlacht lieferten"). Zur Flucht aus dem Kampf kam es bei ihnen kaum, und wer so etwas tat, der durfte nicht mehr nach Hause zurückkehren. Jeder Umgang mit ihm war verboten: Man kannte keine schlimmere Schande oder Ehrlosigkeit. Zum Lebensunterhalt und um Reichtum zu erwerben, verlegten sie sich mehr auf die Viehzucht als auf den Ackerbau.

Das ganze Land war, wie auch oben dargelegt, in Feld- und Sumpfgebiete unterteilt. Aus ihren Gütern und Besitzungen, die in erster Linie aus Weideflächen, Ackerland, Teichen und Waldungen bestanden, konnten sie nach ihrem Gutdünken Nutzen und Gewinn erwirtschaften; allgemein

suis, quae pascuis potissimum, fundis, stagnis et nemoribus constabant, pro arbitrio utebantur fruebanturque neque ea colonario beneficiariove, sed proprio atque haereditario omnes iure tenebant. Nec operis quidem et servitiis nobilitati praestandis coloni, ita ut nunc plerisque in locis, olim gravabantur. Quae postea ab his, qui veris expulsis incolis has oras occuparunt, paulatim introducta subditisque imposita sunt.

Id vel inde conicere licet, quod agrestes Holsatiam Dithmarsiamque incolentes sua sibi habent dominia et praedia, quae haereditate veniunt transeuntque et rariora levioraque eorum sunt onera nec iisdem locis, ut in aliis, tot nobiles sua habent domicilia. At mutatis subinde dominis cum quisque, ut erat victor, abrogatis veteribus novas praescriberet diceretque leges, ex bonis haereditariis passim precaria atque conducticia effecta sunt.

Nobilium autem possessiones et dominia, ut nunc quoque magna ex parte existunt, proprii iuris liberaeque potesta*[p. 30]*tis eorum nec feuda sed allodialia erant bona, extinctaque omni familiae cuiuspiam prole mascula ea non ad principes, sed ad agnatione proximas sexus muliebris recidebant: cuius rei exempla et nostro tempore vidimus. Haec omnimoda cum iurisdictione, merique et mixti imperii potestate ac cunctis pleni iuris commodis possidebant idque sive ius sive consuetudinem a maioribus ad posteros transmissam etiamnum haec aetas retinet. Familiarum tamen inter se dissidentium controversiis litibusque effectum, ut nonnulla ex his pristino iure obscurato et abolito pro feudis habeantur.

ergaben sich die Besitzverhältnisse nicht aus Leibeigenen- oder Lehensrecht, sondern aus privatem Erbrecht. Belastungen gab es für die Bauern nicht einmal in Form von Arbeits- und Dienstpflichten gegenüber dem Adel wie heute an den meisten Orten. Das ist später nach und nach von denen, die die wahren Einwohner vertrieben und dieses Land in Besitz genommen haben, eingeführt und den Unterworfenen oktroyiert worden.

Das lässt sich auch daraus schließen, dass die Bauern, die in Holstein und Dithmarschen leben, privaten Landbesitz und eigene Höfe haben, die durch Erbschaft zufallen und weitervererbt werden, dass ihre Belastungen weniger und nicht so drückend sind und dass in dieser Gegend nicht so viele Adlige wie anderswo ihren Wohnsitz haben. Doch als dann die neuen Herren übernahmen und jeder nach dem Recht des Siegers die alten Gesetze für ungültig erklärte und neue einführte und erließ, wurde erblicher Besitz in Leih- und in Pachtland umgewandelt.

Das Eigentum und der Landbesitz des Adels aber befand sich, wie er größtenteils auch jetzt noch besteht, in dessen freier und privater Verfügungsgewalt. Die Güter waren keine Lehen, sondern volleigener Besitz, und wenn die ganze männliche Nachkommenschaft einer Familie ausgestorben war, dann fielen sie nicht den Fürsten, sondern den nächsten Verwandten weiblichen Geschlechts zu, eine Regelung, für die wir auch zeitgenössische Beispiele haben. Über dieses Eigentum übten sie jede Art von Rechtsgewalt aus, mit reiner und gemischter Verfügungsmacht und allen Ansprüchen auf volles Nutzungsrecht. An dieser Rechtslage beziehungsweise diesem Brauch, der von den Vorfahren an die Nachkommen weitergegeben wurde, hält man auch in unserer Zeit noch immer fest. Durch interne familiäre Auseinandersetzungen und Streitfälle ist es dennoch dazu gekommen, dass einige dieser Besitzungen unter Einschränkung oder Verlust der überkommenen Rechtsansprüche wie Lehen behandelt werden.

Haec plane sunt, quae de antiquissimis eius gentis institutis et moribus extant. Quorum potissima pars eadem in regione in hunc usque diem apud posteros viget. Etenim quanquam post eam cladem, quam in Italia duobus funestis superati praeliis gravissimam perpessi sunt, vires eorum et potentia (uti supra copiose memoravimus) ita convulsa prostrataque est, ut ad pristinam postea decus et robur haudquaquam aspirare potuerint, reliquiae tamen et eorum, qui caeteris domo profectis remansere, et qui ex fuga ad lares antiquos reversi sunt, genitalem oram obtinuerunt.

Hi[56] postea ob virium imbecillitatem paucitatemque contemptui haberi et finitimorum expositi iniuriis plurimis *[p. 31]* damnis[57] et incommodis affici. Dani nimirum, quod supra attigimus, circiter id fere tempus, quo divina potestas humana in specie ad salutem nostram coelo sese demisit, Iutiam illis ademerunt haud exiguam regni portionem. Quorum adacti metu incolae ut certam sibi alicunde defensionem pararent, Saxonibus se submittentes dediderunt. Vandalorum praeterea, qui Vilsi et Vagri nuncupantur, assiduis vexati irruptionibus ea ditionis parte, quae inde ab occupatoribus Vagria appellatur, exuti sunt. Sed eam deinceps vi[58] in potestatem redactam Adolphus eius nominis alter Holsatiae comes ab hostibus recepit. Carolus postremo Magnus primus Germaniae imperator post debellatos annis triginta Saxones, quo celerius sanctiusque fidem Christianam, cui obstinate reluctabantur, amplecterentur, ad decem millia hominum in Belgicum hinc transtulit, ubi nunc Flandria et Brabantia regiones sunt, agrosque eorum et sedes, quas abitu suo vacuas fecerant, Obotritis Vandalis assignavit tradiditque.

Damit ist dargelegt, was wir über die ältesten Einrichtungen und Sitten der Zimbern wissen. Größtenteils bestehen sie bei ihren Nachkommen in derselben Gegend bis auf den heutigen Tag. Denn nach der schweren Niederlage, die sie, in zwei vernichtenden Kämpfen besiegt, in Italien erlitten hatten, waren zwar ihre Kräfte und ihr Einfluss (wie oben ausführlich behandelt) dermaßen dezimiert, dass an ihre frühere Machtstellung hinterher nicht mehr zu denken war, aber sowohl die Reste derer, die zurückblieben, als die anderen von zu Hause aufgebrochen waren, als auch diejenigen, die als Flüchtlinge in ihre alte Heimat zurückkehrten, blieben an der Küste, von der sie stammten, ansässig.

Sie wurden später wegen ihrer militärischen Schwäche und ihrer geringen Zahl nicht respektiert: Den Übergriffen ihrer Nachbarn ausgesetzt, mussten sie zahlreiche Einbußen und Unannehmlichkeiten hinnehmen. Auf jeden Fall nahmen ihnen die Dänen etwa zu der Zeit, als die Gewalt Gottes sich zu unserem Heil in menschlicher Gestalt vom Himmel herniederließ, Jütland ab, das kein geringer Teil ihres Machtgebietes war. Voller Furcht vor ihnen unterwarfen sich die Einheimischen, um sich von irgendwoher einen sicheren Schutz zu verschaffen, der Oberhoheit der Sachsen. Darüber hinaus plagten sie ständige Überfälle von Wenden, die Wilser und Wagrer genannt werden, bis sie den Teil ihres Machtgebietes, der seitdem nach den Eroberern Wagrien heißt, verloren. Dieses Gebiet brachte jedoch später Adolf II., Graf von Holstein, gewaltsam unter seine Herrschaft, indem er es von den Feinden zurückeroberte. Schließlich siedelte Karl der Große, der erste Kaiser von Deutschland, nachdem er dreißig Jahre lang die Sachsen niedergekämpft hatte, damit sie sich schneller und inniger zum christlichen Glauben bekehrten, dem sie sich starrsinnig widersetzten, an die 10.000 Menschen von hier nach Belgien in die heutigen Landschaften Flandern und Brabant um. Ihr Land und ihre Wohnorte, die sie bei ihrer Auswanderung geleert hatten, übergab er an die wendischen Obotriten.

---

56 obtinuerunt: hi *distinxit Wolff.*
57 plurimis, damnis *distinxit Wolff.*
58 ut *Wolff.*

Ab omni itaque memoria primi exterorum Saxones Cimbris imperabant, ex quibus imperatores quoque orti sunt. Otho deinde primus cognomento Magnus Henrici I. Aucupis filius Hermanno Billingio nobili viro, quem ob egregiam singularis industriae et virtu*[p. 32]*tis eximiae laudem probatamque in bello et pace operam fidelem ex praefecto primum ducem fecerat, terram eam omnem additis Brunsvicensi Lunenburgensique ducatibus in ditionem permisit et dedit. Sub cuius posterorum dominatu ad centesimum quinquagesimum usque annum cum fuissent, ad comites inde Scovemburgios[59] summa rerum devoluta est circa annum salutiferi virginis partus supra centum et mille trigesimum primum.

Anno denique trecentesimo vigesimo nono post in potestatem Christiani primi Daniae regis (is ex illustri et vetusta Oldenburgicorum comitum stirpe et sorore Adolphi ultimi Holsatiae ducis prognatus opes et titulum sororii sibi vendicabat) concesserunt, numeratoque obiter aliquo auri pondere hi,[60] ad quos ex cognatione Scovenburgiorum ius devenisse videbatur, pacati sunt. Eius posteritas nunc Daniam, Norvegiam, ducatum Slesvicensem et Holsatiam Dithmarsiamque tenet: nec stemmatis lineam pro iis, quibus illa ignota est, subicere piget.

In ihrer gesamten Geschichte herrschten als erstes fremdes Volk also die Sachsen über die Zimbern. Sie brachten auch Kaiser hervor. Später unterstellte Otto I., genannt der Große, Sohn Heinrichs I. des Vogelers, dieses ganze Land der Macht des edlen Hermann Billung, den er wegen des gewaltigen Ruhms seiner einzigartigen Einsatzbereitschaft und seiner überragenden Leistung sowie seiner in Krieg und Frieden erprobten treuen Dienste zunächst zu seinem Statthalter und dann zum ersten Herzog gemacht hatte, und fügte noch die Herzogtümer Braunschweig und Lüneburg hinzu. Nachdem die Zimbern 150 Jahre lang unter der Herrschaft der Nachkommen Billungs gestanden hatten, wurde die Hoheitsgewalt um das Jahr 1131 nach der Heil bringenden Entbindung der Jungfrau Maria auf die Grafen von Schauenburg übertragen.

Schließlich gerieten sie 329 Jahre später unter die Herrschaft Christians I., König von Dänemark (er stammte aus dem erhabenen und alten Stamm der Grafen von Oldenburg und war der Sohn der Schwester Adolfs, des letzten Herzogs von Holstein, sodass er die Mittel und den Titel seines Onkels mütterlicherseits beanspruchen konnte). Nebenbei befriedigte er diejenigen, die durch ihre Verwandtschaft mit den Schauenburgern einen Anspruch geerbt zu haben schienen, durch die Auszahlung einer Summe in Gold. Seine Nachkommen herrschen jetzt über Dänemark, Norwegen, das Herzogtum Schleswig, Holstein und Dithmarschen. An dieser Stelle möchte ich gern für diejenigen, die damit nicht vertraut sind, ihren Stammbaum anfügen.

---

59 Scowenburgios *Wolff*.
60 pondere, hi, ad *Regius, Iobinus*, pondere, ii ad *Wolff*.

)( )( )([61]

Caeterum quantae et quam crebrae rerum mutationes et vicissitudines propter fre*[p. 33]*quentes ac multiplices finitimarum gentium incursiones his in locis factae sint utque regio omnis in plures diversasque distracta partes varios acceperit dominos, quibus id temporibus quibusve incrementis et occasionibus contigerit, neque suscepti operis brevitas patitur neque instituti nostri est recensere. Primos enim duntaxat soli incolas et habitatores ab antiquissima memoria repetere eorumque facta illustriora, mores et consuetudines, quantum ex non incertis omnino testimoniis compertum esset, perstringere voluimus eaque in re nos lectori minime moroso aliqua ex parte satisfecisse confidimus. Proinde his,[62] qui ea plenius certiusque cognoscere desideraverint, ex integris historiarum scriptis et annalibus petenda colligendaque erunt.

Ut igitur tandem ad Dithmarsiam ipsam speciatim aliquando veniamus, nunc ea, quae initio polliciti sumus, exequemur. Patet, ut supra dictum est, septem in longitudinem miliaribus Dithmarsia pauloque minus in latitudinem situ naturaque loci peregregie munita. Ab oriente tuetur latus flumen Eidora, ab occasu mare Britannicum, ad meridiem claudit Albis fluvius, ad Aquilonem cingunt fossae perductae et munitiones. Varios haec ora temporum successione dominos habuit, quorum alios interfecerunt incolae, alios eiecerunt, nonnullos quoque *[d][p. 34]* vi subegerunt.

)( )( )(

Was für Umwälzungen im Übrigen und wie oft sie wegen der häufigen und vielfachen Invasionen durch Nachbarvölker in diesem Gebiet stattgefunden haben, wie die ganze Gegend in mehrere Teile zerlegt wurde und verschiedene Herren erhalten hat, zu welchen Zeiten es dazu kam und wie man bei welchen Gelegenheiten davon profitierte, das darzulegen erlaubt weder die Kürze der vorliegenden Arbeit, noch entspricht es meinen Absichten. Ich wollte aber zumindest auf die seit Menschengedenken frühesten Ureinwohner des Landes zu sprechen kommen und am Rande ihre besonders glänzenden Taten, ihre Sitten und Bräuche berühren, soweit darüber aus unanfechtbaren Zeugnissen Erkenntnisse vorlagen. Ich bin zuversichtlich, dass ich damit dem Interesse eines nicht übertrieben kritischen Lesers in manchen Punkten habe gerecht werden können. Ansonsten werden diejenigen, die vollständigere und genauere Informationen wünschen, in historischen Gesamtdarstellungen und Chroniken danach suchen und recherchieren müssen.

Um aber endlich einmal zu Dithmarschen im Besonderen zu kommen, will ich nun umsetzen, was ich eingangs versprochen habe. Wie schon gesagt, erstreckt Dithmarschen sich über sieben deutsche Meilen in der Länge und etwas weniger in der Breite. Es ist durch seine Lage und die Beschaffenheit des Geländes hervorragend befestigt. Die Ostflanke schützt die Eider, den Westen die Nordsee, im Süden bildet die Elbe einen Abschluss, und im Norden ist es von künstlichen Gräben und Befestigungsanlagen umgeben. Dieses Land hatte im Laufe der Zeit verschiedene Herren, von denen seine Einwohner die einen umbrachten, die anderen verjagten und einige auch gewaltsam unterwarfen.

---

61 *Pro his signaculis apud Regium Wolffiumque stemma domus Oldenburgicae invenies, quod apud Iobinum inter pp.* 207 *et* 208 *insertum est.*
62 iis *Wolff.*

Christianus Primus cognominatus Dives

ex comite Oldenburgi et Delmenhorsti trium regnorum Borealium Daniae Sueciae et Norvegiae primus ex illa stirpe rex factus et dux Slesvicensis et Holsatiae *natus ex unica sorore Adolphi regis Holsatiae. Uxor eius fuit Dorothea Christophori regis Danorum relicta vidua nata ex stirpe electorum Brandenburgensium.* Moritur anno 1481 Haffniae, *cum regnasset annos 34.*

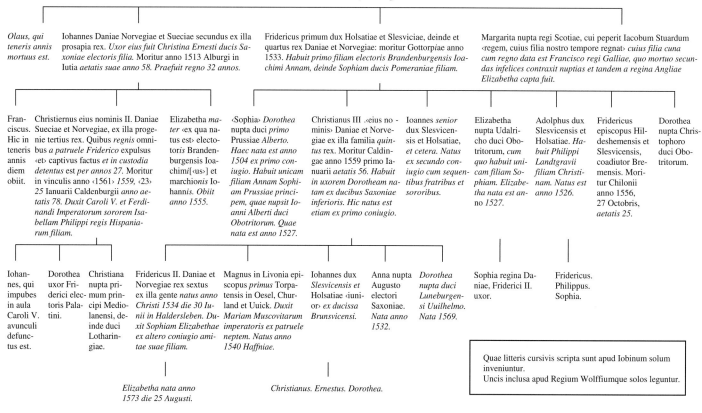

Olaus, qui teneris annis mortuus est.

Iohannes Daniae Norvegiae et Sueciae secundus ex illa prosapia rex. *Uxor eius fuit Christina Ernesti ducis Saxoniae electoris filia.* Moritur anno 1513 Alburgi in Iutia *aetatis suae anno 58. Praefuit regno 32 annos.*

Fridericus primum dux Holsatiae et Slesviciae, deinde et quartus rex Daniae et Norvegiae: moritur Gottorpiae anno 1533. *Habuit primo filiam electoris Brandenburgensis Ioachimi Annam, deinde Sophiam ducis Pomeraniae filiam.*

Margarita nupta regi Scotiae, cui peperit Iacobum Stuardum ‹regem, cuius filia nostro tempore regnat› *cuius filia cuna cum regno data est Francisco regi Galliae, quo mortuo secundas infelices contraxit nuptias et tandem a regina Angliae Elizabetha capta fuit.*

Franciscus. Hic in teneris annis diem obiit.

Christiernus eius nominis II. Daniae Sueciae et Norvegiae, ex illa progenie tertius rex. Quibus *regnis* omnibus *a patruele Friderico* expulsus ‹et› captivus factus *et in custodia detentus est per annos 27.* Moritur in vinculis anno ‹1561› 1559, ‹23› 25 Ianuarii Caldenburgii *anno aetatis 78. Duxit Caroli V. et Ferdinandi Imperatorum sororem Isabellam Philippi regis Hispaniarum filiam.*

Elizabetha *mater* ‹ex qua natus est› elector*is* Brandenburgensis Ioachimi[‹us›] et marchion*is* Iohann*is. Obiit anno 1555.*

‹Sophia› *Dorothea* nupta duci *primo* Prussiae *Alberto. Haec nata est anno 1504 ex primo coniugio. Habuit unicam filiam Annam Sophiam Prussiae principem, quae nupsit Ioanni Alberti duci Obotritorum. Quae nata est anno 1527.*

Christianus III .‹eius nominis› Daniae et Norvegiae ex illa familia *quintus* rex. Moritur Caldingae anno 1559 primo Ianuarii *aetatis 56. Habuit in uxorem Dorotheam natam ex ducibus Saxoniae inferioris. Hic natus est etiam ex primo coniugio.*

Ioannes *senior* dux Slesvicensis et Holsatiae, *et cetera. Natus ex secundo coniugio cum sequentibus fratribus et sororibus.*

Elizabetha nupta Udalricho duci Obotritorum, *cum quo habuit unicam filiam Sophiam. Elizabetha nata est anno 1527.*

Adolphus dux Slesvicensis et Holsatiae. *Habuit Philippi Landtgravii filiam Christinam. Natus est anno 1526.*

Fridericus episcopus Hildeshemensis et Slesvicensis, coadiutor Bremensis. Moritur Chilonii anno 1556, 27 Octobris, *aetatis 25.*

Dorothea nupta Christophoro duci Obotritorum.

Iohannes, qui impubes in aula Caroli V. avunculi defunctus est.

Dorothea uxor Friderici electoris Palatini.

Christiana nupta primum principi Mediolanensi, deinde duci Lotharingiae.

Fridericus II. Daniae et Norvegiae rex sextus ex illa gente *natus anno Christi 1534 die 30 Iunii in Haldersleben. Duxit Sophiam Elizabethae ex altero coniugio amitae suae filiam.*

Magnus in Livonia episcopus *primus* Torpatensis in Oesel, Churland et Uuick. *Duxit Mariam Muscovitarum imperatoris ex patruele neptem. Natus anno 1540 Haffniae.*

Iohannes dux *Slesvicensis et Holsatiae ‹iunior› ex ducissa Brunsvicensi.*

Anna nupta Augusto electori Saxoniae. *Nata anno 1532.*

Dorothea nupta duci Luneburgensi Uuilhelmo. Nata 1569.

Sophia regina Daniae, Friderici II. uxor.

Fridericus. Philippus. Sophia.

Elizabetha nata anno 1573 die 25 Augusti.

Christianus. Ernestus. Dorothea.

Quae litteris cursivis scripta sunt apud Iobinum solum inveniuntur.
Uncis inclusa apud Regium Wolffiumque solos leguntur.

Christian I., genannt „der Reiche",

der als Graf von Oldenburg und Delmenhorst als Erster aus diesem Stamme zum König der drei Nordreiche Dänemark, Schweden und Norwegen gekrönt wurde, Herzog von Schleswig und Holstein, Sohn der einzigen Schwester König Adolfs von Holstein. Seine Frau war Dorothea, die hinterbliebene Witwe Christophs, des Königs der Dänen, die aus dem Geschlecht der Kurfürsten von Brandenburg stammte. † 1481 in Kopenhagen nach 34 Jahren der Herrschaft.

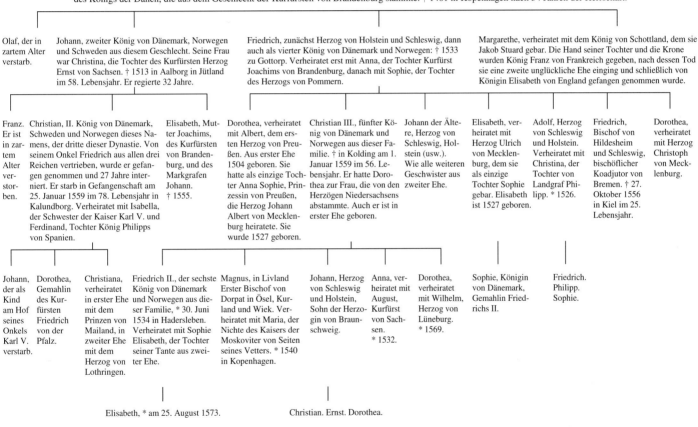

Olaf, der in zartem Alter verstarb.

Johann, zweiter König von Dänemark, Norwegen und Schweden aus diesem Geschlecht. Seine Frau war Christina, die Tochter des Kurfürsten Herzog Ernst von Sachsen. † 1513 in Aalborg in Jütland im 58. Lebensjahr. Er regierte 32 Jahre.

Friedrich, zunächst Herzog von Holstein und Schleswig, dann auch als vierter König von Dänemark und Norwegen: † 1533 zu Gottorp. Verheiratet erst mit Anna, der Tochter Kurfürst Joachims von Brandenburg, danach mit Sophie, der Tochter des Herzogs von Pommern.

Margarethe, verheiratet mit dem König von Schottland, dem sie Jakob Stuard gebar. Die Hand seiner Tochter und die Krone wurden König Franz von Frankreich gegeben, nach dessen Tod sie eine zweite unglückliche Ehe einging und schließlich von Königin Elisabeth von England gefangen genommen wurde.

Franz. Er ist in zartem Alter verstorben.

Christian, II. König von Dänemark, Schweden und Norwegen dieses Namens, der dritte dieser Dynastie. Von seinem Onkel Friedrich aus allen drei Reichen vertrieben, wurde er gefangen genommen und 27 Jahre interniert. Er starb in Gefangenschaft am 25. Januar 1559 im 78. Lebensjahr in Kalundborg. Verheiratet mit Isabella, der Schwester der Kaiser Karl V. und Ferdinand, Tochter König Philipps von Spanien.

Elisabeth, Mutter Joachims, des Kurfürsten von Brandenburg, und des Markgrafen Johann. † 1555.

Dorothea, verheiratet mit Albert, dem ersten Herzog von Preußen. Aus erster Ehe 1504 geboren. Sie hatte als einzige Tochter Anna Sophie, Prinzessin von Preußen, die Herzog Johann Albert von Mecklenburg heiratete. Sie wurde 1527 geboren.

Christian III., fünfter König von Dänemark und Norwegen aus dieser Familie. † in Kolding am 1. Januar 1559 im 56. Lebensjahr. Er hatte Dorothea zur Frau, die von den Herzögen Niedersachsens abstammte. Auch er ist in erster Ehe geboren.

Johann der Ältere, Herzog von Schleswig, Holstein (usw.). Wie alle weiteren Geschwister aus zweiter Ehe.

Elisabeth, verheiratet mit Herzog Ulrich von Mecklenburg, dem sie als einzige Tochter Sophie gebar. Elisabeth ist 1527 geboren.

Adolf, Herzog von Schleswig und Holstein. Verheiratet mit Christina, der Tochter von Landgraf Philipp. * 1526.

Friedrich, Bischof von Hildesheim und Schleswig, bischöflicher Koadjutor von Bremen. † 27. Oktober 1556 in Kiel im 25. Lebensjahr.

Dorothea, verheiratet mit Herzog Christoph von Mecklenburg.

Johann, der als Kind am Hof seines Onkels Karl V. verstarb.

Dorothea, Gemahlin des Kurfürsten Friedrich von der Pfalz.

Christiana, verheiratet in erster Ehe mit dem Prinzen von Mailand, in zweiter Ehe mit dem Herzog von Lothringen.

Friedrich II., der sechste König von Dänemark und Norwegen aus dieser Familie, * 30. Juni 1534 in Hadersleben. Verheiratet mit Sophie Elisabeth, der Tochter seiner Tante aus zweiter Ehe.

Magnus, in Livland Erster Bischof von Dorpat in Ösel, Kurland und Wiek. Verheiratet mit Maria, der Nichte des Kaisers der Moskoviter von Seiten seines Vetters. * 1540 in Kopenhagen.

Johann, Herzog von Schleswig und Holstein, Sohn der Herzogin von Braunschweig.

Anna, verheiratet mit August, Kurfürst von Sachsen. * 1532.

Dorothea, verheiratet mit Wilhelm, Herzog von Lüneburg. * 1569.

Sophie, Königin von Dänemark, Gemahlin Friedrichs II.

Friedrich. Philipp. Sophie.

Elisabeth, * am 25. August 1573.

Christian. Ernst. Dorothea.

Post Saxones, quibus omnium primis una cum aliis accolis finitimisque paruit, ex annalibus constat fuisse aliquod tempus, quo eam comites ditione tenuerint. Ex horum numero primus Dedo a colonis interemptus est. Cuius post caedem cum uxor eius Ida genere Sueva (cui Henricus III. imperator patruus et Leo VIII. pontifex erat avunculus) Etelero comiti cognomento Albo nupsisset, is eundem vitae suae exitum nactus est. Tertius ab eo Rodolphus marchio (is tunc eam successione acceptam tenebat) trucidatus, cui non multo post filius eiusdem nominis additus est: maiore quidem cum contumelia atque iniuria, quod castello eius Bocelenburgo, in quo caedes fuit perpetrata, everso et diruto coniugem Valpurgam amputatis naribus atque auribus mutilatam in proximum profluentem abiecerunt, qui etiamnum hodie ab illa demersa nomen retinet.[63]

Huic Rodolpho erat frater Hartvicus. Is ius suum universum in ea ditione, quod morte fraterna ad ipsum redierat, permutatione facta et recepto in eius locum Stadensi comitatu antistiti Bremensium tradidit.[64] Subegit postea Dithmarsiam armis Henricus Leo et pagos aliquot abbati Stadensi dono dedit. Quorum nomine ut tributum acciperet, cum eo venisset abbas, vita spoliatus est atque obiter alia *[p. 35]* pagis nomina indita, quo memoria[65] debitae annuae pensionis extingueretur.[66] Adolphus quoque isthoc nomine tertius Holsatiae comes anno Christi post millesimum centesimum octuagesimo sexto armis in potestatem redactam aliquandiu tenuit, sed non multo post recedentes a fide Dithmarsi omnem nobilitatem, quae multa eo loco erat, ditione expulerunt.

---

63 Cf. Neoc. 1 *p. 303, p. 320–4.*
64 Cf. Neoc. 1 *p. 327.*
65 memoriae *Iobinus.*
66 Cf. Neoc. 1 *p. 334.*

Aus den Chroniken wissen wir, dass nach den Sachsen, denen das Land zusammen mit anderen Anwohnern und Nachbarn als den Allerersten untertan war, eine Zeit lang Grafen die Herrschaft ausübten. Von ihnen wurde als Erster Dedo von den Bauern getötet. Als nach seiner Ermordung seine Frau Ida, eine Schwäbin (deren Onkel väterlicherseits Kaiser Heinrich III. und mütterlicherseits Papst Leo VIII. waren), den Grafen Edler, genannt den Weißen, geheiratet hatte, nahm dessen Leben denselben Ausgang. Als Dritter seit Dedo wurde Markgraf Rudolf (der damals seine ererbte Herrschaft über Dithmarschen ausübte) umgebracht, und wenig später gesellte man ihm seinen gleichnamigen Sohn hinzu: Allerdings unter noch größerer Schande und Unrecht; denn als man seine Festung, die Bökelnburg, wo der Mord verübt wurde, dem Erdboden gleich gemacht hatte, warfen sie seine Frau Walburga, an Nase und Ohren verstümmelt, in den nächsten Wasserlauf, der noch heute nach der Ersäuften seinen Namen hat.

Dieser Rudolf hatte einen Bruder namens Hartwig. Der nun machte einen Tausch: Er übertrug sein ganzes Recht an diesem Herrschaftsgebiet, das durch den Tod seines Bruders auf ihn übergegangen war, dem Bischof von Bremen und erhielt dafür die Grafschaft Stade. Später unterwarf Heinrich der Löwe Dithmarschen mit Waffengewalt und machte dem Abt von Stade einige Dörfer zum Geschenk. Als der Abt jedoch, um unter ihrem Namen Steuern einzutreiben, dorthin kam, raubte man ihm sein Leben, und die Dörfer erhielten zudem andere Namen, um die Erinnerung an die jährlich geschuldeten Zahlungen auszulöschen. Auch Graf Adolf III. von Holstein brachte sie im Jahre des Herrn 1186 mit militärischen Mitteln in seine Gewalt und behielt eine Zeit lang die Kontrolle, aber wenig später brachen ihm die Dithmarscher die Treue und vertrieben den dort in großer Zahl ansässigen Adel gänzlich.

Assentiente deinde et permittente Adolpho Hartvicus antistes Bremensis qui de comitum Holsatiae stirpe fuisse traditur, eam sui iuris fecit. Adolphi enim et Oldenburgici Schovenburgiique comitum copiis adiutus vastatis agris magnisque illatis undique detrimentis ad deditionem compulit grandemque aeris summam se daturos ut pollicerentur[67] adegit. Verum reducto dimissoque exercitu nihil ex pacto praestantes Dithmarsi neque pecuniam promissam expendere et abrupta fide ad Daniae regem desciscere in eius quoque potestate non diu permansuri.

Etenim vicesimo septimo post mille ducentos anno a nato Christo cum inter Adolphum prioris filium ac Lubecenses et regem Daniae Valdemarum iuxta praedium Bornhovede acre fieret praelium essentque in copiis regiis Dithmarsi, nefario perfidiae crimine regem hostibus prodiderunt. Pepigerant occulte cum Holsatis ante conflictum se deserto rege ad ipsos transituros eiusque rei indicium fore, si imas clypeorum oras con*[d 2][p. 36]*vertissent. Itaque ut ad manus ventum est, ipsi in extremis collocati, ubi iam pugna ferveret, scutis inversis a tergo Danos adoriuntur. Quo insperato casu perculsus regius exercitus prementibus undiquaque hostibus superatus et Otho dux Brunsvicensis nepos regis ex sorore captus est ipso rege regisque filio vix ab hoste fugae praesidio servatis. Ita cum infami singularis perfidiae nota in[68] libertatem sese vindicarunt.

Mit Zustimmung und Erlaubnis Adolfs unterwarf sich dann Erzbischof Hartwig von Bremen das Land, der nach den Quellen aus der Familie der Grafen von Holstein stammte. Durch Truppen Adolfs und der Grafen von Oldenburg und von Schauenburg verstärkt, verwüstete er die Felder und richtete überall großen Schaden an. So zwang er sie zur Kapitulation und verlangte ihnen das Versprechen ab, eine große Summe Geldes zu zahlen. Als das Heer jedoch zurückgeführt und entlassen worden war, ignorierten die Dithmarscher ihre Vertragspflichten völlig: Sie lösten die versprochene Zahlung nicht ein, brachen ihren Eid und liefen zum König von Dänemark über, unter dessen Herrschaft sie allerdings auch nicht lange bleiben sollten.

Denn als im Jahre 1227 nach Christi Geburt zwischen Adolf, dem Sohn des eben Genannten, und den Lübeckern einerseits und König Waldemar von Dänemark andererseits bei dem Gut Bornhöved eine heftige Schlacht entbrannte, die Dithmarscher aber einen Teil der königlichen Streitmacht bildeten, da luden sie das schwere Verbrechen des Treuebruchs auf sich und verrieten ihren König den Feinden. Heimlich hatten sie vor dem Treffen mit den Holsteinern paktiert: Sie würden den König im Stich lassen und zu ihnen überlaufen; das Zeichen werde sein, dass sie den unteren Rand ihrer Schilde umdrehten. Als das Gefecht begonnen hatte, drehten sie also, am äußeren Rand postiert, während der Kampf tobte, ihre Schilde um und fielen den Dänen in den Rücken. Durch dieses unerwartete Unglück erschüttert, wurde das Heer des Königs, überall bedrängt von Feinden, besiegt, und Herzog Otto von Braunschweig, ein Neffe des Königs von Seiten seiner Schwester, geriet in Gefangenschaft, während der König selbst und der Königssohn sich mit knapper Not vor dem Feind retten konnten, indem sie in der Flucht Obhut fanden. So erlangten sie, mit dem schändlichen Makel einer einzigartigen Treulosigkeit behaftet, ihre Freiheit.

67 polliceretur *Iobinus.*
68 in *om. Wolff.*

Anno autem sexagesimo secundo post Henricus Holsatiae ac Stormariae et Iohannes Vagriae comites ius suum armis repetituri in Dithmarsiam exercitum duxerunt praelioque inito superati multis suorum profligatis, reliquis fuga cruentis ex hostium manibus sese eripientibus ipsi quoque fuga saluti suae consuluerunt.

Post quam pugnam cum unus et triginta effluxissent anni, orta inter comites Holsatiae dissensione, quae ad arma usque processit, Dithmarsi arrepta ea occasione, ut alteri parti quasi suppetias ferrent, agmine facto in Holsatiam irrumpunt et obvia quaeque cum vicos tum agros et praedia populando inflammandoque ad Chilonium usque oppidum progrediuntur. Unde cum diversa via onusti praeda domum regrederentur, Gerhardus Holsatiae comes celeriter consectatus eos non procul Bornhovede, ubi pernoctaverant, sub lucem improvisus supervenit et *[p. 37]* quingentos ex illis trucidat praeter eos, qui aut in stagnum propinquum impulsi aut semetipsos praecipitantes undis perierunt.[69]

Qua inflati victoria Gerhardus eiusque frater Iohannes secundo post anno quantas possunt maximas copias cogunt evocatisque in auxilium extraneis ducibus numero quatuordecim et universis ditionis suae viribus in una castra contractis die natali virginis Mariae inito autumno Dithmarsiam intrant et pacato itinere resistente nemine toto cum exercitu ad locum usque, quem Norderstrant vocant indigenae, in meditullium Dithmarsiae perveniunt. Ibi ingruentibus hostibus aciem obvertere ausi Dithmarsi restaurato praelio bis in fugam coniecti sunt ad mille et septingentos eorum occisis;

62 Jahre später führten dann Graf Heinrich von Holstein und Stormarn und Graf Johannes von Wagrien ein Heer nach Dithmarschen, um ihr Recht mit Waffengewalt durchzusetzen. Als es zur Schlacht kam, wurden sie besiegt: Viele ihrer Leute fielen, der Rest entriss sich durch Flucht den blutigen Händen der Feinde, und auch sie selbst suchten ihr Heil in der Flucht.

Nachdem 31 Jahre seit dieser Schlacht verflossen waren, entwickelte sich unter den Grafen von Holstein ein Streit, der schließlich militärisch ausgetragen wurde. Die Dithmarscher packten die Gelegenheit beim Schopf: Scheinbar um einer der Parteien Unterstützung zu bringen, fielen sie mit einem Heerhaufen in Holstein ein und rückten bis nach Kiel vor, indem sie alles, was sie fanden, brandschatzten: Dörfer und besonders auch Felder und Höfe. Als sie von dort auf zwei verschiedenen Wegen nach Hause zurückmarschierten, holte Graf Gerhard von Holstein sie rasch ein. Unweit von Bornhöved, wo sie ihr Nachtlager aufgeschlagen hatten, überfiel er sie plötzlich im Morgengrauen und tötete 500 Mann, abgesehen von denen, die in einen nahen Teich getrieben wurden oder sich selbst hineinstürzten, sodass sie im Wasser umkamen.

Angesichts dieses Sieges von übermäßigem Selbstvertrauen erfüllt, stellten Gerhard und sein Bruder Johannes im zweiten Jahr danach eine möglichst große Armee auf. Sie riefen vierzehn auswärtige Landesherren zu Hilfe, zogen die gesamte Streitmacht ihres Herrschaftsgebietes in einem einzigen Heerlager zusammen und marschierten am Geburtstag der Jungfrau Maria Anfang Herbst in Dithmarschen ein. Ungestört und ohne auf Widerstand zu treffen, rückten sie mit dem ganzen Heer bis an einen Ort, den die Einheimischen Norderstrand nennen, in das Herzstück Dithmarschens vor. Als dort die Dithmarscher wagten, dem Vordringen der Feinde entgegenzutreten, wurden sie — nach Wiederaufnahme des Kampfes — gleich zweimal in die Flucht getrie-

---

[69] Cf. Neoc. 1 *p.* 366 sq.

reliqui in proximam aedem sacram fuga delati eaque subitariis pro tempore operibus munita contra hostium vim sese defendere conati sunt. At ubi ducum iussu milites ligna comportare eaque apposita templo succendere vident, territi periculo agrestes, si veniam impetrent, modo se deditionem et in posterum comitum Holsatiae imperata facturos pollicentur.

Illi autem dictis eorum fidem nullam habentes ignem propius admoveri iubent. Quo animadverso obsessi, cum iam laminae, quibus ex plumbo templum erat contectum, liquefactae ab igne stillare caepissent *[d 3][p. 38]* nihilque ‹ipsi›[70] aliud nisi praesens ante oculos exitium et miserabile mortis genus conspicerent, in desperationem adacti facto impetu in hostes, qui minus ac decuit profuitque in rem suam intenti vigilabant, ex templo confertim sese eiciunt illisque opportune subvenientibus, qui hinc illinc in fossis notisque latibulis metu hostium sese occultaverant, ex ducibus duodecim, reliquae vero multitudinis duo millia interficiunt. Soli Gerhardus Holsatiae comes et Henricus Megalopolensis cum paucis incolumes elapsi.[71]

Intercedentibus deinde annis aliquot Nicolaus Holsatiae comes levibus multis et tumultuariis pugnis, cum vel iniuriae vel damni illati vindictam causati subinde in Holsatiam incursiones facerent, cum Dithmarsis conflixit, quarum imprimis, quae in loco Tirperslo inita est, memorabilis fuit. Ex

ben und an die 1.700 von ihnen erschlagen. Die Übrigen gelangten auf der Flucht in die nächste Kirche, die sie sofort provisorisch befestigten, und versuchten, sich gegen den Ansturm der Feinde zu verteidigen. Als sie aber sahen, dass die Soldaten auf Befehl der Heerführer Holz zusammentrugen, es an der Kirche ablegten und anzündeten, geriet das Bauernvolk angesichts der Gefahr in Panik, und sie versprachen, wenn sie geschont würden, sich sofort zu ergeben und späterhin den Anordnungen der Grafen von Holstein Folge zu leisten.

Die aber glaubten ihnen kein Wort und befahlen, das Feuer noch näher heranzubringen. Als die Eingeschlossenen das merkten, als bereits die bleiernen Dachschindeln der Kirche durch die Hitze schmolzen und zu tropfen begannen und sie selbst nur noch das nahe Ende und noch dazu einen jämmerlichen Tod vor Augen haten, griffen sie, zur Verzweiflung getrieben, die Feinde an, die weniger wachsam auf ihre eigene Sicherheit geachtet hatten, als richtig und notwendig gewesen wäre. Dichtgedrängt brachen sie aus der Kirche hervor, und im günstigsten Augenblick kamen ihnen Kameraden zu Hilfe, die sich aus Furcht vor den Feinden hier und dort in Gräben und vertrauten Schlupflöchern versteckt hatten. Sie töteten zwölf der Landesherren und 2.000 Soldaten der übrigen Streitmacht. Nur Graf Gerhard von Holstein und Heinrich von Mecklenburg entkamen unversehrt mit wenigen Männern.

Es vergingen einige Jahre, bis Graf Nikolaus von Holstein mit den Dithmarschern in vielen kleineren und ungeordneten Gefechten aneinandergeriet, weil sie, angeblich, um das erlittene Unrecht oder den ihnen zugefügten Schaden zu rächen, wiederholt in Holstein einfielen. Davon war besonders das Scharmützel bei dem Ort Tiperslo ein denkwürdiges Ereignis. Als beide Parteien mehr oder weniger unentschieden auseinandergingen, schloss man endlich einen durch Brief und Siegel bekräftigten vertraglichen Waffenstillstand. Darin

---

70 ‹ipsi› *coni. Felgentreu.*
71 Cf. Neoc. 1 *p.* 367 sq.

qua cum aequo pene Marte utrique discessissent, tandem res ad inducias et pactiones literis sigillisque firmatas deducta est. In his inter caetera cautum fuit, ut neutri alterius partis hostes domiciliis suis receptarent, foverent aut defenderent. Hanc conventionis particulam, quia haeredes quoque obligabantur, cum Ericus Saxoniae dux, socer Alberti comitis Holsatiae, anno exortae salutis quarto post millesimum quadringentesimum[72] ductis in Dithmarsiam copiis inde praedam abegisset perque Holsatiam domum *[p. 39]* esset reversus, Dithmarsi violatam contendere, quod permissu comitum eam expeditionem per fines eorum susceptam crederent. Publicatis igitur ad principes finitimos et urbes literis de Gerhardo Slesvici duce et Alberto comite graviter conqueruntur eosque accusant, quod contra pacta conventa et literis sigillisque munita egerint seque more militari non praemonitos per ditionem suam invadi dispoliarique a socero permiserint: quamobrem iniuriae damnique accepti compensationem ab ipsis reflagitant atque adeo vi harum literarum extorquere conantur.

Quo comperto Gerhardus fratrem Albertum ad se accersitum duriter increpat, quod tantum socero indulsisset, cum eo expostulans. Sed is iureiurando rite concepto coram fratre et suis utriusque consiliariis sancte affirmat se eius rei plane inscium et omnis culpae expertem esse. Gerhardus ergo ubi fratrem extra noxam esse intellexit, ambo primum literis cum ad Dithmarsos tum ad principes civitatesque perscriptis agunt — his se purgantes culpamque eius facti et suspicionem omnem a se amoventes, illos vero graviter acerbeque

---

72 quingentesimum *Iobinus.*

war unter anderem festgelegt, dass keine der Parteien die Feinde des Vertragspartners auf ihrem Territorium aufnehmen, sie versorgen oder ihnen militärischen Schutz zuteilwerden lassen dürfe. Dieser Artikel der Übereinkunft, behaupteten die Dithmarscher, sei, weil der Vertrag auch die Erben verpflichtete, verletzt worden, als Herzog Erich von Sachsen, der Schwiegervater des Grafen Albert von Holstein, im Jahre 1404 des erschienenen Heilands ein Heer nach Dithmarschen geführt, Beute von dort weggeschleppt hatte und durch Holstein nach Hause zurückgekehrt war. Denn sie meinten, dass dieser Kriegszug nur mit Erlaubnis der Grafen durch deren Gebiet hätte unternommen werden können. Deshalb verbreiteten sie unter den benachbarten Fürsten und Hansestädten einen Brief, in dem sie über Herzog Gerhard von Schleswig und Graf Albert schwere Klage führten und sie beschuldigten, sie hätten gegen den Vertrag, gegen die mit Brief und Siegel bekräftigte Übereinkunft gehandelt, indem sie zuließen, dass die Dithmarscher mit militärischen Mitteln ohne Vorwarnung über holsteinisches Gebiet angegriffen und von dem Schwiegervater geplündert wurden. Deshalb verlangten sie von ihnen eine Wiedergutmachung für das erlittene Unrecht und den entstandenen Schaden und versuchten vor allem, durch die Schärfe dieses Briefes etwas herauszupressen.

Als er das erfuhr, holte Gerhard seinen Bruder Albert zu sich und kritisierte ihn mit großer Härte. Er warf ihm vor, seinem Schwiegervater viel zu weit entgegengekommen zu sein. Der aber versicherte glaubwürdig unter feierlichem Eid und in Anwesenheit seines Bruders und ihrer beider Ratsherren, dass er von nichts gewusst habe und ihn keinerlei Schuld treffe. Als Gerhard deshalb einsah, dass sein Bruder schuldlos war, ergriffen beide zunächst die Maßnahme, den Dithmarschern und vor allem den Fürsten und Hansestädten Briefe zu schreiben — vor Letzteren rechtfertigten sie sich und wiesen die Schuld an den Ereignissen und jeden Ver-

insectantes, quod honoris sui et nominis rationem nullam habuissent tantamque dedecoris et ignominiae notam immerentibus aspergere et inurere molirentur —, deinde animum ad iniuriam bello vindicandam convertunt.

Dithmar*[d 4]*[p. *40]*si posteaquam in se bellum serio parari animadvertunt, intercedentibus civitatibus pro facta ipsis iniuria quolibetcunqe modo satisfacere se paratos aiunt, modo bellum intermittant. Verum principes molliri et ab instituto belli gerendi dimoveri non possunt. Proferebant enim contra ipsos tabellas sive literas publicas, quae omnium universae ditionis incolarum nomine anno partae salutis supra millesimum ducentesimum tertio datae confectaeque erant: quibus spondebant Dithmarsi se in perpetuum Gerhardo comiti eiusque iustis et legitimis haeredibus obnoxios et devinctos fore Holsatisque in cunctis eorum periculis auxilium laturos.

In cuius belli exordio tametsi fortuna Holsatis vehementer arridere visa est, ad extremum tamen singulari inconstantia atque perfidia fefellit et deseruit. Quippe contractis undecunque copiis in Dithmarsiam irruentes opimas hinc inde praedas agunt et in loco Delffbrugga validum propugnaculum excitant. Id erat turricula, ut passim eae munitiones fieri solent, forma inferius quadrangulari vastis grandibusque invicem connexis lignis coagmentata, ut pilis incidentibus transitum negarent, relictaque circumquaque in lateribus foramina eo spacio patebant, ut maiora minoraque tormenta exeri possent, unde pilae in hostes undiquaque adigeren*[p. 41]*tur. Ad quod oppugnandum cum saepius venirent Dithmarsi, magno eorum incommodo et iactura ipsos repellere, oppidum Meldorpam facto in id impetu capere, locum Hannerov in confinio Dithmarsiae munire, ex castellis Tileburgo

dacht von sich, ersteren aber machten sie schwere und bittere Vorwürfe: Dass sie keinerlei Rücksicht auf die Ehre und den Namen [*sc.* der Brüder] genommen hätten und sich daran zu schaffen machten, Unschuldige mit einem Schandmal zu besudeln und es ihnen einzubrennen, dann konzentrierten sie sich darauf, ihre Beleidigung durch Krieg zu rächen.

Als die Dithmarscher merken, dass man sich ernstlich gegen sie zum Krieg rüstet, sagen sie auf Vermittlung der Hansestädte, sie seien bereit, das den Fürsten zugefügte Unrecht auf jede erdenkliche Weise zu kompensieren, nur sollten sie jetzt keinen Krieg führen. Aber die Fürsten sind nicht zu erweichen und nicht von ihrem Entschluss zum Krieg abzubringen. Sie führten nämlich gegen die Dithmarscher eine Urkunde bzw. ein staatliches Schreiben an, das im Namen aller Einwohner des gesamten Territoriums im Jahre 1203 nach Geburt des Heilands gesandt und abgefasst worden war: Darin gelobten die Dithmarscher, für immer dem Grafen Gerhard und seinen rechtmäßigen Erben untertan und ergeben zu sein und den Holsteinern in allen Gefahren Unterstützung zu leisten.

Obwohl zu Beginn dieses Krieges das Glück den Holsteinern außerordentlich hold zu sein schien, täuschte es sie am Ende und ließ sie mit einzigartiger Unzuverlässigkeit und Treulosigkeit im Stich. Sie fielen also mit einer von überall her zusammengezogenen Armee in Dithmarschen ein, machten aus allen Richtungen reiche Beute und errichteten in Dellbrück einen starken Stützpunkt. Es handelte sich, wie bei solchen Befestigungen allgemein üblich, um einen niedrigen, unten quadratischen Turm, ein Gefüge aus gewaltigen, abwechselnd miteinander verbundenen Baumstämmen, das feindlichen Geschossen den Einfall verwehren sollte. Seitlich waren ringsum Öffnungen eingelassen, um größere und kleinere Geschütze nach außen zu richten, aus denen der Feind aus allen Richtungen unter Feuer genommen werden könnte. Als die Dithmarscher mehrfach zum Angriff auf die

et Suavestadio magna plurimaque hostibus damna quovis momento inferre.

Post ea vero prospere administrata mutata fide fortuna Holsatos dereliquit. Nam Albertus comes cum per eum loci tractum, quem Northamme incolae dicunt, in Dithmarsiam irrupisset iamque ingentem et copiosam trahens praedam ad suos recipere sese properaret, ex itinere equo lapsus est, qui casus paulo post ipsi fatalis fuit. Cum deinceps vicinae civitates maritimae per legatos de pace inter ipsos concilianda agerent, nec abnuentibus quidem Dithmarsis eam precio redimere aequo duriorem se praebuit Gerhardus plenusque fiducia potiundae regionis, quae praesertim fraterno iam funere satis care empta poterat videri, universa copiarum mole in hostes invadere constituit.

Nec longa intercessit mora, cum toto exercitus corpore ea via, quae Suderhamme vocatur a coeli plaga australi, in Dithmarsiam itur: dux ipse cum delecta cohorte ad fauces aditus eas custoditurus consistit, milites agros vicosque percurrendo populandoque magnam undique vim praedae cogunt. *[d 5][p. 42]* At hi palantes dispersique dum praedae cupiditate latius evagantur tardiusque sese recipiunt, incolae conglobati latera angustiarum, per quas transitus erat, arbusculis occultati occupant iamque revertentes, ut erant onusti praeda, improvisi aggrediuntur caedemque faciunt.

Festung anrückten, schlug man sie unter großen und schmerzlichen Verlusten ihrerseits zurück, nahm Meldorf im Sturm, befestigte Hanerau an der dithmarsischen Grenze und fügte dem Feind, gestützt auf die Festungen Tielenburg und Schwabstedt, jederzeit zahlreiche schwere Schäden zu.

Nach diesen erfolgreichen Maßnahmen aber wechselte das Glück die Seiten und ließ die Holsteiner im Stich. Denn als Graf Albert, der durch den Landstrich, den die Einheimischen Nordhamme nennen, in Dithmarschen eingefallen war, bereits eine gewaltige Menge an Beute mit sich führte und sich im Eilmarsch zu den eigenen Leuten zurückzog, fiel er unterwegs vom Pferd, ein Sturz, der wenig später seinen Tod zur Folge hatte. Als danach die benachbarten Hansestädte auf diplomatischem Wege einen Frieden zwischen den Parteien zu vermitteln suchten, weigerten sich die Dithmarscher nicht einmal, ihn zu erkaufen, aber Gerhard blieb härter, als angemessen war. Voll Zuversicht, das Land einzunehmen, das ihm wohl vor allem durch den Tod seines Bruders bereits teuer genug erkauft zu sein schien, beschloss er, mit der gesamten Armee gegen den Feind vorzugehen.

Und so verging nicht viel Zeit, bis man mit der ganzen Heeresmacht auf der Straße, die (nach der Himmelsrichtung Süden) Süderhamme genannt wird, nach Dithmarschen zieht: Der Herzog selbst geht mit einer Sondereinheit an der Wegenge im Zugangsbereich in Stellung, um sie zu bewachen, die Soldaten eilen plündernd über Feld und Dörfer und bringen überall eine große Fülle an Beute zusammen. Als sie aber, schweifend und verstreut, aus Beutegier weiter ausgreifen und sich erst später wieder zurückziehen, besetzen die Einheimischen, im Gebüsch versteckt, in Scharen die Flanken des verengten Marschweges. Jetzt greifen sie die Rückkehrer, schwer mit Beute beladen, wie sie waren, plötzlich an und veranstalten ein Gemetzel.

Antecedebant agmen pueri armigeri. Ab iis, cum primus in ipsos impetus fieret, lachrymabilis clamor et eiulatus tollebatur.[73] Quo ad aures ducis perlato tumultum inter suos et rixam de praeda ortam ratus eam sedaturus nudato galea detracta capite propere advolat. In eum Dithmarsi ex transverso sese inferunt sauciatumque graviter caput equo deturbant. Inde cunctis a lateribus in hostes concitati proruunt et aliis atque aliis subinde sese aggregantibus ex latebris, quibus sese absconderant, copias eas omnes quasi indagine claudunt et totas occidione fere trucidant delentque paucis fuga evadentibus.

Nullius enim vitae usitata, sed immani feritate ne spirantium quidem inter cadavera caesorum parcunt. Praeter ducem occubuerunt bisseni equestri honore insignes et ex nobilitate trecenti, inter quos nonnulli egregii et magnae virtutis fuerunt viri, quorum nomina in annalibus adhuc extant. Atque adeo, ut compendio dicam, quicquid lectissimorum hominum militumque in ducatu Slesvicensi Hol/*p. 43*/satiaque universa fuit et flos omnis robustae vividaeque iuventutis hoc bello interiit. Postridie tamen eius diei nobiles duo Holsati Wolffgangus Poggeviscius et alter Ranzovius inter cadaverum acervos viventes reperti et capti sunt. Hi, ut dimitterentur, prius impetrare nequibant, quam perfecissent, ut propugnaculum Delffbruggae, quod Holsati adhuc tenebant, destrueretur.

Neque eo contenti Dithmarsi, quod in pugnantes cadentesque immanem crudelitatem et saevitiam pro more intemperanter exercuissent, in ipsa quoque caesorum cadavera

---

73 Cf. Krantz *Sax.* 10, 22: *clamor puerorum attollitur cum eiulatu.*

Dem Heer voraus gingen die Schildknappen. Von ihnen wurde, weil der erste Angriff ihnen galt, ein klägliches Schreien und Heulen erhoben. Als das an die Ohren des Herzogs dringt, glaubt er, dass es unter seinen Leuten zu Aufruhr und Streit über die Beute gekommen ist. Um besänftigend zu wirken, sprengt er ohne Helm mit ungeschütztem Haupt heran. Auf ihn nun stürzen sich die Dithmarscher von der Seite, verwunden ihn schwer am Kopf und werfen ihn vom Pferd. Dann brechen sie im Sturm von allen Seiten gegen die Feinde vor, und während immer wieder neue Kämpfer aus den Verstecken, in denen sie sich verborgen hatten, dazustoßen, schließen sie die ganze Armee wie mit einem Netz ein und schlachten sie bis zur völligen Vernichtung ab. Nur wenige entkommen durch Flucht.

Denn mit ihrer üblichen Wildheit geben sie kein Pardon, und in unkontrollierter Wut schonen sie nicht einmal die Schwerverletzten, die zwischen den Leichen noch atmen. Außer dem Herzog fielen zwölf von ritterlichem Rang und aus dem Adel dreihundert, unter ihnen etliche bedeutende Männer von großer Tüchtigkeit, deren Namen noch heute in den Chroniken stehen. Um es kurz zu sagen, ging restlos gerade die Elite von Männern und Soldaten im Herzogtum Schleswig und in ganz Holstein, ging die Blüte einer lebenskräftigen Jugend in diesem Krieg unter. Dennoch wurden am folgenden Tag zwei adlige Holsteiner, Wolfgang Pogwisch und der andere ein Rantzau, zwischen den Leichenhaufen lebendig aufgefunden und gefangen genommen. Sie konnten ihre Freilassung erst erreichen, als sie durchgesetzt hatten, dass die Festung von Dellbrück, die noch immer in holsteinischer Hand war, geschleift wurde.

Aber nicht damit zufrieden, dass sie, wie es ihre Art war, an den kämpfenden und fallenden Männern ohne Zurückhaltung ihre wütend rasende Grausamkeit ausgetobt hatten, wüteten die Dithmarscher selbst gegen die Leichen der Erschlagenen, die, ein erbärmlicher Anblick, überall die Fel-

misere passim agros foedantia, dum sepulturam honestam ipsis negant, saeviunt et dirum immoderatumque animorum furorem satiant. Nam ipsius vix ducis et paucorum praeterea equestris dignitatis cadavera ad sepulturam impetrari potuerunt quantumvis magno argenti pondere oblato. Reliqua multitudo contra omnium pene gentium consuetudinem et mores feris alitibusque in praedam insepulta sub dio per agros et in fossis iacuit. Nobilium vero caesorum uxores, cum multis precibus se nihil apud homines omnis mansuetudinis expertes et ignaros efficere posse intelligerent, callido et felici commento votis suis satisfecerunt. Sacratarum enim virginum sive monialium (ut vocant) habitum fingentes virorum per agros iacen*[p. 44]*tium, uti quaeque suum agnoscebat, ossa diligenter collecta ad sepulturam extulerunt.[74] Ita gens omnium immanissima, nequid atrocius dicam, viventium corpora fodiendo caedendoque crudeles animos iramque implacabilem explere non potuit, nisi in ipsos quoque cineres et umbras omni procul pietatis humanitatisque cultu extremam odii et furoris sui vim effudisset. Post eam cladem funestam et gravissimam Holsatis induciae inter ipsos renovatis antiquis foederibus initae sunt, quas decimo tamen anno post Dithmarsi violare non reformidarunt.

Cuius rei gestae occasio et series haec fuit. Affecerant ultimo supplicio Phrisii homines facinorosos quatuor patria Dithmarsos, ob maleficia designata‹e› mortis reos. Id aegre ferentes Dithmarsi, qui eo facto se omnes contumelia af-

---

74 Nobilium vero [...] extulerunt *Iobinus*, Tandem vero post multas etiam preces nobilium foeminis permissum, ut virorum ossa undique collecta sacratarum virginum sive monialium (ut vocant) habitu ad sepulturam efferrent: neque id quidem nisi sub tali condicione fuerant concessuri. *Regius, Wolff.*

der entstellten: Sie verwehrten ihnen ein ehrliches Begräbnis und sättigten so die schreckliche und maßlose Raserei ihrer Herzen. Denn selbst die Leichen des Herzogs und darüber hinaus einiger weniger Ritter wären beinahe nicht zum Begräbnis freigegeben worden, so viel Geld man dafür auch bot. Die vielen anderen blieben gegen den Brauch und die Sitten fast aller Völker den Vögeln und wilden Tieren zum Fraß ohne Begräbnis unter freiem Himmel auf Feldern und in Gräben liegen. Als aber die Ehefrauen der erschlagenen Adligen einsahen, dass sie mit ihren vielen Bitten bei Leuten, die keinerlei Mitgefühl besaßen, nichts ausrichten konnten, erreichten sie durch eine erfolgreiche List Genugtuung für ihre Männer. Sie verkleideten sich im Habit heiliger Jungfrauen, sogenannter Nonnen, und alle, die ihren Mann identifizieren konnten, sammelten mit Sorgfalt die Gebeine der Toten, die auf den Feldern lagen, und brachten sie zur Beerdigung außer Landes. So konnte dieses unmenschlich wilde Volk (um nicht Schlimmeres sagen zu müssen) im Durchstoßen und Niederhauen der Leiber Lebender seine Grausamkeit und seine unerbittliche Wut nicht befriedigen, ohne fern jeder Bemühung um Respekt und Menschlichkeit die extreme Gewalt seiner hasserfüllten Raserei sogar noch über der Asche und den Schatten der Toten ergossen zu haben. Nach dieser für die Holsteiner so vernichtenden Niederlage wurde unter Erneuerung alter Verträge zwischen den Parteien ein Waffenstillstand beschlossen. Zehn Jahre später jedoch hatten die Dithmarscher keine Bedenken, ihn zu verletzen.

Anlass und Verlauf dieses Konfliktes war folgender: Die Friesen hatten an vier Verbrechern die Todesstrafe vollzogen, an Männern dithmarsischer Herkunft, die, wegen ihrer Verbrechen angeklagt, zum Tode verurteilt wurden. Empört setzten daraufhin die Dithmarscher, die den Fall als Verletzung ihrer Rechte empfanden, über die Eider und provozierten gewaltsam die Friesen, um sich zu rächen. Die stellten sich ihnen in den Weg und töteten etliche, wobei der Rest

fectos putabant, ut eam vindicarent, Phrisios traiecto Eidora amne armis lacessunt: qui obviam euntes eorum complures occidunt caeteris aut in fluvium vicinum demersis aut fuga inita insequentium manibus ereptis. Qua suorum caede in Dithmarsia evulgata per omnes pagos ad arma conclamatur et mox viribus instructiores magnoque coacto agmine revertuntur et facta in agrum Eiderstadensem irruptione obvia omnia undiquaque igne ferroque crudeliter vastant, diripiunt, sua redimere volentibus pecuniam im*[p. 45]*perant magnaque abacta praeda domum redeunt. At pecunia imperata cum ipsis pro libitu non solveretur, magna e suis manu comparata denuo Phrisios invadunt et omnem eorum agrum depraedantur supraque capta ab ipsis spolia et rapinas multo maiorem quam ante argenti vim mulctae nomine exigunt et iniquissimas atque adeo intolerabiles praescribunt pacis conditiones. Inter quas et haec erat, ut orta inter suos Phrisiosque controversia delecti ex Dithmarsis viri viceni et Phrisiorum unus de ea cognoscerent atque iudicarent.

Hanc atrocem simul et iniustam vim ditioni suae illatam gravissime ferebat Adolphus Holsatus monitosque Dithmarsos, ut ex foedere agerent et ab iniuriis suorum temperarent, ubi nihil coepto desistere comperit, graves contra ipsos simultates animo concepit. Sed quia ipsi cum Danorum rege de ducatu Slesvicensi contentio erat, nihil hostile tentare vindictamve de iis sumere ausus est. Aestimatum tunc fuit damnum ea incursione Phrisiis illatum ducentis millibus marcarum.

entweder im nahen Fluss ertrank oder sich den Händen der Verfolger durch Flucht entreißen konnte. Als die Kunde von diesem Massaker an Landsleuten sich in Dithmarschen verbreitete, wurde allerorts zu den Waffen gerufen, und bald kam man besser gerüstet und mit einem großen Heer wieder. Die Dithmarscher fielen in Eiderstedt ein, und mit Feuer und Eisen verwüsteten und plünderten sie grausam überall, was ihnen begegnete. Als die Eiderstedter ihren Besitz retten wollten, diktierten sie ihnen ein Lösegeld und kehrten mit reicher Beute nach Hause zurück. Doch dann wurde der auferlegte Tribut nicht ihren Vorstellungen entsprechend ausgezahlt, und so stellten sie eine große Schar von Kämpfern zusammen und fielen erneut bei den Friesen ein. Sie plünderten das ganze Land, zwangen den Eiderstedtern unter der Bezeichnung „Geldstrafe" über die ihnen geraubte reiche Beute hinaus eine noch größere Menge Geldes als vorher ab und diktierten eine besonders ungerechte, geradezu unerträgliche Vereinbarung über Frieden. Sie enthielt unter anderem die Bestimmung, dass bei Streitigkeiten zwischen ihren Landsleuten und Friesen zwanzig Dithmarscher und ein Friese bestimmt werden sollten, um die Angelegenheit zu prüfen und darüber zu befinden.

Über diesen aggressiven und noch dazu ungerechtfertigten Übergriff auf sein Staatsgebiet war Adolf von Holstein sehr erbittert. Er mahnte die Dithmarscher, sich vertragsgemäß zu verhalten und die Rechte seiner Untertanen nicht weiter zu verletzen. Als er dann erfuhr, dass sie keineswegs von ihren Machenschaften abließen, wuchs in ihm tiefe Feindschaft gegen sie. Weil er aber wegen des Herzogtums Schleswig selbst in eine Auseinandersetzung mit dem dänischen König verstrickt war, wagte er keinen feindlichen Vorstoß und keinen Versuch, an ihnen Rache zu nehmen. Der den Friesen durch diesen Angriff zugefügte Schaden wurde damals auf 200.000 Mark geschätzt.

Progressi exinde sunt eo arrogantiae Dithmarsi, ut inter Daniae regem ducemque de Slesvicensi (uti dictum est) ducatu dissidentes se arbitros et sequestros interponere cogitaverint. At intelligentes parum, quid in iure feudali controverteretur, existimabant perinde esse *[p. 46]* iumentum commodato an ducatus in feudum detur eaque barbara et agresti sua inscitia principum ius pene intervertere conati sunt.

Elapso nonnullo tempore cum Christiernus primus eius nominis rex Danicus Adolphi e sorore nepos propinquitatis iure ditiones eius omnes ad se transtulisset, is in Germaniam ad Fridericum III. imperatorem profectus est et suo maiorumque suorum in Dithmarsiam iure demonstrato obtinuit, ut communi statuum ordinumque imperii consensu abolito obliteratoque comitatus titulo dux Holsatiae crearetur. Cui ducatui, ut legitimis metis ambituque iusto describeretur, Caesarea potestate Stormaria et Dithmarsia regiones inclusae atque copulatae sunt: idque diplomate imperatorio et sigillo confirmatum anno post natum Christum septuagesimo quarto supra millesimum quadringentesimum. Quod imperatoris diploma anno quinto post cum rex Dithmarsis Rendesburgum ad se evocatis exhiberet utque de more in fidem suam sibi iurarent (quod iuramentum fidelitatis sive homagium vocant) postularet, Bremensium antistitis magistratum causati id facere recusabant. Itaque vim et arma rex comminatus interventu procerum annuas inducias dedit, ut eo in temporis spacio, quid sibi facto opus esset, deliberarent.

Bald darauf verstiegen sich die Dithmarscher zu einer solchen Anmaßung, dass sie ernstlich erwogen, als Schiedsrichter und Schlichter zwischen den König von Dänemark und den Herzog zu treten, die, wie gesagt, über das Herzogtum Schleswig uneins waren. Aber weil sie zu wenig davon verstanden, was im Feudalrecht die Streitfrage war, dachten sie, es sei dasselbe, ob nun ein Stück Vieh als Leihgabe oder ein Herzogtum als Lehen überlassen werde, und mit ihrer barbarisch-bäurischen Ahnungslosigkeit versuchten sie fast schon, ein Fürstenrecht zu unterschlagen.

Nachdem einige Zeit verstrichen war und der dänische König Christian I., ein Neffe Adolfs von Seiten seiner Schwester, nach Verwandtschaftsrecht dessen gesamtes Hoheitsgebiet auf sich übertragen hatte, brach der nach Deutschland zu Kaiser Friedrich III. auf und wies ihm die Berechtigung seiner und der Ansprüche seiner Vorfahren auf Dithmarschen nach. Er erreichte, dass er mit einmütiger Zustimmung aller Stände des Reiches nach endgültiger Abschaffung des Grafentitels zum Herzog von Holstein ernannt wurde. Um dieses Herzogtum in seinen rechtmäßigen Abgrenzungen und in vollem Umfang zu definieren, wurden mit kaiserlicher Vollmacht die Landschaften Stormarn und Dithmarschen inkorporiert und angeschlossen. Das wurde im Jahre 1474 nach Christi Geburt durch Urkunde und Siegel des Kaisers bestätigt. Als der König nun fünf Jahre später die Dithmarscher zu sich nach Rendsburg rief, ihnen die kaiserliche Urkunde vorlegte und verlangte, dass sie in der üblichen Weise einen Eid auf ihn leisteten (man nennt das „Treueeid" oder „Huldigung"), da beriefen sie sich als Vorwand auf die Amtsgewalt des Bischofs von Bremen und weigerten sich. Deshalb drohte der König ihnen mit der Macht seiner Waffen, gewährte jedoch auf Intervention hoher Adliger ein einjähriges Ultimatum, damit sie während dieses Zeitraums beraten konnten, welche Entscheidung nötig wäre.

Eius itaque post obitum[75] filius Iohannes in regnis Aquilonaribus suc*[p. 47]*cessor, cum Sueciam rebellantem biennio ante armis subegisset, ratus Dithmarsiam cum haereditario iure tum beneficio imperatorio sibi obnoxiam esse adversus illam quoque vires suas periclitari statuit. Antequam autem ad arma perveniretur, literis primum nunciisque Dithmarsos monet terretque, ut iudicio imperatoris obsequantur volentesque et bona cum gratia id subeant, ad quod inviti et reluctantes cogi possint. Quibus ubi nihil se proficere rex videt, bellum indicit mittitque nihilo minus, qui tentatis agrestium animis operam dent, ut deditione quam bello in potestatem eius venire malint. Verum id quoque apud obstinatam et praeferocem nimis gentem frustra fuit.

Itaque rex magnis comparatis undecunque copiis anno a natali Christi millesimo quingentesimo mense Februario in Dithmarsiam exercitum ducit. Habebat in agmine praeter milites equitesque omnis generis, quos magno numero ex ditionibus suis evocaverat et in finitimis circum urbibus et oris conscripserat, sex millia peditum stipendiariorum, quorum forti et efficaci opera in Suecia domanda usus fuerat, eratque nomen eorum sive ob virtutem sive crudelitatem et grassandi consuetudinem gentibus terribile. Ex nobilitate praeterea circiter duo millia ipsi militabant.

Constitit exercitus per dies aliquot in conspectu hostium, dum *[p. 48]* reliquae, quae[76] expectabantur, copiae conveni-

---

Und so beschloss nach seinem Tod Johannes, sein Sohn und Nachfolger in den Nordreichen, der das aufständische Schweden zwei Jahre zuvor militärisch unterworfen hatte, in der Auffassung, Dithmarschen sei ihm aus ererbten Rechten und vor allem als kaiserliches Lehen untertan, auch gegen dieses Land seine Kräfte zu erproben. Bevor jedoch die Feindseligkeiten eröffnet wurden, setzte er die Dithmarscher durch Briefe und Gesandtschaften unter Druck, dem Urteil des Kaisers gehorsam zu sein und es freiwillig und mit fürstlichem Wohlwollen auf sich zu nehmen, wozu sie gegen ihren Willen und Widerstand gezwungen werden könnten. Als der König sah, dass er sich so nicht durchsetzen konnte, erklärte er den Krieg, schickte aber dennoch Botschafter, die die Entschlossenheit der Bauern auf die Probe stellen und darauf hinarbeiten sollten, dass sie lieber durch Kapitulation als durch Krieg unter seine Herrschaft kämen. Aber auch dieser Versuch blieb bei dem halsstarrigen und völlig verwilderten Volk ohne Ergebnis.

Deshalb zog der König aus allen zugänglichen Quellen in großem Umfang Truppen zusammen und führte im Februar des Jahres 1500 ein Heer nach Dithmarschen. Seine Armee bestand außer aus Soldaten und Rittern aller Art, die er in großer Zahl in seinem Hoheitsgebiet zu den Waffen gerufen und in den benachbarten Städten und Landschaften verpflichtet hatte, aus einer Infanterie von 6.000 Söldnern, auf deren tapfere und effiziente Unterstützung er schon zurückgegriffen hatte, um Schweden wieder unter Kontrolle zu bringen. Ihr Name hatte, sei es wegen ihrer großen Leistungen, sei es wegen ihrer Grausamkeit und der berserkerhaften Wut ihres Auftretens, einen schrecklichen Ruf. Darüber hinaus dienten etwa 2.000 Adlige im Heer des Königs.

Die Armee blieb einige Tage in Sichtweite der Feinde stehen, während noch erwartete Truppenteile eintreffen sollten, und um herauszufinden, ob die Bauern, die sich, bevor es gefährlich wurde, so unerschütterlich gaben, im Anblick einer solchen Macht nicht doch zur Kapitulation neigen würden.

---

75 itaque post obitum *Iobinus*, Christierni *Regius, Wolff.*
76 quae *om. Iobinus.*

rent utque experirentur, si forte agrestes intrepidi ante periculum, tantis conspectis viribus expugnati ad deditionem animos inclinarent. Quae postquam opinio fefellit, Meldorpam oppidum impetu facto aggrediuntur et capiunt. Ibi quoque nonnulla tracta est mora, ut spacium ineundi consilium de deditione hostibus darent. At Dithmarsi campestribus aridisque excedere locis et in interiorem palustrem oram cum omnibus suis sese recipere illic de vita et libertate fortunisque suis cum hoste dimicaturi. Mittit eo rex peritos loci speculatores, ut explorent, quaenam agrestes consilia capiant. Eos omnes intercipiunt illi caeterisque interfectis unum natione Phrisium minis tormentisque adigunt, ut enarret detegatque ipsis, qua via rex irrumpere decreverit. Eo comperto per lutulentam valde et impeditam fossis viam, qua ingressuros acceperant, per omnem insequentem noctem continuato pertinaciter labore vallum ducunt et iuxta in excubias praesidiumque aliquot millia suorum collocant reliquis ad alia munia obeunda distributis.

Rex ignarus horum nullasque insidias veritus, quamvis reclamarent Holsati proceres nonnulli, quibus angustiae loci suspectae erant, quo constituerat itinere, cum omni copiarum mole in hostes tendit. Anteibat agmen pedestre, *[p. 49]* id turmae equitum consequebantur, extrema claudebant vehicula, quae in spem praedae una trahebantur. Ubi propius vallum sub ictum tormentorum accesserant cohortes, coloni post aggerem excubantes eoque quasi obice et tegumento tuti displosis repente tormentis mediocrem militum stragem faciunt. Subiere tamen, qui in prima fronte erant pedites, pluteis[77] tecti fossisque saltu superatis planitiem occupant, sed stabant adeo anguste, ut ad pugnam capessendam expedire sese minime possent. Accedebat ad id difficultatis dies ventis gras-

Als sich diese Erwartung als falsch erwies, griffen sie die Stadt Meldorf an und nahmen sie im Sturm. Auch dort verweilte man etwas, um den Feinden Zeit zu geben, über ihre Kapitulation zu beraten. Aber die Dithmarscher verließen das offene, trockene Gelände und zogen sich vollständig in das sumpfige Landesinnere zurück, um dort mit dem Feind um ihr Leben und ihren Besitz zu kämpfen. Der König schickte ortskundige Aufklärer dorthin, um die Pläne der Bauern in Erfahrung zu bringen. Die aber fingen alle Kundschafter ab und töteten sie, bis auf einen von friesischem Stamm, den sie durch Folter und Drohungen dazu brachten, dass er ihnen genau verriet, auf welchem Marschweg der König durchzubrechen beschlossen hatte. Als sie das erfahren hatten, hoben sie auf der tief schlammigen, durch Gräben verengten Straße, auf der die Feinde ihren Informationen nach einmarschieren würden, die ganze folgende Nacht hindurch in ununterbrochener, verbissener Arbeit eine Schanze aus. Als Wache und Schutz gingen dort einige Tausend Mann in Stellung, der Rest wurde auf andere Aufgaben verteilt.

Der König, der davon nichts wusste, befürchtete keinen Hinterhalt. Obwohl ihn einige holsteinische Adlige warnten, die wegen der Enge des Geländes misstrauisch waren, zog er mit der gesamten Streitmacht auf dem geplanten Marschweg den Feinden entgegen. Die Infanterie marschierte voraus, dann folgten die Einheiten der Ritter, und die Nachhut bildete der Wagentross, der in der Hoffnung auf Beute gleich mitgeführt wurde. Als die Marscheinheiten bis auf Schussweite an die Schanze herangekommen waren, feuerten die Bauern, die hinter dem Erdaufwurf auf Posten lagen und durch ihn wie durch einen Deckungsriegel gesichert waren, plötzlich die Geschütze ab und verursachten mittelschwere Verluste unter den Soldaten. Hinter Schutzwänden rückten die Infanteristen in vorderster Front dennoch näher heran, überwanden die Gräben im Sprung und besetzten ein ebenes Gelände. Sie standen aber so gedrängt, dass sie keine Möglichkeit hat-

---

77 Cf. Neoc. 1 *p.* 472 (*Hurten edder Flaken van Strucke gemaket unnd dorch einander getunet*).

virium confidendum, nec fiducia potentiæ bella movenda, sed victoriam a
solo Deo, non ab equestribus aut Pedestribus copiis exspectandam esse.
Nulla enim potentia & virtus, quantumvis excellens, felix est, nisi Deus ipse
consilia, dextras & eventus gubernet, sicut anno post hanc cladem sexagesimo
Adolphi, & cæterorum Holsatiæ Ducum expeditionem in Dithmarsos
susceptam gubernavit, ut intra unius mensis spacium regionem illam Albi &
Eydero, fluminibus & mari, paludibus & fossis aquarum undiqʒ cinctam &
munitissimam, Imperio Ducum Holsatiæ subjecerint, quam tot antea seculis
frustrà & infeliciter majores ipsorum aliquoties tentarunt.

Mit den Todten Cörpern seindt sie gantz grewlich vmbgangen / haben sie nacket auß gezogen / vnd theils in grossen gruben verscharret / theils
auch vnterm Himmel liegen lassen. Vnd diß ist die dritte Niederlage gewesen / so die Holsteinischen in Dithmarschen gelitten haben. Dann die
erste war zun zeiten Grafen Johans vnd Grafen Gerharts zu Holstein /
Anno 1322. deren Crantzius gedencket in Vandalia lib. 8. cap. 4. Die an-
re aber zun zeiten Hertzog Gerharts zu Schleßwig / Anno 1404. Vnd
die dritte / dauon wir jetzt gehandelt haben.   Es

Holzschnitt der Schlacht bei Hemmingstedt.

santibus perquam turbidus: multo imbre et grandine ubertim coelo delapsa viri simul equique perfundi, fossae ad imas usque oras completae excrescere, via alias profundo impedita coeno multo effici impeditior, tanta incidente vi pluviae eam immissis per catarrhactas undis augere incolae et omne agri fossarumque discrimen eripere. Direxerant in hostes tormenta regii, sed extinctis imbre funiculis corruptoque apparatu omni nulli usui esse poterant.

Ex adverso Dithmarsi obiectu valli defensi ingentem pilarum glandiumque imbrem in hostes effundere numquam cessebant. Quos ubi tanta loci iniquitate aliisque difficultatibus circumventos et iam quasi captos cernunt, transilientes fossas uno omnes impetu eos aggrediuntur et bis repulsi redintegrato praelio cohor*[e][p. 50]*tes quantumvis fortiter resistentes, sed absorbente plantas luto praepeditas, imbre multo madentes et frigore rigentibus membris pene emortuas in fugam vertunt: fugientes insequuntur caedunt proculcant in fossas praecipitant.

His prope ad internecionem trucidatis ad equitatum veniunt, qui loci angustia pressus luto equos ad genua usque devorante movere vix sese poterat. Post tergum plaustra fugam impediebant, si progrederetur, caesorum acervi hostesque obiciebantur, a latere utroque intercludebant fossae.[78] Ita co-

78 Cf. Krantz *Sax.* 13, 26.

ten, sich in Schlachtordnung aufzustellen. Zu diesen Schwierigkeiten kam noch, dass an diesem Tag wütende Winde zu einem heftigen Sturm anwuchsen: Bei viel Regen und reichlich vom Himmel prasselndem Hagel wurden Ross und Reiter zugleich durchnässt, die Gräben füllten sich bis an den Rand und flossen über, die Straße, auch sonst tief, schlammig und unwegsam, wurde noch sehr viel unwegsamer, und obwohl schon ein so furchtbarer Regen fiel, verschlimmerten die Einheimischen seine Wirkung noch, indem sie durch die Siele Meerwasser zuführten und jeden Unterschied zwischen Feldern und Gräben zunichte machten. Die Truppen des Königs hatten die Geschütze auf den Feind gerichtet, aber im Regen erloschen die Lunten, und das ganze Zubehör verdarb, sodass sie zu nichts zu gebrauchen waren.

Von vorne ließen die Dithmarscher aus der sicheren Deckung der Schanze heraus ununterbrochen Spieße und Kugeln auf die Feinde niederregnen. Als sie erkannten, dass die unter den extrem ungünstigen Gegebenheiten des Geländes und anderen Schwierigkeiten in der Falle saßen und praktisch schon gefangen waren, sprangen sie über die Gräben und griffen in einem einzigen gemeinsamen Sturmlauf an. Zweimal wurden sie zurückgeschlagen und kämpften weiter, dann schlugen sie die Marscheinheiten in die Flucht, die sich tapfer zur Wehr setzten, aber mit den Füßen im Schlamm steckenblieben und, vom Regen triefnass, mit vor Kälte starren Gliedmaßen schon halbtot waren. Den Fliehenden setzten die Dithmarscher nach, hieben und trampelten sie nieder und warfen sie kopfüber in die Gräben.

Nachdem sie das Fußvolk fast komplett aufgerieben hatten, erreichten sie die Kavallerie, die auf engem Raum zusammengedrängt, während der Schlamm die Pferde bis an die Knie verschlang, so gut wie bewegungsunfähig war. Im Rücken verstellte der Tross den Fluchtweg, wollte man vorrücken, traf man auf Berge von Erschlagenen und auf den Feind, auf beiden Seiten schnitten Gräben den Weg ab. Um

arctatos equites circumfusi undique hostes circumsistunt et oppugnantes hinc illinc latera vulneratis equis deiciunt, pilis sternunt, lanceis induunt, obtruncant, profligant. Ipse princeps cum paucis, inter quos et illustrissimus Holsatiae tunc temporis Fridericus regis frater fuit, per densos cadaverum iacentium cumulos via inventa vix elabitur.

Edita itaque trium horarum momento incredibilis est strages, adeo ut ipsis postea victoribus mirum fuerit visum, quod tantulo tempore tantam hostium turbam prostraverint. Sed inventi sunt plerique sine vulnere: quae res argumento est plures undis suffocatos quam gladio caesos esse. Locus, quo pugnatum est, Meldorpam et Hemmingstadium oppida interiacet vocaturque etiamnum ominoso et infami a re gesta nomine cacodaemo*[p. 51]*nis opus sive iactus.

Periere autem ea clade Adolphus et Otho comites Oldenburgici nec non praeter viros equestris ordinis nobilesque Danos et aliarum regionum ex una Holsatia ad sexaginta nobilium, quorum nomina in annales relata passim adhuc leguntur. Occubuerunt quoque eodem tempore quatuor Ranzovii, inter quos fuit Breda Ranzovius frater strenui clarissimique equitis Iohannis Ranzovii, quo summo eius expeditionis duce Dithmarsi non adeo multis post annis plane subacti et imperio legitimo subiecti sunt. Reliquae multitudinis alii quatuor millia fuisse caesa alii paulo plures narrant, sed Dithmarsi in immensum adaugent numerum.

die so in die Enge getriebenen Ritter schwärmten von allen Seiten die Feinde, griffen bald hier, bald dort in der Flanke an, warfen sie von den verletzten Pferden, streckten sie mit Speeren zu Boden, spießten sie mit Lanzen auf, hieben und metzelten alles nieder. Der Fürst selbst konnte mit wenig Mann, unter ihnen die damalige Hoheit in Holstein, Friedrich, der Bruder des Königs, einen Weg zwischen den dicht gedrängten Haufen herumliegender Leichen finden und mit knapper Not entwischen.

So kam es binnen dreier Stunden zu einem unglaublichen Massaker, in einem Ausmaß, dass später selbst für die Sieger kaum zu glauben war, dass sie in so kurzer Zeit eine solche Menge von Feinden vernichtet hatten. Die meisten aber fand man ohne Wunden auf: Ein Umstand, der beweist, dass mehr Gefallene in den Wogen ertrunken sind als durch das Schwert erschlagen wurden. Das Schlachtfeld liegt zwischen den Städten Meldorf und Hemmingstedt, und es wird noch heute mit einem vorbedeutungsvollen und durch das Ereignis berüchtigten Namen bezeichnet: als des Teufels Werk oder auch Warft.

Es fielen bei dieser Niederlage die Grafen Adolf und Otto von Oldenburg und außer Männern aus dem Ritterstand und von Adel aus Dänemark und anderen Gegenden allein aus Holstein sechzig Adlige, deren Namen in den Chroniken verzeichnet und noch heute überall zu lesen sind. Damals starben auch vier Rantzaus, unter ihnen Breide Rantzau, der Bruder des tüchtigen, hochberühmten Ritters Johann Rantzau, unter dessen Oberkommando bei dem entsprechenden Feldzug die Dithmarscher nicht sehr viele Jahre später klar unterworfen und unter ein rechtmäßiges Herrschaftsverhältnis gestellt worden sind. Aus der übrigen Heeresmasse, sagen die einen, seien 4.000 Mann erschlagen worden, die anderen ein wenig mehr. Die Dithmarscher übertreiben die Zahl ins Unermessliche.

Neque hac quidem victoria elata gens effera ab usitata crudelitate sibi temperavit, ut explendae iracundiae et odio satis fuerit nemini caedendo laniandoque in pugna pepercisse victosque iam et interemptos exutis etiam interulis lineis dispoliasse, sed et in ipsa omnis sensus expertia cadavera extremae crudelitatis et truculentiae vires effudit. Aliquot namque peditum millia raptim terra effossa obruit, reliquis omnibus, praesertim vero equitibus is ultimus sepulchri honos negatus est: totque viri praestantes et nobili orti sanguine et virtute rara factisque egregiis clari in lacunis, in fossis et campis coeno integente squalidis aperto sub coelo foede computrescere ferasque *[e 2][p. 52]* animantes, canes volucresque voraces corporibus suis passim pascere sunt visi.[79]

Sed Deus Optimus Maximus impiae crudelitatis sceleratae in magistratum perfidiae iustissimus semper ultor tot fortissimorum virorum miseram et indignam calamitatem ac necem quinquagesimo nono post anno per posteros eorum egregie vindicavit. Tunc enim bello illato superati Dithmarsi multisque eorum non procul eodem hoc loco, quo tantam cladem maioribus intulerant, vel trucidatis vel captis et amissa libertate, qua tot annos pertinacissimis animis feliciter defensa insolescentes iustam Dei hominumque in se iram et indignationem concitaverant, legitimae sed moderatae dominationis iugum acceperunt.

Aber nicht einmal in der Freude über diesen Sieg zügelte das verwilderte Volk seine übliche Grausamkeit. Wut und Hass zu befriedigen, war es nicht genug, im Blutrausch des Kampfes niemanden verschont, den schon Besiegten, den Toten räuberisch auch noch die Unterhemden vom Leibe gerissen zu haben: Sogar über die aller Sinne beraubten Leichen ergossen sie die Gewalt äußerster Grausamkeit und Roheit. Denn ein paar Tausend Fußsoldaten bedeckte man mit rasch ausgehobenem Erdreich, dem Rest, besonders aber den Rittern, war diese letzte Ehre, das Grab, verwehrt, und so viele vortreffliche Männer von adligem Blut, durch seltene Tugend und große Taten berühmt, sah man überall in Lachen, in Gräben, auf Feldern voll Dreck und Morast unter offenem Himmel verwesen und die wilden Tiere, die Hunde und Aasvögel mit ihren Leibern nähren.

Aber Gott der Gütige und Allmächtige, der stets mit absoluter Gerechtigkeit gottlose Grausamkeit und verbrecherischen Treuebruch gegenüber den Amtsträgern rächt, rächte 59 Jahre später auch den erbärmlichen und würdelosen Untergang und die Ermordung so vieler tapferer Männer mit schöner Konsequenz. Denn als man damals Krieg gegen sie führte, wurden die Dithmarscher besiegt: Viele von ihnen wurden unweit desselben Ortes, an dem sie unseren Vorfahren eine so schwere Niederlage zugefügt hatten, erschlagen oder gefangen genommen, und nach dem Verlust der Freiheit, deren kompromisslos hartnäckige, erfolgreiche Verteidigung während so vieler Jahre sie hochmütig gemacht und den Zorn und den Unwillen Gottes und der Menschen gegen sie geweckt hatte, beugten sie sich unter das Joch einer rechtmäßigen, aber maßvollen Herrschaft.

---

79 Cf. Krantz *Sax.* 13, 26: *Flos ipse Holsatiae militiae periit* […]. *Sed tum in luto computruere sub sole tot splendidi equites.*

Quod bellum quemadmodum gestum sit, priusquam ex instituto scribere aggrederer, neque inepte neque inutiliter omnino facturum me putavi, si universae gentis mores ab antiquissimo saeculo repetitos, quaeque olim eandem ob caussam bella suscepta fuissent et quo exitu confecta, singulari libello complexus praemisissem. Ita siquidem ratus fui omnibus liquescere posse, quam implacabile et immane eius gentis odium sit et quae belli huius novissimi causae vel imprimis extiterint. Quare veniam dabit mihi aequus et candidus lector, si hac in parte illi, quam decuisset, verbosior videbor.

Bevor ich daran ging, den Verlauf dieses Krieges darzustellen, wie ich es mir vorgenommen habe, meinte ich, es werde sich als durchaus sinnvoll und nützlich erweisen, wenn ich die Kulturgeschichte des ganzen Volkes von ältester Zeit an und die Kriege, die aus demselben Grund geführt worden waren, sowie deren Ausgang in einem knappen Buch zusammengefasst voranstellte. Wenn überhaupt, war ich der Auffassung, dass so allen klar werden könne, welch ein unerbittlicher und unmenschlicher Hass dieses Volk prägt und welche die Hauptgründe für diesen jüngsten Krieg gewesen sind. Deshalb wird ein gerechter und redlicher Leser mir nachsehen, wenn ich nach seinem Eindruck in diesem Teil weitschweifiger war, als angemessen gewesen wäre.

[p. 53] Liber secundus belli Dithmarsici.

Adolfus Holsatiae dux ab eo statim tempore, quo adulta primum aetate ad arma gerenda exercendaque aptus factus est, ex innata cum animi generosi magnitudine tum iusta vindictae cupiditate indignatus tantam cladem et ignominiam temeritate maiorum acceptam in eam curam omnes ingenii nervos cogitando intendit, ut quo pacto id dedecus et detrimentum aliquando abolere et novo belli successu novoqe ausu sarcire eoque facto praeclaram nominis sui famam proferre latius ac ditionem annuosque reditus augere et amplificare posset. Pudendam namque illustrissimae familiae suae totique adeo Cimbricae genti dedecoris notam inuri arbitrabatur, si tam indignum insolentis et praefracti populi facinus, qui veteres praesertim iniurias novis in dies accumularet, inultum abire permitteretur. Nihil vero in caduca hac et fragili vita, quam natura incertis brevis aevi angustiis circumscripsit, beatius et viro principe dignius statuebat, quam provisa imprimis animae salute illustrem de se inclytae virtutis famam et *[e 3][p. 54]* gloriam generosis et decoris invicti animi factis laboribusque susceptis ubique terrarum accendere eamque immortalem extendere ad posteros. Duplicem siquidem eum fugacis vitae fructum longe honestissimum iucundissimumque iudicabat, si praeclara verae virtutis ingressus via et certa grataque sempiternae laudis spe frueretur et ditionis suae fines propagaret.

Der Krieg gegen Dithmarschen Zweites Buch

Herzog Adolf von Holstein war von der Zeit an, in der er in frühem Mannesalter stark genug geworden war, Waffen zu tragen und zu gebrauchen, nicht allein aus der angeborenen Größe seiner edlen Gesinnung heraus, sondern mehr noch aus dem gerechten Verlangen nach Rache empört über die entsetzliche, entehrende Niederlage, die aus der Unbedachtsamkeit seiner Vorfahren erwachsen war. Sofort richtete er konzentriert alle Kräfte seiner Begabung auf den einen Gegenstand, diese Schmach, diesen Verlust möglichst irgendwie zu tilgen, ihn durch einen neuen Kriegserfolg, ein neues Wagnis auszugleichen, durch eine solche Tat den herrlichen Ruhm seines Namens weithin zu verbreiten und sein Hoheitsgebiet und die jährlichen Einkünfte beträchtlich zu vergrößern. Denn er war der Auffassung, seiner eigenen hochherrschaftlichen Familie und dazu dem ganzen Volk der Zimbern werde ein furchtbares Schandmal eingebrannt, wenn man dieses anmaßende und trotzige Volk mit einer so unwürdigen Tat davonkommen ließe – zumal es täglich neues Unrecht auf das alte häufte. Auch war er überzeugt, dass nichts in diesem hinfälligen und zerbrechlichen Leben, um das die Natur die ungewissen, engen Grenzen einer kurzen Zeit gezogen hat, mehr zum Glück beiträgt und eines Fürsten würdiger ist, als zuallererst für das Seelenheil Sorge zu tragen, dann aber durch die edelmütigen und großen Taten eines unerschütterlichen Herzens und durch die Mühen, die es auf sich nimmt, überall auf der Welt die strahlende Fackel eines Ruhmes zu entzünden, der von den eigenen großen Leistungen kündet, und diesen Ruhm unsterblich auch auf die Nachwelt auszudehnen. Nach seinem Urteil verhieß eine sogar doppelte Frucht dieses flüchtigen Lebens weitaus am meisten Ehre und Freude: Nämlich, auf dem herrlichen Weg der Tugend voranschreitend, sowohl die sichere und ange-

Qua opinione ut princeps egregiis animi et corporis dotibus spectatissimus ab ineunte aetate imbutus et militiae studia amplexus ea ardenti animo excolenda suscepit, ex quibus gloriam perennem et nominis famam nunquam intermorituram sibi despondebat, utque viam testandae eximiae virtuti latiorem aperiret, in potentissimi ducis Caroli Quinti imperatoris aulam, ubi quasi clarissima in luce et theatro totius orbis terrarum versaretur, sese contulit. Eius tunc quidem castra summa cum laude fortitudinis bellicae et splendoris eximii omnium praedicatione secutus nullam militis sibi conciliandi occasionem praetermisit eosque imprimis praefectos, qui non in turpi et sordido lucro interversis militum gregariorum stipendiis, sed in vera laude et gloria solidum militiae fructum reponerent, collatis munifice beneficiis sibi obstrinxit, ut prompta et expedita eorum opera, ubi vellet et opus foret, uteretur.

Etenim omnis iam pridem *[p. 55]* longioris morae impatiens vindicandae in Dithmarsos iniuriae animum serium sumpserat eiusque rei consilia assidue coquebat et (quod forte unum deesse poterat) opportunam saltem rei bene gerendae occasionem intentis oculis animoque vigilanti circumspiciebat. Quae quidem primum tunc offerre sese apprehendique ab ipso visa est, et cum in obsidione Metensi Carolo Caesari militaret ab eoque post copiae dimitterentur, et cum Georgius ab Holle et Hildemarus Monninchausen nobiles militum praefecti in Bremensium finibus non contemnenda adducta manu castra posuissent, cum quibus agitatis de bello consiliis ipsi constitutum erat.

nehme Hoffnung auf ewigen Ruhm genießen als auch das eigene Territorium vergrößern zu können.

Weil er, ein Fürst, den die schönsten Gaben des Geistes und des Körpers auszeichneten, von frühester Jugend an diese Einstellung verinnerlicht und sich engagiert dem Kriegswesen gewidmet hatte, unternahm er es mit Begeisterung, die Eigenschaften zu entwickeln, dank derer er sich ewigen und für seinen Namen einen unsterblichen Ruhm versprach. Um die Straße, die zum Beweis größter Tüchtigkeit führt, zu verbreitern, begab er sich an den Hof des mächtigsten Heerführers, des Kaisers Karl V., wo er sozusagen im hellsten Licht und vor der Öffentlichkeit des gesamten Erdkreises stand. Damals nun diente er in dessen Heer, und, wie man allgemein bestätigt, mit dem höchsten Lob seiner Tapferkeit im Krieg und seines enormen Ansehens. Er ließ keine Gelegenheit aus, die Soldaten für sich zu gewinnen, und vor allem solche Offiziere, die nicht darin, dass sie durch die Unterschlagung des Wehrsolds einfacher Soldaten einen schmutzigen Gewinn einstreichen konnten, sondern in wahren Verdiensten und im Ruhm den echten Lohn ihres Kriegsdienstes erkannten, band er durch großzügige Zuwendungen an sich, um nach Belieben und Notwendigkeit auf ihre unmittelbar abrufbare Unterstützung zurückzugreifen.

Denn er wollte längst keinen größeren Aufschub mehr dulden: Ernstlich entschlossen, die Dithmarscher für ihr Unrecht büßen zu lassen, schmiedete er ständig Pläne und wartete umsichtig und aufmerksam auf das Einzige, das vielleicht noch hätte ausbleiben können: eine wenigstens brauchbare Gelegenheit, sein Vorhaben erfolgreich auszuführen. Eine solche schien sich zu dem Zeitpunkt erstmals zu bieten und von ihm ergriffen zu werden, als er bei der Belagerung von Metz für Kaiser Karl kämpfte und die Truppen hinterher von ihm entlassen wurden, zugleich aber die adligen Obersten Georg von Holle und Hilmar Münchhausen eine ansehnliche Streitmacht ins Bremer Land geführt und dort ein Feld-

Caeterum his Adolphi fratris sui conatibus unus semper Christianus Daniae rex, piissimus et pacis imprimis studiosus princeps, dum viveret, vehementissime obstitit. Nam is aetate nonnihil iam provectior, cum diuturno et inveterato conflictaretur morbo, conscientiae tenerioris suasu a bello abhorrebat totumque sese ad ea, quae ad animae salutem videbantur conducere, posthabitis profanis et civilibus negotiis converterat nec, ut tanta caedes sanguinisque profusio se vivente et permittente ederetur, ulla ratione poterat persuaderi. Itaque Adolpho saepius eam expeditionem molienti nunquam assentiri voluit et, quocunque potuit modo, *[e 4][p. 56]* inceptum eius interturbavit et impedivit.

Non minus vero quam ipse frater Dithmarsis irascebatur eorumque agrestem insolentiam ac pervicaciam insaniae similem impense oderat omnique vitae suae tempore apud familiares suos crebro detestari consueverat. Sed hortantibus eum proceribus, ut ad imperata facienda eos vi adigeret, illos quidem gravi poena dignissimos aiebat, verum se decurso iam prope spacio senem, qui non de regni finibus latius extendendis, sed de beata ex huius vitae miseriis emigratione cogitaret, bellum (in quo plurimum semper mali esse soleret) nullum gerere velle eumque laborem suscipiendum posteris relicturum.

Comprobaverat ex augusta imperii potestate Carolus Caesar in gratiam Adolphi enixe id rogantis beneficium impera-

lager errichtet hatten; mit ihnen hatte er sich über den Krieg beraten und eine Verabredung getroffen.

Allerdings widersetzte sich diesen Unternehmungen seines Bruders als Einziger, solange er lebte, stets König Christian von Dänemark, ein besonders gottesfürchtiger und vornehmlich auf Frieden bedachter Fürst. Denn er stand schon in etwas fortgeschrittenem Alter und schreckte, weil ihm ein schweres chronisches Leiden zu schaffen machte, unter dem Einfluss seines empfindlichen Gewissens vor Krieg zurück. Ganz hatte er sich Dingen zugewandt, die wohl seinem Seelenheil zuträglich waren, und hatte weltliche und politische Tätigkeiten hintangestellt. Dazu, dass es zu seinen Lebzeiten und mit seiner Erlaubnis zu so viel Mord und Blutvergießen kommen sollte, konnte ihn nichts überreden. Deshalb weigerte er sich, Adolf, der mehrfach den geplanten Feldzug ins Werk setzen wollte, seine Zustimmung zu erteilen, und störte und behinderte dessen Vorhaben auf jede erdenkliche Weise.

Dabei zürnte er den Dithmarschern nicht weniger als sein Bruder. Ihre bäurische Frechheit und ihr fast schon wahnhafter Starrsinn waren ihm zutiefst verhasst, und er hatte sich sein ganzes Leben hindurch gegenüber seiner engeren Umgebung oft und immer wieder mit Abscheu darüber geäußert. Aber wenn ihn die Spitzen des Staates dazu aufforderten, sie mit Gewalt zur Befolgung seiner Anordnungen zu bewegen, dann sagte er, sie hätten zwar eine schwere Strafe mehr als verdient, aber er sei ein alter Mann, der fast die ganze Strecke schon gelaufen sei, und könne nicht mehr über die Expansion der Reichsgrenzen, sondern nur noch über seinen seligen Ausgang aus dem Elend dieses Lebens nachdenken. Krieg (der immer das Schlimmste an Übel mit sich brächte) wolle er keinen führen, er werde die Bewältigung dieser Arbeit seinen Erben überlassen.

Kaiser Karl hatte aus kaiserlicher Machtbefugnis die auf das Herzogtum Holstein übertragene Belehnung durch sei-

toris Friderici proavi (cuius superiore libro mentionem fecimus) in ducatum Holsatiensem collatum idque omni ex parte novo dato diplomate fratribus tribus Christiano regi, Iohanni et Adolpho ducibus confirmaverat anno partae per Christum salutis quadragesimo octavo supra mille et quingentos. At Dithmarsi pro obstinata ferocia et arrogantia solita nihil sani ad animos admittentes nulliusque imperatoris praeiudicio ad parendum ulli magistratui se cogi posse praedicantes dictis principum audientes esse non modo *[p. 57]* recusare, sed crebris etiam iniuriis ditionem eorum sibi propinquiorem afficere plurimaque habitatoribus et incolis damna dare.

Ausi praeterea scelere nefario et malitiosa improbitate illustre ducis Adolphi nomen et famam laedere contumeliis onerare et maledictis proscindere. Tam stulta enim et arrogans efferatae superbia gentis erat persuasio, quandoquidem tanto aevi spacio libertatem prospero semper successu asseruisset totque fortissimos delevisset exercitus, ut nulla armorum vi superari et subigi se posse confideret. Eo inani inflata fastu et perniciosa fiducia nullum vel aequissimum sibi tolerandum magistratum, sed libertatem semel excusso cervicibus iugo maiorum audacia atque constantia partam pertinacissimis animis defendendam censebat: in qua tamen ipsa nullus fere iusticiae aequitatisve aut modestiae locus erat. Neque porro ullae tam aequae et tolerabiles excogitari poterant conditiones, quas abiecta tandem malitia et feritate mitigata ullo modo subeundas sibi putaret, neque ulla tam effusa benignitate et indulgentia ita poterat demulceri atque emolliri, ut ad officium redire vellet. Periculum vero omne et vim adeo insolenter despiciebat, ut ultro etiam illuderet et iniuriis contumeliisque provocaret.

nen Urgroßvater, Kaiser Friedrich (ich habe das im ersten Buch erwähnt), bestätigt, um Adolf einen Gefallen zu tun, der ihn inständig darum bat. Im Jahr 1548 der Heilsbringung durch Christus hatte er sie durch Ausstellung einer neuen Urkunde gegenüber den drei Brüdern, König Christian und den Herzögen Johann und Adolf, in jedem Punkt bekräftigt. In ihrer hartnäckigen Wildheit und ihrer üblichen Anmaßung jedoch verweigerten sich die Dithmarscher gegen jeden vernünftigen Ansatz. Sie verkündeten, keines Kaisers vorweggenommenes Urteil könne sie dazu zwingen, irgendeinem Amtsträger zu gehorchen, und lehnten es nicht nur ab, den Worten der Fürsten gehorsam zu sein, sondern vergriffen sich auch mehrfach an den grenznahen Teilen ihres Hoheitsgebiets und fügten den dort ansässigen Bewohnern schweren Schaden zu.

Sie wagten es außerdem, mit üblen Verbrechen und bösartiger Schurkerei den glanzvollen und ruhmreichen Namen Herzog Adolfs anzutasten, ihn mit Beschimpfungen zu überhäufen und mit Schmähungen zu verunglimpfen. Denn dieses durch seinen Hochmut verrohte Volk lebte in einer so dummen und anmaßenden Überzeugung, weil es ja über einen so langen Zeitraum hin seine Freiheit stets erfolgreich behauptet hatte, dass es darauf vertraute, mit Waffengewalt nicht besiegt und unterworfen werden zu können. Aufgeblasen von so nichtigem Dünkel und von verderblichem Selbstvertrauen meinte es, keinerlei Amtsinhaber, selbst den gerechtesten nicht, ertragen zu müssen, sondern die Freiheit, die ihm zuteil geworden war, nachdem seine Ahnen ihr Joch durch Wagemut und Standhaftigkeit einmal von den Schultern abgeschüttelt hatten, mit größter Hartnäckigkeit verteidigen zu müssen. Dabei gab es in ihm selbst so gut wie keinen Raum für Gerechtigkeit, Billigkeit oder Mäßigung. Darüber hinaus war an keine noch so gerechten und erträglichen Bedingungen zu denken, dass es in irgendeiner Form geglaubt hätte, seine Bosheit ablegen, die Wildheit bezäh-

Etenim in corporibus humanis ut quaedam interdum ulcera ita incrudescere videmus, ut o*[p. 58]*mnem omnino respuant curationem (quae si attrectata adhibitis medicamentis lacessantur fortius, virus suum subito tam diffundunt late et exaugent, ut mortem accelerent, neglecta vero lenta edacique serpigine universum corpus occupant inficiuntque), ita in animis quoque pervicacium eum sive morbum sive rabiem sese habere usu saepenumero compertum est. Qui si exasperati metu durius severiusque tractentur, ut in officio et fide permaneant, nihil adeo grave et abominandum, nihil tam periculosum potest inveniri, quod aggredi reformidant eamque furiosam suam temeritatem et audaciam in laudem vertentes ac quasi oestro perciti in praesentissimum ultro sese exitium praecipitant, dum nullum moderatis consiliis locum dare volunt. Sin conniventia magistratus malefactis illorum venia et impunitas detur tententurque lenitate et indulgentia, ut sponte in viam redeant, id omne dolo et fraude insidiosa fieri suspicantes audentiores ad quodvis facinus sumunt animos et inolescente paulatim magis magisque peccandi consuetudine desperatae efficiuntur pravitatis. Idem morbus eademque insania Dithmarsos quoque tenuit et procul a recto transversos egit, dum nulla ducum aequitate, nulla mansuetudine et beneficentia flecti et deliniri sese paterentur, minis vero metuque periculi iniecto exacerba*[p. 59]*ti a nullo iniuriarum genere abstinerent.

men und sich ihnen unterwerfen zu sollen, und es konnte durch kein noch so großzügiges und wohlwollendes Entgegenkommen so weit eingelullt und besänftigt werden, dass es sich hätte bewegen lassen, zu seiner Pflicht zurückzukehren. Jede Gefahr, jede Gewalt aber verachtete es mit einer solchen Frechheit, dass es sich noch selbst darüber lustig machte und sie durch Übergriffe und Schmähungen heraufbeschwor.

Denn so, wie wir am menschlichen Körper zuweilen manche Geschwüre so auswuchern sehen, dass sie jeden Heilungsversuch zunichte machen (die, wenn man Heilmittel gegen sie anwendet und dabei zu heftig reizt, ihr Gift plötzlich so weit verströmen und vermehren, dass sie den Eintritt des Todes beschleunigen, wenn man sie aber in Ruhe lässt, sich langsam und schleichend weiterfressen, bis sie den ganzen Körper anstecken und sich darin verbreiten), so hat man schon oft die Erfahrung gemacht, dass es sich auch mit dieser Art Krankheit oder Raserei in den Herzen der Starrsinnigen verhält. Wenn sie etwa durch Furcht gereizt mit größerer Strenge und Härte unter Druck gesetzt werden, damit sie treu ihre Pflicht erfüllen, lässt sich nichts finden, das dermaßen beschwerlich und abscheulich, das so gefährlich wäre, dass sie davor zurückschreckten. Sie betrachten ihre rasende Verwegenheit und ihren Wagemut als ein Ruhmesblatt, und wie von der Rossbremse gestochen stürzen sie sich aus freien Stücken direkt ins Verderben, während sie abgewogenem Rat keinen Raum geben wollen. Wenn ihren Verbrechen möglicherweise jedoch durch die Nachsicht der Amtsträger Gnade und Straflosigkeit gewährt wird und man zurückhaltend und großzügig mit ihnen umgeht, damit sie von selbst auf den rechten Weg zurückfinden, dann vermuten sie, dass all das aus Hinterlist und mit der Absicht zum Betrug geschehe. So verüben sie mit noch größerem Mutwillen jede Untat, und weil sich die Gewohnheit, Verbrechen zu begehen, langsam mehr und mehr festsetzt, werden sie zu hoffnungslos ver-

Quae quidem omnia laudatissimus rex indigne admodum graviterque ferebat, quod perversos et praefractos eorum animos nullis quantumvis lenissimis remediis sanari posse aperte perspiceret: sed ut senex iamque propinquus morti, ut haud falso putabat, regni statum commoveret et extremum vitae suae actum sanguine profuso contaminatum terminaret, animum non potuit inducere. Adolphus vero suo depulsus consilio quievit quidem, sed non sine aegritudine mentis et molestia ac ita omnino, ut eam vindicandae iniuriae curam haud quaquam animo deposuisse, sed opportunius saltem instituto suo tempus praestolari videretur.

Nam posteaquam de fratre rege Daniae certis nunciis accepit ipsi superante morbo de vita[1] migrandum esse (ex quo sane casu pro fraterno in eum amore et pietate atque observantia singulari maximo dolore fuit affectus) isque non multo post ineunte anno undesexagesimo Calendis Ianuarii diem suum obiisset, totus sese ad belli suscipiendi cogitationes convertit. Celebrabatur forte sub idem tempus, quod statum et anniversarium pro eius regionis more est, solennis nobilium Holsatiae conventus in oppido Chilonio, in quo conventu acceptis praedibus pignoribus cautionibusve ditiores quotannis pecuniam indigentibus passim elocant et elocatae vel precium annuum u*[p. 60]*surae nomine vel sortem universam a debitoribus solutam recipiunt. Huc Adolphus pro-

---

1 de vita *Reg. in err. typ.*, dedita *Iobinus*.

kommenen Menschen. Dieselbe Krankheit, derselbe Wahnsinn hielt auch die Dithmarscher in seinem Griff und trieb sie, vom rechten Wege weit entfernt, in die Quer, wobei sie sich durch die Gerechtigkeit der Herzöge, ihre Milde und Wohltätigkeit niemals erweichen ließen, wenn man aber ihnen drohte und die Angst vor Gefahr einjagte, voll Erbitterung zu allen möglichen Übergriffen imstande waren.

Gewiss war nun der vielgerühmte König über all das zutiefst empört und ungehalten, weil ihm völlig klar war, dass die verirrte Unbeugsamkeit ihrer Herzen durch keine noch so sanfte Medizin geheilt werden konnte. Aber noch als alter Mann, der, wie er mit Recht glaubte, schon dem Tode nahe war, sein Reich in Unruhe zu bringen und den letzten Akt seines Lebens vor dem Ende durch Blutvergießen zu beflecken, dazu konnte er sich nicht entschließen. Adolf wiederum, der seinen Plan aufgeben musste, hielt zwar still, aber nur unter großer Verärgerung und überhaupt in der Haltung, die Sorge um Rache für erlittenes Unrecht innerlich keineswegs abgetan zu haben, sondern wenigstens auf einen günstigeren Zeitpunkt für sein Vorhaben zu warten.

Denn nachdem er die sichere Nachricht erhalten hatte, sein Bruder, der König von Dänemark, müsse bald, von seiner Krankheit besiegt, aus dem Leben scheiden (ein Unglück, das ihn allerdings wegen seiner Bruderliebe und seiner tiefen, ergebenen Verbundenheit mit ihm außerordentlich betrübte), und nachdem der dann wenig später zu Jahresbeginn 1559 am 1. Januar verschied, konzentrierte er sich ganz auf die Vorbereitung des Krieges. Zufällig wurde zu derselben Zeit, als fester, nach dem Brauch des Landes jährlicher Termin, die feierliche Zusammenkunft des holsteinischen Adels in Kiel abgehalten. Bei dieser Zusammenkunft verleihen die Reicheren nach Empfang von Gütern, Pfändern oder Bürgschaften jedes Jahr Geld an alle, die es benötigen, und erhalten entweder unter der Bezeichnung „Zinsen" die Jahresgebühr für den Kredit oder lassen ihn sich insgesamt

pere se contulit et permagnum in celeritate momentum ratus eaque plurima confici solere. Primum omnium expediendae corrogandaeque pecuniae, quam belli nervum esse unicum sciebat, operam dedit eiusque summam ingentem brevi tempore quam occultissime confecit.

Circiter festos deinde Paschatis dies ad Henricum Brunsvici ducem nullis procerum aut oratorum suorum secum adductis in arcem eius Vulffenbuttelium contendit communicatisque secreto consiliis varia inter ipsos agitata tum fuisse coniectari licet, ita ut valde credibile fiat, Henricum eius consilii haud ignarum fuisse. Disseminatus enim tunc temporis per Germaniam erat rumor, quod natu minimam filiam suam (quae tamen postea Philippo Grubenhagio nupsit) Adolpho esset connubio iuncturus. An vero eius rei fundamenta eo in colloquio iacta sint necne, utut hoc sibi habeat, in medio relinquimus. Brunsvigium[2] certe, quid ab Adolpho caperetur consilii, non latuisse, probabili ratione, ut credamus, adducimur.

Sane paulo post, quam is inde in Holsatiam rediit, conventum (ut vocant) circularem principum eius loci indixit, quae penes eum potestas est, ut eo sub praetextu maior colligendis copiis facultas foret et *[p. 61]* inceptum suum tegeret occultius. Per Danielem quoque Ranzovium Holsatum virum impigrum, qui in Italia Carolo Quinto militaverat ordinesque duxerat, praefectum tunc suum in arce Peinensi, quod is locus remotior esset, Volffgangum Schonvesium veterem militum praefectum inque re militari perquam exercitatum et ambitione apud milites incorruptum cum legione

---

2 Brunsvigum *Wolff.*

von ihren Schuldnern einlösen. Adolf begab sich eiligst dorthin, weil er meinte, dass Geschwindigkeit von größter Bedeutung sei und dass durch sie meistens sehr viel erreicht wird. Zuallererst bemühte er sich darum, Geld aufzutreiben und es bereitstellen zu lassen — denn er wusste, dass es die Sehne der Kriegführung darstellte —, und brachte in kurzer Zeit unter größter Geheimhaltung eine gewaltige Summe zusammen.

Um die Osterzeit begab er sich dann, ohne seine hohen Beamten und Botschafter mitzunehmen, zu Herzog Heinrich von Braunschweig an dessen Residenz Wolfenbüttel. Man darf annehmen, dass unter ihnen nach geheimen Absprachen verschiedene Fragen eingehend erörtert wurden, sodass es sehr wahrscheinlich ist, dass Heinrich über den Kriegsplan informiert war. Damals verbreitete sich nämlich in Deutschland das Gerücht, er werde seine jüngste Tochter (die später jedoch Philipp Grubenhagen heiratete) Adolf zur Frau geben. Ob diese Angelegenheit nun aber bei diesem Treffen in die Wege geleitet wurde oder nicht, wie dem auch sei: Das lasse ich dahingestellt. Jedenfalls sehe ich mich aus gutem Grund veranlasst zu glauben, dass Braunschweig nicht verborgen blieb, welchen Plan Adolf fasste.

Und dann berief er, was in seiner Machtbefugnis liegt, kurz nach seiner Rückkehr von dort nach Holstein einen sogenannten Kreistag der Herrschaften dieser Gegend ein, um unter diesem Vorwand ein größeres Potenzial für Aushebungen zu erschließen und sein Vorhaben besser zu verheimlichen. Der tüchtige Daniel Rantzau aus Holstein, der in Italien unter Karl V. als Truppenführer gedient hatte, war damals sein Amtmann auf der Burg Peine. Weil dieser Ort weiter entfernt war, warb er außerdem über ihn unter Zusage bestimmter Soldzahlungen zusammen mit einem Regiment Infanterie den alten Kommandeur Wolfgang Schonewese an, der militärisch von größter Erfahrung und nicht dadurch korrumpiert war, dass er sich bei den Soldaten beliebt zu ma-

una et Ioachimum Blancenburgium[3] cum equitum item turma addictis stipendiis conduxit. Quae omnia adeo tecte et callide administravit, ut ne secretioribus quidem consiliariis detegeret solique (ut fertur) Mauritius Ranzovius et Adamus Trazigerus iurisconsultus eius consilii conscii et participes essent.

Cuius rei causae hae imprimis fuisse inveniuntur. Etenim sperabat, si Dithmarsos imparatos et insecuros nihilque tale opinantes ipse paratus repentina armorum vi et impetu aggrederetur, celeritate ipsa facilius eos opprimi posse. Praeterea conscriptis coactisque iam copiis nihil amplius sibi impedimento fore, sed alterutrum fieri oportere suspicabatur, ut Daniae rex designatus ipsius ex fratre nepos[4] fraterque Iohannes Holsatiae dux aut, ut solus pro se belli aleam experiretur, permitterent aut incepto suo socii et ipsi accederent atque in expeditionem una proficiscerentur. Sed equidem maluisset omnem labo[*p. 62*]ris et periculi molem sibi uni relictum idque futurum ita spe animo praeceperat, quod rex nondum regno inauguratus esset.

Nam erat omnino alacri ad id bellum gerendum animo et mirifico cum singularis comparandae gloriae amore et studio deflagrabat tum summa prolatandae ditionis vindictaeque de invisa vehementer gente sumendae cupiditate tenebatur. Denique et illud movebat, quod minime ignoraret, nisi expeditam equitum peditumque manum quasi in procinctu haberet ostenderetque ipsis, Holsatos consiliarios non futuros eius belli suasores, multo vero minus Danicos: qui recens et acer-

chen suchte, sowie, ebenfalls zusammen mit einer Kavallerie-Abteilung, Joachim Blanckenburg. All das organisierte er unter so großer und umsichtiger Geheimhaltung, dass er nicht einmal seine engeren Vertrauten darüber informierte, sondern angeblich allein Moritz Rantzau und der Jurist Adam Tratziger seinen Plan kannten und daran mitwirkten.

Das hatte vor allem die folgenden Gründe: Er hoffte nämlich, die Dithmarscher, wenn er, selbst gut vorbereitet, sie unvorbereitet, ungeschützt und völlig überraschend plötzlich mit Waffengewalt und im Sturm attackierte, allein schon dank seiner Schnelligkeit leichter niederzwingen zu können. Außerdem nahm er an, nachdem die Truppen nun bereits verpflichtet und gesammelt waren, würde es keine weiteren Behinderungen geben, sondern eine von zwei Möglichkeiten müsse eintreten: dass der designierte König von Dänemark, ein Neffe seitens seines Bruders, und sein Bruder Johann, Herzog von Holstein, ihm entweder erlaubten, für sich allein sein Kriegsglück zu erproben, oder sich auch selbst seinem Vorhaben anschlössen und gemeinsam mit ihm in den Krieg zögen. Es wäre ihm allerdings lieber gewesen, wenn man die ganze Last der Mühe und der Gefahr ihm allein überlassen hätte, und er hatte persönlich die Erwartung, dass es auch so kommen würde, weil der König noch nicht förmlich in seine Herrschaft eingesetzt worden war.

Denn er war, was diesen Krieg betraf, besonders engagiert: Mit wunderbarer Kraft beseelte ihn das brennende Verlangen, sich einzigartigen Ruhm zu verschaffen, und mehr noch trieb ihn der große Wunsch, sein Hoheitsgebiet zu erweitern und an dem zutiefst verhassten Volk Rache zu nehmen. Schließlich bewegte ihn auch, dass er genau wusste: Wenn er ihnen nicht eine voll gerüstete Truppe zu Fuß und zu Pferde praktisch schon kampfbereit vorführen könnte, dann würden die holsteinischen Berater des Königs den Kriegsplan nicht unterstützen und noch weit weniger die Dänen. Sie trauerten ja noch über die bittere Wunde, die dem Reich erst vor

---

3 Blanchenburgium *Wolff*.
4 ipsius ex fratre nepos *Iobinus*, eius consanguineus *Regius*.

384 Hainrich Randaw.

sen hette geschehen können / auff dises mal zuerzehlen vil lieber wolle
vnterlaſſen. Die zeit ſeiner geburte belangend / hab ich auff wolmeynen-
de meine erkundigung / den bericht von jhm ſelbs empfangen / daß er am
eylſſten tage des Mertzen / im 1 5 2 6. jare der Chriſtlichē zahle / zur Wel-
te geborn worden. Iſt aber mir ſonſt in andere wege wol zuwiſſen / wie
jhn ſein Vatter / auf rechtem Adelichen Chriſtlichen gemüte / alſo bald
võ kindlicher jugende an / zu aller Tugende / zu Gottesforchte / zur lehre
Latiniſcher Sprache / vñ anderer freier Künſten / mit gebürlichem ſorg-
fältigē fleiſe gar wol erzogen / vñ volgends / vngefährlich im zwölfften
oder treizehenden jare ſeines alters / auff die hohe Schul gehn Wittenberg verſchickt / er auch allda / bej ſeinem zugeordneten Præceptore / bej
D. Martin Luthern / bey Philippo Melanthone / vnd anderen den für-
nemſten Profeſſorn / ſolche zucht vnd eingezogenen ſtillen Wanndel ſeines Lebens / nebē gebürlichem fleiſe in ſeinē Studiern erzeygt vñ bewi-
ſen /

Kupferstich von Heinrich Rantzau.

bissimum quidem regni vulnus optimi regis sui obitum lugerent filio praesertim paterni sceptri haerede diademate regio nondum insignito.

Caeterum de multo maxima Holsatiae nobilium parte id quasi pro comperto et explorato habebat, quocunque tempore et quacunque in re operam eorum desideraret, eos nullo in periculo sibi defuturos animisque libentissimis castra sua et militiam secuturos. Ut enim illi viri sunt maxime pugnaces et rei militaris usu scientiaque praestantes, ita principes suos amore summo et fide pene incredibili prosequuntur ortumque suum nulla re magis comprobari ac illustrari persuasum sibi habent, quam si per egregia in bellis perpetrata facinora ad praecla*[p. 63]*ram de se nominis famam et praedicationem excitandam studio pertinaci contendant, easque honestissimas opes ducunt, quae bellis exhaustis laboribus comparantur. Vitam enim ipsam profundere malunt quam audire, quod in bello minus fortes et strenuos sese gesserint, eaque militaris constantiae et fortitudinis laus apud eos maxima praeclarissimaque habetur. Nec immerito sane, siquidem consilio et ratione recta gubernetur ac pro patriae et principum incolumitate ac salute pie iusteque impendatur.

At vero consilia Adolphi usque adeo tegi et occultari non potuerunt, quin ad vigilantissimum per Holsatiam regium vicarium praefectumque arcis Segebergae Henricum Ranzovium emanarent. Is omni re cognita certoque explorata, ut est vir perspicacissimi ingenii et prudentiae rarae, ne qua intestina tempestas prorumperet, mature providendum iudicabat. Itaque celeriter, ut decuit, quae Adolphum consilia agitare rescivisset, per literas regi designato significavit. Parenti quoque suo Iohanni Ranzovio equestri dignitate ap-

Kurzem geschlagen worden war, den Tod eines großen Königs, und das vor allem, weil der Sohn und Erbe des väterlichen Zepters die Königskrone noch nicht empfangen hatte.

Im Übrigen konnte er sich über den weitaus größten Teil des holsteinischen Adels ganz sicher sein, dass man ihm, wann und in welcher Angelegenheit auch immer er Unterstützung verlangte, in jeder Gefahr beistehen und mit großer Bereitwilligkeit in den Krieg folgen würde. Denn so, wie diese Männer sich durch ein besonders kämpferisches Wesen, Erfahrung und militärisches Wissen auszeichnen, folgen sie ihren Fürsten auch mit tiefer Zuneigung und geradezu unglaublicher Treue. Sie sind überzeugt, dass ihre Abstammung durch nichts besser illustriert und unter Beweis gestellt werde, als wenn sie sich mit beharrlichem Einsatz darum bemühen, durch herausragende Kriegstaten dem strahlenden Ruhm ihres Namens weite Verbreitung zu sichern, und sie halten Reichtum dann für besonders ehrenvoll, wenn er im Ausschöpfen aller Mühen des Krieges errungen wurde. Sie sind nämlich eher bereit, selbst das Leben hinzugeben, als hören zu müssen, dass sie sich im Krieg nicht allzu tapfer und tüchtig gezeigt hätten, und es ist das Lob standhafter militärischer Tapferkeit, das bei ihnen weitaus am meisten gilt. Und das nicht zu Unrecht, zumindest, weil ja ihr Leben von klugem Rat und Verstand geleitet und für die Sicherheit und das Wohlergehen von Fürsten und Vaterland fromm und gerecht eingesetzt wird.

Allerdings konnten die Pläne Adolfs nicht so vollkommen verheimlicht werden, dass sie nicht zu dem besonders aufmerksamen königlichen Statthalter in Holstein, dem Amtmann auf Burg Segeberg, Heinrich Rantzau, durchgesickert wären. Als er die Sachlage insgesamt in Erfahrung gebracht und eingehend analysiert hatte, kam er – denn er ist ein Mann von durchdringender Intelligenz und seltener Umsicht – zu dem Urteil, umgehend dafür Sorge tragen zu müssen, dass keine inneren Unruhen zum Ausbruch kämen. Deshalb mel-

prime nobili viro et ut summae confirmataeque apud principes autoritatis et gratiae, ita exactae et absolutae prudentiae seni eadem aperuit et, quantum ea ex re, si in actum conferatur, oriturum incendium quantasque inter cognatos discordias pertimescere oporteret, *[p. 64]* ostendit: rogans et admonens, ut pro senili sua validaque sapientia et autoritate, qua plurimum semper pollens quidvis apud principes effecisset, saluti et tranquillitati patriae prospicere et enascenti primum malo tempestive occurrere vellet.

Hic autem perscriptis continuo ad Adolphum literis quam diligentissime eum adhortatur, ut deposita paulisper fervida caecaque incitatae ad bellum mentis cupiditate secum ipse cogitet et sedulo ad animum revocet, si solus bellum susceperit, in quantas ultro se praecipitaturus sit difficultates et molestias, unde explicare sese postea sine ingenti damno haud proclive ipsi[5] fuerit. Etenim habiturum primo hostes ipsos Dithmarsos per se satis graves et validos, regem deinde consanguineum fratremque nec non vicinas maritimas civitates Lubecam et Hamburgum, si non aperte, certe occulte in se concitaturum, postremo, tametsi in stipendia et sumptus pecunia ipsi non defecerit, commeatus tamen inopia insigniter laboraturum, quem rex offensus ea iniuria et civitates interclusurae sint. Quapropter rogat et obtestatur, e suis aliquem ad se ut mittat, quocum latius haec agere et colloquio mutuo discutere possit.

---

5 ibi *Wolff.*

dete er mit der gebotenen Eile dem Thronprätendenten in einer Depesche, welche Pläne Adolf seinen Informationen zufolge gerade in die Tat umsetzte. Auch seinen Vater, Johann Rantzau, einem durch seine Ritterwürde dem höchsten Adel zugehörigen Mann, der im Alter bei den Fürsten in höchstem Ansehen und gesicherter Gunst stand und dabei durch und durch vollendete Klugheit bewies, setzte er davon in Kenntnis und legte dar, welch ein Flächenbrand aus dieser Situation erwachsen würde, wenn man zur Tat schritte, und welch ein Zerwürfnis unter den verwandten Landesherren zu befürchten wäre. Er bat ihn mit Nachdruck, er möge das Gewicht der Weisheit und der Autorität, durch die er als alter Mann einen gewaltigen Einfluss habe und bei den Fürsten immer alles erreicht hätte, für das Wohl und den Frieden des Vaterlandes einsetzen und sich dem Unglück noch in der Entstehungsphase entgegenstellen.

Der aber schrieb Adolf sofort einen Brief, in dem er ihn mit größter Gewissenhaftigkeit dazu aufforderte, für kurze Zeit das blind brodelnde Streben seines zum Krieg entschlossenen Geistes abzulegen, um aufmerksam zu überdenken und sich zu vergegenwärtigen, in welche Schwierigkeiten und Nöte er sich stürzen werde, wenn er allein den Krieg begänne. Sich daraus ohne beträchtlichen Schaden zu befreien, werde später für ihn kein leichter Weg sein. Denn er werde ja erstens die Dithmarscher selbst, für sich schon schwierig und stark genug, als Feinde haben, zweitens werde er den König, seinen Verwandten, und seinen Bruder sowie die benachbarten Seestädte Lübeck und Hamburg wenn nicht offen, dann jedenfalls insgeheim gegen sich aufbringen, und schließlich werde er, auch wenn ihm das Geld für den Sold und die Kriegskosten nicht ausginge, schwer unter dem Mangel an Nachschub zu leiden haben, den ihm der König aus Unmut über die Verletzung seiner Rechte und die Städte abschneiden würden. Deshalb bittet er inständig darum, der Herzog möge ihm einen seiner Leute schicken, um mit ihm

Quibus acceptis litteris dux Bertramum Sestedium sibi a consiliis affinemque Iohannis, virum sane tam prudentem et gravem quam amantem patriae, No*[p. 65]*vomonasterium ad eum mittit. Is paucis refellere conatus, quae in literis exaggeratione periculi et difficultatum obiecta fuerant, circa ea potissimum sermonis vestigia consistebat, quibus peteret, uti olim ipse Adolpho fidem dedisset se facturum, id nunc ut praestaret et in expeditionem eam una iret. Id vero ille recusare et ita fere respondere: quia ad prima susceptae rei consilia adhibitus non esset et diversissima eo ab instituto de Dithmarsis princeps in praedio suo Bothcampiano, cum ab ipso infans nepos ex filio suo Paulo lustrico baptisterii fonte ibi susciperetur, in colloquio mutuo simulans prae se tulisset et nihilominus haec animo agitarit, reliquis quoque se miscere sese et manus admoliri nolle. Sine regis praeterea designati fratrisque voluntate et consensu haec moveri: si eos in eandem cum ipso ire sententiam sociatisque viribus aggregare se illi aut saltem de iure suo patienter cedere perspexerit, mox sese, quam olim dederit, fidem suam liberare et expeditionis comitem esse paratissimum fore. Quandiu autem id non fiat, nec sibi quidem salva fide sua et existimatione licere, in eo adiutorem uti se praebeat, ut, quod communi simul et aequali iure sibi vindicent, id exclusis caeteris unus sibi armis arroget atque asserat. Quandoquidem enim ipsos ternos pariter ut principes suos agnoscat et eo quidem rege Friderico omnes prog*[f][p. 66]*natos, cui ob plurima eius et ingentia in se beneficia nunquam satis obligatum se fateri queat, singulis quoque ex aequo omnem cultum fidem et observantiam a se praestari debere. Quibus et illud iterans denuo adiecit, si consensu unanimi bellum susciperetur, quantum consilio fide industria scientia usuque militari et universis denique viribus animi et corporis iuvare et efficere posset, nequaquam se defuturum. Id responsum suum, quod

das Problem ausführlich diskutieren und im Zwiegespräch ausräumen zu können.

Als der Herzog diesen Brief erhalten hatte, schickte er seinen Rat Bertram Sehestedt, einen Verwandten Rantzaus, der ebenso klug und ernsthaft wie patriotisch gesinnt war, zu ihm nach Neumünster. Sehestedt versuchte kurz zu widerlegen, welche Gefahren und Schwierigkeiten Rantzau in dem Brief übertrieben dargestellt hatte, und hielt sich vorrangig an den Gesprächspunkten auf, durch die er ihn aufforderte, er möchte, wie er es Adolf einst zu tun versprochen habe, nun zu seinem Wort stehen und mit in den Krieg zu ziehen. Das aber wies der zurück und antwortete: Man habe ihn anfangs bei der Planung des Krieges nicht hinzugezogen, und der Fürst habe auf seinem Schloss Bothkamp, als er dort Rantzaus kleinen Enkel von seinem Sohn Paul aus dem reinigenden Quell der Taufe hob, zum Schein eine vollkommen andere Politik gegenüber Dithmarschen zu verfolgen vorgegeben, während er sich nichtsdestotrotz mit solchen Plänen trug. Deshalb wolle er sich auch in den weiteren Verlauf nicht einmischen oder Hand anlegen. Außerdem würde alles ohne den Willen und die Zustimmung des Thronprätendenten und des Bruders umgesetzt: Wenn er erkennen könnte, dass sie mit ihm übereinkämen und sich ihm mit vereinten Kräften anschlössen oder wenigstens bereitwillig von ihrem Recht zurückträten, wäre er schnell nur allzu gern bereit, das einst gegebene Versprechen einzulösen und den Kriegszug zu begleiten. Solange das aber nicht geschehe, sei es nicht einmal ihm ohne Schaden für seine Treuepflicht und seinen guten Ruf möglich, sich als Helfershelfer dabei zur Verfügung zu stellen, dass Adolf sich etwas, das sie mit gemeinsamem und gleichem Recht beanspruchen könnten, unter Ausschluss der anderen mit Waffengewalt anmaße und aneigne. Denn da er ja alle drei gleichermaßen als seine Fürsten anerkenne, und zwar alle als Abkömmlinge König Friedrichs, dem er wegen dessen unzähliger großer Wohlta-

inopinatum legato erat, cum flagitaret, calamo exceptum descriptumque ipsi tradidit.

Dum haec inter illos gererentur, filius Iohannis Henricus Augustum Saxoniae principem septemvirum sororium regis designati de omni negotio certiorem fecerat, utque et ipse his rebus consulendo et idonea oportunaque remedia comminiscendo interponere sese vellet, rogaverat. Cui dux elector rescripsit se de eius parentisque ipsius studio vigilantia et fide non ambigere et existimare, quod id acturi eaque capturi consilia essent, quae ex re patriae quam maxime forent eiusque statum tranquillum et incolumitatem conservarent. Is ergo tanquam regius iis in locis vicarius cum antistite Lubecensium eodemque cancellario regis Andrea Barbey, sagacis peracutique ingenii viro et iudicii elegantis, consilia communicans, cum iterum atque iterum in colloquium venissent clanculum, saepius eandem *[p. 67]* rem tractando retractandoque inscio rege ad id consilii descenderent, ut regis sui quanquam ignari nomine militum manum conscriberent iisque in praesidia distributis arces regias per Holsatiam munirent. His se tertium Iohannes Ranzovius adiunxit diversisque locis semel atque iterum cum ipsis congressus consiliaque conferens vehementer laboravit, uti res eum in modum componeretur, ut salva inter regem consanguineum fratresque constaret amicitia nec intestinum aliquod malum et certamen contraheretur.

ten gegen sich mehr verpflichtet sei, als er ausdrücken könne, müsse er auch jedem Einzelnen zu gleichen Teilen all seine Verehrung, Treue und Gehorsam zukommen lassen. Dann fügte er noch einmal sich wiederholend hinzu, wenn der Krieg durch eine einträchtige Übereinkunft begonnen würde, werde er, so gut er durch Rat, Beistand, Einsatzbereitschaft, Fachwissen und militärische Erfahrung sowie alle seine geistigen und körperlichen Kräfte helfen und etwas bewirken könne, in jeder Hinsicht zur Verfügung stehen. Diese Antwort, die für den Gesandten unerwartet kam, ließ er auf dessen Aufforderung hin schriftlich festhalten und übergab ihm das Protokoll.

Während dieser Verhandlungen hatte Johann Rantzaus Sohn Heinrich Kurfürst August von Sachsen, den Schwager des Thronprätendenten, über die ganze Angelegenheit unterrichtet und ihn gebeten, er möge sich der Situation annehmen und, um Abhilfe zu schaffen, mit besonders geeigneten Konzepten auch persönlich vermitteln. In seinem Antwortschreiben sagte der Kurfürst, er habe keinen Zweifel an Rantzaus und seines Vaters Engagement, Wachsamkeit und Treue. Er denke, sie würden so handeln und solche Entschlüsse fassen, die voll und ganz im Interesse des Vaterlandes lägen und dessen friedlichen Zustand und seine Unversehrtheit bewahrten. Als königlicher Statthalter in der Region beriet sich Heinrich also mit dem Bischof von Lübeck und gleichzeitigem Kanzler des Königs, Andreas Barby, einem Mann von überaus scharfem Verstand und feinsinnigem Urteilsvermögen. Heimlich trafen sie sich immer wieder zu Gesprächen, und indem sie die Problemlage mehrfach hin und her wälzten, einigten sie sich schließlich ohne Wissen des Königs auf den Plan, zwar ohne sein Wissen, aber im Namen ihres Königs Soldaten anzuwerben und sie zur Sicherung als Besatzung auf die königlichen Festungen in Holstein zu verteilen. Ihnen schloss sich als Dritter Johann Rantzau an. Er traf an verschiedenen Orten mehrfach zu gemeinsamen Beratungen

Paulo ante id tempus rex designatus, ut certius exploraret, quo animo esset quemque in usum copias colligeret et an bellum in Dithmarsos aliquod moliretur, per literas Adolphum familiariter et amanter tentaverat. Ad ea igitur respondens multis et variis inquit iniuriis ad iustam iracundiam et indignationem a Dithmarsis se provocari eosque suis hominibus et incolis multum quotidie inferre detrimenti usque adeo, ut aliquando ipse[6] coram declaraverit sibi contra de faciendo remedio cogitandum esse. Id se quidem non diffiteri, veruntamen et illud adiungere, posse forsitan Dithmarsos vanum sibimetipsis terrorem et periculum fingere, cum per praefectos quosdam aere suo conductos milites conscribat idque nomine conventus circularis.

Ita enixe ubique operam dedit, ut omnem eius belli su*[f 2][p. 68]*spicionem averteret hominesque aliud quidvis potius crederent quam id, quod revera meditabatur, et inprimis, ut caelando inceptum suum civitates finitimas eluderet. Illae[7] autem et imprimis Lubecenses atque Hamburgenses, qui se eius belli incendio, si quod moveretur, vicinos fore providebant, missis ad Andream Barbey praesulem legatis ex eo sciscitati sunt, an consensu et voluntate regis designati is belli apparatus fieret. Idem et Luneburgensium civitas fecit. Quibus unum idemque singulis ab antistite responsum datum est,

6 ipsi *Iobinus.*
7 ille *Iobinus.*

mit ihnen zusammen und setzte sich sehr dafür ein, die guten Beziehungen zwischen dem König aus derselben Familie und den Brüdern unbeschadet zu erhalten und keine schwere innenpolitische Auseinandersetzung entstehen zu lassen.

Kurz vorher hatte der Thronprätendent, um sichere Erkenntnisse darüber zu gewinnen, welche Absichten er hege, zu welchem Zweck er Truppen sammle und ob er irgendwelche Kriegsvorbereitungen gegen die Dithmarscher treffe, Adolf in einem freundlichen und liebenswürdigen Brief um Auskunft gebeten. In seiner Antwort auf diese Fragen sagte der, die vielen verschiedenartigen Übergriffe von Seiten der Dithmarscher hätten ihn entrüstet und zu gerechtfertigtem Zorn provoziert. Sie fügten den Einwohnern seines Landes, seinen Untertanen, täglich schweren Schaden zu, und das bis zu einem Punkt, an dem er dann irgendwann ihm gegenüber erklärt habe, er müsse seinerseits darüber nachdenken, wie Abhilfe zu schaffen sei. Das wolle er auch gar nicht bestreiten, aber doch auch noch Folgendes hinzufügen: Dass die Dithmarscher sich womöglich selbst in unbegründete Furcht vor einer Gefahr hineinsteigern könnten, weil er bestimmte aus seinen Mitteln verpflichtete Beamte Soldaten ausheben lasse, und zwar unter dem Vorwand eines Kreistags.

So gab er sich überall redliche Mühe, was diesen Krieg anging, keinerlei Verdacht aufkommen zu lassen. Die Menschen sollten lieber alles andere denken als das, was er tatsächlich vorhatte. Ganz besonders wollte er seine Pläne geheim halten, um die benachbarten Hansestädte zu täuschen. Die aber, besonders Lübeck und Hamburg, die voraussahen, dass dieser Krieg, wenn es dazu käme, in ihrer Nachbarschaft entbrennen würde, schickten Gesandte zu Bischof Andreas Barby und baten um Auskunft darüber, ob diese Aufrüstung mit der Zustimmung und dem Willen des Thronprätendenten erfolge. Das Gleiche tat auch die Bürgerschaft von Lüneburg. Sie alle erhielten von dem Bischof jeweils ein und dasselbe zur Antwort: Dass der König auch

regem sic etiam[8] eius bellici apparatus exortem esse et, qua gratia copiae contraherentur, plane ignorare. Debere ipsos de rege hoc sibi polliceri, quod clementem et benevolum erga finitimos animum gereret probaturusque ipsis esset.

Et quidem animadversum tunc est easdem urbes omnino haud aequis animis eiusmodi motum accepisse multoque maluisse, ut[9] Dithmarsi nullis oppugnati armis pacem et quietem obtinuissent: quin etiam tulissent fortasse illis suppetias quantas potuissent maximas, nisi postea in societatem eius belli et rex fuisset pertractus. Caeterum in ea legatione cum senatus civitatum metu suspensus et dubius, quorsum is belli rumor evaderet, inquirendum de eo omnino decerneret, adeundum sibi potius antistitem quam Henricum Ranzovium regium vicarium propterea statuit, quod is suspectus illis esset, quasi *[p. 69]* ob caedem maiorum olim factam animo in Dithmarsos iniquiore et infensiore foret captisque cum Adolpho consiliis congruens eius conatum fovere suscepisset, cuius familiari aliquando consuetudine et convictu in aula Caroli imperatoris usus esset.

His gestis tandem Bertramus Sestedius, cuius paulo ante mentionem fecimus, Bordesholmium (id eius loci monasterium est) ad Iohannem Ranzovium equitem, quem antea, ut ibi constituto tempore sibi adesse vellet, ducis nomine rogaverat, venit. Ibi commemorat ei principem suum Adolphum probe et accurate expensis iis, quae ipse in scripturam co-

unter diesen Umständen an der Aufrüstung nicht beteiligt sei und schlechterdings nicht wisse, in welcher Absicht die Truppen zusammengezogen würden. Über eines müssten sie sich hinsichtlich des Königs stets klar sein: dass er für seine Nachbarn uneingeschränktes Wohlwollen empfinde und ihnen das auch beweisen werde.

Damals wurde also sehr deutlich, dass die besagten Städte die krisenhafte Entwicklung mit größter Besorgnis zur Kenntnis genommen hatten und es ihnen bei Weitem lieber gewesen wäre, dass die Dithmarscher, ohne mit Waffengewalt angegriffen zu werden, Frieden und Ruhe behalten hätten. Ja, vielleicht hätten sie ihnen sogar die größtmögliche Unterstützung gewährt, wenn sich nicht später auch der König dem Kriegsvorhaben angeschlossen hätte. Bei dieser Gesandtschaft übrigens beschloss der Senat der Hansestädte, als er in ängstlicher Erwartung und unsicher über die Folgen aus den Kriegsgerüchten grundsätzlich entschied, Erkundigungen darüber anzustellen, sich lieber an den Bischof zu wenden als an Heinrich Rantzau, den königlichen Statthalter, und zwar, weil sie ihm nicht recht trauten: Er hätte ja wegen einstiger Morde an seinen Vorfahren gegen die Dithmarscher zu voreingenommen und feindselig sein können und hatte es vielleicht unternommen, in Übereinstimmung mit gemeinsam mit Adolf gefassten Beschlüssen die Bestrebungen des Mannes zu unterstützen, mit dem er früher am Hof Kaiser Karls einen engen freundschaftlichen Umgang gepflegt hatte.

Nach diesen Ereignissen kam der eben erwähnte Bertram Sehestedt nach Bordesholm (ein Kloster in der Gegend) zu Ritter Johann Rantzau, den er zuvor im Namen des Herzogs gebeten hatte, sich dort zu einem festgesetzten Termin einzufinden. Dort teilte er ihm mit, sein Fürst Adolf habe mit größter Sorgfalt erwogen, was Rantzau ihm in einem schriftlichen Memorandum durch ihn, Sehestedt, so dringend nahegelegt hätte. Adolf habe seinen Rat angenommen und dem Thronprätendenten und seinem Bruder Johann Briefe ge-

---

8 sic etiam *Reg. in err. typ.*, omnis *edd.*
9 ut *om. Iobinus.*

niecta per se illum monuisset, consilium eius amplexum literasque ad regem designatum et Iohannem fratrem dedisse, quibus certiores fecerit, si sumptu communi consociatisque viribus secum Dithmarsis bellum facere velint, paratum se esse binas Dithmarsiae partes ipsis cedere: ea tamen sub pactione et lege, ut impensas eas, quas in belli eius apparatum ‹non›[10] mediocres iam erogasset, pro sua quisque portione sibi rependant, aliisque nonnullis adiectis conditionibus. Eadem porro ipsi praesuli Lubecensium filioque Henrico, quos accitos non procul inde in vico quodam propterea subsistere iusserat, retulit hortabaturque utrumque, darent studiose operam, ut rex designatus ea, quae offerret Adolphus, acciperet initaque belli *[f 3][p. 70]* societate vires suas cum patruis eam in expeditionem conferret, ne domesticum aliquod malum et incendium, quod facile conflatu, difficile post restinctu esset, excitaretur.

Illi autem habita mox inter sese de isthac re deliberatione decreverunt, ut datis ad regem literis Henricus quam accuratissime omnia perscriberet, antistes vero evestigio in Daniam iter susciperet eademque coram regi prolixius explicaret. Quamobrem de earum rerum, quae agitari iam coeperant, studio et cura non nihil remissum est. Henricus tamen Ranzovius nihilominus, ut per Antonium comitem Oldenburgicum milites conscriberentur, procuravit. Iohanni quoque Barnero praefecto Pinnenbergensi ab usu et experientia milite claro et aetate cana venerando in quingentos equites pecuniam, qua[11] datis apud praefectos nominibus, priusquam sacramenta dicant et stipendia faciant, equites de more militiae conduci solent et ab exspectando nostra lingua

schickt, in denen er sie davon in Kenntnis gesetzt habe, dass er, wenn sie auf gemeinsame Kosten und mit vereinten Kräften zusammen mit ihm die Dithmarscher bekriegen möchten, bereit sei, ihnen zwei Drittel Dithmarschens abzutreten; allerdings nur unter der Vertragsbestimmung, dass sie ihm die beträchtlichen Mittel, die er bereits für die Kriegsrüstung ausgegeben habe, ihrem Anteil entsprechend erstatten. Hinzu kamen noch einige andere Bedingungen. Das Gleiche berichtete Rantzau dann auch dem Bischof von Lübeck persönlich und seinem Sohn Heinrich. Er hatte sie herbeigeholt und gebeten, zu diesem Zweck in einem nahe gelegenen Dorf Halt zu machen. Beide forderte er dringend auf, sie möchten engagiert darauf hinwirken, dass der Thronprätendent Adolfs Angebot annehme, einem Kriegsbündnis beitrete und für diese Kampagne seine Macht mit der des Onkels zusammenlege, damit nicht etwa im Inneren ein Unglück entbrenne, das leicht anzufachen, hinterher aber schwer wieder zu ersticken wäre.

Die beratschlagten gleich über die neue Sachlage und beschlossen, dass Heinrich in einem Brief an den König alles detailliert darlegen, der Bischof aber unverzüglich nach Dänemark abreisen und dem König dasselbe ausführlich erklären sollte. Deshalb ließ ihre sorgfältige Bemühung um die Dinge, die sie bereits in die Wege geleitet hatten, ein wenig nach. Nichtsdestotrotz kümmerte sich Heinrich Rantzau darum, durch Graf Anton von Oldenburg Soldaten anwerben zu lassen. Auch übernahm er es, Johann Barner, dem Pinneberger Drost, einem für seine große Erfahrung berühmten Soldaten, der in Ehren alt und grau geworden war, für fünfhundert Reiter Geld zu schicken, durch das Reiter nach militärischem Brauch gewöhnlich verpflichtet werden, nachdem sie sich bei den Vorgesetzten gemeldet, aber bevor sie den Fahneneid gesprochen und den Dienst angetreten haben. In unserer Landessprache haben sie ihre Bezeichnung vom Warten. Ebenfalls versprach er Franz Bülow, einem

---

10 non *supplevi.*
11 quae *Iobinus.*

nominantur,[12] se missurum recepit. Francisco item Bulovio magniapud suos ob bellicae peritiae opinionem nominis et existimationis eundem in usum certam aeris summam spopondit. Haec decimo quarto Calendas Maii acta sunt.

Porro Andreas Barbey ad regem in Daniam properans confestim iter ingressus est et emissi celeres ab Henrico Ranzovio nuncii, ut de omnibus rex diligenter et *[p. 71]* curiose doceretur planumque fieret, quid de literis actum esset, quibus conditiones eas obtulisse Adolphus ferebatur, et intelligeretur, an copiis illis, quae quatriduo post essent conventurae, voluntate iussuque regis commeatum dare oporteret. Henricus quoque, qui per Holsatiam eius locum teneret, fidele obiter consilium suum regi per literas[13] communicavit, ita ut bellum una suscipiendum esse suaderet. Nam ex tribus omnino, quae in consultationem cadere posse viderentur, quod factu esset optimum, unum eligendum esse disserebat: aut resistendum aut quiescendum aut denique arma simul sumenda esse. Ut opponeret sese, non exiguam continere difficultatem, quoniam copias militares iam paratas Adolphus et, ubicunque vellet, ad manus in promptu haberet. Ut quiesceret, detrimentosum videri, si Adolphus et emolumentum et laudem domitae subactaeque per se regionis solus occuparet. Proinde ut iunctis viribus una bellum inferret, consultissimum fore: eamque sententiam rex comprobavit.

Neque ita multo post Iohannes Sestedius vir nobilis Bertrami germanus frater ad regem designatum ducemque Iohannem cum mandatis ab Adolpho ablegatus est. Horum

Mann, der bei seinen Leuten einen großen Namen und Ansehen genoss, weil sie ihn für einen sachkundigen Militär hielten, zu demselben Zweck eine bestimmte Summe Geldes. Das geschah am 18. April.

Weiter machte sich Andreas Barby, der schnell zum König nach Dänemark wollte, sogleich auf die Reise, und von Heinrich Rantzau wurden berittene Boten ausgesandt, damit der König über alles mit größter Sorgfalt unterrichtet würde, damit klar würde, was mit dem Brief geschehen sei, durch den Adolf angeblich seine Bedingungen gestellt hatte, und um zu erfahren, ob man die Truppen, die binnen vier Tagen zusammenkommen würden, mit dem Willen und auf Befehl des Königs verproviantieren solle. Auch teilte Heinrich, der in Holstein seine Stelle vertrat, dem König nebenbei in einem Brief seinen treuen Rat mit, und zwar in dem Sinne, dass er es befürwortete, mit in den Krieg zu ziehen. Denn von insgesamt drei Möglichkeiten, die man anscheinend für das in Betracht ziehen könne, was die beste Vorgehensweise sei, dürfe man nur eine auswählen, argumentierte er: Man müsse sich entweder widersetzen oder Ruhe geben oder aber mit zu den Waffen greifen. Sich in den Weg zu stellen, sei mit großen Schwierigkeiten verbunden, weil Adolf schon über ein voll mobilisiertes und überall beliebig einsetzbares Heer verfüge. Sich ruhig zu verhalten, erscheine als schädlich, wenn Adolf allein sowohl den Nutzen als auch den Ruhm für den von ihm bezwungenen und unterworfenen Landstrich in Anspruch nehmen könne. Demnach werde es der beste Weg sein, die Kräfte zu bündeln und gemeinsam Krieg zu führen: Und dieser Meinung schloss der König sich an.

Nicht sehr viel später wurde auch Johann Sehestedt, der Bruder Bertrams, mit Anweisungen von Adolf zu dem Thronprätendenten und zu Herzog Johann entsandt, deren Hauptteil in Folgendem bestand: Da Adolf es nicht wage, sich zu weit von den Truppen zu entfernen, solle der König einige seiner Diplomaten nach Neumünster schicken und

---

12 Cf. Neoc. 2 *p.* 160 *(Wartgelt)*.
13 per literas *om. Wolff.*

imprimis id erat caput: quia Adolphus a copiis digredi longius non auderet, rex ex oratoribus suis quosdam Novomonasterium mit*[f 4][p. 72]*teret, eodem et dux Iohannes veniret. Ibi tum sese, ut consanguineos et fratres deceret, de re omni inter se placide acturos: et si ita convenire possent, ut communi onere et damno impensas iam ante factas sustinere animum inducerent, emolumentum quoque et lucrum universum commune fore.

Exinde vero, quanquam non semel nuncii ultro citroque[14] missitati sunt, neque de loco, quo congrederentur, statim inter eos convenit. Tamen concorditer tandem est constitutum, ut principes ipsi una cum oratoribus suis ad quartum Calendarum Maii in parvum quendam pagum ad Nortorpam in colloquium devenirent, id quod et factum est. Commoratique illic ad Calendas usque principes de bello movendo gerendoque in hunc modum inter se composuerunt: Adolpho, quos iam fecisset sumptus, cum primus haberetur militum delectus, data vicissim ab ipso apocha, qua plene et integre acceptos ferret, solverentur. Hi ad octies decies mille circiter thaleros aestimabantur, sed in quibus nonnulla erant millia computata, quae milites commodato duntaxat in manus acceperant, eaque in prima stipendiorum solutione erant deducenda. Quae post impensae fierent, communi onere et detrimento ferrent. Si in potestatem Dithmarsia veniret, ea universa in aequales tres partes distributa, quam quisque suam caperet assereretque, sorti iudici com*[p. 73]*mitterent: verum in iudiciis extraque iudicia iunctis opibus omnem simul defenderent. Cuius subditi et coloni seu praedationibus seu incendiis damnum acciperent, id ipsi per sese tolerarent deque eo alter alteri ad satisfaciendum obligatus ne esset, sed suam quisque fortunam periclitaretur.

---

14 ultra citraque *Iobinus.*

Herzog Johann an denselben Ort kommen. Dort würden sie dann, wie es sich für Verwandte und Brüder gezieme, die ganze Angelegenheit in Ruhe verhandeln: Und wenn sie sich darauf einigen könnten, dass die beiden sich dazu bewegen ließen, die bereits gemachten Ausgaben als gemeinsame Last und gemeinsamen Schaden mitzutragen, dann werde auch der gesamte Nutzen und Gewinn allen gemeinsam zuteil werden.

Danach aber konnten sie sich untereinander nicht einmal über den Ort des Zusammentreffens sofort einigen, obwohl mehrfach Boten immer wieder hin und her geschickt wurden. Dennoch fasste man endlich den einträchtigen Beschluss, dass die Fürsten persönlich zusammen mit ihren Diplomaten am 28. April in ein kleines Dorf bei Nortorf zu Beratungsgesprächen anreisen sollten. Das geschah dann auch so. Und nachdem die Fürsten bis zum 1. Mai dort verweilt hatten, einigten sie sich wie folgt über den Beginn und die Führung des Krieges: Adolf sollten die Auslagen, die er bereits gemacht hatte, als erstmals Soldaten verpflichtet wurden, gegen eine Quittung, mit der er den vollständigen Empfang bestätigte, erstattet werden. Man schätzte sie auf rund 18.000 Taler, einen Betrag, in dem jedoch einige Tausend Taler verrechnet waren, die die Soldaten nur als Vorschuss persönlich empfangen hatten, und die musste man bei der ersten Auszahlung des Soldes wieder abziehen. Alle späteren Kosten sollten als gemeinsame Last und gemeinsamer Nachteil getragen werden. Wenn man Dithmarschen unter Kontrolle bekäme, sollte das Land in drei gleiche Teile geteilt und das Los als Richter darüber bestellt werden, wer welchen Teil erhielte und beanspruchen dürfte: Vor Gericht und außergerichtlich aber sollten sie ihren Besitz mit vereinten Kräften gemeinsam verteidigen. Wenn jemandes Untertanen und Bauern durch Plünderung oder auch Brandschatzung zu Schaden kämen, so sollten sie das jeder für sich ertragen und darin keiner dem anderen zum Schadenersatz verpflich-

His pactis aliisque nonnullis conditionibus foedere inito extemplo cuncta bello rite administrando necessaria apparari providerique coepta. Primum omnium Iohannes Ranzovius eques, quem cum ob eximiam eius et inveteratam virtutem longoque et vario rerum usu comparatam validam ac stabilem prudentiam animique robur incredibile, tum expeditam atque efficacem rei militaris scientiam prae caeteris omnibus tanto muneri maxime idoneum iudicabant, quanquam gravis et proclinatae senectae usus excusatione nonnihil reluctaretur, summus belli dux (quem imperatorem olim Romani vocabant) communi omnium suffragio declaratus est. Ei legatus sive adiutor additus Bertramus Sestedius; qui cum id officii, quod privatis quibusdam de causis vereretur, ut sibi cum summo belli duce sat bene convenirent, recusaret, in eius locum Franciscus Bulovius patria quidem extraneus, sed affinitate cum Holsatis contracta non plane ab illis alienus et ante id quoque tempus regiae militiae asscriptus a Ranzovio est nuncupatus et mox per *[f 5][p. 74]* principes approbatus.

Exinde spectatos fide ac virtute viros et autoritate gratiaque pollentes una cum designato belli duce principes e suis binos quisque elegerunt, qui equitum peditumque, quotquot eorum confluxissent, delectum agerent, utque coram ipsis in trium pariter principum verba sacramentis dictis militari more sese obstringerent. In his regis nomine destinati sunt Nicolaus Ranzovius praefectus arcis Steinburgi et Holgerus Rosencranzius senator regni Danici, a duce Iohanne Otho a

tet sein, sondern jeder sein eigenes Glück auf die Probe stellen.

Nach der Einigung auf diese Vertragsbestimmungen schloss man unter einigen weiteren Bedingungen das Bündnis. Sofort wurde damit begonnen, sorgfältig alles bereitzustellen, was für eine ordentliche Kriegführung notwendig war. Zuallererst wurde Ritter Johann Rantzau, obwohl er sich mit seinem beschwerlichen, dem Ende nahegerückten Alter zu entschuldigen suchte und sich sehr sträubte, durch ihrer aller einstimmige Wahl zum Feldmarschall in diesem Krieg ernannt — ein Amt, das die Römer früher „Imperator" nannten. Denn nicht nur wegen seiner besonderen, tief verwurzelten Tapferkeit, seiner in langer und vielfältiger Erfahrung gewonnenen, großen und zuverlässigen Klugheit und unglaublichen Charakterstärke, sondern besonders auch wegen seiner wirksam bereitgehaltenen Kenntnis des Kriegswesens hielten sie ihn vor allen anderen für den für eine solche Aufgabe am besten geeigneten Mann. Ihm wurde als Legat, also als Stellvertreter, Bertram Sehestedt an die Seite gestellt; doch als der ein solches Amt ablehnte, weil er aus bestimmten privaten Gründen fürchtete, er könne mit dem Feldmarschall nicht gut genug zusammenarbeiten, berief Rantzau an seiner Stelle Franz Bülow, der zwar ausländischer Herkunft, aber mit Holsteinern verschwägert und deshalb mit ihnen wohlvertraut war. Er hatte auch schon vor dieser Zeit im königlichen Heer gedient und erhielt rasch die Approbation durch die Fürsten.

Darauf wählten die Fürsten gemeinsam mit dem designierten Oberbefehlshaber aus ihren Leuten je zwei Männer von bewährter Treue und Tüchtigkeit und von großer Autorität und Einfluss aus, die die Musterung aller insgesamt zusammengeströmten Kavalleristen und Infanteristen durchführen, auch sollten die Soldaten vor ihnen das Gelübde auf die drei Fürsten gleichermaßen ablegen und sich so nach militärischem Brauch verpflichten. Dazu wurden im Namen des

Tinnen et Gaspar Bocvoldius, ab Adolpho Ranzovii duo Nicolaus cognomento Luscus et Paulus summi ducis belli filius. Quaestores praeterea illis adiuncti, qui rem pecuniariam eo bello administrarent, cum quibus continuo illi ad copias profecti sunt. Henricus quoque Ranzovius iis, quibus abs rege negocium datum erat, in delectum primum ter quinquies mille thaleros iussu regis per suos adnumeravit, cum maior argenti summa in tanta properantia confici ab eo non posset.

Post eos consiliarii belli creati sunt, quorum id esset officium: locorum situs inspicere, hostium consilia explorare, speculatores emittere, annonam militarem eiusque in castra convectionem procurare, de captivis quaestiones habere poenasque sumere, quibus locis quoque tempore hostes invadendi essent, convenientes deliberare initisque *[p. 75]* suffragiis statuere et, quae alia ex usu belli commodoque forent, prospicere omnia et administrare, ne toties principes interpellandi essent. Hi fuerunt nobilium honoratissimi quique et autoritate atque aetatis dignitatisque praerogativa maxime insignes viri: ipse imprimis Iohannes Ranzovius eius belli delectus dux eiusque filius Henricus, Breda, Christophorus et Mauritius Ranzovii, Bertramus et Benedictus ab Alevelde, Holgerus[15] Rosencranzius, Bertramus Sestedius. Ab illis postea in consilium euntibus tres legionum praefecti adhibiti sunt Volffgangus Schonvesius, Gulielmus Valtherthumbius, Reimarus a Valde vetusque ille militum praefectus Christophorus Vrisbergius, qui praelio Dracenburgensi quanquam fugatus inclaruit.

---

15 Holgerus *correxi*, Helgerus *edd.*

Königs Klaus Rantzau, der Amtmann zur Steinburg, und der dänische Reichsrat Holger Rosenkrantz bestimmt, von Herzog Johann Otto von Thienen und Jasper Buchwald und von Adolf zwei Rantzaus, Klaus, genannt Scheele, und Paul, der Sohn des Feldmarschalls. Ihnen wurden außerdem Zahlmeister zur Seite gestellt, die in diesem Krieg die Finanzen verwalten sollten. Mit ihnen brachen sie sofort zu den Streitkräften auf. Auch Heinrich Rantzau ließ den Bevollmächtigten des Königs für die erste Musterung auf Befehl des Königs durch sein Personal 15.000 Taler auszahlen, weil er in solcher Eile keine größere Geldsumme zusammenbringen konnte.

Nach ihnen wurde ein Kriegsrat gewählt, dessen Aufgaben die folgenden sein sollten: das Gelände zu erkunden, die Planung des Feindes auszukundschaften, Späher auszusenden, den militärischen Nachschub und seine Zufuhr ins Heerlager zu organisieren, Gefangene vor Gericht zu stellen und zu bestrafen, zusammenzukommen, um zu beraten und eine Mehrheitsentscheidung darüber zu fällen, an welchen Orten und zu welchem Zeitpunkt man den Feind angreifen solle, und sich um alles zu kümmern, was für den Krieg sonst noch nützlich und hilfreich wäre, damit die Fürsten nicht so oft bei ihrer Arbeit gestört würden. Das waren jeweils besonders hochgeehrte Adlige, Männer, die das Vorrecht von Alter und Würde am meisten auszeichnete: vor allem der in diesem Krieg als Feldherr ausgewählte Johann Rantzau selbst und sein Sohn Heinrich, Breide, Christoph und Moritz Rantzau, Bertram und Benedikt von Ahlefeldt, Holger Rosenkrantz und Bertram Sehestedt. Wenn sie später zu Rate gingen, wurden noch drei Obristen hinzugezogen: Wolfgang Schonewese, Wilhelm Wallertum und Reimer vom Walde sowie der berühmte alte Truppenführer Christoph Wrisberg, der in der Schlacht von Drakenburg zwar in die Flucht geschlagen, aber dennoch berühmt wurde.

De commeatu decretum factum, quando copias numerosas satis et validas haberent, ne praebendo eo supportandoque oppidani et incolae ditionum suarum ultra, quam necesse foret, gravarentur. Id autem propterea fuit constitutum, quod metuerent, ne forte voluntarii plures, quam vellent, ad eius belli famam excitati convolarent: quorum postea tamen supra quingentos etiam ad exitum usque belli Iacobo Blanchenburgo et Ascanio ab Holle ductoribus castra secuti sunt. Praeter haec placuit etiam, incolae et coloni Holsati in Dithmarsiam ut ne abducerentur, sed in om*[p. 76]*nem incertae fortunae et dubii Martis eventum ad fines ditionis obsidendos servandosque relinquerentur.

Nicolaus itaque Ranzovius in arce Steinburgo praefectus regius, vir sane ut augusta senili facie canisque decentibus suspiciendus, ita eximia consilii gravitate inveterataque usu longo prudentia togata patriae imprimis salutaris et disciplinae militaris artisque haud quaquam imperitus, quod multos in Italia annos ordinibus ducendis praefectus Caroli quinti stipendia fecerat, cum Crempermarsis et Vilstermarsis, qui sub praefectura eius sunt, ad Albim fluvium eius loci custodiam agere iussus est. Henrico autem Ranzovio seniori, qui potiorem aetatis virilis partem in armis contriverat belloque eo, quod Christianus Daniae rex cum Lubecensibus gessit, ab Oldenburgico comite captivus factus posteaque vertente se belli fortuna dimissus fuerat, ad occupandas custodiendasque Eidorae fluminis ripas Phrisii et Eiderstadenses aliique ducatus Slesvici et Holsatiae incolae plerique attributi sunt. Naves insuper apparatu omni navali et armamentis militariter instructas ad eam expeditionem se collaturum rex designatus promisit, quae ex Dania solventes in Albim traicerent et ab ea quoque parte securitatem sociis praestantes hostibus omnem navigandi eius fluminis marisque alluentis

Über den Nachschub wurde das Dekret erlassen, da man über Truppen in ausreichender Anzahl und Stärke verfüge, sollten die Städter und die Bewohner ihrer Staatsgebiete nicht über das notwendige Maß hinaus mit Beschaffung und Zuführung belastet werden. Das wurde deswegen beschlossen, weil man fürchtete, es könnten vielleicht, vom Gerücht des Krieges aufgereizt, flugs mehr Freiwillige als erwünscht zusammenkommen. Dennoch zogen später sogar über fünfhundert von ihnen bis zum Ende des Feldzuges unter Jakob Blanckenburg und Asche von Holle mit in den Krieg. Darüber hinaus befand man, holsteinische Bürger und Bauern sollten nicht nach Dithmarschen geführt, sondern für alle Fälle des unbeständigen und unsicheren Kriegsglücks zurückgelassen werden, um die Staatsgrenzen zu sichern und zu schützen.

Deshalb befahl man Klaus Rantzau, dem königlichen Amtmann zur Steinburg, mit den Krempermarschern und Wilstermarschern, die unter seiner Verwaltung standen, die Gegend an der Elbe zu bewachen. Er war ein ebenso durch sein erhabenes Greisengesicht und die Zier seiner grauen Haare ansehnlicher wie durch das große Gewicht seines Rates und seine in langjähriger Erfahrung gewachsene Klugheit im Frieden für das Wohl des Vaterlandes besonders wichtiger Mann, der auch viel von der Kriegskunst verstand, weil er viele Jahre in Italien als Einheitsführer unter Karl V. gedient hatte. Heinrich Rantzau dem Älteren aber, der den größten Teil seines Lebens unter Waffen zugebracht hatte und der in dem Krieg, den König Christian von Dänemark mit Lübeck führte, vom Grafen von Oldenburg gefangen genommen, später aber, als das Kriegsglück sich wandte, entlassen worden war, wurden als Besatzung und zur Bewachung der Ufer der Eider Friesen, Eiderstedter und andere aus dem Herzogtum Schleswig sowie viele Bewohner Holsteins zugeteilt. Darüber hinaus versprach der Thronprätendent, er werde für diesen Kriegszug komplett ausgestat-

Dithmarsiam recipiendique in por*[p. 77]*tus amicas finitimorum puppes facultatem eriperent.

Ideo tam provide et caute haec instituebantur, ut inclusi undiquaque Dithmarsi erumpere nullibi et evadere aut auxilia ab exteris submitti possent commeatusque et alia bello gerendo necessaria importari, deinde, si forte praeter spem omnem et expectationem, ut sunt belli varii et ancipites casus, ab adversante fortuna incommodum acciperetur, ii ad limites circumquaque dispositi subsidio ut essent, quo ab ingruente vi hostium protegere sese illosque repellere et praelium renovatis denuo viribus instaurare valerent. Ad eundem usum et per Fioniam Iutiamque nobilibus, ut instructum paratumque equitatum ad quemlibet belli dubii eventum haberent, quo mox, ubi accerserentur, ad edictum eius convolarent, abs rege designato imperatum est.

Percommode quoque inter Hispanum Gallumque reges pace facta ex praefectis nonnulli, qui soluto eo bello mittebantur, in eam conditionem principum iussu conducti sunt, si ii opera eorum uti hoc bello necesse haberent, de eo literis certiores facti cum turmis cohortibusque, quas ducerent, statim transire et accedere ad eos maturarent praesidioque, ubicunque ipsi vellent, adessent. Sic Iohanni etiam Barnero, quem supra memoravimus, argentum numeratum, quo equites quingentos conscriberet, et alii item equitum *[p. 78]* praefecto, quo totidem. Timebatur enim si alias tum maxime, ne ipsis in Dithmarsia subigenda occupatis motus aliquis ab exterionis...

tete und militärisch aufgerüstete Schiffe zur Verfügung stellen, die in Dänemark ablegen und in die Elbe hinübersegeln sollten, um auch von dieser Seite die Verbündeten zu sichern und dem Feind jede Möglichkeit zu entreißen, den Fluss und das Meer vor Dithmarschens Küste zu befahren und Schiffe befreundeter Nachbarn in ihren Häfen aufzunehmen.

Man hatte daher so vorausschauend und vorsichtig alle Vorkehrungen getroffen, dass die Dithmarscher von allen Seiten eingeschlossen waren und nirgends ausbrechen und entkommen konnten, dass keine Hilfsmittel von außen zugeführt und kein Nachschub sowie andere für die Kriegführung notwendige Güter importiert werden konnten und dass außerdem, falls man zufällig entgegen allen Hoffnungen und Erwartungen, weil es im Krieg nun einmal zu unwägbaren Wechselfällen kommt, durch ein widriges Kriegsglück Nachteile erleiden sollte, das überall an den Grenzen stationierte Personal zu Hilfe kommen konnte. So würde man in der Lage sein, sich vor der drohenden Gewalt des Feindes zu schützen, ihn zurückzuschlagen und den Kampf mit erneuerter Kraft wieder aufzunehmen. Zu demselben Zweck befahl der Thronprätendent dem Adel auf Fünen und in Jütland, für alle Fälle eines ungewissen Kriegsverlaufs ein Reiterheer auszurüsten und bereitzuhalten, sodass es auf den Marschbefehl hin sofort und schleunigst anrücken konnte.

Sehr günstig war es auch, dass die Könige von Spanien und Frankreich untereinander Frieden schlossen. So konnten einige ihrer Kommandeure, die nach Kriegsende entlassen wurden, auf Befehl der Fürsten angeworben werden, und zwar unter der Bedingung, dass sie, wenn die Fürsten in diesem Krieg auf ihren Einsatz zurückgreifen müssten, brieflich benachrichtigt werden und dann mit den Kavallerie- und Infanterieeinheiten unter ihrer Führung unverzüglich und schnell über Land zu ihnen stoßen und an jedem beliebigen Ort Schutz bieten sollten. So wurde auch dem oben erwähnten Johann Barner Geld ausgezahlt, um fünfhundert Reiter

ternis ducibus repente excitaretur, quod essent, qui hostilem in principes animum gerere haud falso existimarentur, urbesque praeterea finitimae suspicione non carerent, quasi, ut Dithmarsis commodarent, per Holsatiam tumultum moturi essent.

Quapropter haec omnia ita curiose providebantur, ut, siquis sive motus sive bellum alicunde ingrueret, iustas in promptu copias haberent, quas opponerent, conatumque omnem et vim hostilem validis obiectis armis retunderent atque reprimerent, ita ut in utrumque parati confirmatique essent, et in Dithmarsia bellum gerere et illatum alicunde propulsare. Arces item omnes per Holsatiam impositis praesidiis munitae sunt tormentaque aenea bellica post tergum tot relicta, quot iusto exercitui, si opus foret, sufficere possent, ut[16] in omnem belli eventum abunde prospexisse et sapienter consuluisse sibi viderentur. Ex eodem quoque principum conventu ad comitem Oldenburgicum literae perscribebantur, cum id commodissime facere posset, cohortes militum tredecim sive quindecim Albim traiceret. Constitutum quoque communi suffragio, ut singuli e principibus tormenta sena campestria et bina muralia (pluribus enim indigere se non arbitrabantur) cum apparatu et *[p. 79]* instrumento omni necessario in aciem adducerent itemque plaustra octo. Fossores praeterea mille conducti pontesque navales plures comparati et commeatus eiusque subvectio affatim procurata: nempe ut singuli arcium per Holsatiam praefecti certum et praefinitum annonae militaris numerum quotidie ad exercitum in castra mitterent. Verebantur enim principes, ut civita-

zu verpflichten, und für ebenso viele einem anderen Kavallerieoberst ebenfalls. Denn man fürchtete damals mehr denn je, es könnte, während sie selbst mit der Unterwerfung Dithmarschens beschäftigt wären, von auswärtigen Führern irgendein Aufruhr verursacht werden, weil es ja solche gab, die man nicht zu Unrecht als den Fürsten feindlich gesonnen einschätzte, und außerdem die benachbarten Hansestädte unter dem Verdacht standen, sie würden vielleicht, um den Dithmarschern einen Gefallen zu tun, in Holstein Unruhe stiften.

Deswegen wurden all diese Vorkehrungen so sorgfältig getroffen, um, wenn ein Aufruhr oder auch ein Krieg von irgendeiner Seite drohte, zur Erwiderung die richtigen Truppen einsatzbereit zu haben und jeden Versuch, jeden feindlichen Übergriff durch starken militärischen Widerstand wirkungsvoll zurückschlagen zu können, sodass sie auf beides vorbereitet und abgesichert waren: sowohl in Dithmarschen Krieg zu führen als auch einen Angriff von außen abzuwehren. Ebenso wurden in Holstein alle Burgen zur Sicherung mit Schutztruppen belegt und rückwärtig so viele Geschütze aus Bronze zurückgelassen, dass sie, wenn nötig, für ein richtiges Heer ausgereicht hätten, sodass sie meinten, für alle Fälle des Krieges reiche Vorsorge getroffen und kluge Maßnahmen ergriffen zu haben. Von demselben Treffen der Fürsten aus wurde auch ein Brief an den Grafen von Oldenburg geschrieben, er möge, sobald er das am bequemsten bewerkstelligen könne, dreizehn bis fünfzehn Kompanien über die Elbe setzen. Auch wurde gemeinschaftlich beschlossen, dass die Fürsten je sechs Feldgeschütze und je zwei Mauerbrecher (denn dass sie mehr brauchten, glaubten sie nicht) mit allem notwendigen Zubehör ins Feld führen sollten, und außerdem acht Rüstwagen. Außerdem wurden eintausend Pioniere angeworben, etliche Schiffsbrücken beschafft und für den Nachschub sowie seine Zufuhr zur Genüge Sorge getragen: Die einzelnen Amtmänner der Burgen in Holstein näm-

---

16 ut *om. Iobinus.*

tes haud aequis animis id bellum moveri ferentes permissurae suis essent, ut commeatum adveherent.

Postremo omnia, quorum in bello usus est quaeque in tanta celeritate confici potuerunt, pro re et tempore diligenter sunt comparata. Nam longiorem interponere moram minime omnium consultum videbatur, cum nunciis crebris et rumoribus quotidie adferretur agrestes magno studio et labore pertinaci undique sese communire et fossas vallosque in dies perducere. Neque enim consilia principum ita prorsus occultari et tegi poterant, quin haud obscure intelligeretur, quid molirentur et quo tenderent, et ipsi praeterea principes sibi persuadebant omnes hostium conatus et vim celeritate praeveniendam et opprimendam esse. Atqui potuisset bellum cum cura consilioque et rerum omnium administratione expeditiore, tum impensis multo levioribus inferri ac geri, nisi tanta Adolphi festinatio intervenisset. Is enim, sive solus sive iunctis *[p. 80]* cum aliis viribus hostes aggrederetur, in celeritate una maximam victoriae spem et fiduciam collocaverat.

Ceterum rex, ut Nortorpam in colloquium sibi veniendum statueret, haud facile potuerat adduci. Id extranei quidam praefecti per omnem aetatem armis assueti militiaeque animis inquietis dediti effecerant, cum per homines ad id subornatos metum regi incuterent, rem periculi plenam esse dictitantes inermem ad hostem armatum ire. Asserebant enim de machinationibus, quae in regis exitium aperte fierent, se compertum habere, quod praefectis quibusdam scirent potestatem literis factam contra regem copias conscribendi: quae tamen literae postea interceptae eos vanitatis coarguerunt.

lich sollten eine vorher genau festgesetzte Menge an Heeresproviant täglich zur Truppe ins Feldlager schicken. Denn die Fürsten befürchteten, die Hansestädte, die über diesen Angriffskrieg sehr besorgt waren, würden ihren Bürgern nicht erlauben, Nachschub zuzuführen.

Letzten Endes wurde alles, was im Krieg vonnöten ist und was in aller Eile fertig gemacht werden konnte, der Lage entsprechend sorgfältig organisiert. Denn es schien mehr als unklug, noch längere Zeit verstreichen zu lassen, weil durch häufige Nachrichten und Gerüchte hinterbracht wurde, dass die Bauern mit großem Fleiß und harter Arbeit tagtäglich Gräben und Schanzen anlegten. Denn es war einfach nicht möglich, die Pläne der Fürsten so gründlich geheim zu halten, dass nicht klar zu erkennen gewesen wäre, was sie vorhatten und wohin sie wollten. Auch die Fürsten selbst kamen zu der Überzeugung, sie müssten allen gewaltsamen Unternehmungen des Feindes durch Schnelligkeit zuvorkommen und sie im Keim ersticken. Aber dennoch hätte dieser Krieg mit besseren Lösungen bei der Vorsorge, der Planung und der Gesamtleitung, vor allem aber unter sehr viel geringeren Kosten begonnen und geführt werden können, wenn Adolf es nicht so eilig gehabt hätte. Der nämlich setzte, ganz gleich, ob er alleine oder mit vereinten Kräften den Feind angriff, die größte Hoffnung und Siegeszuversicht allein in die Geschwindigkeit.

Übrigens konnte der König nicht leicht dazu bewogen werden, dass er entschied, er müsse nach Nortorf zu den Verhandlungen kommen. Daran waren einige Obersten aus dem Ausland schuld, Männer, die sich zeitlebens kampfgewohnt und voll innerer Rastlosigkeit dem Kriegsdienst gewidmet hatten: Sie jagten dem König über Personen, die sie dazu angestiftet hatten, Angst ein, indem sie immer wieder sagten, es sei gefährlich, unbewaffnet einen bewaffneten Feind aufzusuchen. Sie versicherten nämlich, über Machenschaften informiert zu sein, die direkt auf den Tod des Königs zielten:

Huius gregis hominum in principum aulis magnus est numerus et uberrimus semper proventus, qui perversis et malignis praediti ingeniis vitiisque adobruti, cum virtute vera emergere non possint, pravis inixi studiis et versutia scelerata audaces calumniis et delationibus aliorum in principum favorem malitiose sese insinuant et his invidiam conflando, illos in suspicionem vocando odiaque et discordias passim miscendo ex aliorum iniuriis et oppressione ad opes ingentes anhelant. Et saepenumero improbis eorum votis improbior multo fortuna aspirat apud principes etiam vigilantes et non malos, quando *[p. 81]* fere fit, ut falso sed calide conficta et ad rem praesentem accomodata, si suspicionem paulo verisimilem movent, profunde animis aculeos figant haereantque et aegre evellantur, ut veris locum relinquant. Eisdem artibus et veteratores illi imponere regi iam tum primum regni habenas excipienti in animum sibi induxerant inque spem veniebant, si succedentibus dolis inter principes sanguine coniunctissimos simultatem discordiamque accendissent, fore, ut bellum inter eos diuturnum contraheretur, quod illi pro animi sui libidine administrantes ducentesque ut fideles et industrii ministri ex eo honores gratiamque regis aucupari et locupletari nimium possent.

Sie wüssten, dass bestimmte Amtmänner durch Briefe Vollmacht erhalten hätten, Truppen gegen den König anzuwerben. Diese Briefe wurden später jedoch abgefangen und überführten sie leerer Verleumdung.

Dieser Menschenschlag ist an Fürstenhöfen in großer Zahl vorhanden; daran ist immer reiche Ernte. Ausgestattet mit einem verderbten und bösartigen Charakter, ganz in ihren schlechten Eigenschaften befangen, verlassen sie sich, weil sie sich nicht durch wahre Tugend hervortun können, auf schlimme Umtriebe. In verbrecherischen Intrigen schmeicheln sie sich dreist durch üble Nachrede und die Denunziation anderer in die Gunst der Fürsten ein. Indem sie auf die einen den Neid anheizen, andere in Verdacht bringen und überall Hass und Zwietracht säen, jagen sie atemlos großem Reichtum nach, der aus Unrecht gegen andere und aus deren Unterdrückung erwächst. Und nur allzu oft kommt ihren üblen Wünschen ein noch viel übleres Glück entgegen, selbst bei wachsamen und gar nicht schlechten Fürsten, denn es kann sich so ergeben, dass etwas Falsches, aber schlau Erdachtes, das der jeweiligen Situation gerecht wird, wenn es auch nur mit geringer Wahrscheinlichkeit einen Verdacht weckt, seine Stacheln tief in das Bewusstsein der Menschen senkt, sich dort festsetzt und nur schwer wieder herausgerissen werden kann, um der Wahrheit Platz zu machen. Auch den schon genannten Schurken kam es in den Sinn, mit denselben Methoden auf den König Einfluss zu nehmen, der damals gerade die Zügel der Herrschaft in Empfang nahm. Sie machten sich Hoffnungen, dass, wenn ihre Intrigen Erfolg hätten und sie zwischen den eng verwandten Fürsten Feindschaft und Zwietracht entzündet hätten, sich unter ihnen ein langwieriger Krieg entwickeln würde, den sie nach Herzenslust regieren und hinziehen könnten, um dank ihm als treue und fleißige Diener Jagd auf Ämter und die Gunst des Königs zu machen und sich massiv zu bereichern.

Sed haec quanquam astute et perfidiose concepta techna unius viri solerti industria et cura detecta et plane subversa est. Henricus enim Ranzovius iunior (quem subinde vicarium regium appellamus) mire temperato dextroque ingenio et animo nunquam intermisso praeditus studiose regem edocuit propterea fieri iactarique haec ab illis, ut dissidium bellumque alerent, quod quo diuturnius esset, eo ampliores fortunas et opes se consecuturos sperarent. Esse enim homines alienigenas et advenas, qui ut suum nihil et proprium peregrina in terra possiderent, ita planissime scirent, se iacturam nullam facere posse, sed potius subortis certaminibus intestinis et discor[g][p. 82]diis ex qualibet rerum perturbatione noto artificio honores et divitias immensas captare, quo rebus quietis et tranquillis aspirare nequaquam possent. Etenim sicuti anguillae nisi aqua agitata et limo turbata non capiuntur, ita illi, nisi statum reipublicae interturbent consiliis suis — quod illis solis et voluptati et commodo est —, in suos casses praedam cupitam pellicere non possunt. Praeterea habere se apud Adolphum et fratrem suum et alios plerosque propinquitate et necessitudine sibi devinctissimos: tametsi princeps quid inopinatum et alienum a fide moribusque suis (quod uti crederet haud posset persuaderi) animo secum agitaret, illos tamen neutiquam, ut exequeretur, esse permissuros. Denique Italico aut Hispanico more agere, et aliud fingendo simulandoque aliud animo occultare malumque et exitium alteri subdola amicitiae specie machinari inter coniunctos inprimis arcto cognationis et sanguinis vinculo hisce in Cimbricis oris minime omnium usitatum esse.

Aber diese Strategie, so schlau und perfide sie auch erdacht war, wurde durch eines einzigen Mannes Engagement und Sorgfalt aufgedeckt und völlig vereitelt. Denn Heinrich Rantzau der Jüngere (der im Folgenden als königlicher Statthalter bezeichnet wird), ein Mann von bewundernswerter Besonnenheit, findigem Verstand und niemals nachlassender Wachheit, belehrte den König beflissen darüber, dass all das geschehe und von diesen Leuten verbreitet werde, um Zerwürfnis und Krieg wachsen zu lassen. Je langwieriger der sei, desto größeren Aufstieg und Reichtum hofften sie zu erlangen. Denn sie seien Leute von außerhalb, Fremde, die gar nichts Eigenes in diesem für sie fremden Land besäßen und deshalb ganz genau wüssten, dass es für sie nichts zu verlieren, sondern vielmehr bei Entstehung innerer Unruhen und Konflikte aus jeder beliebigen Krise durch ihre bekannten Winkelzüge Ämter und unermesslichen Reichtum zu ergattern gab. In friedlichen und ruhigen Verhältnissen aber bräuchten sie daran keinen Gedanken zu verschwenden. Ebenso nämlich, wie Aale nur gefangen werden, wenn das Wasser unruhig und voll aufgewirbeltem Schlamm ist, so können sie nur, wenn sie die Lage des Staates durch ihre Pläne in Unruhe versetzen — was allein ihnen Vergnügen und Nutzen bringt —, die erwünschte Beute in ihre Netze locken. Außerdem habe er bei Adolf sowohl seinen Bruder als auch sehr viele andere Leute, die ihm durch verwandtschaftliche und sonstige Beziehungen eng verbunden seien: Selbst wenn der Fürst etwas Unerwartetes, seiner Loyalität und seinem Charakter Fernliegendes im Sinn habe (was zu glauben er nicht überredet werden könne), so würden sie keinesfalls zulassen, dass er es umsetze. Schließlich seien das italienische oder spanische Methoden, und dass man, indem man das eine erfindet und vortäuscht, das andere geheim hält und unter dem hinterhältigen Anschein von Freundschaft gegen den anderen ein übles, tödliches Komplott vorbereitet, noch dazu unter Menschen, die das enge Band der Blutsver-

Quibus rex persuasus fidem habuit seque in viam dedit. Usque adeo fraudulenta et insidiosa illorum fabrica profecit, ut maior intentiorque a rege cunctis in rebus cura adhiberetur et is quingentis stipatus equitibus Nortorpam veniret. Adolphus autem duobus saltem levibus vehiculis, quibus iumenta excisis genitalibus celeritati insuefacta iunguntur, adve*[p. 83]*ctus est, utque post vulgatum, non minus de insidiis[17] quam rex sibi metuit. Sed hunc vanum timorem et suspicionem in se ipse mox redarguens verbis confutavit. Nam se ipsum allocutus: „Non sum", inquit, „ignarus generis et sanguinis nostri: nos inter nos ne cogitamus quidem illa — tacebo, quod faciamus. At si in Italia aliisve terris, quibus id frequens et vulgare est, essemus procreati, fortassis alter alteri minime confideret!" Equidem si illi maligno iuxta et calido hoc ausu obtinuissent, in colloquium mutuum a principibus ne esset ventum, potuisset gravior inde motus exurgere et forte conatus eorum successu non caruisset, qui hoc modo irritus fuit.

Soluto conventu duces illinc uterque discedunt, hic Rendesburgum, ille in arcem Gottorpam, belloque se ambo parant isthac omnino spe et opinione, quod coram interesse vellent. Rex autem designatus Segebergam cum Ranzovio vicario suo, qui iam tum arcem eam praefecturae nomine tenebat, sese contulit, ubi cum diem unum atque alterum substitisset, relicto illic comitatu pene omni Coldingam Iutiae oppidum curribus, quos singulos cantherii terni ob celerita-

---

17 de insidiis *om. Iobinus.*

wandtschaft verbindet, das sei in diesen zimbrischen Breiten ganz und gar nicht üblich.

Der König ließ sich überzeugen. Er vertraute auf diese Argumente und machte sich auf den Weg. So viel bewirkte ihr betrügerisches und heimtückisches Lügengespinst, dass der König in jeder Hinsicht sehr viel vorsichtiger wurde und dass er mit einer Garde von fünfhundert Reitern nach Nortorf kam. Adolf aber kam auf bloß zwei leichten Fahrzeugen angereist, die mit Rindern bespannt waren, denen man durch das Abschneiden der Genitalien die Schnelligkeit abgewöhnt hatte, und wie sich später herumsprach, hatte er nicht weniger Furcht vor einem Anschlag als der König. Aber diesen unbegründeten, furchtsamen Verdacht widerlegte er schnell und vollständig bei sich mit den eigenen Worten. Denn er sagte sich: „Ich kenne doch unser Geschlecht und unser Blut: An so etwas können wir untereinander nicht einmal denken — davon, dass wir es tun, ganz zu schweigen. Ja, wären wir in Italien oder in anderen Ländern gezeugt, wo es das oft und verbreitet gibt, vielleicht würde dann der eine dem anderen nicht über den Weg trauen!" Allerdings hätte, wenn diese Leute mit ihrem böswilligen und dabei schlauen Vorstoß erreicht hätten, dass die Fürsten nicht zu gemeinsamen Beratungen gekommen wären, daraus dann eine ernste Krise erwachsen können, und vielleicht wäre ihrem Versuch Erfolg beschieden gewesen, der so aber wirkungslos blieb.

Nach Auflösung des Treffens gingen die Herzöge von dort jeder auseinander, der eine nach Rendsburg, der andere auf Schloss Gottorf, und bereiteten sich beide auf den Krieg vor, ganz in der Erwartungshaltung, persönlich dabei sein zu wollen. Der Thronprätendent aber begab sich mit seinem Statthalter Rantzau, der schon zu dieser Zeit in seiner Funktion als Amtmann der Burgherr war, nach Segeberg. Nachdem er ein, zwei Tage verweilt hatte, ließ er dort sein gesamtes Gefolge zurück und reiste auf Wagen, die aus Gründen der Schnelligkeit von je drei Wallachen gezogen wurden, eilends

tem trahebant, propere contendit. Ibi namque ex Fionia et Iutia omni nobiles equis virisque militariter instructi, ut mille et quingentos numero exaequarent, ad omnem belli casum literis regiis evocati coiverant. Quibus lustratis, *[g 2][p. 84]* quod exciti paruissent, rex gratias egit, et quia eorum opera, nisi opus foret, hoc bello uti non cogitabat, statim dimisit.

Caeterum in regno ut post tergum pacata et tranquilla ibi relinqueret omnia, quae opus erant, constituit apparatumque castrensem et supellectilem nec non omnia, quibus ad iter et bellum indigere posse videretur, prolixe sibi comparavit perscriptis ante ad Henricum Ranzovium literis, uti se propere certiorem faceret, quando copiae progressurae essent. Eo deinde die, qui festam penthecosten antecessit, Segebergam praecipitante vespera rediit fueratque eadem hebdomada magnae partis militum equitumque delectus habitus et stipendia praebita. Supererant autem, qui sub praefectis Volffgango Schonvesio et Reimaro a Valde merebant: ii universi per dies festos lustrati sunt.

Ex itinere cum praeter arcem Gottorpam rex iter faceret, inter principes fuerat constitutum, ut die Mercurii insequenti penthecosten in pago Hohenvestede conventum ageret. Ei[18] ut commodius rex interesse posset, triduo ante Novomonasterium se recepit et postridie eius diei turmam praetoriam suam recensuit et munera distribuit. Vexillum Georgio Rauteno praecipuae in Dania nobilitatis viro ferendum tradidit et Iohannem Trusium Daniae praetorio praefectum (quem marescallum vocant) eius turmae equitum magistrum

---

18 ei *Reg. in err. typ.*, et *Iobinus*, Hohenveste de conventu agerent. Et *Wolff per coniecturam imperitus videlicet locorum.*

nach Kolding in Jütland. Denn da war aus ganz Fünen und Jütland der Adel mit Pferden und Männern in militärischer Aufstellung, sodass sie eine Zahl von eintausendfünfhundert erreichten, durch eine Depesche des Königs für alle Fälle des Krieges mobilisiert, zusammengekommen. Nachdem er den Aufmarsch abgenommen hatte, dankte ihnen der König dafür, dass sie seinem Aufruf gehorcht hätten, und weil er ihre Hilfe in diesem Krieg nur im Notfall in Anspruch zu nehmen gedachte, entließ er sie sofort.

Um ansonsten in seinem Reich hinter sich alles dort in Ruhe und Frieden zurückzulassen, vefügte er die notwendigen Anordnungen. Militärisches Gerät und Zubehör sowie alles, was er für den Marsch und den Krieg möglicherweise benötigen würde, beschaffte er reichlich. Vorher hatte er Heinrich Rantzau im Brief geschrieben, Rantzau solle ihn unverzüglich benachrichtigen, wenn die Truppen zum Vorrücken bereitstünden. Danach kehrte er am Tag vor Pfingsten bei Einbruch der Nacht nach Segeberg zurück. In derselben Woche war die Musterung eines großen Teils der Infanterie und der Kavallerie durchgeführt und der Sold ausgezahlt worden. Übrig waren noch die, die unter den Obersten Wolfgang Schonewese und Reimer vom Walde dienten: Sie wurden alle an den Festtagen gemustert.

Als der König auf seinem Reiseweg an Schloss Gottorf vorbeikam, hatten die Fürsten vereinbart, er solle am Mittwoch nach Pfingsten in dem Dorf Hohenwestedt ein Treffen abhalten. Um bequemer daran teilnehmen zu können, zog sich der König zwei Tage zuvor nach Neumünster zurück. Am folgenden Tag musterte er seine Garde und verteilte Posten. Die Fahne ließ er Erik Rud tragen, einen Mann von hohem dänischem Adel, und Jens Truthsen, den („Marschall" genannten) Oberst der dänischen Garde, machte er zum Chef der Reiterei. Als Legaten bzw. Stellvertreter stellte er ihm Joachim Brockdorff aus Holstein zur Seite. Unter dieser Reiterfahne dienten über vierhundert Mann.

cre*[p. 85]*avit, cui legatum sive vicarium adiunxit Ioachimum Brochtorpium Holsatum. Sub eo equestri signo supra quadringentos stipendia faciebant.

Sexto decimo autem Calendas Iunii ex constituto principes cum oratoribus et consiliariis suis dicto loco conveniunt. Ibi postridie consentientibus suffragiis decretum factum, ut quinto post die universae equitatus peditatusque copiae, quantae quantae iam coiissent, in fundum hostilem in Dithmarsiam ducerentur. Inde rex in castellum sive praedium Melbachianum Henrici Rantzovii secessit quartumque in diem usque illic est commoratus. Eodem in conventu literae quoque, quibus bellum Dithmarsis principes more militiae denunciabant (quas nonnulli ab antiqua Romanorum consuetudine feciales appellant) confectae et triduo ante, quam fines eorum hostilis exercitus ingrederetur, per tabellarium regium perlatae sunt.

Eae literae ad quadragintaoctoviros, penes quos ex omnibus pagis delectos totius[19] terrae procuratio fuit, et universos Dithmarsiae incolas decimo quinto Calendas Iunii datae erant et in hunc modum conceptae: Quandoquidem sibi legitimis dominis et magistratui divinitus ipsis constituto impie et scelerate non solum non obtemperarent contumaciterque adversarentur, sed indignis quoque modis crebro et intemperanter iniuriis gravibus contumeliisque *[g 3][p. 86]* incessissent nec amplissimae[20] quidem maiestati dignitatibusque suis impudenter parcentes, homines sibi subditos magnis frequenter damnis affecissent, passim praedas egissent, caedes fecissent, pacem publicam turbassent (ut nimirum, cum eos in subiectam ditioni suae[21] oram, quae Sacra Terra appellatur,

---

19 delectos totius *Reg. in err. typ.*, delectus totus *Iobinus*.
20 amplissime *Iobinus*.
21 sui *Iobinus*.

Am 17. Mai kamen die Fürsten wie beschlossen mit ihren Diplomaten und Beratern am vereinbarten Ort zusammen. Dort wurde am folgenden Tag auf einstimmigen Beschluss dekretiert, dass am fünften Tag danach die gesamte Streitmacht zu Fuß und zu Pferde, wieviele auch immer jetzt aufgelaufen seien, nach Dithmarschen auf feindlichen Boden geführt werden sollten. Von da begab sich der König allein in Heinrich Rantzaus Burg bzw. das Gut Mehlbek und verweilte dort bis zum vierten Tag. Auf demselben Treffen wurde auch ein Brief verfasst, durch den die Fürsten nach militärischem Brauch den Dithmarschern den Krieg erklärten (manche nennen diese Erklärung nach Sitte der alten Römer Fetialbrief) und der drei Tage, bevor das feindliche Heer ihr Gebiet betrat, durch einen Briefboten des Königs überbracht wurde.

Dieser Brief vom 18. Mai war an die Achtundvierzig, die als gewählte Vertreter aller Dörfer das ganze Land regierten, und an die Gesamtheit der Einwohner Dithmarschens adressiert. Er hatte folgenden Wortlaut: Gottlos und verbrecherisch leisteten die Dithmarscher bekanntlich nicht nur den Fürsten als ihren rechtmäßigen Herren und der von Gott über sie eingesetzten Obrigkeit keinen Gehorsam und widersetzten sich dreist, sondern hätten auch noch in unwürdiger Weise häufige ungezügelte Übergriffe und schwere Demütigungen an ihnen begangen. Dabei hätten sie in ihrer Schamlosigkeit nicht einmal die höchste Majestät und die Hoheiten verschont. Ihren Untertanen hätten sie oft schweren Schaden zugefügt; sie hätten Raubzüge unternommen, gemordet und den Landfrieden gebrochen. Denn als die Dithmarscher in einen Landstrich ihres Territoriums einfielen, der „Heiliges Land" genannt wird, habe sie ja keine Scheu und keine Gottesfurcht zurück- oder gar davon abhalten können, das Haus

incursantes nulla neque religio neque pietas continere et absterrere potuerit, quin ipsas aedes sacras caede nefarie inibi perpetrata funestarent)[22], nec non alia multa abominanda crudeliter et malitiose commisissent in omnibus illis nulla iustitiae equitatisve ratione habita neque ipsi etiam aut ius administrare aut alibi datum admittere voluissent — quae quidem longo hactenus tempore essent tolerata, ut manus a profuso sanguine puras et innocentes haberent —, nunc cum patientia sua et mansuetudine turbulentos et seditiosos eorum conatus ac petulantiam intolerabilem adeo non frangi aut imminui viderent, ut etiam magis magisque in dies augescerent neque spes esset amplius eos quicquam pro sanis facturos, se variis eorum iniuriis et violentia multiplici insigniter lacessitos compelli bello ipsos aggredi et (adiuvante coeptum Deo) ad imperata facienda vi iusta cogere. Ita enim facturos sese, quod officii sui esse agnoscerent, ut obsequentissimos ditionum suarum incolas ab iniusta vi et oppressione defenderent, caedes *[p. 87]* rapinas et incursiones averterent atque depellerent, veruntamen tam gravi et provocata et merita vindicta supplicioque de ipsis sumendo supersedere multo maluisse. Quocirca haec ipsis, quanquam ut in rebelles subditosque sibi id necesse non fuisset, a se auxiliaribusque suis more militiae denunciata esse voluisse, quo fidem suam omni ex parte integram et liberam praestarent, ad ea ut sese animosque suos praepararent.

Gottes selbst zu entweihen, indem sie frevlerisch darin eine Mordtat verübten. Grausam und böse hätten sie noch viele andere Schandtaten begangen und in dem allen weder Recht noch Billigkeit geachtet; auch seien sie nie bereit gewesen, entweder selbst Recht zu sprechen oder auswärtige Rechtsprechung anzuerkennen. All das habe man bisher lange Zeit geduldet, um von vergossenem Blut reine und unschuldige Hände zu haben. Nun aber müssten die Fürsten erkennen, dass die gefährlichen, aufrührerischen Umtriebe und die unerträgliche Dreistigkeit der Dithmarscher durch ihre Langmut und Friedfertigkeit alles andere als gebrochen oder verringert würden, sondern vielmehr von Tag zu Tag immer mehr anwüchsen. Es gebe keine weitere Hoffnung, dass die Dithmarscher jemals zur Vernunft kommen würden. Schwer herausgefordert durch ihre verschiedenartigen Übergriffe und ihre vielfältigen Gewalttaten, seien sie deshalb genötigt, die Dithmarscher militärisch anzugreifen und sie mit göttlicher Hilfe durch gerechtfertigte Gewalt in die Botmäßigkeit zu zwingen. Das nämlich würden sie tun, weil sie sich zu ihrer Pflicht bekennen müssten, die gehorsamen Untertanen ihres Staatsgebietes gegen ungerechtfertigte Gewalt und Unterdrückung zu verteidigen und Mord, Raub und Überfälle zu verhindern und abzuwehren. Und dennoch würden sie es bei Weitem vorziehen, auf eine so harte, aber mutwillig provozierte und wohlverdiente Ahndung und auf das Strafgericht zu verzichten, das sie über Dithmarschen abhalten müssten. Daher wollten sie, um sich in jeder Hinsicht korrekt zu verhalten und nichts schuldig zu bleiben, nach Kriegsbrauch in ihrem und ihrer Verbündeten Namen ihnen gegenüber diese Erklärung abgeben, obwohl das nicht notwendig gewesen wäre, weil es sich bei ihnen um rebellische Untertanen handele. Auf den Inhalt der Erklärung sollten sie sich einstellen.

---

22 Cf. Neoc. 2 *pp.* 87–91.

Hic nuntius, per quem principes literas miserunt, diu multumque reluctatus est, ne id muneris subiret, quod usitatam agrestium violentiam et furorem reformidaret: sed quia ob maleficium perpetratum alias capitali supplicio afficiendus erat, minis metuque mortis praesentis suscipere coactus est. Eas igitur sigillis tribus regis ducumque obsignatas et ad bacilli candidi cuspidem suspensas Heidam munitissimum terrae illius oppidum, ubi incolae castra stativa locaverant et quadragintaoctoviri de more conventum celebrabant, perferens, ut erant annexae baculo, uni ex magistratu de facie sibi noto tradidit. Vulgato autem de literis hostilibus rumore plebs indignabunda et fremens tumulto facto et incondito clamore sublato tabellarium ad necem poposcit: sed is a quadragintaoctoviris furori insanientis vulgi subtractus et a morte servatus est. In privatam enim domum seducto, dum de responso *[g 4][p. 88]* principibus dando consultarent, ne omnem humanitatis affectum penitus exuisse viderentur et haberent, per quem rescriberent, epulum praebuerunt et postea in tuta reduxerunt.

Reversus duodecimo Calendas Iunii literas ab agrestibus ad principes retulit: quarum tenorem quam potuimus commodissime stylo Latino ita expressimus: „Literas vestras, serenissime rex et illustrissimi duces, animis invitis accepimus, quibus significatis vos causis gravibus ad inferenda nobis arma permoveri, ut vi subacti id, quod iure debeamus, obtemperanter vobis praestemus et imperata faciamus. Ad ea submissis animis non iniuria respondemus, quod in Dithmarsiam iuris quippiam vobis competat, id nequaquam nos vobis largiri aut permittere, sed esse nos membra inserta

Der Bote, durch den die Fürsten den Brief zustellen ließen, wehrte sich lange und hartnäckig dagegen, diese Aufgabe zu übernehmen, weil er vor der üblichen gewalttätigen Wut der Bauern Angst hatte. Aber da ihm ansonsten wegen eines Verbrechens, das er begangen hatte, die Todesstrafe bevorstand, konnte er durch Drohungen und die Furcht vor dem sofortigen Ende dazu gezwungen werden. Der Brief wurde also mit den drei Siegeln des Königs und der Herzöge versiegelt und auf einen spitzen weißen Stab gesteckt. Derart an dem Stab befestigt, brachte ihn der Bote nach Heide, den am stärksten befestigten Ort des Landes, wo die Einheimischen ein Dauerlager stationiert hatten und wo regelmäßig die Achtundvierzig zusammentraten, und übergab ihn einem ihm vom Sehen bekannten Angehörigen dieser Behörde. Als sich aber das Gerücht über den Fehdebrief herumsprach, geriet das Volk zornig und lautstark in Aufruhr. Ein wirres Gebrüll erhob sich und verlangte den Sendboten, um ihn umzubringen. Der aber wurde von den Achtundvierzig der Raserei des wütenden Pöbels entzogen und vor dem Tode gerettet. Denn sie entführten ihn in ein privates Haus, und während sie über eine Antwort an die Fürsten berieten, gaben sie ihm zu essen und brachten ihn hinterher in Sicherheit, um nicht so dazustehen, als hätten sie jedes Gefühl für Menschlichkeit ganz und gar abgelegt, und um jemanden zu haben, über den sie zurückschreiben könnten.

Am 21. Mai kehrte er zurück und übergab einen Brief der Bauern an die Fürsten, dessen Inhalt ich in einem lateinischen Text so angemessen wie möglich folgendermaßen habe wiedergeben wollen: „Euren Brief, durchlauchtigster König und durchlauchtige Herzöge, haben wir ungern empfangen. Ihr zeigt darin an, dass schwerwiegende Anlässe euch bewegen, uns mit Heeres Kraft zu überziehen, damit wir durch das Schwert bezwungen das, was wir rechtmäßig schuldig seien, euch untertänig zukommen lassen und Gehorsam leisten. Darauf geben wir in Demut die gerechtfer-

ecclesiae Bremensi eiusque dioecesi et territorio subditos. In cuius praesulatus tutela et protectione adiuvante foeliciter Deo per quadringentos amplius annos fuimus et hucusque manere perseveravimus: id quod demonstrari verissime potest, eiusque rei gratia per pontifices maximos, imperatores et reges collatis diplomatis[23] munificentissime sumus communiti. Neque equidem de vobis uti Christianis et laudatis semper principibus ac summo clarissimoque prognatis stemmate eam unquam spem animis concipere potuimus (quandoquidem nobis nulla vobiscum *[p. 89]* est controversia), fore ut contra fas piumque, contra ius et aequum, adversus literas et monumenta nobis data sigillisque confirmata per maiores parentesque vestros reges et principes, immo adversus publicam ac gravi poena in sacro imperio Romano sancitam pacem aureamque bullam tanta armorum vi et truculentia (ut ante oculos — proh dolor! — videre est) nullo prius iudicio conventos armis nos invaderetis; sed multo magis humanissima quaeque adminicula et patrocinium vicinitatemque commodam et beneficam semper nobis promisimus. Etenim siquod inceptum nostrum iniquum, siqua ullo delicto noxa a nobis contracta fuisset, iustis et legitimis locis appellari et conveniri potuimus debuimusque, ubi ex iuris obligatione saepe iudicio stetimus et nunc stare potuissemus. Quo sane casu satis superque aequo iuri subiecti sumus, et quo abundantius vobis satisfiat[24], ut antea semper fecimus, ita nunc quoque vi ac potestate harum literarum ad omne iuris aequitatisque arbitrium nos offerimus. Quodsi huius quoque praeter spem nostram rationem nullam habueritis et certum fixumque animis vobis sederit, nos ditionemque nostram (ut aperte liquet) vi opprimere, uxores liberosque nostros viduas et orphanos in interitum et perniciem internecionemque misere adigere atque impellere manusque adeo vestras nostro

---

23 diplomatis *sic.*
24 satisfiet *Iobinus.*

tigte Antwort, dass wir euch ein Recht auf Dithmarschen, das irgendwie mit auf euch fällt, keineswegs großzügig zugestehen, sondern dass wir inkorporierte Glieder der Kirche von Bremen sind, ihrer Diözese und ihrem Territorium unterstellt. Unter dieses Bistums Schutz und Schirm standen wir durch Gottes Gnade vierhundert Jahre und mehr und sind wir bis jetzt immer geblieben, was sich glaubwürdig beweisen lässt. Zu diesem Zweck sind wir durch Urkunden von Päpsten, Kaisern und Königen reichlichst abgesichert. Auch hätten wir uns von euch als christlichen und stets löblichen Fürsten höchster und edelster Herkunft und Stammes niemals vorstellen können (da wir ja mit euch im Unguten nichts zu schaffen haben), dass ihr uns gegen Gott und Gottesfurcht, gegen Gesetz und Recht, wider Brief und Urkunden, die uns ausgestellt und besiegelt wurden durch eure königlichen und fürstlichen Ahnen und Eltern, ja selbst gegen des Heiligen Römischen Reiches mit schwerer Strafe geschützten Landfrieden und die Goldene Bulle mit so schrecklich roher Waffengewalt – ach! wir haben sie ja vor Augen! – militärisch angreifen würdet, ohne uns vorher gerichtlich zu belangen. Vielmehr versprachen wir uns immer jede Art wohlwollender Unterstützung, Schutz und eine gute, wohltätige Nachbarschaft. Denn wenn eine unserer Handlungen Unrecht gewesen, wenn durch unser Verschulden ein Schaden verursacht worden wäre, dann hätten wir an den rechtmäßig dafür vorgesehenen Orten angerufen und belangt werden können und müssen, wo wir uns aus rechtlicher Verpflichtung schon oft dem Gericht gestellt haben und auch jetzt hätten stellen können. In diesem Falle nämlich sind wir Recht und Gerechtigkeit mehr als genug unterworfen, und um euch im Überfluss Genüge zu tun, stellen wir uns, wie wir es schon früher immer getan haben, so auch jetzt kraft dieses Briefes für jedes nach Recht und Gerechtigkeit ergehende Urteil zur Verfügung. Falls ihr nun entgegen unserer Hoffnung auch dieses Angebot nicht beachtet und fest dazu entschlossen

innocentium cruo*[g 5][p. 90]*re et sanguine contaminare, nos Deo Optimo Maximo summo imperatori et protectori nostro causam nostram committere oportebit. Eum itaque seriis et ardentibus votis noctes diesque implorabimus, ut sanctam suam pacem clementer nobis largiatur et, quoniam vestra omniumque nostrum corda in sua habet manu et potestate, ea sacro divini afflatus sui numine gubernare et regere dignetur, ut vos, clementissimi illustrissimique principes, ab instituto hoc minime quidem pio discedatis neque tam atrox vos malum tamque immanem sanguinis profusionem admittere collibeat, sed ex ingenita animis excelsis et generosis vestris bonitate atque clementia exitum finemque prudenter consideretis, quo utrorumque ditiones cum vestrae tum nostrae incolaeque, viduae, orbi, coniuges liberique funditus non evertantur et pereant, sed in pace ac tranquillitate iuxta divini numinis voluntatem conserventur, cui vos reverenter commendatos volumus." In calce harum literarum, ut fieri solet, subscriptum erat: „Quadragintaoctoviri Dithmarsiae administratores eiusque incolae universi regis ducumque pro aequitate omni studiosi et observantes."

Undecimo Calendas Iunii equitum peditumque copiae universae, quae quaternas turmas et legiones ternas efficiebant, horam circiter nonam antemeridianam in pagum Oerichstorp non procul oppido Itzohoa cis Storam flu*[p. 91]*vium conveniunt aderatque rex ipse et duces. Ibi inito consilio ex usu militiae decretum est, quo ordine exercitus ingrederetur, et inde mox procedi coeptum. Primum omnium antecursores, quibus ex legionibus singulis per sortem delectis id obvene-

seid, uns und unser Land (denn das ist ganz offensichtlich) gewaltsam niederzuwerfen, unsere Frauen und Kinder, Witwen und Waisen jämmerlich in Untergang, Verderben und Tod zu stürzen und gar eure Hände mit dem Blut vieler unschuldiger Menschen zu besudeln, dann werden wir unsere Sache Gott dem Gütigen und Allmächtigen, unserem höchsten Kaiser und Schutzherrn, anvertrauen müssen. Ihn wollen wir deshalb in ernsten, inbrünstigen Gebeten Tag und Nacht anrufen, dass er uns in Gnaden seinen heiligen Frieden verleihe und dass er eure und unser aller Herzen, da er sie in seiner gewaltigen Hand hält, durch seinen Heiligen Geist zu leiten und zu lenken geruhe, sodass ihr, gnädige und erlauchte Fürsten, von diesem keineswegs gottesfürchtigen Vorhaben absteht und es euch nicht belieben möge, ein so schreckliches Unglück, ein so furchtbares Blutvergießen zuzulassen, und dass ihr vielmehr aus der angeborenen Güte und Gnade eurer hochherzigen und edlen Gesinnung klug den letztlichen Ausgang bedenkt, damit nicht beiderseits, bei euch und besonders bei uns, Land und Leute, Witwen und Waisen, Weib und Kind völlig zugrunde gehen und verderben, sondern in Ruhe und Frieden nach dem Willen Gottes mögen erhalten werden, dem wir euch achtungsvoll befohlen wissen wollen." Am Ende dieses Briefes befand sich wie üblich die folgende Unterschrift: „Die achtundvierzig Verweser und alle Gemeinen des Landes Dithmarschen, dem König und den Herzögen in aller Billigkeit wohlgesonnen und ergeben."

Am 22. Mai trafen die ganze Kavallerie und die ganze Infanterie, insgesamt vier Abteilungen Reiter und drei Regimenter, gegen neun Uhr vormittags in dem Dorf Oelixdorf unweit von Itzehoe diesseits der Stör ein. Der König selbst war anwesend und ebenso die Herzöge. Dort hielt man Kriegsrat und legte nach militärischem Brauch fest, in welcher Marschordnung das Heer vorrücken sollte. Dann begann bald der Ausmarsch. Als Allererste gingen die Vorläu-

rat, agmen antecedere, eos insistens vestigiis ala equitum Mauritio Ranzovio duce insequi, inde cum fossoribus minora tormenta campestria trahi, post ea duae Schonvesii et Reimari legiones incedere. In medio praetoriae turmae regis ducumque conspici eaeque instructa quasi ad praelium acie iunctim sese inferre, hinc legio Valterthumbiana succedere, postremo Blancenburgii turma cum Theodorico ab Holle, qui et ipse centum circiter ducebat equites, agmen claudere. Hoc instituto ordine cum movisset exercitus, eodem die, priusquam sol occideret, in finibus Dithmarsiae in pago Alverstorp castra metatus est.

Erant autem copiae omnes equitum circiter quaterna milia, peditum signa quina tricena, cum primum in hosticum perventum est. Accessit postea cum cohortibus quinis denis Antonius comes Oldenburgicus, ut ita demum signa peditum quinquagena impleta sint. Legionibus praefecti erant Volffgangus Schonvesius, Gulielmus Valterthumbius et Reimarus a Valde. Equitatum ductabant Ioachimus Blancenburgius, Mauritius Ranzovius Caii filius et Theodo*[p. 92]*ricus ab Holle praeter praetorianos regis ducumque praefectos, qui erant Iohannes Trucius Danus, Bertramus Sestedius et Benedictus ab Alevelt vexilliferque Adolphi Gregorius ab Alevelt.

Porro milites trans rivum, qui pagum praeterfluit, tentoria figere, equites pagum occupare. Nocte vero ea, quae insecuta est, excubias egerunt cohortes duae cum equitibus ducentis excitatusque in castris tumultus ab octodecim agrestibus, cum in equites excubitores bombardas disploderent neque tamen detrimentum ullum inferrent. Nam venit miles quidam in castra trepidans nunciavitque hostes in sta-

fer, die aus den einzelnen Regimentern durch das Los für diese Aufgabe bestimmt worden waren, dem Heereszug voraus. Ihnen folgte auf dem Fuße das Reiterkommando unter Moritz Rantzau. Danach, mit den Schanzgräbern, wurden die geringeren Feldgeschütze gezogen. Hinter ihnen marschierten die zwei Regimenter Schoneweses und Reimers. In der Mitte war die Reitergarde des Königs und der Herzöge zu sehen; wie in Gefechtsordnung schritten sie Seite an Seite voran. Danach folgte das Regiment Wallertum, und schließlich bildete die Abteilung Blanckenburgs mit Dietrich von Holle, der auch selbst etwa einhundert Reiter kommandierte, den Abschluss. Nachdem das Heer in dieser Ordnung abmarschiert war, steckte es noch am selben Tage vor Sonnenuntergang auf dithmarsischem Gebiet bei dem Dorf Albersdorf sein Lager ab.

Beim Einmarsch in Feindesland bestand das gesamte Aufgebot zunächst aus etwa viertausend Reitern und fünfunddreißig Fähnlein Landsknechten. Später kam mit fünfzehn Einheiten Graf Anton von Oldenburg hinzu, sodass letztlich auf fünfzig Fähnlein Landsknechte aufgefüllt werden konnte. Regimentskommandeure waren Wolfgang Schonewese, Wilhelm Wallertum und Reimer vom Walde. Abgesehen von den Kommandeuren der Garde des Königs und der Herzöge, nämlich des Dänen Jens Truthsen, Bertram Sehestedts und Benedikts von Ahlefeldt, führten die Kavallerie Joachim Blanckenburg, Moritz Rantzau (der Sohn Kai Rantzaus) und Dietrich von Holle; der Fähnrich Adolfs war Gregor von Ahlefeldt.

Das Fußvolk schlug nun jenseits des Baches, der an dem Dorf vorbeifließt, ihre Zelte auf, die Reiter bezogen im Dorf Quartier. In der folgenden Nacht aber leisteten zwei Fähnlein mit zweihundert Reitern Wachdienst, und achtzehn Bauern verursachten Unruhe im Lager, als sie auf die wachhabenden Reiter Bombarden abfeuerten, ohne allerdings irgendeinen Schaden anzurichten. Denn aufgeregt kam ein

tionem vigilum impetum facere. Quo rumore excitatus summus dux belli cum filio Henrico explorabundus provolavit, sed de aliquo hostium motu nihil comperit. Ab his postea, qui diurnae praefuerunt custodiae, unus ex illis, qui turbae nocturnae causam praebuerant, interceptus est. Multi quoque postridie, quam eo ventum est, ex armentis hostium equi bovesque abacti, unde, ut fit, utrinque nonnulli aut caesi aut capti sunt et circumiacentes aliquot in propinquo casae et tuguria per milites quanquam iniussos facibus illatis exusta.

Eodem die, quibus tractandae explicandaeque belli rationes commissae erant, indicto conventu in consilium ivere habitaque cum praefectis de faciendo belli initio deliberatione est constitutum, ut ne prius castris excederetur, quam de consiliis rebusque *[p. 93]* hostium explorato esset cognitum. Itaque de captivis, quotquot eorum intercepti in manus venerant, per tormenta quaestiones habitae et, qui de hostium rebus cognoscerent, speculatores emissi sunt. Ad nonum autem Calendas Iunii ipsi delecti belli consiliarii ducta secum legione Valterthumbii et ala Blancenburgiana in agrum hostilem e castris proficiscuntur, ut omnem undiquaque oram oculis subiciendo circumvecti speculentur, quibus locis hostes adoriri ex usu belli quam primum et quam commodissime conficiendi sit[25]. Tres enim omnino auspicandae oppugnationis rationes inveniebant, ut aut Tilebruggam aut Hammam aut denique Meltorpam aggrederentur: quod tribus locis illis plane solis (quae firmiora erant Dithmarsiae propugnacula) itinera essent, quae ex campestri terrae situ in palustra[26] ducerent, eamque ob causam agrestes maiore prae

---

25 sint *Wolff.*
26 Cf. supra *BD* 1 *p.* 9.

Soldat ins Lager und meldete, dass die Feinde die Stellung der Wache angriffen. Dieses Gerücht schreckte den Feldmarschall auf. Mit seinem Sohn Heinrich eilte er herbei, um sich über die Lage zu informieren, konnte aber über irgendeine Offensive des Feindes nichts in Erfahrung bringen. Später wurde von Soldaten der Tagwache einer der Urheber des nächtlichen Tumults abgefangen. Am Tag nach der Ankunft wurden auch aus den Herden der Feinde viele Pferde und Rinder erbeutet, wobei man den Umständen entsprechend auf beiden Seiten einige Männer erschlug oder gefangen nahm. Im Umland brannten Soldaten etliche nahe gelegene Häuser und Hütten mit Fackeln nieder, obwohl sie dazu keinen Befehl erhalten hatten.

Am selben Tag wurde eine Zusammenkunft derjenigen anberaumt, denen die taktische Planung des Krieges übertragen worden war. Sie schritten zur Beratung, und nachdem sie gemeinsam mit den Kommandeuren über die ersten militärischen Schritte nachgedacht hatten, erging der Beschluss, das Lager erst dann zu verlassen, wenn gesicherte Erkenntnisse über die Pläne und die Lage des Feindes vorlägen. Deshalb wurden alle Kriegsgefangenen, die ihnen in die Hände gefallen waren, unter Folter verhört und Kundschafter ausgeschickt, um die Feindlage zu erkunden. Am 24. Mai brechen die ausgewählten Kriegsräte persönlich aus dem Lager in feindliches Gebiet auf, um die ganze Gegend insgesamt in Augenschein zu nehmen und auf einem Rundritt zu erkunden, an welchen Stellen es für einen möglichst schnellen und günstigen Abschluss des Krieges günstig wäre, den Feind anzugreifen. Das Korps Wallertum und das Reitergeschwader Blanckenburg führten sie mit sich. Sie fanden im Ganzen nun drei Möglichkeiten für eine glückliche Eroberung: entweder die Tielenbrücke oder die Hamme oder schließlich Meldorf anzugreifen, weil es einfach nur an diesen drei Orten (besonders starken Bollwerken Dithmarschens) Zugangswege aus der Geest in die Marsch gab. Aus

caeteris studio et cura praeductis fossis vallisque et aggeribus proiectis communiverant.

Principio igitur Tilebruggam adeunt, quo loco Dithmarsi secundum amnis praeterlabentis traiectum vallos aggeremque pro se excitaverant: quae tamen munitio adeo valida non erat, ut maiorem vim militum incursantium sustinere posse videretur. Ibi cum intelligeretur ex castris hostium plaustra aliquot rerum variarum, quas tutius asportare cogitarent, suppellectili onusta in in[*p. 94*]teriorem plagam sese recipere, Henricus et Mauricius Ranzovii patrueles minora tormenta campestria adiunctis scloppetariis in collem editiorem perducunt et abeuntium terga globis emissis persequuntur, sed stragem nullam faciunt. In hos vicissim agrestes denas circiter pilas minoribus tormentis adigunt et ipsi quoque damni nihil inferentes. Erant tum milites eorumque ductores et signiferi ad conferendum cum hoste manus prompti animis et alacres, utque oppugnationi signum daretur, postulabant, sed summus dux belli iniussu principum pugnae aleam subire abnuit. Quoniam enim munitio ea transcensu facilis apparebat et ipse summae inveterataeque militaris experientiae dux naturam militum noverat, primum eorum impetum, qui plerunque acrior et fervidior esse ac postea et taedio ex molestia castrorum concepto et imminutis temporis diuturnitate moraque animis paulatim elanguescere solet, in oppugnatione difficiliori periclitari volebat.

Quamobrem hinc Hammam discedunt, quod propugnaculum cum situ ipso tum incolarum operibus omnium eius terrae munitissimum erat. Quippe densis id structis aggeribus fossisque praecinctum et aedificata insuper turricula agrestes

diesem Grund hatten die Bauern sie mit größerem und sorgfältigerem Einsatz als die anderen befestigt, indem sie davor Gräben gezogen und Wälle und Schanzen vorgelagert hatten.

Zunächst zieht man also zur Tielenbrücke, wo die Dithmarscher dem Flusslauf folgend Wälle und eine Schanze zu ihrer Deckung aufgeführt hatten. Dennoch war die Befestigung nicht so stark, dass sie den Eindruck machte, einem massierten Angriff standhalten zu können. Dort erkannte man, dass sich etliche Wagen, beladen mit Gerät an verschiedenen Dingen, die fortzuschaffen man für sicherer hielt, aus dem Lager in das Landesinnere zurückzogen. Die Vettern Heinrich und Moritz Rantzau führen deshalb kleine Feldgeschütze und Arkebusiere auf einen höher gelegenen Hügel und schießen Kanonenkugeln in den Rücken der abziehenden Dithmarscher, töten aber niemanden. Auf sie feuern die Bauern ihrerseits mit kleinen Geschützen etwa zehn Schüsse ab und richten dabei ebenfalls keinen Schaden an. Die Soldaten, ihre Offiziere und Fähnriche waren damals hoch motiviert und begierig darauf, mit dem Feind handgemein zu werden; sie verlangten, dass das Zeichen zum Angriff gegeben werde, aber der Oberbefehlshaber war dagegen, ohne den Befehl der Fürsten das Risiko einer Schlacht einzugehen. Denn da diese Festung offenbar leicht zu überrennen war und er als ein Feldherr von größter, langjähriger Kriegserfahrung die Mentalität der Soldaten kannte, wollte er ihren ersten Schwung, der meistens noch mächtiger und heftiger ist, sich aber später, wenn der Kriegsdienst zu Überdruss führt und das langsame Verstreichen der Zeit an den Nerven zehrt, gewöhnlich nach und nach verliert, bei einer schwierigeren Eroberung erproben.

Aus diesem Grund zieht man von dort zur Hamme, dem schon durch seine Lage, vor allem aber durch die Verteidigungsanlagen der Einheimischen am stärksten befestigten Bollwerk des Landes. Denn die Bauern hatten einen dichten

diligentissime vallaverant, quia in palustrem (ut dictum est) oram aditum frequentem praebebat. Is locus est, quem incolae monstrare solent, in quo Gerhardus dux Slesicensis (uti superiore libro commemoravi*/p. 95/*mus) cum omnibus suis copiis profligatus caesusque est.[27] Quo illis propinquantibus Dithmarsi impulsis tormentis ingentem pilarum grandinem in eos iaculari vehementerque detonare, sed nocere nemini: qui cum vicum munitioni subiectum proxime incendissent, in castra reverterunt. In hac terrae hostilis et munimentorum inspectione perito eorum locorum viae duce usi sunt homine Dithmarso, cui Splitteringo nomen erat, qui, cum in ditione ducis Adolphi feras glandibus interfecisset, ante sesquiannum captus eoque temporis intervallo ad eum usum in custodia habitus fuerat.

Postero die, ut eius quoque situm et firmitatem contemplarentur, Meltorpam eunt itinerisque monstratores secum ducunt quendam natione Holsatum, qui propter id oppidum habitaverat et bello ineunte, ut ita dissimulata fuga agrestes eluderet, carro argilla onusto effugerat, et Bartoldum Petri[28] Dithmarsum. Is erat patria exul factus, quod in actione, quae ei de legitima cum popularibus fuerat haereditate, cum iniquis iudicum sententiis circumventus iniuriam sibi factam putaret, ad camerae imperialis iudicium provocasset. Ad id vero oppidum nihil memorabile gestum, siquidem unicus tantum equus confossus et a Reinholdo Rubeo patria Dithmarso, qui in Gallia olim inter Germanos equo meruerat, magnae audaciae et roboris viro in Ioachimum *[p. 96]* Broch-

Gürtel von Erdaufwürfen und Gräben herumgelegt, oberhalb einen kleinen Turm errichtet und die Anlage so mit größter Sorgfalt gesichert, weil sie (wie gesagt) breiten Zugang in die Marsch eröffnete. Es ist dieser Ort, den die Einheimischen zu zeigen pflegen, an dem Herzog Gerhard von Schleswig (wie im ersten Buch berichtet) mit seinem ganzen Heer aufgerieben und erschlagen wurde. Als sie sich annäherten, gaben die Dithmarscher Geschützfeuer. Sie ließen einen ungeheuren Kugelhagel niederprasseln und schossen mit aller Macht, fügten aber niemandem Schaden zu. Die Soldaten steckten das Dorf unterhalb der Festung in Brand und kehrten ins Lager zurück. Bei dieser Erkundung des Feindeslandes und seiner Befestigungsanlagen bedienten sie sich eines landeskundigen Führers, eines Dithmarschers namens Splitt Harring, der, als er auf dem Territorium Herzog Adolfs Wild geschossen hatte, anderthalb Jahre zuvor gefangen genommen und in der Zwischenzeit zu diesem Zweck in Haft gehalten worden war.

Am folgenden Tag gehen sie nach Meldorf, um auch dessen Lage und Sicherheit zu begutachten. Als Führer auf dem Marsch nehmen sie einen Holsteiner mit, der in der Nähe dieser Stadt gewohnt hatte und bei Kriegsbeginn auf einem Wagen geflohen war, den er, um seine Flucht zu verheimlichen und die Bauern hinters Licht zu führen, mit Tonerde beladen hatte, sowie den Dithmarscher Bartelt Peters. Der hatte aus seinem Vaterland fliehen müssen, nachdem er mit seinen Landsleuten einen Rechtsstreit über sein rechtmäßiges Erbteil geführt hatte. Denn weil er glaubte, er sei durch ein ungerechtes Urteil der Richter betrogen worden und man habe ihm ein Unrecht angetan, hatte er vor dem kaiserlichen Kammergericht Berufung eingelegt. Vor dieser Stadt aber geschah nichts Bemerkenswertes, außer dass ein einziges Pferd erschossen wurde und dass Rode Reimer, ein Dithmarscher von großer Kühnheit und Stärke, der früher in Frankreich bei den Deutschen zu Pferde gedient hatte, einen Anschlag auf

---

27 Is locus [...] caesusque est *om. Wolff.*
28 Cf. Neoc. 2 *p.* 179 (*Bartelt Petersen, einen Ditmerschen, deß Brödere up Hillige Lande erschaten*).

torpium Holsatum breviore bombarda manuaria displosa, quales cingulis appendi solent, impetus factus est. Reversi postridie ad principes explorata referunt et summus dux belli in tabella descriptum exhibet, quo pacto et ordine aut Tilebruggam aut Meltorpam alterutram earum invadendum censeat utque de eo deliberetur postulat. Tribus enim omnino locis (ut saepius diximus), quibus in interiorem oram palustrem aditus pateret, aggredi hostes decreverant, in quae agrestes maximis operibus munita omnem vim suam et robur contulerant firmisque vigilum et tormentorum praesidiis singulis noctibus custodiebant, ut ibi de patriae libertate, de salute et fortunis suis suorumque, quoad quicquam illis virium ad propugnandum superesset, ad extremum usque cum hoste dimicarent. Hammam vero omnes firmiorem munitioremque existimabant, quam ut facile expugnari posset.

Sub idem fere temporis punctum nuncius a Nicolao Ranzovio in castra venit Antonium Oldenburgicum copias suas Albim eo die contra Vedelam oppidum traiecturum adferens. Quapropter statuitur, ne prius castris aliquam munitionem hostilem oppugnaturi egrediantur, quam is advenisset, datisque ad Nicolaum literis Henricus Ranzovius significat, quibus locis comiti cum suis pernoctandum sit utque foeno, avena *[p. 97]* et vino dono praebitis honoretur.

Exinde disceptatur in consilio, ad utrius primum oppidi expugnationem tentandam milites educere consultius sit, Tilebruggae an Meldorpae. Hanc eligit summus dux belli, quae caput regionis habebatur, eiusque consilii sui rationes reddit: „Omnes", inquit, „qui ante hoc tempus Dithmarsiae bellum intulerunt, gravi et accurato consilio, quod loci summam notitiam tenerent, id oppidum primum omnium ut caperent,

Joachim Brockdorff verübte, indem er eine kurze Hand-bombarde auf ihn abfeuerte, wie man sie an den Gürtel hängt. Am nächsten Tag kehren sie zurück und melden den Fürsten die Ergebnisse der Erkundung. Der Feldmarschall zeigt auf einer Schautafel, wie und in welcher Ordnung seiner Ansicht nach eines von beiden, entweder die Tielenbrücke oder Meldorf, anzugreifen wäre, und verlangt, dass darüber beraten werde. Denn wie schon öfter gesagt, hatte man beschlossen, den Feind an den insgesamt drei Orten zu attackieren, an denen der Zugang zum Binnen- und Marschland offen stand. Die Bauern hatten sie mit gewaltiger Schanzarbeit befestigt und ihre ganze Macht und Stärke dort konzentriert. Mit starken Sicherungskräften und Artillerie hielten sie jede Nacht Wache, um hier für die Freiheit des Vaterlandes und ihr und ihrer Angehörigen Leben, Hab und Gut, solange ihnen noch Kraft zur Abwehr bliebe, bis zum Äußersten mit dem Feind zu kämpfen. Die Hamme allerdings hielten alle für zu stark befestigt, als dass man sie leicht erstürmen könnte.

Fast gleichzeitig kommt ein Bote von Klaus Rantzau in das Lager, der meldet, dass Anton von Oldenburg an demselben Tag mit seinen Truppen bei Wedel über die Elbe setzen werde. Aus diesem Grund beschließt man, erst dann zur Erstürmung einer feindlichen Festung aus dem Lager auszurücken, wenn er angekommen wäre, und in einem Brief an Klaus gibt Heinrich Rantzau Anweisungen, wo der Graf mit seinen Leuten übernachten und dass man ihm als Ehrung Heu, Hafer und Wein schenken solle.

Dann erörterte man im Kriegsrat, zum Angriff auf welche Stadt die Soldaten zuerst zu führen ratsamer sei, auf die Tielenbrücke oder auf Meldorf. Letzteres, das als Hauptort der Landschaft galt, wählte der Feldmarschall aus. Zur Begründung seines Entschlusses sagte er: „Alle, die früher gegen Dithmarschen Krieg geführt haben, haben aus genauer Kenntnis der Gegend klug und richtig entschieden, diese

adorti sunt. Etenim cum in umbilico pene terrae situm sit inter duas eius partes, quas a caeli plagis Sudestrant et Nordestrant incolae vocant, in quibus duobus omnino locis omne robur et vis eorum consistit, eo occupato disiungi et segregari hostes perspiciebant, ne in una castra vires suas conferrent et coniuncti animis maioribus et spe fiduciaque certiore victoriae repugnarent illis seque defenderent, quos diremptos facilius per partes opprimere et debellare possent. Namque praeter oppidum latus rivus transverso Oceanum influit, ita ut haud magno negocio et impendio prohiberi queat, ne ab una parte laborantibus aliis alii ab adverso latere auxilio advolent. Praeterea compertum est omnibus, qui bellicis artibus et usu valent, milites primo statim impetu, dum animi viresque integrae sunt nec laboribus ullis aut molestiis gravioribus labefactae et enervatae, ad ardua et difficilia *[h][p. 98]* quaeque subeunda ducere utilissimum et tutissimum esse, ne, dum minutis levibusque in rebus conficiendis ocium teritur, temporis longioris taedio affecti aliisque difficultatibus pressi animi eorum et spiritus frangantur. Denique nec illud quidem oscitanter nobis cogitandum, magnam milites facilis ab hostibus reportandae victoriae spem et fiduciam fovere, quod in homines agrestes et rei militaris imperitos praeliaturi sint, ideoque animos ad primum pugnae discrimen et congressum maxime audaces et ardentes allaturos. Atqui si in munitioris loci oppugnatione consertis manibus superiores hostibus fuerint, ad reliqua postea, quae minus ostendent periculi et difficultatis, eos promptiores et confidentiores habebimus. Sin in loco non admodum firmo oppugnando, quam prodigiosis corporum viribus, quanto periculi et mortis contemptu, quanta animorum[29] rabie et pertinacia se patriamque suam defendant[30], periculum fecerint, de ardore et fiducia pristina plurimum ipsis decessurum quis non videt? Proinde ad bel-

---

29 animarum *Iobinus.*
30 defendant et *Iobinus.*

Stadt als Allererste anzugreifen, um sie einzunehmen. Denn sie liegt fast genau in der Mitte des Landes zwischen den beiden Landesteilen, die die Einheimischen nach den Himmelsrichtungen Süderstrand und Norderstrand nennen. Es sind genau diese beiden Gebiete, auf denen ihre ganze Macht und Stärke beruht. Man erkannte deshalb, dass die Feinde durch die Besetzung Meldorfs effektiv aufgespalten werden, sodass nicht diejenigen ihre Kräfte in einem Lager zusammenlegen und vereint mit größerem Mut, Hoffnung und Siegeszuversicht gegen sie ankämpfen und sich verteidigen können, die sich in zwei Teile getrennt leichter niederwerfen und endgültig besiegen ließen. Denn an der Stadt vorbei fließt quer ein breiter Strom ins Meer, sodass ohne große Mühe und Aufwand zu verhindern ist, dass, wenn die einen auf einer Seite in Not geraten, die anderen aus der entgegengesetzten Richtung zu Hilfe eilen. Außerdem wissen alle, die aus Erfahrung etwas vom Kriegswesen verstehen, dass es am sinnvollsten und sichersten ist, die Soldaten sofort beim ersten Angriff, wenn sie geistig und körperlich noch bei vollen Kräften sind, durch keine Mühen und größeren Strapazen geschwächt und entkräftet, zu jeder harten und schwierigen Aufgabe zu führen, damit nicht, während mit der Erledigung kleiner, unbedeutender Aufträge Zeit vergeudet wird, ihr Mut und ihre Moral durch Langeweile und sonstige Probleme bedrückt brechen. Und schließlich dürfen wir bei unseren Überlegungen nicht außer Acht lassen, dass die Soldaten große Hoffnung und Zuversicht hegen, leicht den Sieg über die Feinde davontragen zu können, weil sie vor einem Kampf mit Bauern, Menschen ohne Kriegserfahrung, stehen und deshalb mit größtem Wagemut auf die erste Entscheidung in der Schlacht, das erste Treffen brennen werden. Wenn sie nun aber beim Sturm auf einen stark befestigten Ort im Gefecht überlegen gewesen sind, dann werden uns später für den Rest, der weniger Gefahren und Schwierigkeiten verheißt, Männer mit größerer Einsatzbereitschaft

lum ex sententia quam felicissime terminandum (quod Deus Optimus Maximus faxit) ego unum id maxime omnium expedire arbitror, ut potius in invadenda Meldorpa, oppido satis munito et firmo, primum militum necdum ullo casu imminutam et retusam agilitatem experiamur, *[p. 90(2)]* quam ad infirmam Tilebruggae munitionem subeundam conferamus atteramusque."

Adversus ea Breda Ranzovius, vir sapiens et eloquens, acriter disserebat inter caetera, quibus diversa persuadere conabatur, sic inquiens: „Etenim non semel a maioribus nostris id oppidum infeliciter esse tentatum usque adeo, ut eo irrito conatu non solum de universa victoriae spe depulsi, sed ingentis etiam acceptis cladibus turpiter fuga salutem quaerere coacti sint, ex annalibus nostris constat. Et quanquam fuerint, qui illud vi expugnatum in suam[31] potestatem redegerunt, tamen id occupatum adeo nihil illis profuit, ut postea ab hostibus ad internecionem pene caesi maxime faedam et luctuosam calamitatem subierint. Itaque ne simili temeritatis exitu clade aliqua insigni ab infida fortuna mulctemur, infausto maioribus et ominoso loco primas exercitus vires non periclitandas esse, sed Tilebruggae, quae debilior et minus minusque communita est, ut haud magno labore et periculo superari et capi posse nemo desperet, admovendas suadeo. Nam si semel milites prospere cum agrestibus manus contu-

---

31 suam in *Wolff*.

und größerem Selbstvertrauen zur Verfügung stehen. Wenn sie aber beim Sturm auf einen nicht allzu starken Stützpunkt die Erfahrung gemacht haben, mit was für sagenhafter Körperkraft, welcher Nichtachtung von Gefahr und Tod und welch hartnäckiger Wut im Herzen die Dithmarscher sich und ihr Vaterland verteidigen, wer kann sich da nicht denken, dass ihnen ein großer Teil ihrer früheren Kampfeslust und Zuversicht abhanden kommen wird? Daher halte ich es zur bestmöglichen Beendigung des Krieges (das walte Gott der Gütige und Allmächtige!) für die ganz allein zweckmäßigste Maßnahme von allen, lieber beim Angriff auf Meldorf, eine recht stark befestigte und gesicherte Stadt, als Erstes den noch durch kein Unglück verringerten und abgeschwächten Schwung der Soldaten zu erproben als ihn zum Vorgehen gegen die schwache Tielenbrücke zu verwenden und abzunutzen."

Dagegen sprach mit Schärfe Breide Rantzau, ein kluger und beredter Mann, der, während er zu einem anderen Vorgehen riet, unter anderem sagte: „Aber dass diese Stadt mehrmals von unseren Vorfahren erfolglos angegriffen worden ist, und zwar so erfolglos, dass sie durch den gescheiterten Versuch nicht nur jede Siegeshoffnung verloren, sondern auch gezwungen waren, nach schwersten Schlappen ihr Heil in schändlicher Flucht zu suchen, das wissen wir doch aus unseren Chroniken. Und obwohl es dazu gekommen sein mag, dass sie die Stadt gewaltsam erstürmten und in ihre Gewalt brachten, so hat ihnen die Besetzung Meldorfs dennoch nichts genützt: Hinterher wurden sie von den Feinden fast völlig aufgerieben und erlitten eine furchtbar demütigende und schmerzliche Niederlage. Damit uns also das unzuverlässige Glück nicht mit ähnlichem Ausgang für unsere Waghalsigkeit mit einer aufsehenerregenden Niederlage büßen lässt, rate ich: Die ersten Kräfte des Heeres dürfen wir nicht an einem für unsere Vorfahren so schrecklichen, Unglück verheißenden Ort riskieren, sondern wir müssen sie

lerint, ad reliqua strenue et audacter conficienda reddentur multo paratiores atque agiliores, et quantum ipsis fiduciae ac alacritatis accreverit, tantum hostibus detrahetur: qui eo loco a nostris occupato armenta gregesque suos in inte*[h 2][p. 91(2)]riora* terrae recipere cogentur. Quod meum consilium si vobis (uti opto et spero) probabitur, ea hostium munitio brevi momento et non magno labore et iactura militum in manus nostras deveniet. Aliquot enim equitum peditumque signa ad Henricum fratrem meum, qui Eidorae fluminis ripas cum magna incolarum manu custodit, noctu transmittite, ut is cum suis traiecto amne a tergo in hostes irruat et nos a fronte adoriemur. Ita haud difficulter et laboriose (Deo conatum nostrum properante) occupabimus."

Erat hic Breda princeps senatus et oratorum apud Iohannem ducem magnaeque autoritatis et nominis vir, cum ipsa grandis aetatis praerogativa, tum longo rerum usu et experientia iudicii exquisiti prudentiaeque perspicacis senex evasisse crederetur facundiaque polleret. At in bello et militia idem minus felix habebatur, quod ab iis olim, qui duce Georgio Schenkio Caesaris iussu Phrisiae oppidulum Dam obsidione cinxerant, cum ad eam solvendam a Christiano rege missus esset, captus fuerat[32]. In bello item eiusdem regis contra Lubecenses, cum in Dania eius opera militari uteretur, in potestatem comitis Oldenburgici captivus devenerat. Caeterum vicit tum praevaluitque summi ducis belli sententia eaque a rege designato principibusque et caeterorum quoque

---

32 Cf. infra *BD app. p. 157 sq.*

gegen die Tielenbrücke einsetzen, die schwächer und immer weniger befestigt ist, sodass jeder guter Hoffnung sein darf, die Stellung ohne große Mühe und Gefahr überwinden und nehmen zu können. Denn wenn die Soldaten erst einmal mit Erfolg auf die Bauern getroffen sind, wird sie das zu viel größerer Einsatzbereitschaft motivieren, um die restlichen Aufgaben tüchtig und mutig zu erledigen, und was sie an Selbstvertrauen und Kampfeslust hinzugewinnen, das wird beim Feind weniger werden. Der wird nach Besetzung des Ortes durch unsere Leute gezwungen sein, seine Viehherden im Landesinneren in Sicherheit zu bringen. Wenn ihr meinen Rat (wie ich wünsche und hoffe) gutheißt, wird diese Festung des Feindes in kurzer Zeit und ohne große Mühe oder Verluste an Soldaten in unsere Hände fallen. Ihr müsst bei Nacht ein paar Kavallerie- und Infanterieeinheiten zu meinem Bruder Heinrich schicken, der das Eiderufer mit einer großen Bürgerwehr bewacht, damit er mit seinen Leuten den Fluss überquert und dem Feind in den Rücken fällt, während wir frontal angreifen. So werden wir (wenn Gott uns beisteht) die Stellung problemlos und mühelos nehmen."

Dieser Breide Rantzau war oberster Ratsherr und Diplomat bei Herzog Johann, ein Mann von großem Einfluss und Namen, weil man glaubte, dass er allein schon durch das Vorrecht hohen Alters, vor allem aber durch seine lange und große Lebenserfahrung als alter Mann über ein ausgezeichnetes Urteil und scharfsinnige Klugheit verfüge, und weil er ein glänzender Redner war. Im Krieg und als Soldat aber galt er als nicht so glücklich, weil er einst von der Truppe, die unter Georg Schenk auf Befehl des Kaisers das friesische Städtchen Dam mit einem Belagerungsring eingeschlossen hatte, gefangen worden war, als König Christian ihn zum Entsatz dorthin geschickt hatte. Ebenso war er im Krieg desselben Königs gegen Lübeck, während der König ihn in Dänemark militärisch zum Einsatz brachte, als Gefangener in die Gewalt des Grafen von Oldenburg geraten. So setzte sich

suffragiis est approbata: sic ut disce*[p. 92₍₂₎]*dens ille e consilio diceret exitum esse declaraturum, uter eorum melius dixisset. Nam de fratre noctu accersendo quod suaserat, id ita est confutatum, viris illis agrestibus et insuetis ignarisque rei bellicae fidendum non esse praesertim eius loci incolis, qui, si forte (quod Deus omen averteret) malignante fortuna minus prospere bellum gereretur, erectis in libertatem animis res novas molituri viderentur.

Quocirca decretum ex principum iussu factum, ut eo ordine modoque, quem Ranzovius belli dux (ut diximus) ex exacta scientiae militaris arte et disciplina praescripserat, Meldorpana oppugnatio susciperetur: inprimis impedimenta omnia sarcinaeque in castris sub praesidio equitum quadraginta et peditum circiter mille relinquerentur; iis tumultuum praefectus imperaret. Binae deinde cohortes Tilebruggam contenderent, earum latera tegeret Blanchenburgus cum equitibus ducentis. Totidem item cohortes Hammam equitibus totidem stipatae irent, quibus praeficeretur vicarius Blanchenburgi. – Id enim summo et haud inani consilio ita erat constitutum, ut duobus locis illis eodem tempore nempe horam circiter ante, quam Meldorpae oppugnationem ordirentur, in hostes impetus fieret, ut eo vario tumultu in diversa distracti hostes ignorarent, quo suis subsidio convolare aut ubi potissimum periculo occur*[h 3][p. 93₍₂₎]*rere oporteret eaque ratione vires eorum disiungerentur. Neque fefellit postea opinio. Nam qui iis locis erant, cum hostes ad se ire cernerent, aliorum opem implorabant et accensis (ut convenerat) ignibus significationem faciebant. – Pontes praeterea navales cratesque sexagenae una ducerentur, quem ad usum plaustra praesto essent. Ternae legiones Schonvesio, Reimaro a Valde et

letztlich der Vorschlag des Feldmarschalls auf ganzer Linie durch. Er wurde vom Thronprätendenten, den Fürsten und durch Abstimmung unter den anderen Anwesenden angenommen, sodass Breide beim Verlassen des Kriegsrats sagte, der Ausgang werde zeigen, wer von ihnen beiden besser argumentiert habe. Denn das, wozu er geraten hatte, nämlich in der Nacht seinen Bruder zu rufen, wurde mit dem Argument widerlegt, man könne den Bauern dort, die keinerlei Kriegserfahrung hätten, nicht trauen – schon gar nicht den Einwohnern dieser Gegend, die, wenn der Krieg (was Gott verhüten möge) durch ein böses Spiel des Glücks nicht so erfolgreich verliefe, Hoffnung auf Freiheit schöpfen würden und imstande seien, einen Aufstand anzuzetteln.

Deshalb wurde auf Weisung der Fürsten der Beschluss gefasst, in der Ordnung und so, wie Rantzau, der Oberbefehlshaber, es (wie gesagt) aufgrund vollkommener Kriegskunst und Manneszucht befohlen hatte, den Sturm auf Meldorf durchzuführen. Vor allem der ganze Tross und das Gepäck seien unter dem Schutz von vierzig Reitern und etwa tausend Mann im Lager zurückzulassen; sie solle der Rumormeister befehligen. Zwei Fähnlein sollten zur Tielenbrücke ziehen, ihre Flanken sollte Blanckenburg mit zweihundert Reitern decken. Die gleiche Zahl an Fähnlein solle in gleicher Weise und von ebenso vielen Reitern begleitet zur Hamme marschieren; sie solle Blanckenburgs Leutnant führen. – Das hatte man nämlich klug und sehr wirkungsvoll so beschlossen, um an diesen beiden Orten zur gleichen Zeit, und zwar etwa eine Stunde, bevor sie den Sturm auf Meldorf begönnen, einen Angriff auf die Feinde zu machen, sodass die Feinde, in einem solchen Durcheinander in verschiedene Richtungen zerteilt, nicht wüssten, wohin sie ihren Kameraden zu Hilfe eilen oder wo sie am dringendsten der Gefahr begegnen müssten und auf diese Weise ihre Kräfte zersplittert würden. Diese Erwartung erwies sich dann auch als richtig. Denn als die Besatzung dieser Orte merkte, dass der Feind

Valterthumbio ductoribus a latere boreali prope tuguriolum subiectum oppido irruptionem facerent: quos cum ala sua Theodericus ab Halle comitaretur. Et his Bartholdus Petri viam commonstraret. Oldenburgicus cum legato summi ducis belli Francisco Bulovio in partem australem relicto ad latus pago Vintbergo oppidum versus iter caperet idque ibi a tergo invaderet. Ipsum cum peditatu equitatuque suo antecedentem cum turma sua Mauritius Ranzovius insequeretur essetque illis viae dux Holsatus ille, quem ad Meldorpam domicilium habuisse posteaque effugisse memoravimus. Principes cum duobus signis urbem contra progrederentur (ita tamen, ne sub ictum tormentorum sese darent) ibique consisterent. Quatuor cohortes ad tormenta praesidio manerent, quibus in colle facinorosorum suspendiis infami constitutis ea aggeribus vallisque ex cratibus aggesta terra excitatis munirent. Postremo, quae prima legionum pervenisset, indicium excitatis *[p. 94₍₂₎]* ignibus faceret, et si pars quaepiam munitiones transgrederetur, ut reliqui certiores eius fieri possent, principes vicinam oppido molam (quod genus his locis usitate vento in exerta longiuscule brachia delato circumaguntur) illatis facibus succenderent.

Dum haec agerentur, quarto Calendas Iunii Oldenburgicus ad Hogaspam pagum copias suas recensuit. Unde collectis vasis cum postridie movisset, eodem die prope vicum Tinsbuttelium, qui ab Alverstorp dimidio distat miliari, in hostico consedit quintis iam castris eo perveniens.

anmarschierte, baten sie die anderen um Hilfe und gaben durch Leuchtfeuer das vereinbarte Alarmzeichen. – Ferner solle man Schiffsbrücken und sechzig Faschinen mitnehmen, wozu Wagen zur Verfügung stünden. Drei Regimenter sollten unter der Führung Schoneweses, Reimers vom Walde und Wallertums von Norden bei einer Hütte unterhalb der Stadt stürmen; Dietrich von Holle solle sie begleiten und Bartelt Peters allen den Weg weisen. Oldenburg solle mit dem Stellvertreter des Feldmarschalls, Franz Bülow, nach Süden an dem Dorf Windbergen vorbei auf die Stadt zumarschieren und sie dort im Rücken angreifen. Während er mit seiner Infanterie und seiner Kavallerie vorausmarschiere, solle Moritz Rantzau mit seinem Reitergeschwader folgen; ihr Führer solle jener Holsteiner sein, von dem ich schon berichtet habe, dass er in Meldorf gewohnt hatte und später geflohen war. Die Fürsten sollten mit zwei Fähnlein gegen die Hauptstadt vorrücken (aber so, dass sie nicht in die Reichweite der Geschütze gerieten) und dort in Stellung gehen. Vier Einheiten sollten zum Schutz bei den Geschützen verbleiben: Nachdem die auf einem Hügel aufgestellt würden, der durch das Erhängen von Verbrechern verrufen war, sollten sie sie durch Verschanzungen sichern, die aus Faschinen mit Erdaufwürfen angelegt wurden. Schließlich solle das Regiment, das als erstes eingetroffen sein würde, durch Leuchtfeuer ein Zeichen geben, und falls irgendein Teil der Verteidiger über die Brustwehr stiege, sollten die Fürsten, um die anderen Truppenteile zu benachrichtigen, eine Mühle in der Nähe der Stadt (wie sie sich in dieser Gegend gewöhnlich dadurch herum drehen, dass der Wind in ihre breit ausgestreckten Flügel fährt) mit Fackeln in Brand stecken.

Währenddessen musterte der Graf von Oldenburg am 29. Mai bei Hohenaspe seine Truppen. Nachdem er am folgenden Tag mit Sack und Pack von dort verlegt hatte, schlug er an demselben Tag in der Nähe des Dorfes Tensbüttel, das von Albersdorf eine halbe deutsche Meile entfernt ist, das

Sub idem tempus ad principes Sebastianus Ersamenus Lubecensium legatus, quibus erat a secretis, in castra venit. Is civitatis suae nomine, si rationes ullae iniri possent, ut pacatis utrinque animis et pace facta ab armis discederetur, se intercessurum offerebat permissuque ducum Hammam ministrum suum misit commeatum expetens. Quem datis eum in usum literis impetravit, quibus agrestes arroganter subscripserant: „Nos summi duces, praefecti et administratores belli nunc temporis Hammae commorantes." Eius autem minister cum sub praesidio, quo tutior esset, eo deduceretur, levi cum hostibus contracto certamine pugnatum. Ceciderunt ex Dithmarsis nonnulli, ex Holsatis unus duntaxat ignobilis et gregarius eques et ictus praeterea glande nobilis Luneburgicus ex familia Sporchia, sed *[h 4][p. 95₍₂₎]* vulnere non lethali. Ersamenus vero, quia intelligebat principes oppugnationem propediem auspicaturos nec propter intercessionem suam quicquam intermittere velle, libere tutoque abeundi accepta licentia castris excedens domum reversus est.

Itaque, ut statutum erat, postridie Calendas Iunii vergente in occasum sole horam circiter sextam castris exitum est. Primi viam ingredi fossores, eos comitari ala Theoderici ab Holle[33] cum cohortibus quaternis, inde tormenta curulia promoveri, postea pontes navales vehi, hinc praetoria inferri signa, postremo legiones ternae succedere. Inter eas praeibat Schonvesiana, hanc in medio Reimarus a Valde excipiebat, extrema occupabat Valterthumbius.

Lager in Feindesland auf. Er war in nur fünf Tagesmärschen dort eingetroffen.

Zur gleichen Zeit kam zu den Fürsten Sebastian Ersam als lübischer Gesandter (er war dort Secretarius) in das Lager. Im Namen seiner Stadt bot er an, als Vermittler zu prüfen, ob sich nicht irgendeine Lösung finden ließe, die Gemüter auf beiden Seiten zu besänftigen, Frieden zu schließen und die Waffen wegzulegen. Mit Erlaubnis der Herzöge schickte er einen Untergebenen zur Hamme, um freies Geleit zu erbitten. Das wurde ihm durch ein diesbezügliches Schreiben genehmigt, das die Bauern anmaßend wie folgt unterzeichnet hatten: „Wir, die Obersten Kriegskommissäre, Hauptleute und Befehlshaber, derzeit in der Hamme im Felde." Als aber Ersams Untergebener, um besser geschützt zu sein, mit einer Geleitmannschaft dorthin geführt wurde, kam es in einem kleinen Scharmützel mit dem Feind zum Kampf. Einige Dithmarscher fielen, von den Holsteinern nur einer, ein nichtadliger, einfacher Reiter, und außerdem wurde ein lüneburgischer Edelmann aus der Familie Sporck von einer Kugel getroffen, aber ohne tödliche Verwundung. Ersam aber, der einsah, dass die Fürsten den Sturm demnächst beginnen würden und nicht die Absicht hatten, wegen seiner Vermittlungsbemühungen irgendetwas aufzuschieben, ließ sich eine freie und sichere Abreise zusagen, verließ das Lager und kehrte nach Hause zurück.

Und so wurde nach Plan am 2. Juni gegen Abend etwa um die sechste Stunde ausmarschiert. Als Erste machten sich die Schanzgräber auf den Marsch, sie begleitete das Geschwader Dietrichs von Holle mit vier Einheiten, danach kamen die Wagengeschütze, hinter ihnen wurden die Schiffsbrücken transportiert, dann folgten die Fahnen der Fürsten, und am Ende marschierten die drei Regimenter. Von ihnen ging das Korps Schonewese voraus, in der Mitte dann Reimer vom Walde, und die Nachhut machte Wallertum.

---

33 Halle *Iobinus.*

Kupferstich der Schlacht bei Meldorf am 3. Juni 1559.

At summus dux belli Ranzovius cum signis quatuor et magistro castrorum progressus secundum collem damnatorum suppliciis designatum vallos aliaque subitaria munimenta quam potest occultissime perficit. Porro Schonvesius cum fossoribus nonnullis et viae duce Bartoldo Petri primus pontes navales traducit et ad hostium munitionem penetrat. Eum reliquae duae legiones et equites Theoderici ab Hollen[34] insequuntur. Sed nimia usus festinatione Schonvesius, dum sperat, antequam dilucescat, se pontes iacturum, in extremum vitae periculum cum legione sese praecipitat. Ubi enim omnem itineris difficultatem *[p. 96(2)]* eo adminiculo iam superavit et viae dux Bartoldus, quod ab una munitionis parte hostes vehementer tormentis infestarent accedentes, ut equum ascenderet, quem pedibus abiens a tergo reliquerat, esset retrogressus, per militem Dithmarsum, qui situm loci ignorabat, quod per diuturnam eius ex Dithmarsia absentiam fossae eo loco, quo antea nullae fuerant, essent excitatae, opinione declinandi ictus tormentorum in profundas fossas caecasque voragines abducitur.[35] Inde militibus collo tenus absorbentibus undis fere enatandum fuit, adeo ut mirum sit, quomodo emerserint.

Enimvero nisi Theodoricus ab Holle[36] cum turma sua superatis fossis eo advolans palantibus mature opem tulisset, universa ea legio occidione occisa fuisset. Is in difficili et periculoso illo certamine, quo milites, quod madefacto aquis pulvere pyrio sclopetis uti non possent, bis ab agrestibus

Feldmarschall Rantzau aber zieht mit den vier Fähnlein und dem Schanzmeister voraus und legt längs dem für die Hinrichtung zum Tode Verurteilter bestimmten Hügel möglichst unauffällig Wälle und andere improvisierte Befestigungen an. Dann bringt Schonewese als Erster mit einigen Schanzgräbern und Bartelt Peters als Führer die Schiffsbrücken nach vorn und dringt bis zu den Schanzen des Feindes vor. Ihm folgen die anderen beiden Regimenter und die Reiter unter Dietrich von Holle. Aber Schonewese handelt viel zu schnell, weil er hofft, noch vor Sonnenaufgang die Brücken schlagen zu können, und bringt sich und sein Korps in äußerste Lebensgefahr. Denn kaum hat er mit diesem Hilfsmittel alle Unwegsamkeiten überwunden und war Bartelt Peters, der Führer, weil der Feind von einem Teil der Schanzen aus die Heranrückenden mit schwerem Geschützfeuer belegte, zurückgewichen, um auf sein Pferd zu steigen, das er, um zu Fuß weiterzugehen, hinter sich gelassen hatte: Da wird Schonewese von einem Soldaten aus Dithmarschen, der das Gelände nicht kannte, weil man während seiner langen Abwesenheit aus Dithmarschen an Stellen, wo vorher keine waren, Gräben ausgehoben hatte, in der Erwartung, dem Geschützfeuer auszuweichen, in tiefe Gräben und finstere Abgründe geführt. Von dort mussten die Soldaten, weil sie bis zum Hals im Wasser verschwanden, beinahe in Sicherheit schwimmen, sodass man staunt, wie sie entkommen konnten.

Denn wirklich: Hätte nicht Dietrich von Holle mit seinen Reitern über die Gräben gesetzt, um in scharfem Galopp den Umherirrenden noch rechtzeitig zu Hilfe zu kommen, wäre das ganze Korps massakriert worden. Er empfing in diesem schweren und gefährlichen Ringen, in dem die Soldaten, weil sie wegen des durchnässten Schießpulvers ihre Büchsen nicht einsetzen konnten, zweimal von den Bauern zurückgeschlagen wurden, eine Verletzung, als ihn ein Schuss ins Bein traf. Auch Schonewese wird, während er als vortrefflicher

---

34 Hallen *Iobinus.*
35 qui situm [...] essent excitatae *apud Regium desiderantur*, in profundas fossas caecasque voragines opinione declinandi ictus tormentorum abducitur *Iobinus.*
36 Hall *Iobinus.*

reiecti sunt, traiecto pila crure vulnus accepit. Schonvesius quoque, dum optimi simul ducis et militis fortissimi munus sedulo implet suosque cum voce tum exemplo incitans framea in hostes strenue rem gerit, brevi aeneo tormento quasi semifalcone traicitur: ex quo vulnere quarto post die mortem obiit. Nec mora, reliquae mox succedunt legiones atroxque illic et cruentum valde oritur certamen, quo diu ancipiti ad sesquihoram circiter displosis continenter *[h 5][p. 97(2)]* utrinque tormentis et bombardis acerrime pugnatum est. Tandem vero Dithmarsi exhausti viribus pedemque referentes in fugam sese coniciunt, milites per munitionem subeuntes in oppidum irrumpunt.

Dum haec incerta aequato discrimine pugna duraret, mola ad oppidum, uti convenerat, iniecto igne per Henricum Ranzovium incenditur, ut eo conspecto signo Oldenburgici accedere sociisque auxilio venire maturarent. Ita namque erat constitutum, ut tribus simul locis oppidanos aggrederentur a latere Schonvesius, a tergo Oldenburgicus, a fronte Ranzovius summus dux belli cum rege et principibus. Cui rei optimo consilio institutae praeter fiduciam mora allata est, dum illi lentius, quam res exigeret, iter faciunt. Ferunt penes milites eius morae culpam fuisse, qui progredi aliquandiu recusaverint.

At Iohannes Ranzovius et Vrisbergius, dum in fossis superandis Schonvesiani laborarent, directis prius in hostes impulsisque tormentis universis pedestres quatuor exhortati cohortes ex constituto recta in oppidum impetum fecerunt. Ipse Ranzovius ingentis indomitique animi et invictae fortitudinis praeclarus dux, ut legionem in profundo luto fossisque haerentem oportuno et tempestivo auxilio sublevaret,

Führer und tapferer Soldat mit großem Einsatz seine Pflicht tut, seine Männer durch Zuspruch und vor allem das eigene Beispiel vorwärts treibt und mit dem Spieß kraftvoll gegen den Feind angeht, aus einem kurzem Messingrohr ähnlich einem Falkonett getroffen, eine Wunde, an der er drei Tage später starb. Unverzüglich rücken rasch die übrigen Regimenter nach, und es entwickelt sich dort ein wütendes und blutiges Ringen. Lange blieb es unentschieden, während man etwa anderthalb Stunden lang bei ununterbrochenem Bombarden- und Geschützfeuer von beiden Seiten verbissen kämpfte. Endlich aber sind die Kräfte der Dithmarscher erschöpft: Sie weichen zurück und wenden sich zur Flucht; die Soldaten rücken durch die Schanzen heran und fallen in die Stadt ein.

Während dieser Kampf mit ungewissem Ausgang und bei gleicher Gefahr andauerte, lässt Heinrich Rantzau wie verabredet die Mühle bei der Stadt mit Fackeln in Brand stecken, damit die Oldenburger, wenn sie das Zeichen gesehen hätten, schnell anrückten und den Kameraden zu Hilfe kämen. Denn man hatte geplant, die Leute in der Stadt an drei Punkten zugleich anzugreifen: in der Flanke Schonewese, im Rücken Oldenburg und von vorne Feldmarschall Rantzau mit dem König und den Fürsten. Dieser ausgezeichnet entworfene Schlachtplan erlitt unverhofft eine Verzögerung, weil die Männer Oldenburgs langsamer marschierten, als erforderlich war. Angeblich waren die Soldaten an der Verzögerung schuld, weil sie eine Zeit lang den Vormarsch verweigerten.

Während sich aber das Korps Schonewese bei der Überwindung der Gräben abmühte, ließen Johann Rantzau und Wrisberg zunächst alle Geschütze gegen den Feind richten und Feuer geben. Dann sprachen sie ihren vier Infanterieeinheiten Mut zu und griffen planmäßig die Stadt direkt an. Rantzau selbst, der große Militärführer mit seinem enormen, unerschütterlichen Mut und seiner unbezwinglichen Tapfer-

equo se in pedes demittens prima in acie inter milites *[p. 98(2)]* audacissime dimicavit. Eo etenim modo milites nonnihil cunctantes pudore simul et aemulatione accendi posse putabat, ne se summum ducem belli pedibus in hostes intrepide vadentem destituisse minusque strenue et[37] confidenter secuti esse perhiberentur.

Neque eum[38] decepit opinio. Nam mox concitato vehementer invecti impetu milites pellendisque agrestibus pertinaciter incumbentes, tametsi hi membris torosis lacertisque grandibus et viribus indefessis, quantum a viris fortibus in extremo salutis discrimine positis fieri praestarique potuit, obstinatissime pugnarent propellerentque nec stationes suas, quam quisque sortitus esset, fuga deserere, sed corporibus tegere cogitarent, cum ne uno quidem confecti vulnere ad terram statim proni caderent: tamen nudato tandem propugnatorum corona superatoque vallo et portis refractis in oppidum irruerunt. Quo expugnato portisque reclusis confestim Adolphus tribus quatuorve comitatus equitibus invehitur, post eum rex cum ala praetoria et Henrico Ranzovio, inde utraque ducum turma.

In primo irrumpentium furore et impetu, quicquid in oppido eiusque circuitu repertum, trucidatum est viaeque omnes, plateae et domus cruore faedatae et funeribus repletae. Nec ipsis quidem faeminis parsum, cum multae earum ab

keit, wollte das Korps, das im tiefen Schlamm und in den Gräben festsaß, mit willkommener und rechtzeitiger Hilfe entsetzen; darum stieg er vom Pferd und kämpfte zu Fuß mit großer Kühnheit unter den Soldaten an vorderster Front. Denn er meinte, er könne auf diese Weise bei den Soldaten, die sich recht zögerlich zeigten, Scham und zugleich auch Wetteifer wecken, damit es nicht heißen möge, sie hätten den Feldmarschall, als er furchtlos zu Fuß auf den Feind losging, im Stich gelassen und seien ihm nicht engagiert und zuversichtlich genug gefolgt.

Diese Erwartung trog ihn nicht. Denn sofort begannen die Soldaten entschlossen den Sturmangriff und setzten den Bauern, um sie aus ihren Stellungen zu werfen, unablässig zu. Und obwohl die mit ihren muskulösen Leibern, mit großen, starken Armen und unermüdlicher Kraft in hartnäckigem Abwehrkampf alles gaben, was tapfere Männer in äußerster Lebensgefahr irgend zu leisten vermögen, und nie daran dachten, die Posten, auf den jeder Einzelne sich gestellt sah, aufzugeben und zu fliehen, sondern sie noch mit dem Leichnam zu decken, indem sie – nicht einmal durch nur eine Wunde getötet – gleich dort längs zu Boden stürzten, zerschlugen die Soldaten dennoch schließlich die Kette der Verteidiger, überwanden die Schanze, brachen die Tore auf und stürmten in die Stadt. Nach ihrer Eroberung und der Öffnung der Tore kommt rasch Adolf, von drei oder vier Reitern begleitet, angeritten, nach ihm der König mit den Reitern der Garde und Heinrich Rantzau, danach die Reiterei beider Herzöge.

Im ersten wütenden Ansturm der hereinbrechenden Soldaten wurde alles niedergemacht, was man in der Stadt und in ihrem Umkreis fand. In den blutbesudelten Straßen, Gassen und Häusern lag alles voller Leichen. Selbst die Frauen schonte man nicht: Viele von ihnen fielen dem Zorn der Soldaten zum Opfer, mehr noch wurden aus der Stadt gejagt. Denn sowohl bei der Plünderung der Erschlagenen als auch

---

37 et *om. Iobinus.*
38 eum *Reg. in err. typ.,* enim *Iobinus.*

indignante milite interficerentur, plures oppido exigerentur. Nam et tunc, cum caesi spoliarentur, *[p. 99]* et antea explorato erat cognitum nonnullas ex ipsis indutas armis virisque immistas, supra quam animus muliebris ferret, pro stationibus praeliatas esse faeminamque unam milites duos unum post alterum cultro[39] confodisse. Ita incredibilis libertatis patriaeque amor omnem innatam eo in sexu mollitiem et formidinem superavit.

Ceciderunt autem in ea oppidi expugnatione ex Dithmarsis circiter quadringentos[40], ab altera parte, et qui in pugna caesi sunt, et post ex vulneribus obierunt, pene centum, inter quos fuit Iohannes Strugmannus Danus militum praefectus. Occubuit quoque Volffgangus Schonvesius, uti diximus, constanti animo et egregia fide dux, et Danielis Ranzovii praefecti militum signifer graviter sauciatus.[41] Enimvero nisi ea militum in accelerando intercessisset cessatio, et, quo decretum erat modo, triplex eodem tempore inchoata fuisset oppugnatio, conclusis undiquaque agrestibus nulla effugiendi patuisset via et ad unum omnes, quotquot in oppido essent deprehensi, in hostium manus devenissent.

At qui equitum incursu aversa oppidi parte eiecti in fugam sese effuderunt, eo deflexere, quo Oldenburgicus cum suis adventabat. Hi signa novem explicantes vicena circiter tormenta grandia secum ductabant, et cum elabendi viam aliam nullam conspicerent, recta in comitem *[p. 100]* ibant. In quos equitatus delatus impetum fecit Mauritiique Ranzovii ala ad

vorher hatte man sichere Beweise dafür gefunden, dass einige von ihnen sich gerüstet und unter die Männer gemischt hatten, um so aus einer Haltung, die sich über das für Frauen Natürliche erhob, vor ihren Stellungen zu kämpfen, und dass eine Frau sogar zwei Soldaten nacheinander mit einem Messer erstochen hatte. So siegte eine unglaubliche Freiheits- und Vaterlandsliebe über die Weichlichkeit und die Furchtsamkeit, die diesem Geschlecht angeboren sind.

Man erschlug bei dem Sturm auf diese Stadt an die vierhundert Dithmarscher, auf der anderen Seite sowohl an Erschlagenen in der Schlacht als auch an hinterher ihren Verletzungen Erlegenen knapp einhundert, unter ihnen Johann Struckmann, ein dänischer Oberst. Auch Wolfgang Schonewese starb, wie gesagt, ein Truppenführer von Charakterstärke und vorbildlicher Treue, und der Fähnrich des Obersten Daniel Rantzau wurde schwer verwundet. Gewiss aber hätte, wenn die Zögerlichkeit der Soldaten beim raschen Anmarsch nicht dazwischengekommen wäre und der Sturm wie befohlen von drei Seiten gleichzeitig begonnen hätte, den ringsum eingeschlossenen Bauern kein Fluchtweg offengestanden, und alle, die man in der Stadt erwischt hätte, wären bis auf den letzten Mann in die Hände des Feindes gefallen.

Aber diejenigen, die beim Einbruch der Reiter auf der gegenüberliegenden Seite der Stadt hinausgedrängt wurden und überstürzt flohen, lenkten ihren Weg dorthin, wo Oldenburg mit seinen Leuten anrückte. Sie gruppierten sich zu neun Fähnlein und führten etwa zwanzig große Geschütze mit sich, und weil sie keinen anderen Weg sahen zu entkommen, marschierten sie direkt auf den Grafen zu. Die Reiterei stürzte sich im Sturm auf sie, und das Geschwader Moritz Rantzaus erschlug an die dreihundert von ihnen; darüber hinaus wurden fünfundzwanzig kleine und große Geschütze, eine beträchtliche Menge von Pulver zum Abfeuern der Geschütze und mehrere Truppenfahnen erbeutet.

---

39 Cf. [H. Rantz.] 178 (*mit eynem Brot-Messer*).
40 quadragentos *Iobinus.*
41 Sed cf. (perperam) [H. Rantz.] 178 (*Unter andern wurde der Schoneweß / wie obgedacht / unn Daniel Ranzaw sammt seinem Fänderichen hart verwundet*), Neoc. 2 p. 193 s., qui de dignitate tantum Danielis Ranzovii *BD* 2 p. 99 secutus ceterum [H. Rantz.] complexus est.

trecentos eorum cecidit et tormenta praeterea parva grandia-
que quinque et viginti et magnam vim pulveris ad tormenta
impellenda perfecti signaque non pauca ademit.

Ita tertio Nonas Iunii ante horam undecimam diurnam[42]
Meldorpa capta et[43] expugnata est eiusque propugnatores et
incolae partim interfecti aut capti, partim fuga elapsi sunt.
Stetere aliquantisper instructa acie in oppido milites, quod
agrestes ad amniculum quendam ex fuga confluere conglo-
barique nunciarentur, sed iis (ut dictum est) per immissos
equites disiectis permissum militibus ad direptionem et praedam discurrere. Hi vero ingruente vespera oppido egressi
prope illud septentrionem versus foris consederunt intus re-
manentibus equitibus. Oldenburgicus in pago Amesphurto in
australem a Meldorpa plagam tetendit nec procul inde Mauritius Ranzovius.

Insequenti die propter contentionem[44] inter equites peditesque ortam de praeda, quam omnis generis opimam et va-
riam (nam eo accolae ut in locum tutiorem ad primum belli
motum opes fortunasque suas omnes contulerant) nacti erant,
in oppido mora tracta est. Milites enim, quia suo potissimum
periculo et labore eius diei victoria stetisset, dum ipsi propter perpetuas interiacentes fossas equis adactis hosti cladem
inferre non *[p. 101]* possent, exclusis equitibus praedam quoque omnem sibi vendicabant. Sed eo gravi et periculoso tumultu (vix enim praefectorum intercursu et obtestationibus
contineri poterant, ne ad arma consternati in sese verterentur)
principum imperio atque autoritate utcunque sedato constitutum, ut postridie universae copiae oppido Brunsbuttelio ad-
moverentur.

So wurde am 3. Juni vor elf Uhr am Tage Meldorf eingenommen und erstürmt. Seine Verteidiger und die Einwohner wurden teils getötet oder gefangen, teils entkamen
sie durch Flucht. Für kurze Zeit blieben die Soldaten in
Schlachtordnung in der Stadt aufgestellt, weil gemeldet
wurde, dass die Bauern nach ihrer Flucht bei einem Bach
zusammenströmten und sich sammelten, aber nachdem sie
(wie berichtet) durch die Reiterattacke zerschlagen worden
waren, erhielten die Soldaten Erlaubnis, zum Plündern und
Beutemachen auszugehen. Die aber zogen in der Abend-
dämmerung aus der Stadt und schlugen Richtung Norden
in der Nähe ihr Lager auf; die Reiter blieben in der Stadt
zurück. Oldenburg kampierte in dem Dorf Ammerswurth in
der Gegend südlich von Meldorf und nicht weit von dort
Moritz Rantzau.

Am folgenden Tag kam es in der Stadt zu einer Verzögerung, weil zwischen Infanteristen und Kavalleristen ein Streit
über die Beute ausbrach, die ihnen in großer Vielfalt und
Reichtum zugefallen war; denn die Anwohner hatten bei den
ersten Unruhen des Krieges all ihre Habe und ihren Besitz
dorthin gebracht, da sie den Ort für sicherer hielten. Weil
nämlich die Soldaten am Vortage vor allem durch ihre Lebensgefahr und ihre Mühe den Sieg gesichert hatten, während die anderen wegen der zusammenhängenden Sperr-
gräben den Feind nicht durch einen Angriff zu Pferde schlagen konnten, erhoben sie auch Anspruch auf die gesamte
Beute – unter Ausschluss der Reiter. Aber nachdem dieser
schwere und gefährliche Aufruhr (denn selbst durch das Ein-
greifen und die beschwörenden Worte der Obersten konnten
sie kaum davon abgehalten werden, aufgeregt zu den Waffen
zu greifen und übereinander herzufallen) durch den Befehl
und die Autorität der Fürsten irgendwie zur Ruhe gekommen

---

42 diuturnam *Iobinus.*
43 et *om. Iobinus.*
44 contionem *Iobinus.*

Id vero, quod meliora essent capta consilia, in tertium diem reiectum dilatumque est. Quippe Reimarus a Walde cum cohorte una et Blanchenburgius cum equitum ala ad Nicolaum Ranzovium Albis fluminis ripas tenentem missi, ut iunctis cum eo viribus, quando summus dux belli a fronte cum maiore exercitus mole expugnando Brunsbuttelio incumberet, ipsi a tergo impressionem facerent. Namque hostes circumvallatos undique facilius opprimi et intercluso ita aditu, ne reliqui Dithmarsi subsidio et suppetiis ferendis advolarent, prohiberi posse iudicabant. Hi igitur Dithmarsia egressi capto per Holsatiam circuitu, ne id, quod agere animis destinaverant, ab agrestibus animadverteretur, ad Nicolaum perveniunt.

Interea temporis castra inspecta, mortui collecti numeratique sepulturae traditi sunt obiterque deliberatum, de impedimentis quid ageretur et porro hostes, qui in Hamma aliisque locis Dithmarsiae *[p. 102]* altioribus sese communiverant, quomodo essent invadendi. Schonvesii quoque defuncti cadaver, quemadmodum ipse vita excedens rogaverat, in Holsatiam asportatum et honorifice, ut decuit, Itzohoae tumulatum est. Deduxerunt equites quadraginta, quos principes ad id muneris obeundum delegerant. Quia enim agrestes vias omnes et itinera, ut commeatum intercluderent, positis diligenter ubique custodiis obsederant, verebantur, si cadaver forte interceptum in manus eorum pervenisset, ne in id more suo saevitiam immaniter exercerent.

In eius locum Christophorus Vrisbergius legioni praefectus est. Hunc principes designaverant et, tametsi omnium fere

war, beschloss man, dass am folgenden Tage das ganze Heer gegen Brunsbüttel marschieren sollte.

Das aber wurde wegen eines noch besseren Planes endgültig auf den übernächsten Tag aufgeschoben. Man schickte nämlich Reimer vom Walde mit einem Fähnlein und Blanckenburg mit einem Reitergeschwader zu Klaus Rantzau, der das Elbufer kontrollierte, damit sie ihre Kräfte mit ihm vereinigten und, wenn der Feldmarschall mit der Hauptmacht des Heeres frontal den Sturmangriff gegen Brunsbüttel führte, ihrerseits im Rücken angriffen. Denn man war der Auffassung, die Feinde, wenn sie ringsum eingekesselt wären, leichter besiegen und durch eine solche Sperrung des Zugangs verhindern zu können, dass die übrigen Dithmarscher schnell zu Entsatz und Hilfe anmarschierten. Also verließen Reimer und Blanckenburg Dithmarschen und trafen, damit die Bauern nichts von dem vorgefassten Plan bemerkten, auf einem Umweg über Holstein bei Klaus Rantzau ein.

In der Zwischenzeit wurden das Lager inspiziert und die Toten gesammelt, gezählt und bestattet. Nebenbei beriet man darüber, was mit dem Tross zu geschehen habe, und dann noch, wie man gegen den Feind vorgehen solle, der sich in der Hamme und anderen höhergelegenen Stellungen in Dithmarschen eingegraben hatte. Auch wurde der Leichnam des verstorbenen Schonewese nach Holstein überführt und mit gebührenden Ehren in Itzehoe beigesetzt. Er hatte selbst darum gebeten, als er im Sterben lag. Ihn geleiteten vierzig Reiter, die die Fürsten zur Erfüllung dieser Aufgabe abgestellt hatten. Denn da die Bauern alle Straßen und Wege mit überall sorgsam verteilten Sicherungsposten belegt hatten, um den Nachschub abzuschneiden, fürchtete man, sie könnten, wenn der Leichnam womöglich abgefangen würde und in ihre Hände fiele, wie sonst auch grausam ihre Wut daran auslassen.

An seiner Stelle erhielt Christoph Wrisberg das Kommando über sein Regiment. Ihn hatten die Fürsten bestimmt,

animi in Danielem Ranzovium, fortem et egregium virum, essent proclinati eumque ut praeclara generis nobilitate et singulari militiae studio conspicuum praefectura ea dignissimum iudicarent, tamen is in gratiam regis etiam refragantibus nonnihil militibus ipsi praelatus est, ne per Ranzovios omnia eo bello stare et administrari viderentur.

Porro ex captivis cognitum habuisse agrestes clandestinum in castris principum speculatorem, qui ipsis retulerit constituisse principes nocte ea, quae expugnationem Meldorpae antecessit, modicum militum equi*[p. 103]*tumque agmen Tilebruggam mittere, qui ibi hostes congrediendo distinerent, reliquas vero copias omnes quam occultissime ad Hammam invadendam ducere. Quamobrem misisse eius oppidi defensores habitatoresque eadem statim nocte ad Meltorpanos, qui ea nunciarent et tam praesenti imminente periculo ex pacto opem implorarent, eorum autem e numero quingentos omni armorum genere pro more suo instructissimos vixdum oriente sole eo profectos esse. Ea vana opinione delusi agrestes impellente procul dubio divini numinis ira et ad paenam iam pridem meritam vocante suum ipsorum oppidum praesidio eo detracto nudarunt. Ex quo intelligitur, quam salubri et utili consilio decretum fuerit, ut emissis nonnullis copiis invadendi illas munitiones species agrestibus praeberetur, qui hoc modo decepti alii aliis opem maturam, ut necessitas postularet, ferre nequiverint. Etenim est credibile, si unum in locum consociati omnes vires suas et robur contulissent, potuisse eos aliquam fortasse cladem hostibus inferre aut certe maiore conatu et successu minus infelici sese defendere et difficiliorem multo luctuosioremque adversariis efficere victoriam.

obgleich die Sympathien beinahe aller Daniel Rantzau, einem tapferen, hervorragenden Mann, zugeneigt waren und man ihn für den besten Anwärter auf dieses Kommando hielt, weil ihn der ruhmreiche Adel seiner Familie und sein einzigartiger Einsatz im Kriegsdienst auszeichneten. Dennoch wurde ihm Wrisberg in der Gunst des Königs selbst gegen einigen Widerstand der Soldaten vorgezogen, damit es nicht so aussah, als hinge alles in diesem Krieg von den Rantzaus und ihrer Führung ab.

Dann erfuhr man von Kriegsgefangenen, dass die Bauern im Lager der Fürsten einen heimlichen Spion gehabt hatten, der ihnen berichtet habe, die Fürsten hätten in der Nacht vor dem Sturm auf Meldorf beschlossen, ein kleines Kontingent Infanterie und Kavallerie zur Tielenbrücke zu schicken, das dort den Feind durch ein Gefecht ablenken sollte, die restlichen Truppen aber geschlossen möglichst heimlich zur Hamme zu führen, um dort anzugreifen. Deshalb hätten die Verteidiger und Bewohner dieses Ortes in derselben Nacht sofort Boten zu den Meldorfern geschickt, die davon Meldung machen und ihrem Bündnisvertrag entsprechend angesichts der unmittelbar drohenden Gefahr um Hilfe bitten sollten, und aus deren Anzahl seien fünfhundert Mann, nach ihrem Brauch mit jeder Art von Bewaffnung bestens ausgestattet, beim ersten Tageslicht dorthin aufgebrochen. In dieser falschen Erwartung irregeleitet, entblößten die Bauern, zweifellos vom Zorn Gottes angetrieben, der sie längst zu ihrer wohlverdienten Strafe rief, ihre eigene Stadt von Verteidigern, indem sie diese Besatzung abzogen. Daran kann man erkennen, wie hilfreich und nützlich der Plan war zu befehlen, dass durch das Aussenden einiger Einheiten den Bauern der Eindruck eines Angriffs auf ihre dortigen Stellungen vermittelt werden solle, sodass auf diese Weise hinters Licht geführt keines ihrer Truppenteile einem anderen so schnell Hilfe bringen konnte, wie die Notwendigkeit es erforderte. Denn man darf wohl vermuten, dass sie, wenn sie vereint all

Tertio post captam Meldorpam die summus dux belli cum cohortibus legionariis Oldenburgici, Vrisbergii et Valterthumbii, quibus cum ala sua aderat Mauritius Ran*[p. 104]*zovius, motis castris oppido excedit et ad rivulum quendam, ubi aquabantur agrestes et munitionem fecerant, haud procul Brunsbuttelio considet. Quo cum propius accessissent speculaturi, qua ratione sub exortam primum lucem rectissime oppugnarent, equus Vrisbergii, quo vehebatur, glande sclopetto emissa interficitur.

At postridie, qui dies erat septimus Iduum Iunii, provecti ulterius secundum Albim, ut hostem aggrederentur, sabulosum et satis solidum inveniunt vadum, ubi nullum antea fuerat. Id conspicati agrestes protinus desertis munitionibus fugam arripiunt: in quos adactis equis sese inferunt equites et nonnulli quoque milites per circuitum viam intercipientes sese obiciunt, ita ut illo etiam die ad quadringentos eorum caesi et profligati sint, signum unicum ereptum. Agrestes vero vehementer fugae institerunt, ut insequentium vim evaderent.

Erant superioribus diebus plaustra militari annona onusta ab his multa intercepta fuerantque commeantibus ex castris admodum infesti et imprimis nobilem regium puerum ex gentilitio Qualiorum in Holsatia stemmate a rege literas ad reginam matrem deferentem duobus medium globulis transadegerant. Neque ex vulnere tamen statim vita defecit, sed ab eo infausto ipsi loco, qui circa molendinum fuit ad dimidium a Mel*[i][p. 105]*dorpa miliare, in uliginem sive lacunam pa-

ihre Macht und Stärke an einem Ort konzentriert hätten, dem Feind eine deutliche Niederlage hätten zufügen oder sich jedenfalls mit größerer Tatkraft und weniger unglücklichem Ausgang hätten verteidigen können, sodass der Sieg für ihren Gegner schwieriger geworden wäre und sehr viel mehr Anlass zur Trauer gegeben hätte.

Am dritten Tag nach der Einnahme Meldorfs bricht der Feldmarschall das Lager ab und zieht mit den Infanterieeinheiten Oldenburgs, Wrisbergs und Wallertums, zu denen Moritz Rantzau mit seinen Reitern hinzukam, aus der Stadt. An einem Bach, wo die Bauern Wasser holten und eine Schanze aufgeworfen hatten, macht er unweit von Brunsbüttel halt. Als sie dort näher herangerückt waren, um zu erkunden, auf welche Weise sie gleich bei Sonnenaufgang am besten stürmen könnten, wird das Pferd, auf dem Wrisberg ritt, durch eine Arkebusenkugel getötet.

Aber am folgenden Tag, dem 7. Juni, ziehen sie weiter die Elbe entlang, um den Feind anzugreifen, und finden eine recht tragfähige Sandfurt, wo vorher keine gewesen war. Als die Bauern das sehen, geben sie sofort ihre Schanzen auf und suchen ihr Heil in der Flucht: Im Galopp stürzen sich die Reiter auf sie, und auch etliche Soldaten umgehen sie und treten ihnen entgegen, indem sie ihnen den Weg abschneiden. So konnten auch an jenem Tag an die vierhundert von ihnen getötet und eine einzige Fahne erbeutet werden. Die Bauern aber flohen Hals über Kopf, um der Gewalt der Verfolger zu entgehen.

In den vorangegangenen Tagen waren viele mit Kriegsproviant beladene Wagen von ihnen abgefangen worden. Gegen Personen, die aus dem Lager kamen, gingen sie unversöhnlich vor und schossen vor allem einem adligen jungen Pagen des Königs aus der edlen holsteinischen Familie Qualen, als er einen Brief des Königs an die Königinmutter überbrachte, mit zwei Kugeln mitten durch den Leib. Er starb aber nicht sofort an seiner Verletzung, sondern floh von dem

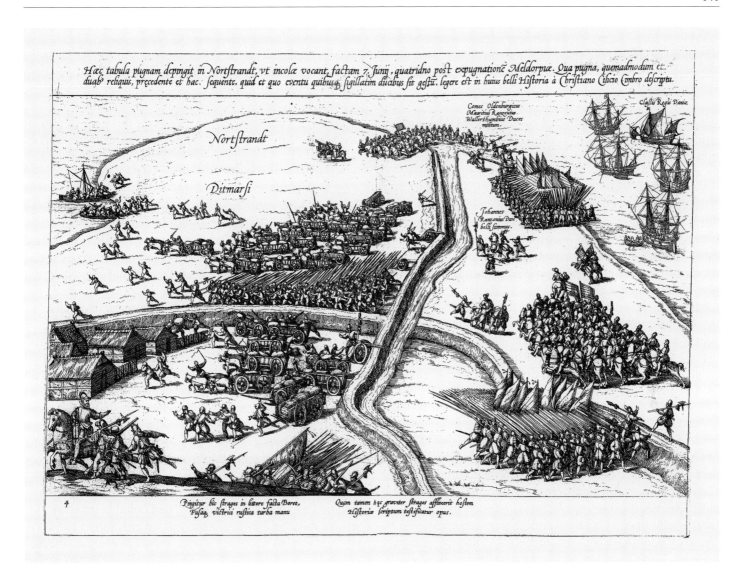

Kupferstich der Schlacht in der Südermarsch am 7. Juni 1559.

lustrem evadens literas incolumes regi pertulit alteroque post die animam efflavit et Meldorpae humatus est.

Caeterum summus belli dux cum legione Oldenburgica Brunsbuttelium adortus id vi capit, hominum autem fere neminem reperit, quod omnes capta fuga illinc metu hostium profugerant. Nicolaus quoque Ranzovius, ubi de consiliis sociorum accepit, cum Reimaro a Valde et Blanchenburgo ex Vilstermarsiae finibus copias eo statim traduxit. Blanchenburgi autem turmam summus dux belli, quo firmiore illa praesidio tenerentur[45], ad principes in castra remisit. At milites, cum tam prospera conatibus illorum fortuna aspiraret, excurrere praedasque agere coeperunt, imprimis Oldenburgici. Quo temporis momento cum Valterthumbius quoque cum suis superveniret, qui horis antemeridianis hostes antevertens sese ipsis obiecerat eaque interveniente mora post socios nonnihil fuerat relictus, eius scloppetarii Oldenburgicis sese coniungunt et iniussi in hostes progrediuntur existimantes se agrestes penitus fuga disicere et concidere posse.

Sed quoniam horam circiter octavam aut nonam iam vespera praecipitabat, belli dux cum Oldenburgico aliisque praefectis reliquos milites educere noluit, verum communibus suffragiis decreverunt sub primam exortae diei *[p. 106]* lucem omni illata vi hostes lacessere pugnaeque aleam subire. In oppido itaque belli praefectus cum Oldenburgico pernoctavit, Valterthumbius ad pagum proximum tentoria fixit.

---

45 Sed cf. [H. Rantz.] 180 (*Zuhand versandte herr Johann Blanckenburgen / den Herren die Zeitung anzubringen / zurück in das Läger*).

für ihn so unglücklichen Ort in der Nähe einer kleinen Mühle etwa eine halbe deutsche Meile von Meldorf entfernt in einen Morast, ein sumpfiges Loch, und konnte den Brief heil dem König übergeben. Am Tag danach hauchte er die Seele aus und wurde in Meldorf begraben.

Aber der Feldmarschall stürmte nun mit dem Regiment Oldenburgs Brunsbüttel und nahm es mit Gewalt ein, fand jedoch fast keine Menschenseele, weil alle aus Furcht vor dem Feind die Flucht ergriffen hatten und davongelaufen waren. Auch Klaus Rantzau führte, sofort nachdem er von den Plänen der Verbündeten erfahren hatte, zusammen mit Reimer vom Walde und Blanckenburg seine Truppen aus der Wilstermarsch dorthin. Das Geschwader Blanckenburgs schickte der Feldmarschall zu den Fürsten in das Lager, um es besser zu sichern. Weil aber das Glück ihre Vorhaben so sehr begünstigte, begannen die Soldaten auszumarschieren, um Beute zu machen, besonders die Oldenburger. In diesem Augenblick kam auch Wallertum mit seinen Leuten hinzu. Er war am Vormittag den Feinden zuvorgekommen und hatte sich ihnen entgegengestellt, sodass er wegen dieser Verzögerung ein wenig hinter den Verbündeten zurückgeblieben war. Seine Arkebusiere schließen sich den Oldenburgern an und gehen ohne Befehl gegen den Feind vor, in der Meinung, sie könnten die Bauern in Flucht und völlige Auflösung treiben und niederhauen.

Aber da gegen acht oder neun Uhr schon der Abend hereinbrach, wollten der Heerführer, Oldenburg und die anderen Obersten die übrigen Soldaten nicht ins Feld führen, sondern beschlossen gemeinsam, den Feind beim ersten Tageslicht mit aller Macht anzugehen und eine Entscheidung in der Schlacht zu suchen. Und so übernachtete der Oberbefehlshaber mit Oldenburg in Brunsbüttel, Wallertum schlug beim nächsten Dorf die Zelte auf. In derselben Nacht wird Blanckenburgs Leutnant mit zweihundert Reitern aus dem Hauptquartier zur Bökelnburg geschickt, um Feinde, die auf

Eadem nocte Blanchenburgi vicarius cum ducentis equitibus ex castris praetoriis Bocelenburgum mittitur, ut, qui hostium isthac fugiendo manus militum evaderent, eos ipse turma sua exciperet conficeretque. Quam ad rem et Mauricius Ranzovius cum delecta trecentorum equitum ala in loca terrae aridiora a patruo duce belli collocatus est.

Itaque inalbescente coelo paratis ad pugnam animis statim moveri coeptum: sed hostium pars maxima iam noctu profugerat. Quadringenti circiter agrestes cum puerorum imbellium et mulierum turba ad casas duas, quae totae palude et aquis penitus circumfundebantur, confluxerant ductisque fossis et subitariis factis munitionibus ex plaustris coactis, centonibus, stragulis, culcitris aliaque materia promiscua, ut quaeque fors obtulerat, intra eas adversus hostilem vim et impetum sese continere et defendere parabant. Posteaquam autem legionibus undiquaque circundari et quasi indagine se claudi conspiciunt, protinus arma abiciunt et sine conditione ulla sese dedunt. Quos Ranzovius dux belli ubi videt nudos atque inermes maxime esse homunculos, subito rem omnem ad principes defert. Ea dum ita geruntur, rex cum Iohanne duce [i 2][p. 107] Holsatiae supervenit atque statim subeunte generosum atque sublimem eius animum commiseratione, ut data impunitate in gratiam recipiat, calamitate et miseria illorum permovetur. Neque tunc tamen certi quicquam de captivis decernitur ademptaque eodem die hostibus aenea tormenta campestria septem.

Postridie eius diei, cum ob hanc causam in consilium esset ventum resque multum disceptaretur, duces ambo annis animisque florentes cum nonnullis oratorum suorum (inter quos

diesem Fluchtweg den Händen der Soldaten zu entkommen suchten, mit seinem Geschwader zu empfangen und ihnen den Rest zu geben. Zu dieser Aufgabe wurde auch Moritz Rantzau von seinem Onkel, dem Heerführer, mit einer dafür ausgewählten Einheit von dreihundert Reitern in die Geestregion abgestellt.

Und so begann man sich sogleich, als der Himmel heller wurde, entschlossen und kampfbereit in Bewegung zu setzen: Aber der größte Teil der Feinde war schon in der Nacht geflohen. Etwa vierhundert Bauern hatten sich mit einer Schar noch nicht wehrfähiger Kinder und Frauen bei zwei Häusern gesammelt, die ganz im Sumpfgebiet lagen und vollkommen von Wasserläufen umspült wurden. Sie hatten Gräben ausgehoben und aus zusammengeschobenen Wagen, Decken, Laken, Matratzen und beliebigem anderem Material, wie es zufällig zur Verfügung stand, Schanzen improvisiert. Hinter ihnen machten sie Anstalten, sich gegen die Gewalt und den Ansturm des Feindes zu bergen und zu verteidigen. Nachdem sie aber erkennen müssen, dass sie überall von den Regimentern umzingelt und wie bei einer Treibjagd eingeschlossen werden, werfen sie sofort die Waffen hin und ergeben sich ohne jede Bedingung. Als Rantzau, der Heerführer, sieht, dass es nur nackte, völlig wehrlose arme Menschen sind, macht er den Fürsten unverzüglich Meldung. Währenddessen kommt der König mit Herzog Johann von Holstein hinzu, und weil sein edles und erhabenes Gemüt sogleich das Mitleid überkommt, lässt er sich durch ihr tiefes Unglück bewegen, ihnen Amnestie zu gewähren und wieder sein Wohlwollen zu schenken. Aber auch dabei wird keine endgültige Entscheidung über die Gefangenen getroffen. Am selben Tag wurden dem Feind auch sieben bronzene Feldgeschütze abgenommen.

Am nächsten Tag ging man in dieser Angelegenheit zu Rate und diskutierte ausgiebig darüber. Jung und temperamentvoll, hätten die beiden Herzöge zusammen mit einigen

erant Breda Ranzovius et Bertramus Sestedius) facile permisissent mox interfectos fuisse: ut nempe tam execrabili et saeva nullamque clementiam promerita ex gente prognati tot praeclaris et illustribus maiorum suorum animis quasi inferiae essent mactati. Tandem vero, cum Ranzovius reversus huic deliberationi interveniret diceretque crudele omnino et tyrannicum esse eiusmodi homines dedititios trucidare eiusque sententiae rex accederet, unanimi consensu est statutum: ut primoribus exemptis, qui in Holsatiam traducti diversis in arcibus ad exitum belli custodiae traderentur, reliqua multitudo acervatim cum liberis coniugibusque in naves collata Albim traiceretur. Ita unius fere hominis clementiore iudicio iis omnibus vita impetrata et tot animae a praesenti morte servatae sunt mandatumque le*[p. 108]*gato summi ducis belli, ut is eam rem procuraret, et missa iuramenti formula, in quam conceptis verbis captivi iurarent, priusquam dimitterentur.

Postea placuit mox omnibus, ut tempore postmeridiano in senatum redirent consultarentque redacta iam in potestatem australi Dithmarsiae plaga, qua ratione hostes, qui in opposita ora boreali collatis eo omnibus suis viribus diligentissime sese firmissimeque communivissent et extremam ibi fortunam suam periclitari statuerent, porro invadere et persequi oporteret. Eodem tempore quidam ex statione vigilum Dithmarsicorum ad hostes transfugit, quo referente cognitum est statuisse priori nocte agrestes incenso per mulieres oppido in castra praetoria repentino facto impetu invadere, in quibus ad Meldorpam principes cum mediocri praesidio remanserant: sed dum in itinere fuissent, oborto inter eos terrore supra centum abiectis armis rebusque omnibus in pedes

ihrer Diplomaten (darunter Breide Rantzau und Bertram Sehestedt) ohne Bedenken erlaubt, die Gefangenen gleich hinzurichten: Nämlich damit diese Abkömmlinge eines so verdammenswerten und grausamen Stammes, der keine Milde verdient habe, den vielen Seelen ihrer ruhmreichen und erhabenen Ahnen gleichsam als Totenopfer dargebracht wären. Schließlich aber kam Rantzau zurück und nahm an der Beratung teil. Er sagte, es sei ganz und gar grausam und tyrannisch, solche Leute, die sich ergeben hätten, niederzumachen, und der König stimmte seiner Auffassung zu. Darauf wurde einstimmig beschlossen: Dass mit Ausnahme der Vornehmsten, die nach Holstein überführt und dort bis zum Ende des Krieges auf verschiedenen Burgen hinter Schloss und Riegel gebracht werden sollten, der gesamte Rest auf einmal mit Kindern und Frauen verschifft und über die Elbe gesetzt werden solle. So wurde durch das mildere Urteil fast eines einzigen Mannes ihnen allen das Leben erwirkt, und so viele Seelen wurden vor dem schon gegenwärtigen Tode gerettet. Der Stellvertreter des Feldmarschalls wurde mit der Ausführung beauftragt, und eine Eidesformel wurde verschickt, die die Gefangenen vor ihrer Entlassung feierlich nachsprechen mussten.

Danach beschlossen alle rasch, nachmittags in die Versammlung zurückzukehren und, nachdem nun der Süderstrand Dithmarschens unterworfen war, darüber zu beraten, auf welche Weise man den Feind, der im gegenüberliegenden Norderstrand alle seine Kräfte konzentriert und sich mit größter Sorgfalt felsenfest verschanzt hatte, entschlossen, dort sein Glück auf die äußerste Probe zu stellen, weiter angreifen und ihm nachsetzen solle. Zur selben Zeit lief jemand von einem Wachtposten der Dithmarscher zum Feind über. Durch seinen Bericht erfuhr man, dass die Bauern in der Nacht zuvor beschlossen hatten, erst die Stadt durch die Frauen in Brand stecken zu lassen und dann einen Überraschungsangriff gegen das Hauptlager bei Meldorf zu führen,

se coniecisse et profugisse. Quare deiectos animis perturbatosque caeteros incepto destitisse et mox, quo venerant, regressos esse.

Eius consilii tametsi vani et irriti haud absurdae tamen fuerunt rationes. Sciebant enim agrestes maximam copiarum partem fortunissimamque inde abductam esse eamque duntaxat legionem praesidio castris relictam, quae nuper in oppugnatione Meldorpae amissis pluribus viris egregiis et *[i 3] [p. 109]* fortibus vehementer imminuta attenuataque grave vulnus accepisset, ita ut eam facile superari et opprimi posse minime diffiderent. Praeterea unico saltem hoc modo, si eo accepto rumore hostes irrito conatu coeptis absistere et ad defensionem et subsidium principum celeriter reverti cogerentur, se suis in supremo versantibus discrimine opem ferre posse perspiciebant. Neque sane abhorret omnino a vero, quemadmodum aptius utiliusve tum nihil ab ipsis quivit excogitari, ita eventum quoque pro votis feliciter potuisse respondere, si eo modo, quo erat deliberata res, gesta et administrata fuisset.

Reverso autem in castra legato summi ducis belli vehemens et turbulenta denuo de praeda contentio exarsit his, ut divideretur, illis, ut venderetur, flagitantibus. Et quanquam principes, quicquid ad eos cum iure suo tum equitatus praetoriani nomine redire posset, id omne ultro ipsis remitterent condonarentque: tamen neque ita subortus in castris tumultus conpesci et cohiberi potuit. In eam demum ab omnibus sententiam itum consensumque est, ut singulis ex decuriis singuli praedae praefecti deligerentur, qui in castris ad partiendum interim exuvias manerent, eoque pacto turba sedata est. Quare progredi et hostem, donec omnino esset profligatus victusque, prosequi decernitur.

in dem die Fürsten mit Sicherungskräften mittlerer Stärke verblieben waren. Aber auf dem Marsch sei unter ihnen Panik ausgebrochen, und mehr als hundert hätten ihre Waffen und alles Gerät weggeworfen und dann die Beine unter den Arm genommen, um zu fliehen. Daher hätten die Übrigen entmutigt und verstört ihr Vorhaben abgebrochen und seien rasch dorthin zurückgekehrt, woher sie gekommen wären.

Dieser Plan blieb zwar völlig erfolglos, war aber dennoch wohlüberlegt. Denn die Bauern wussten, dass der größte und siegreichste Teil der Truppen von dort weggeführt und dass nur das eine Regiment zum Schutz des Lagers zurückgelassen worden war, das gerade beim Sturm auf Meldorf durch den Ausfall mehrerer herausragender, tapferer Männer stark beeinträchtigt und geschwächt worden war. Es hatte einen so schweren Verlust hinnehmen müssen, dass sie keine Zweifel hegten, es leicht vernichtend schlagen zu können. Und es ist auch gar nicht so sehr unwahrscheinlich, dass ebenso, wie sie sich damals nichts Angemesseneres und Nützlicheres hätten ausdenken können, auch das Ergebnis ihren Wünschen hätte glücklich entsprechen können, wenn das Vorhaben planmäßig umgesetzt und durchgeführt worden wäre.

Nachdem aber der Stellvertreter des Feldmarschalls ins Lager zurückgekehrt war, brach erneut ein heftiger und wirrer Streit um die Beute aus. Die einen forderten ihre Aufteilung, die anderen den Verkauf. Und obwohl die Fürsten alles, was aus eigenen Ansprüchen und besonders im Namen der Gardekavallerie an sie fallen konnte, ihnen bereitwillig komplett überließen, gelang es dennoch selbst auf diesem Wege nicht, den im Lager entstandenen Aufruhr einzudämmen und unter Kontrolle zu halten. Schließlich einigten sich alle auf das Ergebnis, aus jeder Untereinheit einen Beutewart zu wählen, der zum Aufteilen des Beuteguts vorerst im Lager bleiben sollte. Auf diese Weise wurde die Lage beruhigt.

Imprimis per delectos belli consiliarios haec ratio inita et instituta: Olden*[p. 110]*burgicus cum equitatu peditatuque suo et Mauricii Ranzovii turma in principum castra ad Meldorpam reverteretur, ibi subsisteret et tormentorum custodiam ageret. Idibus deinde Iunii, cum primum diluxisset, hostibus simulato sese ostenderet quasi Hemmingstadium ad id oppidum oppugnandum omnibus viribus contendere viamque eo ferentem ingredi vellet, ubi Iohannis Danorum regis universus olim exercitus caesus fususque est: uti ita hostibus suspicio iniceretur ipsos quoque eadem via illos aggredi cogitare. Pridie autem Idus ternae cum principibus legiones et ala Blanchenburgi horam circiter tertiam vel quartam a meridie recta Tilebruggam irent eoque in loco in hostes impetu facto irruerent.

At his adversatus Oldenburgicus consilium turbavit, qui morari in castris abnuit, ut pro se quoque aliquam bello gloriam sibi venaretur nec deses et quietus alieni laboris bellique spectator in tentoriis delitesceret. Ex quo illud incommodi consecutum, quandoquidem facta commutatione Valterthumbium cum suis ad castrorum tormentorumque custodiam relinquere oportuit et milites potando sese largius aliquanto invitassent, ut plurimi ex ipsis in castris permanserint nec dimidia pars vexillum quisque suum sit insecuta. Quae res principibus causam praebuit, ut diutius in itinere haererent, dum reliqui advenirent. Milites *[i 4][p. 111]* enim, quotquot in via iam erant, semel atque iterum signa sistentes progredi recusabant, ita ut rex vehementer incandesceret diceretque ad circumstantes nebulones eos facturos, ut belligerare in posterum se poeniteret. „Luberet quidem", aiebat, „in bellica hac palaestra exerceri versarique diutius, sed ei-

Deshalb beschließt man, vorzurücken und dem Feind nachzusetzen, bis er endgültig besiegt am Boden läge.

Besonders der ernannte Kriegsrat entwickelte und beschloss die folgende Planung: Oldenburg solle mit seiner Kavallerie, seiner Infanterie und dem Geschwader Moritz Rantzaus in das Fürstenlager bei Meldorf zurückkehren und dort verbleiben, um die Artillerie zu sichern. Dann solle er sich am 13. Juni gleich nach Sonnenaufgang zum Schein dem Feind zeigen, so, als ob er mit seiner gesamten Streitmacht gegen Hemmingstedt zum Sturm auf diesen Ort ausmarschieren und die Straße einschlagen wolle, die dorthin führt, wo einst das ganze Heer des Königs Johannes von Dänemark aufgerieben und zerschlagen wurde, um so beim Feind den Verdacht zu wecken, auch dieses Mal beabsichtige man, auf demselben Wege anzugreifen. Aber schon am 12. Juni sollten die drei Regimenter mit den Fürsten und dem Geschwader Blanckenburg gegen drei oder vier Uhr nachmittags direkt zur Tielenbrücke marschieren, um die feindliche Stellung dort anzugreifen und zu stürmen.

Aber Oldenburg widersetzte sich den Plänen und durchkreuzte sie, indem er sich weigerte, im Lager zu verweilen, um auch seinerseits Kriegsruhm für sich zu erjagen und sich nicht untätig und friedlich als Zuschauer der Mühen und des Feldzugs anderer in den Zelten zu verstecken. Daraus ergab sich der folgende Nachteil: Weil man ja nun tauschen und Wallertum mit seinen Leuten zur Sicherung des Lagers und der Geschütze zurücklassen musste und die Soldaten beim Trinken etwas zu großzügig zugelangt hatten, blieben die meisten von ihnen einfach im Lager, und nicht einmal die Hälfte folgte jeweils ihrem Fähnlein. Dadurch kam es dazu, dass für die Fürsten der Marsch so lange stockte, bis der Rest hinterherkam. Denn alle Soldaten, die schon unterwegs waren, blieben immer wieder rings um die Fahnen herum stehen und weigerten sich, weiterzumarschieren, sodass dem König die Galle überkochte und er zu seiner Entourage

ciam animo eas cogitationes. Soluta illis sunt stipendia, obligati sunt nobis, et has turbas concitant: quid facerent, si nos obstricti ipsis aut obaerati essemus? Enimvero, de praeda quod altercantur, ad nos quid attinet?"

Exinde imperatum signiferis, ut praelatis vexillis ipsi progrederentur. Quo viso milites ad continuandum iter excitabantur, idque eo ordine confectum: primam aciem efficiebat ala Blanchenburgi. Ei Vritzbergius cum legione Schonvesiana succedebat tormentisque duodenis minoribus nec non pontibus navalibus universis et fossoribus. In medio equitabant principes cum turmis praetorianis. Eas reliquae duae legiones comitabantur. Agmen claudebat equitatus Oldenburgicus. Iter vero extendentes in vetera castra ad pagum Alverstorp direxerunt, quod illic pontes navales nonnullos reliquissent, eoque in loco aliquandiu sunt commorati. Ibi praefecti tribunis militum et decurionibus denunciant praedam posthac eius fore, qui eam ab hoste cepisset: eo tamen pacto et conditione, ut ne ante ad praedam di*[p. 112]*scursus fieret, quam hostis esset profligatus.

Vix orta luce relictis castris Tilebruggae approperant, quam duplici oppugnatione aggredi in consilio erat decretum. Ranzovius autem praefectus belli comitantibus nonnullis propius equo advectus speculatur, qua parte munitio hostilis tutissime invadi possit. Ea erat unicum saltem propugnaculum aggere praeducto et palude voraginosa fossaque munitum, ad quod unicus omnino erat aditus, in quem tormenta sua agrestes contulerant. Gloriabantur illi hostes

sagte, dieser nichtsnutzige Haufen würde es noch schaffen, dass er in Zukunft keine Lust mehr habe, Krieg zu führen. „Ich würde ja gerne", sprach er, „noch länger bleiben und mich auf dem Kampfplatz dieses kriegerischen Ringens üben, aber ich will mir solche Gedanken aus dem Kopfe schlagen! Ihr Sold ist ausgezahlt, sie sind uns verpflichtet und verursachen solch einen Aufruhr! Was täten sie erst, wenn wir bei ihnen in der Pflicht wären oder Schulden hätten? Ihr Streit über die Beute hat doch nun wirklich nichts mit uns zu tun!"

Danach erhielten die Fähnriche Order, die Fahnen vor sich her zu tragen und vorwärts zu marschieren. Dieser Anblick machte auch die Soldaten munter, sodass sie den Weg fortsetzten, und das geschah in folgender Marschordnung: Die Vorhut bildete das Geschwader Blanckenburgs. Ihm folgte Wrisberg mit dem Korps Schonewese, zwölf kleinen Geschützen, allen Schiffsbrücken und den Schanzgräbern. In der Mitte ritten die Fürsten mit der Gardekavallerie, die die zwei übrigen Regimenter begleiteten. Die Nachhut bildeten die Oldenburger Reiter. Ihr Gewaltmarsch führte direkt zum alten Lager bei Albersdorf, weil man einige Schiffsbrücken dort zurückgelassen hatte, und an diesem Ort verweilten sie eine Zeit lang. Hier teilen die Obersten den Offizieren und Unteroffizieren mit, dass die Beute in Zukunft demjenigen gehören werde, der sie dem Feind abgejagt habe, aber unter der Bedingung, dass es nicht eher zu Beutezügen kommen dürfe, als bis der Feind am Boden liege.

Gleich bei Sonnenaufgang verlassen sie das Lager und marschieren schnell zur Tielenbrücke, die man im Kriegsrat aus zwei Richtungen zu stürmen beschlossen hatte. Rantzau, der Oberbefehlshaber, reitet mit einigen Begleitern näher heran und erkundet, an welchem Punkt die feindliche Festung am sichersten anzugreifen ist. Es handelte sich um nur ein einziges Bollwerk, das durch eine vorgelagerte Schanze und einen tiefen, tückischen Sumpfgraben befestigt war. Es

suos eo loco saepius a se profligatos et deletos esse, cum irrumpere tentavissent.

Quodsi tunc quoque Holsati incautius in eam se viam contulissent nec ipsi fuga deseruissent munitionem, fortassis detrimento et clade aliqua insigni afficere potuissent. Aderant autem rari propugnatores, qui custodiae duntaxat erant relicti, cum reliqui decepti errore Hemmingstadium confluxissent, ut suis suppetias ferrent, in quos illic omni mole irruituros hostes credebant. Illi ubi vident hostes accedere propius, extemplo munitione deserta in fugam praecipites se conferunt: milites vero gregatim ingruentes iter sibi vi aperiunt aggeremque demoliuntur. Subit inter primos ipse summus dux belli pluribus comitatus viaque facta penetrantes, cum ad vicum quendam pervenissent, ibi nonnullos ex agrestibus offendunt, quorum parte maxima interfe[i 5][p. 113]cta ex suis quoque aliquot glandibus traiectos desiderant.

Interea cum ala sua Blanchenburgus advenit. Habebat multis indiciis pro comperto et explorato Ranzovius pagum eum et oppidum Heidam nihil interesse, ubi hostes ex fuga resistere et in arma sese colligere possent, praeter unum amniculum, quem propter palus esset. At quia itineris monstrator nullus erat in promptu (exploratores enim post tergum procul aberant), eum filius Henricus Ranzovius, quocum Harvardus Langius erat, submonuit militem se ex itinere allocutum esse, qui notam sibi viam diceret. Hoc milite duce cum quinquaginta ferme equitibus eo contendit repertusque, quem diximus, amniculus desertus. Quo traiecto per nuncium Blanchenburgo significat amniculum a se teneri, utque accedere maturet, hortatur. Regem quoque ducesque de eo certi-

gab insgesamt nur einen einzigen Zugangsweg, auf den die Bauern ihre Geschütze gerichtet hatten. Sie prahlten damit, ihre Feinde bei dem Versuch durchzubrechen hier schon oft niedergestreckt und vernichtet zu haben.

Wenn sich die Holsteiner nun auch damals auf diesen Weg begeben und sie selbst die Schanze nicht durch Flucht aufgegeben hätten, dann hätten erstere vielleicht eine empfindliche, verlustreiche Niederlage erleiden können. Aber es gab dort nur wenige Verteidiger, die man nur als Wache zurückgelassen hatte, als die anderen irrtümlich in Hemmingstedt zusammengelaufen waren, um ihre Landsleute zu verstärken, gegen die sie einen Angriff der gesamten feindlichen Heeresmasse erwarteten. Als die Besatzung sieht, dass der Feind näher heranrückt, lässt sie sofort die Schanze im Stich und flieht Hals über Kopf. Die Soldaten jedoch stürzen in Scharen herbei, brechen sich gewaltsam eine Bahn und reißen den Wall ein. Unter den ersten trifft der Feldmarschall persönlich mit großer Geleitmannschaft ein, und als der Weg frei ist und sie vorstoßen können, erreichen sie ein Dorf und stoßen dort auf einige von den Bauern. Von denen wird der größte Teil getötet, aber es gibt auch Verluste, weil mehrere von den eigenen Leuten von Kugeln getroffen werden.

In der Zwischenzeit stieß Blanckenburg mit seinen Reitern dazu. Rantzau war genauestens darüber informiert, dass zwischen dem Dorf und der Stadt Heide nichts mehr lag, wo die Feinde auf der Flucht anhalten und sich wieder militärisch aufstellen konnten, bis auf eine kleine Aue, bei der ein Sumpf lag. Aber da kein Wegführer zur Hand war (denn die Erkunder waren weit hinter ihnen), erinnerte ihn sein Sohn Heinrich Rantzau, den Herwart Lange begleitete, daran, dass ihn ein Soldat auf dem Marsch angesprochen habe, der sagte, er kenne den Weg. Unter der Führung dieses Soldaten begab er sich mit knapp fünfzig Reitern dorthin; die besagte Aue fand man verlassen vor. Nach der Überquerung lässt Rantzau Blanckenburg durch einen Boten melden, dass er den Bach

tiores facit, qui non diu morati celeriter ultra amnem prosequuntur.

Iamque equitatus pene universus transmiserat, militum vero plerique post tergum aberant longius, cum ad pernoctandum in oppido Heida (neque enim inesse quenquam arbitrabantur, qui contra se arma sumere auderet) loca atque hospitia inter se sortiri instituunt: ortaque inter cohortium turmarumque praefectos altercatio, cum neutri alteris se permissuros contenderent, ut ipsi soli oppidum tenerent. Quam contentionem ita diremit Ranzovius belli dux, ut *[p. 114]* equites peditesque simul in eo pernoctarent, cum suis in primis principes, deinde pars una equitum, altera militum.

Est vero oppidum Heida celebri eius loci emporio et aedificiorum structura atque elegantia omnium in Dithmarsia ornatissimum, in quod intermedium fere incolae ex omni ea ora statis diebus ad mercatum coeunt: solebantque in eodem convenire singulis hebdomadis septimo quoque die Saturni quadragintaoctoviri et negocia procurationis suae expedire.

Huc permissu Ranzovii Iacobus[46] Blanchenburgus et Ascanius ab Holle, qui voluntariorum equitum duces erant, exploratum proficiscuntur et nacti in itinere mulieres, quae Blanchenburgo mulsum porrigerent. Ex iis cognoscunt viros in oppido esse, cumque castrorum praefectus propius oppidum adequitasset, cum eodem ad suos se recipiunt. Quaterna enim agrestium signa eminus conspexerant, quae incitato cursu se persequerentur: fassique postea ipsi sunt agrestes se in turri ministrum sacrorum habuisse, qui capitis sui periculo

─────────

46 Jochim *Neoc.* 2 *p.* 208, *sed cf. BD* 2 *p.* 75.

halte, und treibt ihn an, schnell anzurücken. Auch den König und die Fürsten setzt er davon in Kenntnis; die warten nicht lange, sondern folgen schnell auf die andere Seite des Baches nach.

Schon hatte fast die gesamte Kavallerie den Übergang beendet, während die Hauptmasse der Soldaten noch ziemlich weit zurücklag, als man begann, für das Nachtquartier in Heide Unterkünfte auszulosen; denn man glaubte nicht, dass jemand in der Stadt sei, der es wagte, gegen sie zu den Waffen zu greifen. Dabei kam es zum Streit zwischen den Führern der Infanterie und der Kavallerie: Keiner war bereit, den anderen zuzugestehen, dass sie die Stadt allein besetzten. Diese Meinungsverschiedenheit schlichtete der Oberbefehlshaber Rantzau so, dass Reiter und Soldaten gleichzeitig im Ort Quartier nehmen sollten, vorrangig die Fürsten mit ihrer Garde, dann ein Teil Reiter und ein Teil Soldaten.

Nun ist der Ort Heide durch den berühmten Markt der Gegend und die Architektur und Schönheit ihrer Gebäude die prächtigste Ansiedlung in Dithmarschen. Wegen seiner fast genau zentralen Lage kommen die Einheimischen aus dem ganzen Land an bestimmten Tagen zum Markt dorthin zusammen, und früher tagten an demselben Ort jede Woche alle sieben Tage am Sonnabend die Achtundvierzig und gingen ihren Amtsgeschäften nach.

Hierhin machten sich mit Erlaubnis Rantzaus Jakob Blanckenburg und Asche von Holle als Führer einer freiwilligen Reiterschar zur Erkundung auf. Unterwegs trafen sie Frauen, die Blanckenburg Met reichten. Von ihnen erfuhren sie, dass Männer in der Stadt waren, und nachdem der Quartiermeister etwas näher an die Stadt herangeritten war, zogen sie sich mit ihm zu ihren Leuten zurück. Denn sie hatten aus der Ferne vier Fähnlein der Bauern gesehen, die ihnen im Sturmlauf nachsetzten: Und später bekannten die Bauern selbst, sie hätten einen Geistlichen auf dem Kirchturm gehabt, der ihnen unter Lebensgefahr versichert habe, dass nur zweihundert

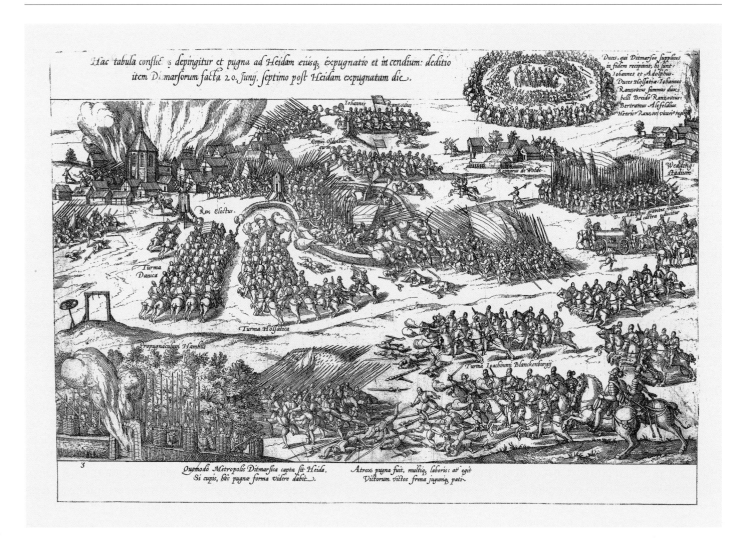

Kupferstich der Schlacht bei Heide am 13. Juni 1559.

ipsis affirmaverit ducentos tantummodo advenire equites. Quae causa fuit tam audacis eruptionis. Hostes quoque post collem abditi ita latebant, ut conspici ab ipsis non possent.[47] Ea quatuor vexilla cum paucis tormentis, quae secum advexerant, ubi longius progressa sub equitum conspectum venerunt, qui nuncio eo accepto vix acie instructa unaquaeque seorsum turma, ut eo acrio*[p. 115]*rem in hostes impressionem facerent, constiterant, pedem referre coeperunt.

Tum vero equites adactis repente calcaribus equis in vertentes terga agrestes invecti provolant stragemque faciunt. Rex designatus cum equitatu praetoriano secundum collem, ad cuius latus laevum palus erat, recta a fronte contra locum eum, quo tormenta ab hostibus erant collocata, irruit ipse primo in ordine decoris et fulgentibus armis generoso in equo conspicuus. Ad eius utrumque latus hinc inde Iohannes et Adolphus duces consanguinei sese inferebant et ipsi fere a fronte in tormenta euntes. Ioachimus autem Blanchenburgus capto retrorsum ambitu Adolphi turmam circumvectus oppidumque petens inter illud et equites praetorianos se medium cum alariis suis constituit, ita ut hostium nemo ad oppidum penetrare posset. Itaque hi ferme omnes trucidati ad octoginta saltem nonagintave circiter in paludem, quae regiae turmae a sinistris erat, fuga elapsis: quanquam et eorum complures, dum interim scloppetarii advenirent, ab ipsis interfecti sunt.

Atque ibi spectare fuit milites duos, cum bombardas displosissent, uni agrestium terga dare: nec medius fidius inter

Reiter kämen. Das war der Grund des wagemutigen Ausfalls. Feinde aber waren auch so geschickt hinter einem Hügel versteckt, dass sie von ihnen nicht eingesehen werden konnten. Die vier Fähnlein rückten nun mit wenigen mitgeführten Geschützen ziemlich weit vor. Sobald sie in Sichtweite der Reiter waren, die sich auf diese Meldung hin mehr schlecht als recht nach Einzelgeschwadern getrennt in Schlachtordnung aufstellten, um desto schärfer gegen den Feind vorgehen zu können, begannen sie sich zurückzuziehen.

Da geben plötzlich die Reiter ihren Pferden die Sporen, attackieren in schnellem Ritt die Bauern, die sich zur Flucht wenden, und richten ein Blutbad an. Der Thronprätendent stürmte mit der Gardekavallerie entlang dem Hügel, auf dessen linker Seite der Sumpf lag, geradlinig und frontal gegen den Punkt an, wo der Feind die Geschütze in Stellung gebracht hatte, er selbst in vorderster Linie, deutlich sichtbar in seiner prächtigen, blitzenden Rüstung und auf seinem edlen Pferd. Dabei stürzten ihm zu beiden Seiten hier Johann, dort Adolf, die Herzöge, seine Verwandten, vorwärts, indem auch sie beinahe frontal gegen die Geschütze vorgingen. Joachim Blanckenburg aber machte im Rücken einen Bogen um Adolfs Einheit, bewegte sich dann in Richtung der Stadt und ging mit seinem Geschwader mittig zwischen ihr und der Gardekavallerie in Stellung, sodass keiner der Feinde bis zur Stadt durchbrechen konnte. Und so wurden beinahe alle niedergemacht, bis auf etwa achtzig bis neunzig, die auf der Flucht in den Sumpf entkamen, der links von der Einheit des Königs lag: obwohl, als dann die Arkebusiere ankamen, etliche noch von ihnen getötet wurden.

Doch war dort auch zu sehen, dass zwei Soldaten, nachdem sie ihre Bombarden abgefeuert hatten, vor einem der Bauern davonliefen: Und weiß Gott ist der lange Spieß unter Waffen und Kriegsgerät nicht als das Schlechteste anzusehen, wenn jemand geschickt und richtig damit umgehen kann, wie man in diesem Krieg hat erkennen müssen. Die

---

47 De insidiis ab Holsato paratis dictum; cf. [H. Rantz.] 183 *(Es hielten aber unsere Leuthe hinter eynem Berge / darumb sie denn von ihnen also bald nit möchten gesehen werden).*

arma et tela militaria in extremis ponenda est hasta oblonga ei, qui probe scienterque uti noverit, quemadmodum hoc bello cognitum est. At scloppetarii, quoniam sequi *[p. 116]* recusando diu fuerant tergiversati plurimisque subsistentibus cunctanter admodum et segniter iter faciebant, ipsi turmam praetoriam regis, dum ab altero latere hostem fugientem persequuntur, vulneratis equis non levi detrimento affecerunt.

In eo conflictu fortes inprimis et clari viri sub praetorio praesertim regis vexillo aut illatis vulneribus sauciati aut caesi sunt. Iohannes Truzius Danus equitum magister, cum primum in hostes impetum fecisset, equo lapsus graviter in pectore[48] lancea vulneratus est. Nicolaus Truzius globo per corpus adacto traiectus, sed vulnere non lethifero. Ericus Podebuschius, et ipse Danus nobili ortus sanguine, ad latus regis glande ictus cecidit: eodemque fato Andreas quoque Frisius occubuit.

Caeterum dum fugientium passim vestigiis insistitur, saucii et exanimes abducuntur, ecce novem agrestium signa sese in conspectum dant. Quae ut longius sub incursum equitum patentem in campum proveherentur, universae equitum turmae post colles (ii omnino tres leviter assurgentes non procul oppido imminent) sese recipiunt occultantque, ne statim ab hostibus conspiciantur. Militum quoque cohortes, quotquot iam advenerant, composita ad praelium acie constituuntur, quos summus belli dux aliquandiu moratus sic continuit, quo hostes ulterius sese effunderent. Illi cum tormentis suis alacri*[p. 117]*ter oppido egressi pene ad tormenta usque hostilia procedunt vix triginta aut quadraginta passuum intervallo segregati.

Arkebusiere aber hatten lange gezaudert und sich geweigert zu folgen; sehr viele blieben stehen, sodass sie nur recht zögerlich und träge vorwärts kamen. Deshalb fügten sie selbst nun den Gardereitern des Königs, während die auf der anderen Flanke dem fliehenden Feind nachsetzten, schweren Schaden zu, indem sie die Pferde anschossen.

Bei diesem Treffen erlitten besonders tapfere und ausgezeichnete Männer vor allem unter dem Banner der königlichen Garde entweder Verletzungen oder wurden getötet. Der Däne Marschall Jens Truthsen stürzte beim ersten Angriff auf den Feind mit seinem Pferd und wurde an der Brust durch eine Lanze schwer verwundet. Klaus Truthsen wurde eine Kugel durch den Leib geschossen, aber die Wunde war nicht tödlich. Erich Podebusch, auch er ein dänischer Edelmann, fiel, von einer Kugel getroffen, an der Seite des Königs, und desselben Todes starb auch Andreas Friese.

Während man nun den Fliehenden überall auf den Fersen folgt, die Verwundeten und Toten abtransportiert werden, kommen plötzlich neun Fähnlein der Bauern in Sicht. Um sie weiter in den Aktionsradius der Kavallerie ins freie Feld vorrücken zu lassen, ziehen sich alle Reitergeschwader hinter die Hügel zurück (insgesamt erheben sich drei nicht weit entfernt leicht ansteigend über der Stadt) und bleiben in Deckung, um nicht gleich vom Feind gesehen zu werden. Auch alle bereits eingetroffenen Einheiten der Infanterie stellen sich in Schlachtordnung auf, aber der Feldmarschall wartet noch etwas ab und hält sie gefechtsbereit zusammen, damit sich die Feinde noch weiter verlaufen. Die ziehen mit ihren Geschützen schwungvoll aus der Stadt aus und rücken fast unmittelbar bis zu den feindlichen Geschützen vor, bis ein Abstand von kaum dreißig bis vierzig Schritt sie mehr trennt.

---

48 *Fortasse* femore *scribendum; cf. enim [H. Rantz.]* 184: Jens Trusen [...] wurde in den eynen Schenkel [...] verwundet.

Ibi equites iterum fortem et egregiam gnaviter operam praestant et in hostes irruunt. Regia turma, ne per medias cohortes perrumpere cogatur, reflectit sese et ad laevam oppidum praetergreditur. Reliqua signa praetoria et ala Blanchenburgi idem versus oppidum ad dexteram sese inferunt, ita ut ex hostibus nonnulli inter equitatum et milites medii intercluderentur. Hi in pratum fossis et aggere parvo cinctum recedere: ibique viriliter et impigre sese defendere usque adeo, ut quatuor in illos signiferis impetum facientibus uni eorum signum, cum id trans fossam saltu subsecuturus in terram ante se fixisset, eriperent, ad reliquos aggerem fossasque contis transvolantes (cuius rei usu longo et assuetudine peritissimi sunt agrestes) sese eicerent, eos quoque cum sociis in fugam compellerent.

Id Adolphus conspicatus, cum non procul inde equo insidens ad colliculum substitisset, cum paucis, quos ad corporis custodiam iuxta se habebat, advolat, manu signiferos corripit, utque in hostem sese convertant, inclamat in haec prorumpens verba: „An vos, signiferi atque milites, viros armis exercitatos et militiae semper deditos agrestibus et ignaris rei militaris hostibus, imo undique conclusis et iam *[p. 118]* prope victis tam turpiter terga praebere non pudet? Vultis novo dedecore et ignominia culpam, quam dudum haud levem in itinere progredi tergiversantes commisistis, accumulare et exulcerare? Este memores honoris et existimationis vestrae, sistite fugam, signa in hostes semivictos convertite, si noxae pristinae et iniuriae memoriam fortiter et intrepide audendo abolere et extinguere cupitis! Quod si feceritis, fidem do vobis, quaecunque nocte praeterlapsa minus recte et obsequenter perpetrata a vobis sint, condonata

Dort zeigt die Kavallerie wiederum tapferen und vorbildlichen Einsatz und attackiert den Feind. Um nicht gezwungen zu sein, mitten durch die Einheiten der Infanterie durchzubrechen, schwenkt das Geschwader des Königs zur Seite und bewegt sich linker Hand an der Stadt vorbei. Die übrigen Einheiten der Garde und die Schwadron Blanckenburgs stürmen zur Rechten ebenfalls in Richtung auf die Stadt, sodass einige der Feinde mitten zwischen der Kavallerie und der Infanterie eingeschlossen wurden. Sie zogen sich auf eine Weide zurück, die von Gräben und einem Knick gesäumt war: Und dort verteidigten sie sich mannhaft und energisch. Als vier Fähnriche sie angriffen, kam es sogar dazu, dass sie einem von ihnen, der seine Fahne auf der anderen Seite des Grabens vor sich in die Erde gerammt hatte und hinterherspringen wollte, die Fahne entrissen, sich auf die anderen stürzten, indem sie an Stangen über den Knick und die Gräben setzten (eine Kampfesweise, die die Bauern durch lange Übung und Gewohnheit glänzend beherrschen), und auch sie und ihre Gefährten in die Flucht schlugen.

Adolf sah, was geschah. Er war unweit von dort auf seinem Pferd bei einem kleinen Hügel stehengeblieben, zusammen mit einigen wenigen Männern, die er als Leibwache bei sich hatte. Jetzt sprengt er heran, packt die Fähnriche mit den Händen, schreit ihnen zu, sich zum Feind umzudrehen, und herrscht sie an: „Fähnriche! Soldaten! Schämt ihr euch nicht, dass ihr, als geübte Kämpfer immer im Kriegsdienst, einem Feind, der aus Bauern besteht und vom Kriegswesen keine Ahnung hat, ja der von allen Seiten eingeschlossen und schon so gut wie besiegt ist, so feige den Rücken zukehrt? Wollt ihr durch neue Schimpf und Schande die schwerwiegende Schuld, die ihr auf euch geladen habt, als ihr auf dem Weg den Weitermarsch verzögertet, noch viel schlimmer machen? Denkt an eure Ehre und euren Ruf! Bleibt stehen! Kehrt eure Fahnen gegen den halb besiegten Feind, wenn ihr das Andenken an euer früheres sträfliches Versagen durch

vobis omnia et oblivioni perenni obtrita et obliterata esse debere." Quibus verbis, ut conversi hostibus ora vultumque praeberent, vix eos potuit adducere.

Ipse incitato stimulis equo in globum agrestium perrumpit et unum imprimis glande sclopetto breviore impulsa petit traicitque. Is vero vulnere haud tardante vicissim insurgens in ducem — qui totum armis sese exuerat, quoniam is dies, ut erat tum anni tempus, admodum esset aestuosus iterque longinquum, ut praeoccupato amniculo hostem suo cum bono et commodo anteverterent, nocte tota dieque sine intermissione confecissent, alteram praeterea noctem ludendo cum rege insomnis forte absumpsisset essetque post primam in hostes impressionem et aestu nimio et labore itineris defatigatus — in *[p. 119]* dorso supra coxendicem, qua spinae coniungitur, eum alaparda (sic usitatum nostris illud armorum genus vocant) graviter sauciat. Praeviderat hominem avidum impetendi sui insano impetu in se proruere princeps et aversum prope latus equi sese paululum incurvans demiserat: id nisi fecisset, eodem loco fuisset lethaliter ab eo confossus. Quo accepto vulnere mandat suis, ut quam occultissime se abducant, ne milites equitesve ulli persentiscant, quibus eo facto metus aliquis et consternatio inferri posset.[49] Eductus itaque est praelio triiugo celeri curru eratque adeo durum et immite vulnus, ut ex patente eius hiatu acceptum per os spiritum redderet: idque ei in pago non longe ultra amnem praesenti ope chirurgica alligatum applicatisque fomentis lenitum est.

tapferen, furchtlosen Wagemut ganz auszutilgen wünscht! Wenn ihr das tut, dann verspreche ich euch, dass alles, was ihr letzte Nacht durch Fehlverhalten und Ungehorsam angerichtet habt, vergeben und für immer voll und ganz vergessen sein soll!" Mit diesen Worten konnte er sie mit Mühe und Not dazu bringen, sich umzudrehen und dem Feind offen die Stirn zu bieten.

Er selbst gibt seinem Pferd die Sporen und bricht sich Bahn durch die dicht gedrängten Bauern. Dabei zielt er vor allem auf einen und trifft ihn mit einem Schuss aus einer Pistole. Den aber behindert die Verletzung nicht, sondern er geht seinerseits auf den Herzog los und verwundet ihn mit einer Hellebarde (so nennt man diese hierzulande verbreitete Waffenart) schwer im Rücken oberhalb des Hüftbeins, dort, wo es sich mit dem Rückgrat verbindet — denn Adolf hatte die Rüstung ganz abgelegt, weil jener Tag der Jahreszeit entsprechend ziemlich heiß war und weil sie, um durch die vorherige Einnahme des Baches dem Feind zu ihrem Nutzen und Vorteil zuvorzukommen, die ganze Nacht und den Tag ohne Pause einen weiten Weg zurückgelegt hatten, er außerdem eine weitere Nacht beim Spiel mit dem König ohne Schlaf zugebracht hatte und nach dem ersten Ansturm auf die Feinde sowohl von der großen Hitze als auch von den Strapazen des Marsches todmüde war. Er hatte zuvor gesehen, dass sich der Mann, der es auf ihn abgesehen hatte, mit wütendem Angriff auf ihn stürzte, und hatte sich auf der von ihm abgewandten Seite seines Pferdes ein wenig nach unten weggeduckt: wenn er das nicht getan hätte, hätte ihn an Ort und Stelle der tödliche Stoß des Angreifers getroffen. Als er nun verletzt ist, befiehlt er seinen Leuten, sie möchten ihn möglichst heimlich wegbringen, damit keine Soldaten oder Reiter etwas bemerken, die deswegen in Furcht oder Bestürzung geraten könnten. Und so wurde er auf einem schnellen dreispännigen Wagen vom Schlachtfeld abtransportiert. Er war so schwer und bedroh-

---

49 Quo accepto [...] inferri posset *deest apud Regium.*

Quo animadverso a militibus, quorum pars maxima iam confluxerat (nam duo circiter millia, ut animorum libidini morem gererent, ne pedem quidem loco moverant neque quisquam ex illis huic pugnae interfuit, quos scilicet omnes suspendio mulctatos in exemplum caeteris statui opportuisset), quanquam et continuo labore viae et aestu intolerabili vehementer essent lassi omnes, acri facto impetu in illos irruunt, ita ut universos inde propellerent. Ex his trecenti circiter angusto in loco, in quem incumbentium militum celeritate turmatim et perquam arcte erant conclusi, quasi in cumulo conferti *[p. 120]* restiterunt. In quos caeteris cunctantibus fortis et audacis animi miles, cum de plaustro axem duabus cum rotis et temone, quo tormentum fuerat advectum, quasi munimentum corporis ante se promovisset, machaera sive spatha oblonga lataque (quod genus ingentes gladii nostro saeculo valde usitati sunt, et qui eos gerunt milites ambabus manibus regentes, hastariis miscentur) corpora metens primus irruptionem facit. Nec mora, eum commilitones audacter sequuntur, et quoquot agrestium ab ipsis non sunt interfecti, ii, cum trans aggerem adversum praecipites sese demitterent, aut in equites aut caeteros milites inciderunt, ita ut maxima[50] ex illis quoque pars concisa et deleta sit.

lich verletzt, dass aus der klaffenden Wunde die durch den Mund eingeatmete Luft ausströmte. Sie wurde ihm in einem Dorf nicht weit jenseits des Baches sofort durch einen chirurgischen Eingriff geschlossen, und ein Verband brachte Linderung.

Der größte Teil der Soldaten war bereits zusammengeströmt (denn etwa zweitausend hatten, um nur ihrem persönlichen Belieben zu dienen, auch nicht einen Fuß von der Stelle gerührt, und keiner von ihnen war in dieser Schlacht dabei — eigentlich hätte man sie alle aufknüpfen müssen, um an ihnen für die anderen ein Exempel zu statuieren). Obwohl sie alle sowohl von der unablässigen Mühe des Marsches als auch von der unerträglichen Hitze sehr erschöpft waren, drangen sie, als sie bemerkt hatten, was geschah, mit solcher Heftigkeit auf die Feinde ein, dass sie sie alle von dort vertreiben konnten. Etwa dreihundert von ihnen setzten sich wie zu einem Haufen zusammengedrängt an einer beengten Stelle zur Wehr, an der durch die Schnelligkeit der nachsetzenden Soldaten dicht an dicht mehrere Einheiten eingeschlossen worden waren. In ihre Reihen bricht, als die anderen zögern, ein tapferer und wagemutiger Soldat ein, nachdem er eine Wagenachse mit zwei Rädern und Deichsel, auf der ein Geschütz herangeführt worden war, zur Deckung seines Leibes vor sich hergeschoben hatte, und mäht mit seinem Schwert bzw. einem länglichen, breiten Säbel ihre Leiber nieder (derartige riesige Schwerter sind in unserer Zeit sehr gebräuchlich; die Soldaten, die sie tragen und doppelhändig führen, werden gemeinsam mit den Lanzenträgern eingesetzt). Unverzüglich folgen ihm seine Kameraden mutig nach, und alle Bauern, die nicht schon von ihnen getötet wurden, die trafen, als sie sich blindlings über den gegenüberliegenden Knick absetzten, entweder auf die Reiter oder auf die anderen Soldaten, sodass auch sie größtenteils niedergehauen und aufgerieben wurden.

---

50 maximè *Iobinus*.

Interea temporis equestres turmae in oppidum irrumpunt, sed quia hostibus illic detrimentum fere nullum inferre poterant eosque oppidani ex aedibus quasi anates aliasve feras volucres certis et destinatis ictibus passim sclopettis petebant, mox inde sese recipiunt, cum quidem peditatus subsidio carerent. Atqui rectius fecissent, quandoquidem ipsis, ut id facerent, non erat imperatum, si ea oppidi invasione plane abstinuissent. Supra caeteros enim, qui tunc aut vulnerati aut caesi sunt, Marquardus Rannovius unicus parentis sui filius eiusque familiae nobilis haeres ultimus sub dorsum in vesica glande parva ictus est: ex quo vul*[k][p. 121]*nere non ita multo post Itzohoae fatis concessit et cadaver in patriam revectum est.

Durante eo ad Heidam certamine Mauricius Ranzovius, simulac flammas in sublime volantes procul conspexit tormentorumque displosiones et bombos auribus hausit, ab Hemmingstadio cum sexaginta equitum ala eo advolat oppidumque contra sese opponit, ita ut, qui in oppido erant, si fugam capere vellent, elabendi viam nullam invenirent, quin in equites incurrerent. Quo viso Dithmarsi, quorum pars aliqua ad id usque temporis caeteris partim saltu ad terram missis, partim fuga elapsis pertinaciter resistens locum suum defenderat, universi penitus in fugam sese effundunt oram palustrem petentes, quae fossis undique et paludibus circumsepta non facilem hostibus accessum praebet. Ipsi primo contuitu socii et imprimis milites ignorare, sui an hostes essent, qui equos nacti eos conscendissent. Trecentos demum circiter agrestes, qui ex fuga eo declinantes deferebantur, Mauricius equitatu suo ita excepit, ut labentes et humi strati terram corporibus tegerent. Ab illis vicissim Theodoricus ab Holle vulnere fatali confossus est.

In der Zwischenzeit fallen Reiterschwadronen in die Stadt ein, aber weil sie gegen den Feind dort fast nichts ausrichten konnten und die Stadtbewohner auf sie wie auf Enten oder andere Wildvögel überall aus den Häusern genau gezielte Musketenschüsse abgaben, ziehen sie sich schnell wieder von dort zurück; denn ihnen fehlte die Unterstützung durch die Infanterie. Sie hätten sich allerdings richtiger verhalten, wenn sie, weil sie ja keinen Befehl erhalten hatten, so etwas zu tun, ganz darauf verzichtet hätten, in die Stadt einzudringen. So wurde, abgesehen von anderen, die damals verwundet oder getötet wurden, Marquardt Renow, der einzige Sohn seines Vaters und letzte Erbe jener adligen Familie, unterhalb des Rückens von einer kleinen Kugel in die Blase getroffen: An dieser Verletzung verstarb er nicht viel später in Itzehoe. Der Leichnam wurde nach Hause überführt.

Während die Schlacht bei Heide andauert, reitet eilends Moritz Rantzau, sobald er gesehen hatte, wie die Flammen in die Höhe schlugen, und ihm die Explosionen und der Geschützdonner in den Ohren klangen, mit einer Schwadron von sechzig Reitern aus Hemmingstedt herbei und geht gegenüber der Stadt in Stellung, sodass diejenigen, die in der Stadt waren, falls sie fliehen wollten, keinen Ausweg fänden, ohne auf Kavallerie zu treffen. Bei diesem Anblick stieben die Dithmarscher, von denen sich ein Teil noch bis zu diesem Zeitpunkt hartnäckig gewehrt und seine Stellung verteidigt hatte, während der Rest teils im Sprung zu Boden gestreckt, teils durch Flucht entkommen war, allesamt heillos davon in die Richtung der Marsch, die, überall von Gräben und Sümpfen umgeben, einem Feind keinen leichten Zugang bietet. Selbst die Verbündeten, vor allem die Soldaten, wussten auf den ersten Blick nicht, ob es die eigenen Leute oder Feinde seien, die sich Pferde verschafft und sie bestiegen hätten. Schließlich bereitete Moritz etwa dreihundert Bauern, die eine Abweichung von ihrem Fluchtweg dorthin verschlug, mit seinen Reitern einen solchen Empfang, dass sie

Caeterum agrestes, tametsi magna clade victi dissipatique sola fuga se manibus hostium eripuissent, in palustri tamen terrae situ ex fuga conglobati et quasi vim omnem et impetum hostilem excepturi repulsurique *[p. 122]* constiterunt, cum sole iam occidente advesperasceret. Quapropter dux belli Ranzovius mox equitatum eo contendere et hostibus sese obicere atque obsistere iubet, dum ipse ad capiendum oppidum milites educat, ne interim a tergo in eos impetum facerent, ipsique praeterea milites ad illud invadendum essent audentiores. Quod pluribus statim locis incensum est.

Inde universas simul cohortes oppido admovet etiam reclamantibus plerisque, quibus hoc consilium eius vehementer displicebat. At ipse nullis adversantium clamoribus de sententia et instituto dimoveri sese patiebatur, cum existimaret, nisi agrestes oppido profligaret expelleretque, tota ea nocte exercitum omnem quietem nullam habiturum. Tum primum frequentes et terribiles reboantium tormentorum fragores et tonitrua exorta, cum et incendia in oppido, quae ab iniectis facibus coeperant, libere lateque vagarentur, ut intrare hostes haud temere formidarent, et coloni inessent vastis et lacertosis corporibus robustissimi, qui uti in supremo vitae discrimine pertinacissime dimicabant, donec universi vel occisi vel concremati mortem oppeterent.

Quo oppido capto milites mulsum et cerevisiam (ut vocant liquorem frumento et lupulo excoctum) nacti ad revocandas paulisper ea potione vires siti et inedia et aestu et

fielen und am Boden niedergestreckt die Erde mit ihren Leibern bedeckten. Von ihnen wurde seinerseits Dietrich von Holle mit einem tödlichen Stich durchbohrt.

Obwohl die Bauern nun eine schwere Niederlage erlitten hatten und sich nur in Auflösung und Flucht aus den Händen des Feindes hatten losreißen können, sammelten sie sich nach der Flucht dennoch in der Marsch, und als die Sonne schon unterging und es Abend wurde, stellten sie sich auf, als wollten sie der geballten Kraft eines feindlichen Angriffs standhalten und sie abwehren. Deswegen befiehlt Oberbefehlshaber Rantzau sogleich der Kavallerie, sich dorthin zu begeben, sich dem Feind entgegenzuwerfen und gegenzuhalten, während er selbst die Soldaten zur Eroberung der Stadt führe, damit man ihnen nicht unterdessen in den Rücken fiele und dazu auch die Soldaten selbst bei dem Angriff mutiger wären. Man zündete den Ort sofort an mehreren Stellen an.

Dann rückt er mit allen Einheiten zugleich gegen die Stadt vor, selbst als viele protestieren, die mit seinem Plan überhaupt nicht einverstanden waren. Er selbst aber ließ sich durch kein Geschrei seiner Kritiker von seiner Beurteilung der Lage und seinem Entschluss abbringen, denn er meinte, wenn er die Bauern in der Stadt nicht niederwürfe und vertriebe, würde das gesamte Heer die ganze Nacht keine ruhige Minute haben. Da erhob sich dann vielmals der schreckenerregende, lärmende Donner widerhallender Geschütze, während sich zum einen das Feuer, ausgelöst durch hineingeschleuderte Brandfackeln, ungehindert weit ausbreitete, sodass sich der Feind nicht von ungefähr fürchtete einzudringen, und sich zum anderen Bauern mit gewaltigen, muskulösen Leibern von großer Kraft dort befanden, die, da es endgültig um ihr Leben ging, mit größter Hartnäckigkeit kämpften, bis sie alle erschlagen oder verbrannt ihr Leben ließen.

Nach Einnahme der Stadt beschafften sich die Soldaten Met und Bier (so nennt man eine Flüssigkeit, die aus Getreide und Hopfen gebraut wird) und begannen, sich dieses

defatigatione pene amissas uti coeperunt: sed non *[k 2][p. 123]* permissum, ut longiorem ingurgitandis illis in oppido moram facerent. Quandoquidem enim sol ex conspectu iam sese subduxisset, non videbatur Ranzovio ex re esse ibi lentius agere aut commorari diutius militesque ad locum tormentorum, ad quae relictus cum haud multis rex substiterat, reduxit: hostilia vero tormenta conquisita et in cumulum congesta secum avexit et Blanchenburgum cum ala sua in extremis collocatum tutari agmen iussit, donec castra posita et tormenta constituta essent.

Ita uno die ter in hostem irruptio facta pugnaeque trinae et ipsae quidem acerrimae gravissimaeque consertae sunt. Equites nulla interposita laboris remissione equis insessis iter facientes viginti quatuor amplius horas inediam sitimque patientissime tolerarunt adeo, ut ex regiis satellitibus unus prae lassitudine animo deficiens sub equum delaberetur animamque redderet. Erant enim Meldorpa sub vesperam egressi horam circiter tertiam aut quartam noctemque insequentem profecti totam exegerant nec prius tentoriis collocatis quies fuit data, quam altero die sol occidisset. Equidem vix erat credibile equos tanto conficiendo itinere laborem tantum, in eo praesertim canicularis syderis rabioso molestissimoque ardore perpeti et sustinere potuisse.

Et fuerat agressus ex itinere rex sum*[p. 124]*mum ducem belli, dum Heidam properaret, ut, si consultum ipsi videretur, siquidem multum spacii et viae progrediendo iam emensi essent, multum laboris et molestiae pertulissent, via paulisper abscederent et quiescerent. Id quod nonnulli, inter quos et

Getränks zu bedienen, um nach und nach wieder zu Kräften zu kommen, die ihnen durch Durst, durch Hunger, durch Hitze und durch Erschöpfung fast ganz abhanden gekommen waren: Aber es gab keine Erlaubnis, länger in der Stadt zu verweilen, um sich damit volllaufen zu lassen. Denn da ja schon die Sonne nicht mehr zu sehen war, hielt Rantzau es nicht für sinnvoll, dort zu langsam zu werden oder zu lange zu verweilen, und er führte die Soldaten zur Stellung der Geschütze zurück, bei denen der König mit wenigen Leuten stehengeblieben war. Die Geschütze des Feindes ließ er einsammeln und zusammenbringen; dann nahm er sie mit. Blanckenburg befahl er, mit seinem Geschwader als Nachhut die Marschkolonne zu sichern, bis das Lager aufgeschlagen und die Geschütze in Stellung gebracht wären.

So stürmte man an einem einzigen Tag dreimal feindliche Stellungen. Drei Schlachten, und zwar besonders hart umkämpfte und wichtige, wurden geschlagen. Die Reiter ertrugen in ununterbrochenem Einsatz mehr als vierundzwanzig Stunden im Sattel Hunger und Durst mit so unendlicher Geduld, dass ein Gardereiter des Königs vor Erschöpfung ohnmächtig wurde, unter sein Pferd hinabglitt und den Geist aufgab. Sie waren nämlich am späten Nachmittag zwischen drei und vier Uhr aus Meldorf aufgebrochen, hatten die folgende Nacht ganz auf dem Marsch verbracht und hatten nach Aufbau der Zelte erst Nachtruhe, als am nächsten Tag die Sonne untergegangen war. Überhaupt war es kaum zu glauben, dass die Pferde auf einem so weiten Ritt eine solche Belastung, zumal angesichts der mörderischen, extrem unangenehmen Hitze der Hundstage, hatten ertragen und aushalten können.

Auch hatte der König auf dem Marsch dem Feldmarschall, während er Heide zueilte, vorgeschlagen, man könne doch, wenn es ihm ratsam erscheine, da sie im Vorrücken ja schon viel an Raum und Strecke gutgemacht, viel an Mühe und Belastung ertragen hätten, für kurze Zeit die Straße verlassen

antistes Lubecensium erat, magnopere probabant nec inepte omnino aut futiliter suaderi videbatur. Verum dux belli veteri suo constanter innixus consilio, ut nullum hostibus sese colligendi confirmandique spacium daret, id aperte regi dissuadebat inter caetera ita inquiens: „Sinemus ergo rei bene prospereque gerendae occasionem manibus elabi teque, rex inclyte, eo abscessu et mora haud absimili fugae et trepidationi formidolosae rusticis fugitivis terga dantem conspiciemus? Ego certe malim nunquam in hanc lucem me editum quam in tam secundo victoriae cursu tantum dedecus sustinere et admittere." Ad quae rex sese assentiri et una progredi velle rettulit atque sic eodem die pugnatum et in pagum irruptio communi consilio facta est.

At postquam in locum destinatum, quo rex cum paucis ad custodiam tormentorum remanserat, copiae omnes equitum peditumque coierunt, oritur controversia, ubinam castra metari praestet. Nonnulli, quorum et equi et ipsi quoque adeo lassi aestuque confecti et excocti erant, vix ut progredi ultra et pedem figere possent, in hanc manibus *[k 3][p. 125]* pedibusque sententiam ibant, ut eodem loco castra locarentur. Illud vero quia omnino inconsultum erat et tum rex ipse, tum summus dux belli improbabant, quod is locus oppido propinquus esset longiusque inde exercitus, si manerent, adaquare cogeretur et praeterea Adolphus in pago Vilsa saucius substitisset, repudiatum est decretumque retro Hammam[51] ire ibique fixis tentoriis noctem agere. Quod et factum est positaque ad Hammam secundum amniculum castra iamiamque

und rasten. Dem stimmten etliche, darunter auch der Bischof von Lübeck, mit Nachdruck zu, und es schien durchaus kein verfehlter oder unsinniger Rat zu sein. Der Oberbefehlshaber aber verließ sich standhaft auf seinen alten Plan, dem Feind keinen Raum zu geben, sich zu sammeln und wieder Tritt zu fassen. Er riet dem König offen davon ab und sagte unter anderem: „Wollen wir also zulassen, dass uns die Gelegenheit zu glücklichem, erfolgreichem Handeln aus den Händen gleitet? Werden wir mit ansehen müssen, wie du, ruhmreicher König, durch dieses Ausweichen und diese Zeitverzögerung, die einer Flucht und furchtsamem Zaudern sehr ähnlich sieht, vor den flüchtigen Bauern den Rücken wendest? Ich jedenfalls möchte gewiss lieber nie das Licht der Welt erblickt haben als eine solche Schande zu ertragen und zuzulassen, während alles so glücklich und siegreich voran geht." Darauf antwortete der König, er stimme zu und wolle mit vorrücken, und so kam es durch gemeinsamen Beschluss zum Sturm auf den Ort.

Aber nachdem sich alle Einheiten der Kavallerie und der Infanterie an dem befohlenen Ort gesammelt hatten, wo der König mit wenigen Leuten zur Sicherung der Geschütze zurückgeblieben war, entstand darüber Streit, wo man eigentlich am besten das Lager abstecken solle. Etliche, deren Pferde ebenso wie sie selbst dermaßen erschöpft und durch die Hitze so ausgelaugt und am Ende waren, dass sie kaum noch weiter vorrücken oder einen Fuß vor den anderen setzen konnten, sprachen ganz entschieden dafür, an Ort und Stelle das Lager aufzuschlagen. Weil das aber alles andere als vernünftig war und bald der König selbst, bald der Feldmarschall kritisierten, dass jener Ort zu nahe an der Stadt liege, das Heer, wenn sie dort blieben, gezwungen sei, von weit her Wasser zu holen und sich Adolf darüber hinaus noch verwundet in dem Dorf Wesseln aufhalte, wurde es abgelehnt, und man beschloss, zur Hamme zurückzumarschieren und dort die Zelte zum Nachtlager aufzuschlagen. Das ge-

---

51 nach dem Damme *[H. Rantz.]* 187, nha dem Damme (Ouwbrug) *Neoc.* 2 *p.* 214, *recte ut videtur.*

nocte ingruente. In fronte aenea tormenta, postea peditatus collocari, inde equitatus ad exitum amnis succedere propter summam equorum lassitudinem. Pro certo enim credebatur agrestes insana animorum ferocia vehementer tumentes et temeraria quadam pertinacique confidentia plenos usque adeo, ut aequo iniquo loco pugnam capessere iuxta haberent, nequaquam noctu quietem acturos, quin denuo in castra incursionem facerent.

Insequenti nocte et oriente die altera plurimi passim praestantes et generosi equi exanimati sunt confecti ardore pridiano solis et laboris intolerantia. Adolphus autem in castra, ubi sui tenderent, curru vehi se iussit, quo tutior ad exercitum esset. Eum rex coenatus horam circiter duodecimam noctis comiter invisit et profecto graviter admodum ex vulnere laborabat, ita ut familiares eius et ministri de vita diffiderent. Porro in triplici eius diei proelio ex *[p. 126]* Dithmarsis, qui caesi post inventi numeratique sunt, praeter eos, qui saucii per noctem reptando evaserant et postea expirarunt, circiter tria millia occubuerunt. Ab altera parte milites neque laboris neque periculi multum adeuntes parvo quoque incommodo affecti sunt stetitque potissimum ea per equites victoria, quorum pars modica caesi, pars vulnerati sunt et in universum tamen caesorum numerum non supra trecentos fuisse constat.

Inter clarioris nominis et ortus proceres, cum quorum antea meminimus, tum Oldenburgicus comes sub mento glande ictus, summus praefectus belli Ioannes Ranzovius fragmine pilae resilientis supra genu, Ivo Reventlovius per

schah dann auch, und als schon der Abend dämmerte, schlug man bei der Hamme längs einem Bach das Lager auf. Vorne wurden die bronzenen Feldgeschütze, dahinter die Infanterie platziert, dann folgte wegen der extremen Erschöpfung der Pferde die Kavallerie dort, wo der Fluss austrat. Denn man nahm ganz sicher an, dass die Bauern im Überschwang ihrer irrwitzigen Wildheit und beseelt von einer derart ruchlosen und hartnäckigen Zuversicht, dass es ihnen gleichgültig war, ob sie sich in günstigem oder ungünstigem Gelände in den Kampf stürzten, bei Nacht keineswegs Ruhe geben, sondern das Lager erneut stürmen würden.

In der folgenden Nacht und am nächsten Morgen verendeten überall sehr viele schöne und edle Pferde, erledigt von der brennenden Sonne des vergangenen Tages und von ihrer Unfähigkeit, solche Strapazen durchzustehen. Adolf aber ließ sich auf einem Wagen in das Lager bringen, wo seine Leute kampierten, um beim Heer sicherer zu sein. Nach dem Essen stattete ihm der König gegen Mitternacht freundlich einen Besuch ab, und wirklich machte ihm die Verletzung sehr schwer zu schaffen, sodass seine Vertrauten und seine Leibdiener die Hoffnung aufgaben. Insgesamt starben in der dreifachen Schlacht dieses Tages an Dithmarschern, die hinterher erschlagen aufgefunden und gezählt wurden, abgesehen von denen, die nachts verwundet davongekrochen waren und erst danach den Geist aufgaben, etwa dreitausend. Auf der anderen Seite hatten die Soldaten, die weder viel Mühe noch viel Gefahr ausgesetzt waren, auch nur wenig auszustehen. Der Sieg beruhte vor allem auf den Reitern, von denen ein kleiner Teil erschlagen und ein Teil verwundet wurde, wobei dennoch feststeht, dass die Gesamtzahl der Erschlagenen nicht größer als dreihundert war.

Unter den Adligen von glanzvollerem Namen und Herkunft wurden außer den schon Genannten der Graf von Oldenburg von einer Kugel unter dem Kinn getroffen. Feldmarschall Johann Rantzau wurde von dem Splitter eines

pedem, Paulus Ritzerovius et Borchardus ab Alevelt per crus uterque, Iohannes Ranzovius iunior per lumbum pilis minoribus adactis sauciati sunt. Eodem corporis loco et Gregorius ab Alevelt globo traiectus isque, quia initia vulneris negligentius curata erant, nono post die Rendesburgi vita decessit. In cuius locum post acceptum vulnus, quod vexillum turmae praetoriae Adolphi gereret, Ioachimus Ranzovius successit. Baroni praeterea a Donou manus perfossa et legatus Iohannis Ranzovii Franciscus Bulovius in pectore hasta vulneratus est. Ipse denique rex designatus in hac pugna fuisset glande interfectus, nisi Bertramus ab Alevelt citato cursu irruens in *[k 4][p. 127]* eum, qui oculis in regem versis collimans id facere destinabat, avertisset: isque illata sclopetto plaga Bertramum ita exercuit, ut sub equum caderet, et confecisset omnino, nisi rex mutuam ei opem tulisset.

Eadem nocte castra vigiliis diligentissime munita sunt. Nam novem circiter stationariae peditum cohortes in excubiis sunt collocatae et equitatus pro se quoque intentus haud negligenter rerum suarum curam gessit. Etsi vero exigua eo loco annonae copia fuit, milites tamen cerevisiam, quanta ad sitim restinguendum sufficeret, adepti sunt eaque per legiones et cohortes est distributa. Ex Dithmarsis postea confecto bello cognitum, si sclopettarios ineunte bello stipendiis conductos, quos contra naves Danicas (quarum supra mentionem fecimus) secundum Albim ad eas arcendas universos constituerant, in tantulo temporis momento revocare potuissent, voluisse ipsos denuo fortunam suam periclitari hostesque impetu nocturno in castra illato aggredi. Sane id inceptum infeliciter et calamitose ipsis cessisset. Quippe erat om-

Querschlägers über dem Knie, Iven Reventlow durch den Fuß, Paul Ritzerow und Burkhart von Ahlefeldt beide durch das Bein und Johann Rantzau der Jüngere mit kleinen Kugeln durch die Lende geschossen und verwundet. An demselben Körperteil traf auch Gregor von Ahlefeldt ein Schuss, und er verstarb acht Tage später in Rendsburg, weil seine Wunde anfangs nicht sorgfältig behandelt worden war. An seinen Platz rückte, sobald er die Verletzung erlitten hatte, weil er die Fahne der Gardereiter Adolfs trug, Joachim Rantzau nach. Außerdem wurde dem Freiherrn von Dohna die Hand durchstoßen, und der Stellvertreter Johann Rantzaus, Franz Bülow, wurde mit einer Lanze an der Brust verwundet. Schließlich wäre auch der Thronprätendent selbst in dieser Schlacht erschossen worden, wenn nicht Bertram von Ahlefeldt es verhindert hätte, als er sich in rasendem Galopp auf einen Feind stürzte, der, die Augen seitlich auf den König gerichtet, genau das zu tun beabsichtigte. Der nun versetzte Bertram mit seiner Arkebuse einen Schlag, brachte ihn damit so in Bedrängnis, dass er unter sein Pferd fiel, und hätte ihn endgültig erledigt, wenn sich nicht der König bei ihm für die Hilfe revanchiert hätte.

In derselben Nacht wurde das Lager besonders sorgfältig durch Wachen gesichert. Denn etwa neun Fähnlein der Infanterie wurden zum Wachdienst eingeteilt und auch die Reiter passten aus eigenem Antrieb auf und trugen aufmerksam Sorge für ihre Sicherheit. Obwohl es dort aber nur einen kleinen Vorrat an Getreide gab, konnten sich die Soldaten dennoch genug Bier verschaffen, um ihren Durst zu löschen, und es wurde unter den Regimentern und Fähnlein verteilt. Von den Dithmarschern erfuhr man nach Kriegsende, dass sie ihr Glück noch einmal hätten versuchen und den Feind mit einem Nachtangriff auf das Lager hätten angreifen wollen, wenn sie die am Anfang des Krieges gegen Sold verpflichteten Arkebusiere in so kurzer Zeit hätten abkommandieren können, die sie alle zur Abwehr gegen die oben erwähnten

nino planus patensque et equorum usui aptissimus ante castra locus et haud difficulter peditatus, qui iam omnis coiverat, tam diu sustinuisset agrestes, quoad equites universi convenissent. Quo facto, quotquot in id tempus eo bello Mars reliquos fecerat, et ipsi quoque universi vita spo*[p. 128]*liati fuissent.

Postridie eius diei propter equos oppido quam defatigatos quies acta est et nihilo tamen minus in consilio deliberatum, quo pacto reliquiae hostium delerentur. Est enim Dithmarsia, quemadmodum et confinis ei Holsatia (quod priore libro demonstravimus) in duas omnino partes divisa, campestrem et palustrem. Illa superatis fugatisque ad Heidam incolis iam tota in victoris exercitus potestatem concesserat, cum ea clade suorum nunciata et reliqui, qui loca oppidaque intacta et intentata ab hostibus in ipsa obtinebant, in palustrem effugissent. In hanc exundantem aquis fossisque ac paludibus ab ipsa natura egregie munitam in ipso belli exortu et passim post pleramque inutilem ad arma gerenda aetatem imbellemque sexum et res suas chariores contulerant et demum post ultimam gravissimamque eam acceptam plagam omnes ex fuga superstites turmatim in eam sese receperant atque conferti omnes unumque in agmen densati, quotquot arma ferre possent, consistebant quasi extremam ibi propugnando belli aleam subituri. Itaque consultabatur ab hostibus altera iam capta subactaque, qua ratione et illa Dithmarsiae pars in potestatem redigi posset.

dänischen Schiffe entlang der Elbe stationiert hatten. Dieses Vorhaben wäre allerdings unglücklich und katastrophal für sie ausgegangen. Denn das Gelände vor dem Lager war ganz flach und offen, für den Einsatz der Pferde perfekt geeignet, und die Infanterie, die sich bereits vollständig gesammelt hatte, hätte die Bauern so lange aufgehalten, bis alle Reiter eingetroffen wären. Danach hätten all diejenigen, die Mars in diesem Krieg bisher übrig gelassen hatte, auch ausnahmslos das Leben verloren.

Am folgenden Tag wurde wegen der völlig erschöpften Pferde gerastet. Nichtsdestotrotz beriet man aber im Kriegsrat darüber, auf welche Weise die Reste des Feindes zu zerschlagen seien. Denn Dithmarschen ist ebenso wie das ihm benachbarte Holstein (wie im ersten Buch dargelegt) insgesamt in zwei Teile gegliedert, in Geest und Marsch. Erstere war nach dem Sieg bei Heide und der Vertreibung der Einheimischen bereits ganz in die Gewalt des siegreichen Heeres übergegangen. Auf die Nachricht von der Niederlage ihrer Landsleute hin waren nämlich auch die verbliebenen Dithmarscher, die in der Geest noch Orte und Städte hielten, die von keinen Versuchen des Feindes betroffen waren, in die Marsch entflohen. In dieses wasserreiche, durch Gräben und Sümpfe von der Natur selbst bestens befestigte Gelände hatten sie gleich zu Beginn des Krieges und die ganze Zeit danach den Großteil des zum Kriegsdienst untauglichen Alters und des friedlichen Geschlechts sowie ihren wertvolleren Besitz evakuiert. Schließlich hatten sich nach jener letzten und schwersten Niederlage alle Überlebenden auf der Flucht truppweise dorthin zurückgezogen. Zusammengeballt und zu einem einzigen Heereszug verdichtet warteten alle, die Waffen tragen konnten, dort ab, als wollten sie zum letzten Mal ihr Glück im Verteidigungskrieg versuchen. Deshalb berieten ihre Feinde, wie man nach der Eroberung und Unterwerfung des anderen nun auch diesen Teil Dithmarschens unter Kontrolle bringen könnte.

At properante iam in occasum sole ecce duo inde sacrorum mistae[52] in castra legati veniunt niveum bacillum uterque manibus gestantes et epistolam supplicem ab agre*[k 5][p. 129]*stibus ad principes datam, sed apertam et nullo obsignatam sigillo deferunt. In eius fronte sive inscriptione (quemadmodum in principum literis ultra citraque datis fieri consuevit) eos Dithmarsiae dominos vocant: quam tituli particulam ut contrariam et detrahentem libertati suae nullis antea literis unquam tribuentes vehementer semper impugnaverant. Caeterum in epistola et per legatos submisse suppliciterque per Deum perque omnia sacra rogant et obtestantur principes: primum, ut eos legatos suos humaniter patienterque audire et ipsis fidem habere, deinde, sibi ut indutias dare, ab infestatione hostili interea abstinere et quibusdam ex octo quadraginta viris, quos postridie missuri sint, commeatu sive libera tuto eundi redeundique licentia praebita cavere atque in colloquium admittere velint, ut iis calamitates et miserias suas extremas exponentibus rationes ineantur, quibus terram omnem salvis incolarum corporibus ac bonis in deditionem ac fidem clementer accipiant.

Legatos misso praesidio ad se deductos, ut eo praeclaro et insigni exemplo pietatem singularem et benevolentiam suam erga id genus viros sacratos testaretur, rex in praetorio suo comiter excepit et bene eos sperare iubens Nicolao Coldingensi (is ipsi a sacris concionibus erat) commendavit: ut cibum una cum ipso caperent et mutuo colloquio tem*[p. 130]*pus fallerent, dum in senatu de dando responso deliberaretur. Commeatum vero sive salvum (ut vocant) conductum, quem agrestium verbis petebant, ipsis trium

Doch als die Sonne schon dem Abend zueilt, kommen plötzlich von dort zwei Eingeweihte der Religion als Botschafter ins Lager. Beide halten einen weißen Stock in den Händen und überbringen einen Bittbrief von den Bauern an die Fürsten, aber offen und ohne den Aufdruck eines Siegels. In dessen Kopf bzw. der Anschrift (wie sie im Schriftverkehr unter Fürsten üblich ist) nennen sie die Fürsten die Herren Dithmarschens, eine Partikel der Titulatur, die sie nie zuvor in einem Brief verwendet und gegen die sie sich immer verwahrt hatten, weil sie ihrem Freiheitsanspruch zuwiderlief und Abbruch tat. Ansonsten richten sie an die Fürsten durch den Brief und die Botschafter unterwürfig und kniefällig bei Gott und allem, was heilig ist, die flehentliche Bitte: Erstens, dass sie ihre Botschafter freundlich, geduldig und vertrauensvoll anhören, weiter, dass sie ihnen einen Waffenstillstand gewähren, sich inzwischen der Feindseligkeiten enthalten und Vertretern der Achtundvierzig, die sie am folgenden Tag entsenden würden, Geleit bzw. die Gewährung völliger Freiheit zu sicherer An- und Abreise garantieren und sie zu Gesprächen empfangen möchten, damit sie ihr Unglück und ihre extreme Notlage schildern und man darüber sprechen könne, wie die Fürsten die Kapitulation des ganzen Landes ohne Gefahr für Leib und Leben oder das Eigentum der Einwohner gnädig und milde annehmen.

Die Botschafter ließ der König durch Entsendung einer Eskorte zu sich vorführen. Um durch dieses schöne, besonders beispielhafte Verhalten seine einzigartige Frömmigkeit und sein Wohlwollen für solche geweihten Männer zu bezeugen, empfing er sie zuvorkommend in seinem Feldherrnzelt, hieß sie guter Hoffnung sein und vertraute sie Nikolaus von Kolding an (der sein Feldprediger war): Sie sollten mit ihm essen und sich im Wechselgespräch die Zeit vertreiben, während man im Kriegsrat über die Antwort berate. An- und Abreise aber oder auch (wie man sagt) freies Geleit, um das sie als Vertreter der Bauern ersuchten, ge-

---

52 i. e. *mysthae.*

principum nomine iussuque patente in diplomate et sigillo suo gentilitio in calce signato summus dux exercitus Ioannes Ranzovius dedit: ut postridie ex quadragintaoctoviris, qui omnium Dithmarsiae incolarum verbis agerent pacemque peterent, ad horam duodecimam in castris praesto essent libera eundi abeundique, cum vellent, copia facta ab omnibus illis, qui iisdem in castris militarent. Fidem quoque suam iisdem literis astrinxit medio intercedente tempore, dum ea actio duraret, inducias fore nihilque hostile, quotcunque in eo exercitu stipendia facerent et facturi essent, contra ipsos suscepturos. Addidit denique legatis discedentibus tubicinem suum, qui hos eo deduceret et illos tuto in castra reduceret. Insequenti igitur die, qui erat decimus septimus Calendarum Iulii,[53] quinque ex octo quadraginta viris cum sacrato rei divinae ministro et uno a secretis eodem tubicine et obviam misso equestri praesidio comitati in castra se conferunt: quibus in tabernaculum Pauli Ranzovii filii summi praefecti belli deductis prandium datum est.

Interea principes cum proceribus et oratoribus suis, quoniam Adolphus ex vulnere aeger lecto decumberet, in praetorium eius con*[p. 131]*veniunt senatumque habent. In eo conventu, quia nemini dubium erat eo loci redactos esse agrestes, ut vim hostilem nullo modo sustinere diutius aut resistere possent, variae serebantur agitabanturque quaestiones. Summa vero deliberationis illa erat, utrum hostes bello ad excidium usque persequi an deditione in fidem accipere praestaret. Nam quoniam de vita Adolphi periculum erat idque omnes metuebant, minus liberae dicebantur sententiae,

währte ihnen im Namen und auf Befehl der drei Fürsten durch eine beglaubigte und im Fuße mit seinem Familiensiegel versehene Urkunde Feldmarschall Johann Rantzau: Am nächsten Tag sollten sich Angehörige des Rates der Achtundvierzig, um im Namen aller Einwohner Dithmarschens zu verhandeln und um Frieden zu bitten, gegen zwölf Uhr im Lager einfinden, mit, wenn sie wollten, völliger Freiheit zur An- und Abreise vonseiten aller, die in diesem Lager unter Waffen standen. Zudem garantierte er in demselben Brief, dass für die Dauer der Verhandlung ein Waffenstillstand gelten werde und dass keiner von all denen, die in diesem Heer dienten und dienen würden, eine feindselige Handlung gegen sie vornehmen würde. Schließlich gab er den Botschaftern seinen Trompeter mit, der die einen dorthin geleiten und die anderen sicher ins Lager zurückführen sollte. Am nächsten Tag also, dem 15. Juni, begeben sich fünf der Achtundvierziger mit einem geweihten Gottesdiener und einem Sekretär, begleitet von demselben Trompeter und einer berittenen Eskorte, die man ihnen entgegengeschickt hatte, in das Lager. Man führte sie in das Zelt Paul Rantzaus, des Sohnes des Oberbefehlshabers, wo ihnen ein Frühstück gereicht wurde.

Inzwischen kommen die Fürsten mit ihren Würdenträgern und Räten, weil Adolf an seiner Verletzung krankte und bettlägerig war, in dessen Feldherrnzelt zusammen und halten Kriegsrat. Da niemand bezweifelte, dass man die Bauern in eine Lage versetzt hatte, in der sie die feindliche Gewalt keinesfalls länger aushalten oder Widerstand leisten konnten, wurden bei dieser Versammlung verschiedene Fragen zur Sprache gebracht und erörtert. Im Wesentlichen ging es bei der Beratung aber darum, ob es besser sei, den Feind mit kriegerischen Mitteln bis zur völligen Vernichtung zu bekämpfen oder seine Kapitulation gnädig zu akzeptieren. Und da ja das Leben Adolfs in Gefahr war und alle diese Befürchtung hatten, sagten sie weniger freimütig ihre Meinung,

---

53 Iunii *edd.*, den fünff und zwentzigsten Junii *[H. Rantz.]* 190, *corr. Bertheau* 257. Cf. Neoc. 2 *p.* 221 *(up einen Dingstdach 15. Juny).*

quod is praesens suffragii et vocis uniuscuiusque testis et auditor adesset. Qui forte hoc animadvertens neque paululum tametsi gravi et periculoso accepto vulnere inclementior amariorve seipso factus et praeclarissimo pulcherrimoque generosi et excelsi animi decreto ad lenitatem et mansuetudinem proclinatus primus omnium aperte prolixeque suadebat, ut conditiones ferrentur, quibus pacem hostibus petentibus darent. Ea protinus sententia plena profecto verae ardentisque pietatis et humanitatis ab omnibus uno quasi ore probata acceptaque est.

Etenim et hoc in considerationem plurimum veniebat, si incolas funditus delerent excinderentque, ex ea subacta terra multis annis nihil compendii et emolumenti percepturos principes: et cum fossas et aggeres et catarrhactas, quae ad mare sunt, ruinis in se turpiter collapsuras: tum praefectos et singulos tribunos militum in ora labore periculoque suo domita et capta aliquid *[p. 132]* dominii et proprii concupituros. Postremo milites pingui orae inveteratos praeda avellere terraque educere oppido laboriosum et grave fore: omnes in ea desideraturos locupletari et passim quoscunque etiam, licet laboris et operae nihil parumve impendissent, contentionem et litem moturos.

Itaque re diu multumque disceptata tandem pacis conditiones conceptae conscriptaeque sunt et in hunc modum legatis exhibitae: In primis Dithmarsi debitae fidelitatis sponsione et iurisiurandi religione (quod homagium vocant) principibus sese obstringent, ut caeteri earum ditionum ha-

weil er als Zuhörer und Zeuge für das Votum und die Stimme jedes Einzelnen persönlich anwesend war. Er bemerkte wohl ihre Zurückhaltung. Trotz der schweren und gefährlichen Verletzung, die er empfangen hatte, war er von sich aus kein bisschen zu unbarmherzig oder verbittert geworden: Eine herrliche, wunderschöne Entscheidung seines edlen, erhabenen Herzens stimmte ihn geneigt zu Sanftmut und Milde. So riet er als Allererster offen und bereitwillig dazu, Bedingungen zu formulieren, unter denen sie dem Ersuchen des Feindes um Frieden nachkämen. Dieser Vorschlag, der wirklich durchdrungen war von wahrer, brennender Frömmigkeit und Menschlichkeit, wurde sofort von allen wie aus einem Munde gutgeheißen und angenommen.

Denn man hatte dabei auch in hohem Maße zu bedenken, dass, wenn man die Einheimischen völlig vernichtete und ausrottete, die Fürsten viele Jahre lang keinen Gewinn und keinen Nutzen aus dem unterworfenen Land ziehen würden. Die Siele, Deiche und Schleusen, die am Meer liegen, würden verfallen und schmählich in sich zusammenstürzen, und vor allem würden die Obersten und die einzelnen Befehlshaber der Soldaten ein Stück Eigentum in dem durch ihre Arbeit und ihr Risiko bezwungenen und eroberten Gebiet haben wollen. Schließlich werde es außerordentlich mühsam und schwierig sein, die Soldaten, die sich längst an die fette Beute aus der Gegend gewöhnt hatten, davon loszureißen und außer Landes zu führen: Alle würden sich vor Ort bereichern wollen, und wer auch immer werde bei jeder Gelegenheit heftigen Streit provozieren, selbst wenn sie nichts oder wenig an Mühe und Unterstützung geleistet hätten.

So wurden nach langer und ausführlicher Erörterung schließlich Friedensbedingungen formuliert und aufgeschrieben, die man der Delegation in der folgenden Form vorlegte: Erstens werden sich die Dithmarscher mit dem geschuldeten Treuegelöbnis und mit feierlichem Eid (den man

bitatores de more et consuetudine faciunt: vexilla praetoria et signa militaria, quaecunque olim Danorum regi Iohanni et fratri eius Friderico Holsatiae duci praelio victis erepta sunt, cum omni preciosa castrensi supellectili, quicquid eorum apud ipsos reliquum fuerit, sub iuramento restituent. Impensas belli, cuius ipsi autores sunt, victoribus rependent solventque, quae quidem ad sena centena millia aureorum excurrunt. Principes ius et potestatem habebunt tres arces sive castra, quibus ipsi locis velint, auxilio eorum et operibus in Dithmarsia aedificandi: quascunque vero munitiones et propugnacula isthoc tempore terra habitura est, funditus diruentur evertentur soloque aequabuntur. Ad sustinendas arces iidem tantum agri, prati, pascuorum, campi nemo*[p. 133]*risque sibi retinebunt, quantum in usum necessarium desiderabitur, accolaeque in iisdem de more gentis operas facient et angarias praestabunt. Omne quoque merum mixtumque imperium, territorium, ius ac dominium, venationes et piscationes, quaeque his affinia sunt, in universa terra sibi vendicabunt. Quicquid apud Dithmarsos machinarum et tormentorum bellicorum erit, itemque armamenta omnia et arma tam singulorum quam publica unum in locum comportata victoribus tradent nec sine permissu eorum reparabunt. Cum bellici sumptus redditi solutique erunt, ex agris et pascuis tantum quotannis pendent, quantum nunc ipsi accipiunt, cum aliis ea locaverint. Imperialia et pontificia ac aliorum cuiuscunque ordinis et dignitatis procerum diplomata, quotquot superfuerint, bona et integra omnia fide datoque iureiurando exhibebunt et quaecunque exhibita non fuerint et literas et sigilla obliterabunt irritaque et invalida per scripturam facient. Iurisdictio, iudicia iuraque omnia per principes constituentur: ad ipsos provocatio libera erit nec ultra sese extendet[54] multaeque ad eosdem omnes recident eadem ratione et modo, qui in reliquis eorum ditionibus observatur.

---

54 extendent *Iobinus.*

„Huldigung" nennt) an die Fürsten binden, wie es die restlichen Bewohner ihrer Hoheitsgebiete der Sitte und Gewohnheit nach tun. Alle Fürstenbanner und Truppenfahnen, die einst dem dänischen König Johannes und seinem Bruder Herzog Friedrich von Holstein bei ihrer Niederlage im Krieg entrissen wurden, werden sie mit allem kostbaren militärischen Gerät, das dann noch bei ihnen vorhanden ist, unter Eid wieder zurückgeben. Die Kosten des Krieges, den sie selbst verursacht haben, werden sie den Siegern voll ersetzen; sie belaufen sich auf 600.000 Gulden. Die Fürsten werden das Recht und die Befugnis haben, mit ihrer Hilfe und Unterstützung an jedem beliebigen Standort drei Festungen oder Kasernen zu bauen; alle Schanzen und Bollwerke aber, die das Land zu diesem Zeitpunkt haben wird, werden restlos zerstört, abgerissen und dem Erdboden gleichgemacht werden. Zur Unterhaltung der Festungen werden die Fürsten so viel an Acker-, Wiesen-, Weide-, Gras- und Waldland einbehalten, wie es die Notwendigkeit erfordern wird, und die Anwohner werden nach Landessitte in ihnen Arbeit verrichten und Dienstpflichten erfüllen. Auch werden sich die Fürsten im ganzen Land alle ungeteilten und geteilten Herrschaftsrechte, das Staatsgebiet, die Rechts- und Landeshoheit, die Jagd- und Fischrechte und alles, was damit zusammenhängt, vorbehalten. Alles, was die Dithmarscher an schwerem Kriegsgerät und Geschützen besitzen werden, und ebenso alle Rüstungen und Waffen, sowohl die privaten als auch die öffentlichen, werden an einem Ort zusammengebracht und den Siegern übergeben werden. Neue werden sie sich nur mit deren Erlaubnis beschaffen. Nach Erstattung und Abzahlung der Kriegskosten werden sie aus dem Ertrag ihrer Äcker und Weiden jährlich so viel entrichten, wie sie jetzt selbst erhalten, wenn sie sie anderweitig verpachtet haben. Alle übrig gebliebenen kaiserlichen und päpstlichen Urkunden und die anderer Würdenträger jedes Standes und Ranges werden sie in gutem Glauben und mit

Ad exactiones praestandas, tributa precaria et pensiones contribuendas[55] erunt obligati et aeque ut universi Holsatiae Stormariaeque incolae: et foe*[p. 134]*deribus, quibuscunque iam nunc cum quibusvis contractis devincti tenentur, renunciabunt et cuncta dissolvent nec alia porro inibunt. Quibus conditionibus, ubi probatae acceptaeque et in easdem sponsio facta iuratumque fuerit, principes Dithmarsos ut suae ditionis habitatores sibi subditos in deditionem et fidem accipient bonaque ipsis sua et possessiones salvas et integras relinquuent conservabuntque. Postremo supplices principibus fient et solenni (ut decet) ritu culpam deprecabuntur literisque appensis sigillis fidem suam obstringent: et quoad ea universa, quae sunt commemorata, integre praestentur et impleantur, obsides dabunt octo de administratoribus octo quadraginta viris et sexdecim[56] gentis principes.

Eo dato acceptoque responso legatos abeuntes, ut propositas ad suos conditiones referrent, quoniam inter milites belli quam pacis cupidiores clam spargi sermones turbulentos de via expedita pacis monstranda pacificatoribus fuerat cognitum, legatus summi ducis belli Franciscus Bulovius et Henricus Ranzovius in pacatum usque comitati sunt. Ut autem

eidlicher Versicherung überantworten, und alle, die nicht überantwortet worden sind, sowie Briefe und Siegel werden sie tilgen und durch Schriftvermerke ungültig machen und außer Kraft setzen. Rechtsprechung, Gerichtsbarkeit und das ganze Rechtswesen wird durch die Fürsten ausgeübt. Bei ihnen wird man in Berufung gehen können, aber nicht darüber hinaus. Auf sie werden alle Strafen nach denselben Regeln zurückgehen, die in ihren übrigen Landen gelten. Sie werden verpflichtet sein, Steuern zu zahlen und Abgaben auf landwirtschaftliche Nutzflächen sowie Landfolge zu leisten, und zwar ebenso wie alle Einwohner Holsteins und Stormarns. Bündnisverträge, die sie mit wem auch immer geschlossen haben und an die sie zurzeit gebunden sind, werden sie aufkündigen, allesamt auflösen und in Zukunft keine mehr eingehen. Zu diesen Bedingungen werden, sobald sie gutgeheißen und angenommen sind und auf sie ein Gelöbnis ausgesprochen und beeidet worden ist, die Fürsten die Kapitulation der Dithmarscher gnädig annehmen und ihnen ihr Eigentum und ihre Besitzungen heil und unversehrt lassen und erhalten. Zum Schluss werden sie vor den Fürsten auf die Knie fallen, in gebührender feierlicher Form für ihre Schuld Abbitte leisten und sich mit Brief und Siegel zur Treue verpflichten: Und bis alles Genannte vollständig erbracht und erfüllt werde, werden sie acht der Achtundvierzig Verweser und sechzehn ihrer vornehmsten Landsleute als Geiseln stellen.

Nachdem diese Antwort gegeben und empfangen worden war, begleiteten der Stellvertreter des Feldmarschalls, Franz Bülow, und Heinrich Rantzau die Delegation, als sie abreiste, um die vorgeschlagenen Bedingungen zu ihren Landsleuten zu bringen, bis in befriedetes Gebiet, weil man erfahren hatte, dass unter den Soldaten, die mehr auf Krieg als auf Frieden aus waren, aufrührerische Reden darüber verbreitet wurden: Man solle den Friedensbringern den kurzen Weg zum Frieden zeigen. Damit sie aber sähen und verstünden,

---

55 Cf. [H. Rantz.] 191 *s.* (*Schatzungen und Landbäde und Landvolge*).
56 zehen *[H. Rantz.]* 192, tein *Neoc.* 2 p. 224.

conspicerent intelligerentque, quanta ob improbam et indomitam animorum pertinaciam ab indignante sceleribus hominum divino numine poena sui affecti essent, quam et ipsi, nisi iis initis[57] pactis pacem acciperent, non essent effugituri, *[p. 135]* secundum cadavera et acervos caesorum, qui passim per agros inhumati adhuc iacebant, eos deduxerunt.

Postridie eius diei rex designatus, quia de pace facienda actio iam instituta belloque finis pene impositus erat et ipsi abesse diutius regno vix liceret, quod dies inaugurationi praefinitus non admodum erat longinquus omniaque ad eius solennitatem necessaria etiamnum praeparanda forent, ut in regnum rediret, ex castris Itzohoam abit. Amplissimam autem et integram dandae negandaeque pacis potestatem scripto fecit ac reliquit Ioanni Ranzovio eiusque filio Henrico, quibus ob egregiam et saepius probatam in rebus praeclare gestis prudentiam et dexteritatem et fidem plurimum tribuebat: itemque pecuniam apud eos deposuit, qua in supplementum exercitus, si necessum esset, copiis conscribendis uterentur.

Tertio post die, quam discessissent (tantum enim ad deliberandum temporis spacium impetraverant) legati Dithmarsi equestri praesidio excepti in castra redeunt et omnium Dithmarsiae incolarum nomine, quid de pacis conditionibus se facturos respondeant, scripto comprehensum deferunt. In quo praefati se per Deum et salutiferam eius pro genere humano satisfactionem animis demissis orare et obsecrare, ut cum uxoribus suis liberisque, viduis et orbis in fidem salvis corporibus et fortunis accipiantur et non ad extre*[p. 136]*mam usque perniciem et interitum deleantur, ad singula ordine capita respondent:

---

57 initiis *Iobinus.*

wie hart sie der Wille Gottes wegen ihrer verwerflichen und zügellosen Halsstarrigkeit aus Empörung über die Verbrechen der Menschen gestraft habe – eine Strafe, der sie auch selbst nicht entgehen würden, wenn sie nicht diesen Friedensvertrag schlössen –, führten sie sie an Leichen und an Haufen von Erschlagenen vorbei, die noch immer überall unbestattet auf den Feldern lagen.

Am folgenden Tag reiste der Thronprätendent aus dem Lager nach Itzehoe ab, um in sein Reich zurückzukehren, da der Prozess des Friedensschlusses bereits eingeleitet, dem Krieg schon fast ein Ende gesetzt worden war und er kaum noch länger aus seinem Reich abwesend sein dürfe, weil der für die Krönung vorher festgelegte Tag nicht mehr allzu weit entfernt war und die notwendigen Vorbereitungen für dieses Fest noch zu treffen seien. Die uneingeschränkte Vollmacht zum Schluss oder zur Verweigerung des Friedens überließ er schriftlich Johann Rantzau und dessen Sohn Heinrich, die er wegen ihrer besonderen, des Öfteren bei großen Erfolgen bewiesenen Umsicht, Geschicklichkeit und Treue am meisten schätzte. Ebenso hinterlegte er bei ihnen Geld, das sie, wenn nötig, verwenden sollten, um Truppen zur Ergänzung des Heeres zu verpflichten.

Drei Tage nach ihrem Abschied (denn diesen Zeitraum hatten sie für ihre Beratungen erwirkt) kommt die dithmarsische Delegation, von einer Kavallerieeskorte empfangen, in das Lager zurück und überbringt im Namen aller Einwohner Dithmarschens ein Protokoll ihrer Antwort darauf, was sie hinsichtlich der Friedensbedingungen tun werden. Darin schicken sie voraus, dass sie bei Gott und seiner Heil bringenden Sühne für die Menschheit untertänig und flehentlich darum bitten, mit ihren Frauen und Kindern, den Witwen und Waisen unversehrt an Leib und Gut in Gnaden angenommen und nicht zu völliger Vernichtung und Untergang verdammt zu werden, dann gehen sie der Reihe nach auf die einzelnen Punkte ein:

„Quod primum", inquiunt, „in conditionibus est, ei subscribimus idque, ut verba sonant, re exequemur. Quod bellicos sumptus, quorum ipsi causa fuimus, sena centena aureorum milia exaequantes rependere debeamus, id vero nobis intolerabile atque adeo impossibile factu est: dum consideretur multo maximam incolarum partem bonis suis spoliatam et expulsam esse, domos exustas, res mobiles universas ademptas, frumentum omne corruptum et ad nihilum redactum neque habere praeterea nos quicquam, nisi quod stantes euntesque cum afflictis calamitosis uxoribus liberisque nostris nobiscum circumferimus. Ut munitiones et propugnacula deiciantur destruanturque, assentimur. Ut autem arces tres subministrantibus nobis et adiuvantibus condantur iisque sustentandis, quantumcumque agri, prati et pascuorum necessarium fuerit, attribuamus, id undequaque nobis gravissimum est. Nam eum in usum quod satis sit, ex bonis nostris, agris, pratis et pascuis si nobis adimatur, nihil certe miseris perditisque reliquum fuerit exactique fundis et possessionibus nostris solum vertere cogemur. De mero mixtoque imperio, dominio omni et iure, venationibus et piscationibus, et quae iis cognata sunt, nihil refragamur, quin fiat, quod placitum fuerit. Arma *[l][p. 137]* quoque universa, et quaecunque ad corporis defensionem nobis comparata sunt, si fieri aliter non poterit, submissis animis dedere non gravabimur. Caeterum ad id quod attinet, ut ex agris et pascuis nostris tantum quotannis pendamus, quantum nunc ex iisdem ipsi accipimus, respondentes humiliter obsecramus: ne in servitutem omnino redigamur, sed bonis nostris uti frui liceat eorumque potentes esse, perinde ut et Phrysii sunt, quaque hi et Crempermarsi et Vilstermarsi libertate gaudent, eadem nos potiamur, et ne operis faciendis et angariis oneremur, sed ab earum praestatione immunes simus, quemadmodum et illi. Diplomata, privilegia et conventa, quotcunque nobis superant nec interciderunt, reddemus, et quae reddita non fuerint, cassa et irrita per scripturam fieri curabimus. Iurisdictionem, iudicia et iura per

„Den ersten Punkt der Friedensbedingungen", sagen sie, „akzeptieren wir und werden ihn nach seinem Wortlaut umsetzen. Dass wir aber die Kriegskosten, die wir verursacht haben, in Höhe von 600.000 Gulden zurückzahlen müssen, ist für uns unerträglich und sogar unmöglich zu leisten: Man bedenke nur, dass der bei Weitem größte Teil der Einwohner seiner Habe beraubt und vertrieben, die Häuser niedergebrannt, alles bewegliche Gut genommen und die ganze Ernte verdorben und vernichtet worden ist und dass wir ansonsten nichts haben, als was wir im Stehen und Gehen mit unseren vom Unglück schwer getroffenen Frauen und Kindern mit uns herumtragen. Dem Abriss und der Zerstörung unserer Schanzen und Verteidigungsanlagen stimmen wir zu. Doch dass mit unserer Mitarbeit und Hilfe drei Festungen gebaut werden und wir zu ihrer Unterhaltung so viel an Acker-, Wiesen- und Weideland wie nötig zur Verfügung stellen sollen, ist für uns in jeder Hinsicht sehr hart. Denn wenn uns eine für diesen Verwendungszweck ausreichende Menge unseres Eigentums, der Äcker, Wiesen und Weiden, weggenommen wird, wird gewiss für uns arme, unglückliche Menschen nichts übrig bleiben, und wir werden gezwungen sein, von Hof und Besitz vertrieben auszuwandern. Über die ungeteilten und geteilten Herrschaftsrechte, die Landes- und Rechtshoheit, die Jagd- und Fischrechte und das, was damit zusammenhängt, erheben wir nicht die Forderung, nicht geschehen zu lassen, was beschlossen wurde. Auch alle Waffen abzugeben und alles, was wir uns zur Selbstverteidigung angeschafft haben, werden wir, wenn es nun einmal unvermeidlich ist, untertänig nicht verweigern. Was nun die Forderung angeht, wir sollten aus den Erträgen unserer Äcker und Weiden jährlich so viel entrichten, wie wir selbst daran verdienen, so antworten wir mit der untertänigen Bitte, uns nicht vollends zu versklaven, sondern unseren Besitz genießen und darüber gebieten zu dürfen, genau wie die Friesen, und dass wir die gleichen Freiheiten bekommen, derer sich die Kremper- und Wilstermarscher erfreuen,

clementissimos illustrissimosque principes constitui et exerceri eorum arbitratui et humanissimae voluntati permittimus. Quodsi et illud obtineri queat, ut in Eiderstadio senatus collocetur isque ex iure gentis scripto lites dirimat et ius dicat salva et incolumi ad principes provocatione, id nobis haud inconsultum videatur. Societas et foedus, quod unicum nobis cum civitate Lubecensium est, irritum infectumque erit et posthac in perpetuum nemini nos foedere iungemus: eaque omnia, quae promitti*[p. 138]*mus et iuramus, ut viros bonos et honestos decet, sancte et religiose servabimus. Collationum praeterea nomine, pensionum et tributorum, quicquid Phrisii, Crempermarsi et Vilstermarsi solvunt et erogant, in iis omnibus praestandis nos quoque obsequenter et officiose nos geremus. Ut etiam supplices facti culpam deprecemur, et quicquid insuper literarum sigillorumque a nobis flagitatur, in singulis hisce haud gravate obtemperabimus: et arma quoque universa atque instrumenta bellica, quaecunque penes nos sunt, in unum collata exhibebimus. Obsidibus tametsi adeo opus non esse arbitramur, tamen id quoque arbitrio et voluntati clementissimae principum relinquimus."

Post ea prope finem literarum adiciunt non se dubitare, quin, ut vere Christianos et pios deceat principes, acturi secum, a sanguinis effusione sibi temperaturi hominesque se

und dass wir durch keine Arbeits- und Dienstpflichten belastet werden, sondern davon befreit sind, so wie sie. Alle Urkunden, Privilegien und Verträge, die bei uns vorhanden und nicht verloren gegangen sind, werden wir übergeben, und was nicht übergeben wird, werden wir durch Schriftvermerke uneingeschränkt unwirksam machen lassen. Dass die Rechtsprechung, die Gerichtsbarkeit und das Rechtswesen durch die gnädigen und erlauchten Fürsten eingesetzt und ausgeübt wird, überlassen wir ihrem Gutdünken und ihrem menschenfreundlichen Trachten. Wenn man zudem erreichen könnte, dass in Eiderstedt ein Gerichtshof angesiedelt wird, der Streitfälle nach dem kodifizierten Landrecht entscheidet und Recht spricht, wobei das Berufungsrecht gegenüber den Fürsten erhalten bleibt, erschiene uns das sehr sinnvoll. Das Freundschaftsbündnis, das wir als einziges mit der Stadt Lübeck geschlossen haben, wird aufgekündigt und ungültig gemacht werden, und wir werden uns danach niemals wieder mit irgendjemandem verbünden: Und all das, was wir versprechen und geloben, werden wir, wie es sich für gute, ehrliche Menschen gehört, mit aller Gewissenhaftigkeit erfüllen. Steuern, Landfolge und Nutzflächenabgabe betreffend werden wir, indem wir alles abliefern, was Friesen, Kremper- und Wilstermarscher abgeben und auszahlen, uns ebenfalls gehorsam und willig betragen. Darin, fußfällig für unsere Schuld Abbitte zu leisten, und was man darüber hinaus an Urkunden mit Brief und Siegel von uns verlangt, werden wir in allen Punkten unverdrossen gehorchen: Und auch alle Waffen und alles Kriegsgerät, über das wir verfügen, werden wir einsammeln und übergeben. Obwohl wir der Auffassung sind, dass die Geiseln nicht direkt notwendig wären, überlassen wir dennoch diese Frage dem Urteil und dem allergnädigsten Belieben der Fürsten."

Nach diesen Aussagen fügen sie gegen Ende des Briefes an, sie bezweifelten nicht, dass die Fürsten so, wie es sich für wahrhaft christliche und fromme Herren gehöre, mit

aerumnosos et ad extrema redactos, uxores liberosque suos cuiuscunque aetatis et sexus nullo amplius incommodo et detrimento affecturi sint. Confidere quoque ad animum revocaturos tantam iacturam et dispendium eo bello acceptum, dum eius seculi mortales vixerint, in una sua patria extingui oblivione et sarciri non posse: eo etiam non adiecto, quod aliquot millia inopum miserarumque viduarum, orphanorum et puerorum *[l][p. 139]* imbellium in medio sint, qui nudi omniumque rerum egeni ostiatim cibum petere cogantur neque unquam in pristinum redire statum possint. Postremo Deum orant, ut is principum corda flectat et inclinet, quo pax sancta, stabilis atque perpetua ineatur ad illustrem et gloriosam divini nominis sui celebritatem et afflictarum ditionum incolarumque salutem atque conservationem.

Interpositis autem plusculis actionibus, cum demum per principes regiosque vicarios nonnullae conditiones, quae ipsis graviores durioresque videbantur, aut essent mitigatae nonnihil aut omnino, quoad usu discernetur, quales se post deditionem praebituri gesturique essent, sublatae et abolitae, deditio facta eaque statim post literis utrinque datis commutatisque stabilita est. Quibus literis Dithmarsi ad obsequium cum ipsis principibus tum haeredibus et successoribus eorum in perpetuum praestandum sese obstringebant, principes vicissim ad illos fovendos tuendosque sese obligabant.

Exinde duodecimo die Calendas Iulias[57] universi Dithmarsi, quotquot eorum ex bello nullo aetatis habito discrimine superstites erant (inter quos, qui arma ferre possent, numerum

ihnen verfahren, sich zurückhalten würden, Blut zu vergießen, und ihnen als leidgeprüften, bis zum Äußersten getriebenen Menschen, ihren Frauen und Kindern jeden Alters und Geschlechts kein weiteres Ungemach und keine weitere Schädigung antun würden. Auch vertrauten sie darauf, dass die Fürsten daran denken würden, dass ein solch schwerer Verlust, wie in diesem Krieg erlitten, zu Lebzeiten der Zeitgenossen in ihrem einzigen Vaterland nicht aus dem Gedächtnis getilgt und ungeschehen gemacht werden könne: Ganz zu schweigen davon, dass es einige Tausend mittellose, arme Witwen, Waisen und kleine Kinder gebe, die nackt und in jeder Hinsicht bedürftig gezwungen seien, von Haus zu Haus um Essen zu betteln, und ihre frühere Lage niemals wieder erreichen könnten. Zuletzt beten sie zu Gott, er möge die Herzen der Fürsten erweichen und geneigt machen, damit ein unverletzlicher Friede von ewigem Bestand geschlossen werde, zu Glanz, Ruhm und Herrlichkeit seines göttlichen Namens und zur Rettung und Bewahrung des am Boden liegenden Landes und seiner Bewohner.

Daraufhin gab es noch einige Verhandlungen, und schließlich wurden durch die Fürsten und die Stellvertreter des Königs einige Bedingungen, die ihnen allzu hart erschienen, entweder abgemildert oder, bis die Erfahrung zeige, wie sie sich nach der Übergabe verhalten würden, insgesamt ausgesetzt und aufgehoben. Dann wurde die Übergabe vollzogen und sofort durch einen beiderseitigen Austausch von Briefen bestätigt. In diesen Briefen verpflichteten sich die Dithmarscher, den Fürsten und vor allem auch ihren Erben und Nachfolgern für alle Zeit gehorsam zu sein, die Fürsten ihrerseits verpflichteten sich ihnen gegenüber zu Schutz und Obhut.

Dann, am 20. Juni, kamen ohne Rücksicht auf Altersunterschiede alle Dithmarscher, die den Krieg überlebt hatten (darunter kaum mehr als viertausend im waffenfähigen Alter), am Rande der Marsch hinter Heide gegen zehn Uhr morgens zusammen und übergaben den Siegern alles, was an Rüstun-

---

58 den treissigsten Tage Junii *[H. Rantz.]* 194.

quatuor millium vix excedebant) ad limites orae palustris ultra Heidam horam circiter decimam matutinam convenerunt, et quicquid ipsis armamenti instrumentique *[p. 140]* bellici, tormentorum apparatusque tormentarii, globorum pulverisque pyrii, armorum et lancearum reliquum fuit, victoribus dediderunt: quae mox omnia Meldorpam asportata sunt. Eodem quoque loco ducibus Iohanni et Adolpho, qui corpore etiamnum male ex vulnere affecto aegre equitabat[59] et quibus ea a rege per absentiam cura et potestas data erat, ac universis belli consiliariis supplices facti (quod in conditionibus erat) atque contumaciae et rebellionis veniam deprecati sunt. In trium praeterea principum verba nudati omnes capita et in genua provoluti promittentes iurantesque eo usitato obsequii et fidelitatis sacramento sese ipsis obstrinxerunt, a quibus mox in fidem sunt accepti. Erat autem solennis eius concionis hic ordo: principes et consiliarii medium quasi centrum obtinebant, hos circum prostrati iacebant Dithmarsi, illos equitatus et exercitus universus circumdabat.

Quae hic trepidatio suspensos metu retalionis agrestium animos tenuerit, videre omnino fuit. Nam quidam ex plebe sacerdos ad alterum sui ordinis conversus Latino sermone, quem a nullo astantium intellectum iri putabat, in haec verba prorupit: „O nos miseri, ad quam servamur lanienam? Iamiam foedere fracto in nos impetum facient et veluti pecora ferient atque iugulabunt. Totus profecto morte futura palleo atque *[l 3][p. 141]* horresco: nam extrema mox passurum me video!“ Eum sinistre de principum et procerum fide sentientem loquentemque Henricus Ranzovius regius vicarius his prope verbis increpavit: „Quid“, inquiens, „tu nos ex vobis iudicas?[60] Vos quidem digni essetis, in quos saeviretur, at nobis indignum, qui saeviamus. Datam nec revocamus fidem nec frangemus!“

---

59 equitabant *Iobinus*.
60 Quid? tu nos ex vobis iudicas? *distinxit Neoc.* 2 *p.* 230.

gen und Kriegsgerät, Geschützen und Geschützzubehör, Kugeln und Schießpulver sowie Waffen und Spießen übrig war. Das alles wurde sogleich nach Meldorf abtransportiert. An demselben Ort leisteten sie auch vor den Herzögen Johann und Adolf, denen der König für die Dauer seiner Abwesenheit diese Aufgabe und die Vollmacht dazu übertragen hatte, und vor allen Kriegsräten (wie es in den Friedensbedingungen stand) fußfällig Abbitte für ihren Trotz und ihre Rebellion; dabei machte Adolf seine Wunde noch immer so zu schaffen, dass er kaum reiten konnte. Außerdem legten sie mit bloßen Häuptern und kniend das Eidversprechen auf die drei Fürsten ab und verpflichteten sich ihnen mit der geläufigen Formel des Gehorsams- und Treueschwurs. Die Fürsten nahmen die Unterwerfung sogleich gnädig an. Die Anordnung dieser feierlichen Zusammenkunft war folgende: die Fürsten und ihre Räte standen gewissermaßen genau im Mittelpunkt, um sie herum lagen die Dithmarscher am Boden, und die umgab die Kavallerie und das gesamte Heer.

Wie sehr die Bauern aus Furcht vor Vergeltung im Herzen zitterten, war ganz offensichtlich. Denn ein Geistlicher aus ihrem Volk stieß, zu einem anderen seines Ordens gewandt, auf Latein, einer Sprache, von der er glaubte, dass keiner der Umstehenden sie verstehen werde, diese Worte aus: „Ach, wir Armen! Für welche Schlachtbank spart man uns auf? Jetzt werden sie gleich den Vertrag brechen, sich auf uns stürzen und wie Vieh erschlagen und massakrieren. Ganz bleich macht mich der nahe Tod, und ich bebe am ganzen Körper: Denn mir ist klar, dass schon bald mein Ende da ist!“ Weil er so schlecht über das gegebene Wort der Fürsten und der hohen Herren dachte und sprach, herrschte ihn der königliche Statthalter Heinrich Rantzau mit etwa diesen Worten an: „Weshalb“, sagte er, „beurteilst du uns nach euren Maßstäben? Ihr hättet es zwar verdient, dass man gegen euch wütet, aber zu wüten ist unter unserer Würde. Ein gegebenes Wort nehmen wir nicht zurück, und wir brechen es nicht!“

Obsides quoque viginti quatuor numero traditi, quibus, ut Rendesburgi se sisterent, imperatum. Ne vero milites in interiora terrae excurrentes ea porro, quae saeva belli procella et clades ipsis intacta reliquerat, illata vi eriperent, pleraeque hastae et frameae Dithmarsis sunt restitutae, quibus ad sui rerumque suarum defensionem uterentur.

Insequenti die universus exercitus inde Meldorpam reductus est, cumque unam duntaxat legionem Schonvesianam cum equitatu principes apud se manere iuberent, reliquae tres diversis itineribus in Holsatiam dimissae et non multo post dilapsae sunt. At inviti omnino milites terra excedere et disiungi se aegris ingratisque animis pati, cum pingui et opulentae orae, quae inexplebili eorum rapacitati perquam idonea videbatur, diutius insenescere et armentis abactis mactatisque pecoribus praedam quam amplissimam facere et abducere vehementer cuperent. Parum enim abfuit, nisi conatibus eorum maturo et expedito consilio obviam itum esset, quominus ea res in seditionem militarem ex*[p. 142]*arserit: cum ob aditum praelii discrimen stipendium menstruum debitum sibi (ut impudenter iactitabant) praedaeque opimioris nomine donativum tam tumultuose et contumaciter quam improbe principes flagitarent. Quem motum inter milites serpentem primum nisi fovere et alere maluissent, ex praefectis nonnulli in[61] ipso mox principio sedare et opprimere potuissent.

Auch wurden vierundzwanzig Geiseln übergeben, denen man befahl, sich in Rendsburg einzustellen. Damit aber nicht die Soldaten in das Landesinnere ausschwärmten und weiter mit Gewalt plünderten, was der grausame Sturm des Krieges und die Niederlage bei ihnen verschont hatte, wurden den Dithmarschern die meisten Lanzen und Spieße zurückgegeben, damit sie sie zur Selbstverteidigung und zum Schutz ihres Besitzes verwenden konnten.

Am nächsten Tag wurde das ganze Heer von dort nach Meldorf zurückgeführt, und während die Fürsten befahlen, dass als Einziges wenigstens das Regiment Schonewese mit der Kavallerie bei ihnen bleiben solle, wurden die anderen drei auf getrennten Marschwegen nach Holstein entlassen und gingen wenig später auseinander. Die Soldaten wichen aber ganz gegen ihren Willen aus dem Lande und ließen es nur sehr ungern geschehen, dass sie voneinander getrennt wurden, weil sie sehr begierig darauf waren, noch länger in dem fruchtbaren und üppigen Landstrich alt zu werden, der für ihre unersättliche Raublust wie geschaffen schien, und, indem sie die Herden forttrieben und das Vieh schlachteten, möglichst reiche Beute zu machen. Denn in dieser Situation wäre beinahe, wenn man ihren Umtrieben nicht rechtzeitig mit einem schlagfertigen Plan begegnet wäre, eine Meuterei der Soldaten entbrannt: Sie forderten nämlich von den Fürsten ebenso stürmisch wie aufsässig einen Monatssold, den man für die von ihnen eingegangene Gefahr der Schlacht schuldig sei (wie sie schamlos vorbrachten), und eine, wie sie es nannten, Schenkung in Form von noch fetterer Beute. Als dieser Aufruhr begann, sich unter den Soldaten auszubreiten, hätten ihn einige der Obersten gleich am Anfang beruhigen und ersticken können, wenn sie ihm nicht lieber hätten Unterstützung und Nahrung geben wollen.

---

61 maluissent ex praefectis nonnulli, in *distinxit Wolff.*

Quoniam autem turbulentis et rabiosis clamoribus nihil impetrare poterant, cum nec quicquam ex convento illis amplius deberetur, stipendio accepto demum acquiescere posteaque dilabi oportuit: eo quidem citius, quod animadverterent principes indignantes cum equitatu paulatim propius accedere. Neque sane perspicaci et evidenti ratione ita divisae et segregatae sunt legiones, ut per vias universas in Holsatiam iter facerent, ne iunctis signis viribusque, ubi vellent, ad arma conclamare et seditionem miscere possent: idque etiam si facerent, superati minore cum negocio ut compescerentur. Tormenta quoque, quae ad copias pedestres erant, non sine astu ab ipsis abducta sunt ea simulata causa, quod duces ad maiorem tutioremque sui custodiam adversus agrestes ea apud se esse cuperent.

Illa postea tormenta, quae hostibus fuerant adempta, in tres aequales portiones distributa sunt et principum quisque pro sese (nisi me fugit ratio) sena tricena est sortitus. *[l 4][p. 143]* In universum enim supra centum gravia levioraque tormenta erant, quae rotis pleraque omnia agebantur, iis exceptis, quae, cum semel impellerentur, disrupta fuerant. Minoris tamen ponderis plura sunt reperta, colubrini et falcones, quia his ut habilioribus agrestes in lutulenta et uliginosa ora commodius uti et administrare facilius poterant. Et profecto id vere adfirmare licet, Dithmarsos tormentis militariter instructos in collocandis iis reducendisque ipso hoste iudice tantam cum agilitate summa peritiam adhibuisse, quanta vel in maxime exercitatis re bellica desiderari queat. Nam id vel in praelio novissimo ad Heidam praeclare cognitum est, ubi cum suo ubique commodo et bono de loco in locum scienter admodum ea transtulerunt, quanquam stragem non aeque magnam fecerunt. Muralia quoque tormenta tria reddita sunt, quae olim Holsatiae duces (ut insculptis ex insignibus folii urticae cognoscere erat) bello amiserant.

Da sie nun aber mit ihrem hitzigen, wütenden Geschrei nichts erreichen konnten, weil man ihnen vertraglich nichts weiter schuldig war, mussten sie nach Erhalt des Soldes endlich doch Ruhe geben und danach auseinandergehen, und zwar umso schneller, weil sie merkten, dass die Fürsten voll Zorn mit der Kavallerie langsam immer näher kamen. Dabei wurden die Regimenter auf eine ganz undurchsichtige Art und Weise so geteilt und zertrennt, dass sie auf allen Straßen nach Holstein marschierten, damit sie nicht, wo sie wollten, ihre Fahnen und ihre Macht vereinigen, zu den Waffen rufen und einen Aufstand machen könnten, und selbst wenn sie das täten, mit geringerer Mühe besiegt und in die Schranken gewiesen würden. Auch die Geschütze, die es bei der Infanterie gab, wurden ihnen nicht ohne Hintergedanken abgenommen; dabei schob man als Grund vor, die Herzöge wollten, dass sie sich bei ihnen befänden, um mit größerer Sicherheit gegen die Bauern geschützt zu sein.

Danach wurden die Geschütze, die man dem Feind abgenommen hatte, in drei gleiche Anteile geteilt, und jeder Fürst erhielt für sich (wenn ich mich nicht irre) sechsunddreißig Stück. Insgesamt gab es nämlich über hundert schwere und leichtere Geschütze, die zumeist alle auf Rädern vorwärts bewegt wurden, außer denen, die bei einmaligem Abfeuern explodiert waren. Allerdings fand man mehr von kleinerem Gewicht, Quartierschlangen und Falkonette, weil die Bauern diese beweglicheren Waffen in dem schlammigen, tiefen Gelände bequemer verwenden und leichter bedienen konnten. Und tatsächlich kann man mit Recht versichern, dass die Dithmarscher, an den Geschützen militärisch geübt, bei Aufstellung und Stellungswechsel selbst nach dem Urteil ihrer Feinde mit einer Schnelligkeit und Erfahrung vorgingen, wie sie sogar Männern mit höchstem Ausbildungsstand im Kriegswesen fehlen können. Das nämlich erkannte man jüngst sogar in der Schlacht bei Heide ganz deutlich, wo sie die Geschütze überall zu ihrem Vorteil sehr fachmännisch

Vexilli praeterea pervetusti et a priscis usque Daniae regibus antiquitate religiosa venerabilis, quod regi Iohanni olim superato ademptum caries situsque pene absumpserant, fragmentum restitutum est: quod nunc in aede summa oppidi Slesvici in Holsatia suspensum quasi victoriae huius argumentum conspicitur. Meldorpae autem tunc primum, cum illic haererent aliquantisper prin[*p. 144*]cipes, diplomata literasque universas, quibus aut collata alicunde beneficia aut eorundem confirmatio continebatur, tradiderunt. De foederibus quoque principes docuerunt, quibuscum ea pepigissent: et aureum item eleganti sculptura poculum, quod Friderici fuerat clarissimi Daniae regis, reddiderunt.

Porro legio Schonvesiana, quam Vrisbergius ductabat, in vico Dithmarsiae Scapstadio pace iam composita octiduum sese continuit, dum reliquus peditatus omnino dilaberetur. Eo effluxo in Holsatiam discessit, ubi reliqua stipendiorum octonis insuper diebus donativi nomine connumeratis soluta sunt et praefecti omnes ductoresque ordinum et signiferi muneribus honorati. Qua[62] in ceteras quoque legiones liberalitate usi sunt principes, sed erga illos duntaxat, qui bene promeriti et digniores ea prae reliquis viderentur. Sub idem fere tempus et equites actis gratiis dimissi, cum quidem supra debiti aeris solutionem, quod confluxissent dilaberenturque, menstruum stipendium singuli accepissent: quorum praefecti et ipsi muneribus exculti et ornati sunt. Nec habent certe,

---

62 Qua *Reg. in err. typ.*, Quae *Iobinus.*

aus einer Stellung in die andere verlegten, obwohl sie kein ebenso großes Blutbad anrichteten. Auch drei Mauerbrecher wurden übergeben, die einst die Herzöge von Holstein (wie man an den darin eingegossenen Wappen mit dem Nesselblatt erkennen konnte) im Krieg verloren hatten.

Darüber hinaus wurde ein Stück einer uralten, noch von den frühen Königen Dänemarks her altehrwürdigen Fahne zurückgegeben, die einst König Johannes bei dessen Niederlage abgenommen und durch Zerfall und Verwitterung fast ganz vernichtet worden war: Jetzt hängt sie gleichsam als Beweis für diesen Sieg im Dom von Schleswig und ist dort zu sehen. In Meldorf aber übergaben sie, als die Fürsten dort für kurze Zeit festgehalten wurden, erstmals alle Urkunden und Briefe, in denen entweder die von anderer Seite eingeräumten Vorrechte oder deren Bestätigung dokumentiert waren. Auch unterrichteten sie die Fürsten darüber, mit welchen Vertragspartnern sie Bündnisse geschlossen hatten: Und ebenfalls gaben sie einen schön geformten goldenen Becher zurück, der Dänemarks viel gerühmtem König Friedrich gehört hatte.

Weiterhin hielt sich das Korps Schonewese, das Wrisberg führte, auch nach Friedensschluss noch für acht Tage in dem dithmarsischen Dorf Schafstedt auf, während die restliche Infanterie vollständig auseinanderging. Nach Ablauf dieser Zeitspanne marschierte es nach Holstein ab, wo der Restsold ausgezahlt wurde, wobei die acht Tage nominell als Schenkung zusätzlich mitgezählt waren. Alle Obersten, Hauptleute und Fähnriche erhielten Ehrengaben. Dieselbe Großzügigkeit bewiesen die Fürsten auch gegenüber den anderen Regimentern, aber nur bei Männern, die sich verdient gemacht zu haben und ihrer im Vergleich mit dem Rest besonders würdig zu sein schienen. Etwa zur gleichen Zeit dankte man auch den Reitern und entließ sie, nachdem aber jeder Einzelne, weil sie zusammengekommen waren und wieder auseinandergingen, über die geschuldete Summe hinaus einen

quod conquerantur milites et in primis tribuni praefectique eorum, cum stipendia, uti primo in delectu numerus capitum in rationes fuerat relatus, non iterata recensione ipsis praebita et soluta sint.

Bellum itaque hoc vix men*[l 5][p. 145]*struum fuit, si eo die, quo undecimo Calendas Iunii in finibus Dithmarsiae castra primum ab hostibus posita sunt, eius initium factum et duodecimo deinde Calendas Quintiles, quo die superstites incolae universi supplices facti in deditionem venerunt, confectum dixerimus. In quo quidem bello sive expeditione neque dum confluerent colligerenturque copiae neque dum dimitterentur, ullis aut finitimis sociis aut extraneis longiusque remotis graves fuerunt damnumque ullum dederunt. Soli rebelles et insolentes agrestes laesaeque maiestatis rei merito iam pridem supplicio affecti mulctatique sunt: ut tandem vero pioque magistratui sese subicere, iustis et legitimis obedire dominis legibusque honestis et aequis frenari ac regi discerent nec non, quod olim in egregie fortes praeclarosque cum principes viros tum genere et virtute inclyta nobiles dira et immani saevitia misere eos trucidando laniandoque perpetrassent, per posteros cumulate ipsis redderetur.

In sequentis autem anni ineunte vere Ferdinandus Austriacus imperator, cum principes, ut ditionem et successione haereditaria ad se devolutam et armis suae potestatis factam iure quoque et consensu imperiali demum obtinerent, per legatos id expeterent atque postularent, ex augusta imperii potestate conventiones et placita inter Dithmarsos victoresque inita et li*[p. 146]*teris utrinque firmata rata habuit et diplomate stabilivit.

Monatslohn erhalten hatte. Ihre Führer wurden ebenfalls mit Schenkungen ausgezeichnet und geehrt. Auch die Soldaten haben keinen Grund zu Klagen, schon gar nicht ihre Offiziere und Hauptleute, weil ihnen der Sold so, wie ihre Kopfzahl bei der ersten Musterung abgerechnet worden war, ohne eine neuerliche Zählung gewährt und ausgezahlt wurde.

Und so dauerte dieser Krieg kaum einen Monat, wenn wir sagen, dass er am 22. Mai begann, dem Tag, an dem der Feind sein erstes Lager in Dithmarschen aufschlug, und dann am 20. Juni endete, dem Tag, an dem alle überlebenden Einwohner fußfällig die Übergabe vollzogen. In diesem Krieg (oder auch Feldzug) fielen die Truppen weder während des Aufmarsches und der Sammlung noch bei der Entlassung irgendwelchen benachbarten oder auswärtigen, weiter entfernt gelegenen Verbündeten zur Last und verursachten keinerlei Schäden. Allein den aufständischen, ungehorsamen und der Majestätsbeleidigung angeklagten Bauern wurde ihre längst verdiente Strafe auferlegt: Damit sie es endlich lernten, sich der wahren, gottesfürchtigen Obrigkeit zu unterwerfen, gerechten und rechtmäßigen Herren zu gehorchen und sich von ehrenvollen und gerechten Gesetzen zügeln und leiten zu lassen, und damit ihnen das, was sie einst besonders tapferen und vortrefflichen Männern, Fürsten, aber auch Edelleuten nach Herkunft, Leistung und Ruhm, mit ruchloser, unmenschlicher Grausamkeit angetan hatten, indem sie sie umbrachten und in Stücke rissen, durch deren Nachfahren voll und ganz heimgezahlt würde.

Im nächsten Frühjahr aber ratifizierte Kaiser Ferdinand von Österreich aus kaiserlicher Machtbefugnis die unter den Dithmarschern und den Siegern eingegangenen und beiderseits schriftlich bekräftigten Verträge und Übereinkommen und bestätigte sie urkundlich, als die Fürsten, um ein Territorium, das sowohl durch Erbfolge auf sie übergegangen als auch durch Krieg unter ihre Kontrolle gebracht worden war, nun auch rechtlich und durch kaiserliche Zustimmung in Be-

Ita Dithmarsia bello domita in ius et ditionem eorum concessit, quorum maiores maximis cladibus non semel ante profligaverat, uti priore libro commemoravimus. Nam per quingentos fere et amplius annos, tametsi variis interim iactata casibus fuerit et saepiuscule etiam iugum, sed ad modicum saltem tempus, dum hostili metu et periculo sublato recollectisque viribus ex oportuno ad ingenium rediret, acceperit: tamen agrestem libertatem suam reiecto et excusso semper cervicibus dominatu incredibili animorum pertinacia asseruit eamque oppugnantes fortunae beneficio victrix barbarica feritate fudit atque trucidavit.

Fuit illa quidem olim (ut pleraeque aliae vicinae regiones et provinciae) Saxonum imperio subiecta et deinceps quoque peculiares sibi sub marchionum et comitum nomine dominos habuit, sed eorum complures armis crudeliter oppressos interemit. Exinde in praesulatus Bremensis ditione et territorio esse voluit, cum permutationis iure ad eum pertinere videretur, verum antistitis imperium, licet aliquando etiam vis iusta intentata sit (quae quidem nunc strictim repetentes fusius omnia supra sumus executi)[63], titulo tenus saltem pertulit eoque ipso quasi tegumento abusa est ad repudian[p. 147]dum quemlibet alium magistratum et corroborandam sceleratae immunitatis licentiam.

Intercesserunt igitur plurimae cum Holsatis lites et controversiae, dum illi ius suum nunc dictis conditionibus, nunc armis repetunt, et aliquot subinde praeliis certatum est. Quo-

---

63 Cf. supra *BD* 1 *p.* 34 *sq.*

sitz zu nehmen, durch Botschafter nachdrücklich genau diese Forderung erhoben.

So kam Dithmarschen im Kriege bezwungen unter die Hoheit und in die Gewalt derer, deren Vorfahren es mehrmals zuvor in furchtbaren Niederlagen zu Boden gestreckt hatte, wie ich im ersten Buch dargestellt habe. Denn fünfhundert und mehr Jahre hindurch erschütterten es zwar zwischenzeitlich verschiedene Unglücksfälle, und es musste des Öfteren sogar das Joch hinnehmen, aber wenigstens nur für kurze Zeit, bis die Furcht vor dem Feind und die Gefahr vorüber war, sodass es seine Kräfte wieder sammeln und sich im richtigen Moment auf seinen angeborenen Mut besinnen konnte. Trotzdem verteidigte es mit unglaublicher Hartnäckigkeit in den Herzen seine Bauernfreiheit, indem es Herrschaftsmacht immer wieder abwehrte und sich vom Nacken schüttelte: Siegreich und vom Glück begünstigt, streckte es die Feinde seiner Freiheit mit barbarischer Wildheit nieder und brachte sie um.

Einst aber stand das Land (wie die meisten anderen benachbarten Gebiete und Provinzen) unter sächsischer Hoheit und hatte danach unter dem Titel Markgraf und Graf auch eigene Herren, aber es beseitigte mehrere von ihnen, indem es sie grausam mit Waffengewalt überwältigte. Darauf wollte es ein Teil des Machtbereichs und des Territoriums des Erzbistums Bremen sein, weil es nach Tauschrecht scheinbar zu ihm gehörte, aber die Hoheit des Erzbischofs ertrug es, obwohl einmal auch gerechte Gewalt zum Einsatz kam (und alles, was ich hier so knapp wiederhole, habe ich oben ausführlicher berichtet), höchstens nominell und missbrauchte sie als Schutzmantel, um jedwede andere Obrigkeit abzuweisen und die Anarchie ihrer verbrecherischen Abgabenfreiheit zu festigen.

So kam es immer wieder zu zahllosen Streitigkeiten und Auseinandersetzungen mit den Holsteinern, während die ihr Recht bald, indem sie Bedingungen stellten, und bald mit Waffengewalt durchzusetzen suchten und von Zeit zu Zeit einige Schlachten geschlagen wurden. Davon waren vor

rum tria imprimis cruenta admodum et atrocia commissa sunt, in quibus Dithmarsi insigni fallacis et impotentis fortunae ludibrio victores et luctuosam hostium stragem inexplebili saevitia ediderunt et fastidiosam libertatem suam pertinacissima animorum constantia tutati sunt. At ubi felicitate perpetua inflati et opimis feracis terrae muneribus luxuriantes insolescere nimium et ferocire coeperunt, ultricem divini numinis iram in se provocarunt et diuturnae pervicaciae et improbitatis dignas tandem poenas luerunt.[64]

Neque equidem in alia sum opinione, quam ut certissime credam tantam calamitatem et miseriam severo et iusto Dei indignantis iudicio divinitus hanc gentem oppressisse. Etenim tacebo illa, quae de agresti et intemperanti luxu fastidioque, quae de summa iniquitate et iniustitia, quae de caedibus et maleficiis innumeris perpetratis eorumque impunitate vulgi sermonibus praedicantur, nequid rumoribus tribuere videar.

Fuit praeterea tam arrogans simul et impudens eius populi persuasio, quoniam tot an*[p. 148]*norum spacio effrenatam libertatem suam egregie propugnando obtinuisset, omne servitutis vel nomen a se repulisset quam longissime, tot fortissimos exercitus fudisset et ad internecionem pene quosdam delevisset, ut omnino invictum esse se crederet terramque suam tam insigniter et ab ipsa natura et operibus munitam nullis viribus aut artibus subigi posse confideret. Itaque omni deposito timore secure agens uberisque terrae bonis immodice lasciviens magistratum omnem despiciebat et aspernaallem drei sehr blutig und furchtbar, in denen die Dithmarscher, durch ein besonders boshaftes Spiel des trügerischen, zügellosen Glückes die Sieger, mit unersättlicher Grausamkeit unter den Feinden ein schmerzliches Blutbad anrichteten und ihre widerwärtige Freiheit mit unerhört zäher Entschlossenheit schützten. Aber sobald sie, hochmütig durch ihr dauerndes Wohlergehen und dank den reichen Gaben ihres fruchtbaren Landes einem Leben im Luxus verfallen, allzu aufsässig und dreist zu werden begannen, riefen sie den rächenden Zorn der Macht Gottes auf sich herab und mussten für ihre langjährige Unbeugsamkeit und Schlechtigkeit endlich die angemessene Strafe tragen.

Denn meine Meinung ist ganz eindeutig: Ich glaube felsenfest, dass ein so schreckliches, katastrophales Unglück dieses Volk nach dem strengen und gerechten Urteil eines empörten Gottes durch göttliche Fügung ereilt hat. Dabei will ich gar nicht davon sprechen, was über ihre maßlose bäurische Großmannssucht und ihren Dünkel, was über ihre extreme Willkür und Ungerechtigkeit, was über die unzähligen Morde und Schandtaten, die sie begangen haben, und deren Straflosigkeit in den Gesprächen der einfachen Leute erzählt wird, damit es nicht so aussieht, als gäbe ich etwas auf Gerüchte.

Außerdem lebte dieses Volk, weil es im Zeitraum so vieler Jahre seine anarchische Freiheit in erfolgreichem Abwehrkampf behauptet, selbst die Bezeichnung jeder Art von Knechtschaft, solange es ging, von sich ferngehalten und so viele mächtige Heere besiegt, manche auch beinahe ganz vernichtet hatte, in einer so anmaßenden und zugleich unverschämten Überzeugung, dass es sich für überhaupt unbesiegbar hielt und darauf vertraute, dass sein Land, das sowohl von der Natur selbst als auch durch Verteidigungsanlagen so hervorragend befestigt war, durch keine Gewalt und kein noch so geschicktes Vorgehen unterworfen werden könnte. Und so hatte es keinerlei Furcht, lebte sorglos und genoss in

---

64 luerint *Iobinus. An ut diuturnal* […] *luerint scribendum?*

batur atque legibus nullis, moribus aut institutis, quibus reliquae gentes continentur, ad ea praestanda se cogi posse iudicabat, quae ingrata et commodis suis contraria essent. Atque hanc fiduciam animis non causae aequitas iusticiave addebat, sed solae prodigiosae et invictae (uti credebant miseri) vires excitabant.

Nam ut adversus pristinam et obstinatam contumaciam suam aliquid admitterent, nulla pietas, nullus numinis coelestis metus aut reverentia, nulla iuris rectique observantia persuadere poterat. Quin et eo dementiae progressi Dithmarsi, ut principum maiestatem malitiose laedere non reformidarent indignis et contumeliosis conviciis honorem et nomen eorum inverecunde lacerando proscindendoque. Hoc ad caeteras iniurias addiderunt, quasi non satis admisissent scelerum, *[p. 149]* si ditionum incolas et habitatores variis multisque per iniuriam damnis afflixissent (seu ius in terra sua ipsis denegando, seu incursionibus factis depraedando, seu aliis quibuscunque violentis fraudulentisque modis circumveniendo), nisi in ipsos quoque principes virulentam immodestae et petulantis linguae proterviam effunderent. Quam ego vel cum primis indignationis divinae causam fuisse iudico, ut tantas clades et aerumnas cum summa ignominia hoc bello perpeterentur.

Deus enim aequissimus iustissimusque ut universi huius politici ordinis autor atque princeps unicus est et magistratum omnem in terris vicarium pro se munus gerere praecepit: ita quoque illos, qui eo in munere recte iusteque versantur, fo-

maßlosem Übermut den Reichtum des fruchtbaren Landes. Jede Obrigkeit verachtete es zutiefst, und nach seinem Urteil konnte es durch keines der Gesetze, Sitten und Einrichtungen, die für die übrigen Völker gelten, dazu gezwungen werden, etwas zu leisten, was ihm nicht recht wäre und seinen Interessen widerspräche. Aber dieses Selbstvertrauen flößte ihnen nicht etwa das Recht und die Billigkeit ihrer Sache ein, sondern allein ihre wunderbaren und (wie die Ärmsten glaubten) unbesiegbaren Kräfte riefen es hervor.

Denn dazu, gegen ihren uralten, beharrlichen Trotz irgendetwas gelten zu lassen, konnte sie keine Frömmigkeit, keine Furcht oder Ehrfurcht vor der Gottheit im Himmel und kein Respekt für Recht und Gesetz überreden. Ja, die Dithmarscher verstiegen sich zu einem solchen Wahn, dass sie nicht davor zurückschreckten, die Majestät der Fürsten böswillig zu beleidigen, indem sie ihr Amt und ihren Namen mit unwürdigen und schmählichen Beschimpfungen rücksichtslos verunglimpften und in den Schmutz zogen. Das fügten sie zu ihren sonstigen Anschlägen hinzu, als hätten sie noch nicht genug Verbrechen begangen, indem sie die Einwohner der fürstlichen Territorien mit Gewalt durch verschiedenartige große Schäden ruiniert hatten (sei es, dass sie ihnen in ihrem Land kein Recht zuteil werden ließen, sei es, dass sie Raubzüge und Plünderungen durchführten, sei es, dass sie sie mit beliebigen anderen brutalen und hinterhältigen Methoden bedrängten), wenn sie nicht auch über die Fürsten selbst das Gift und den Mutwillen ihrer zuchtlos-frechen Zunge ergössen. Das ist nach meinem Urteil mit der wichtigste Grund für den göttlichen Unmut gewesen, sodass sie in diesem Krieg so schwere Niederlagen, solches Leid und die schlimmste Schande erleiden mussten.

Denn ebenso, wie der unendlich gerechte Gott der einzige Urheber und Fürst dieser ganzen politischen Ordnung ist und zur Vorschrift gemacht hat, dass jede Obrigkeit auf Erden seine Stellvertretung übernehmen muss: So nimmt er immer

vendos tuendosque semper suscipit, contumaces vero, et qui improbe iniuriis contumeliisque onerant, poenis gravissimis plectit. Quapropter iram ac iudicium divinum pertimescere et magistratum legitimum habere ac colere reverenter omnes debent populi, qui tranquillo et florenti in terris statu agere exoptant.

Finis.[65]

auch diejenigen unter seine Obhut und seinen Schutz, die sich in diesem Amt richtig und gerecht verhalten, die Aufsässigen aber und diejenigen, die ihn dreist mit Unrecht und Beleidigungen belästigen, straft er mit großer Härte. Deshalb müssen alle Völker den Zorn und das Urteil Gottes fürchten und die Obrigkeit als rechtmäßig betrachten und ihr mit Ehrerbietung begegnen, die auf Erden in Frieden und Wohlstand zu leben wünschen.

Ende

---

65 Dithmarsici belli, quo Dithmarsia in principum potestatem venit, finis. *Wolff.*

365

Herr Johann Ranzaw / Ritter /

Königlicher Mayestet zu Dänemarck / Nord-
wagen / rc. FeldOberster.

ES bezeugen zwar mannigerley glaubwirdige schrifftli-
che Urkunde / welcher masse der Ranzawen wol herkom-
men Adelich geschlächt inn Holsaten / von dreyhundert
vnd mehr Jaren her / mit vilen fürtreffenlichen / vnd redlicher mastlicher Thaten halbē billich berhūmten Kriegs-
erfahrnen Leuthen / alle zeit gar stattlich geziert / vnd also neben andern
weit vnnd breyt namhafften Sächsischen Adelsgeschlächten / inn son-
derm ansehen gewesen: Wie denn auch allhie fürgebildeter Johann

Gg iij

Kupferstich von Johann Rantzau.

[p. 150] **Ad lectorem.**

Quoniam in hac descriptione historica, benigne lector, plurima et frequens est mentio clarissimi nobilissimique viri Iohannis Rantzovii equitis Holsati et bellatoris praestantissimi, cuius potissimum ductu et auspiciis per regem et principes id bellum feliciter confectum est, ne quid forte rerum gestarum ab eodem te lateat, non ab re facturos nos esse censuimus, si bina elogia sub eius effigie ipso etiamnum vivente collocata et diversis in locis in lucem typis edita[1] corollarii loco huic historiae nostrae adiungeremus. Quibus et epitaphia nonnulla[2] adiecimus, eandem fere rem sed modo dissimili explicantia et praeterea honorificae sepulturae et iustorum eidem factorum succinctam recitationem, quae nusquam hactenus publicata apparuit. Haec tu boni consule. Vale.

[p .151] Sub effigie praestantissimi herois Iohannis Rantzovii equitis aurati v‹iri› c‹larissimi›.

Deus trinus et unus te longe sospitet et in hoc vividae senectae robore diu feliciter conservet, fortunate senex,[3] qui ex equestri et nobili Rantzoviorum familia (quae fuit inter Cymbros sive Holsatos testantibus id annalibus vestris ante trecentos annos virtute bellica clara) es ortus domesticaque educatione ac disciplina vulnerum et periculorum contemp-

An den Leser

Da in dieser Geschichtsdarstellung, wohlwollender Leser, der weithin berühmte, hochedle Johann Rantzau, holsteinischer Ritter und ausgezeichneter Kriegsherr, immer wieder erwähnt wird, der Mann, unter dessen vorrangiger Führung und Kommando dieser Krieg durch König und Fürsten an ein glückliches Ende gebracht wurde, kam ich, damit du nicht etwa in Unkenntnis einer seiner Taten bliebest, zu der Auffassung, es werde eine sinnvolle Maßnahme sein, wenn ich dieser historischen Schrift als Zugabe zwei Lobreden beifügte, die noch zu seinen Lebzeiten unter seinem Bild angebracht und an mehreren Orten im Druck veröffentlicht worden sind. Ihnen habe ich noch einige Grabinschriften angefügt, die in etwa denselben Inhalt, aber in anderer Form wiedergeben, und außerdem einen knappen Bericht über sein ehrenvolles Begräbnis und die für ihn abgehaltene Totenfeier, der bisher nirgends veröffentlicht worden ist. Damit nun gib dich zufrieden. Lebe wohl.

Unter dem Bild des grossen Helden Johann Rantzau, Ritters vom Hl. Grabe und Edelmannes von höchstem Stande

Möge der dreifaltige und einige Gott dich behüten und noch lange glücklich in solcher Kraft deines jugendfrischen Greisenalters erhalten, du Glück gewohnter Greis! Du stammst aus dem adligen Rittergeschlecht der Rantzaus, das, wie eure Chroniken bezeugen, schon vor dreihundert Jahren bei den Zimbern oder auch Holsteinern durch seine Leistungen im Krieg berühmt war. Durch die heimische Erziehung und Zucht zum Verächter von Wunden und Gefahren geworden, brachtest du, als du im Alter von dreizehn Jahren nach dem Tod deines Vaters heimlich zu Hause ein Pferd stahlst und

---

1 breve elogium […] collocatum et […] editum *Iobinus; sed propter* quibus, *quo verbo quae sequuntur incipiunt, pluralis desideratur etiam apud Iobinum.*
2 diversa *Regius.*
3 Cf. Verg. *ecl.* 1, 46–51.

tor factus, cum tredecim annos natus mortuo patre clam arrepto domi equo invita matre et tuis ad proxima castra evolasses, miram indolem ad militiam attulisti. Demum vir effectus durissimis belli laboribus te totum dicasti susceptaque nobili peregrinatione totum pene orbem terrarum circumvagatus es non tam religionis causa, ut multi opinabantur, quam ut multarum gentium mores tractandique belli rationes acutissime perspiceres[4] et posteros Cymbrorum Gothorum Vandalorumque tuorum maiorum inviseres.

Adita primo Anglia, deinde Hispania (ubi divum Iacobum more tunc invete*[p. 152]*rato salutasti), postea Germania, Italia, Creta, Asia ac Syria maxima ex parte peragrata ad Hierosolymam urbem pervenisti ibique cum aliis religiose sacrificans dignitatem aurati equitis suscepisti, quam succedente tempore editis egregiis factis condecorasti atque ornasti.

Haec tua illustris peregrinatio in illa deflenda tempora incidit, cum Selimus Turcarum imperator mortuo Campsone et interfecto Tomombeio Sultanico imperio cruentis victoriis finem attulit: unde, nisi magna numinis providentia ad maiora esses reservatus, navi vix elapsus a Turcis captus fuisses te tuosque socios tanquam Mammeluchos persequentibus. Navi illa Neapolim pervenisti indeque per illud regnum Romam profectus Leoni decimo pontifici maximo more Italico, sed non sine fastu Cymbrico pedes deosculatus es.

gegen den Willen deiner Mutter und der Familie in das nächste Heerlager davongeprescht warst, eine wunderbare Begabung für den Kriegsdienst mit. Gerade zum Manne gereift, widmetest du dich ganz den härtesten Mühen des Krieges. Du unternahmst eine edelmütige Pilgerfahrt und reistest beinahe um den ganzen Erdkreis, weniger aus religiösen Gründen, wie viele glaubten, als vielmehr, um die Kultur und die Kriegstaktik vieler Völker möglichst genau zu analysieren und die Nachfahren der Zimbern, Goten und Wenden, deiner Ahnen, aufzusuchen.

Du gingst zuerst nach England, dann nach Spanien (wo du dem heiligen Jakob nach der damals althergebrachten Weise deinen Gruß entbotest). Danach reistest du durch große Teile von Deutschland, Italien, Kreta, Kleinasien und Syrien und erreichtest Jerusalem. Dort feiertest du mit anderen den Gottesdienst und erlangtest so die Würde eines Ritters vom Hl. Grabe, die du in der Folgezeit mit großen Taten reich auszuschmücken vermochtest.

Deine glanzvolle Pilgerfahrt fiel aber in jene beklagenswerte Zeit, als Selim, der Kaiser der Türken, nach dem Tod des Kansu al-Gauri und dem Mord an Tuman Bey mit blutigen Siegen das Ende des Sultanats herbeiführte. Wenn dich damals nicht die Vorsehung der gewaltigen Gottheit zu Höherem bewahrt hätte, wärest du nicht mit knapper Not von dort zu Schiff entkommen, sondern von den Türken gefangen worden, die dich und deine Gefährten als Mameluken verfolgten. Auf jenem Schiff erreichtest du Neapel, und von dort reistest du durch dasselbe Königreich nach Rom, wo du Papst Leo X. nach italienischer Sitte, aber nicht ohne Zimbernstolz die Füße küsstest.

---

4 Cf. *Od.* 1, 1–3 (ἄνδρα [...] πολύτροπον, ὃς [...] Τροίης ἱερὸν πτολίεθρον ἔπερσε· πολλῶν δ' ἀνθρώπων ἴδεν ἄστεα καὶ νόον ἔγνω [...]), et apud Reuchlin *verb. mir.* 17, 30 *s.* BA illius versus tertii versionem Latinam reperies (*et mores hominum multorum vidit et urbes*).

Inde per Italiam Galliam et Germaniam notitia multiplici in peregrinatione auctus domum rediisti et ilico propter summam ingenii tui dexteritatem et agendi peritiam Fridericus tunc tantum princeps Holsatiae te filii sui Christiani morum inspectorem ac omnium rerum eius gubernatorem constituit, missurus filium ad septemvirum Electorem Brandeburgensem, ut una cum ipso Wormatiam versus iret, quo Caesar Carolus V. tunc primum principes Germaniae ornatus Caesarea potestate convoca-*[m][p. 153]* rat. Quo in loco Lutherus sua dogmata summa cum constantia praesentibus cunctis ordinibus imperii protulit et scripto exhibuit, quae tu modeste arripiens supervacuos aliquos ritus contemnere didicisti.

Finito illo conventu una cum principe tuo ad patrios lares re versus magister palatii creatus es: et cum deinceps Christiernus II. Danorum rex immanissima crudelitate in proceres Gothos Danos et Suedos saeviret illique publice conspirarent consentiente et permittente Deo certissimo semper ultore scelerum et Fridericum patruum Christierni ad suscipiendum diadema regium adhortarentur, tu principi tuo Friderico suasor et autor extitisti, ut oblatam provinciam susciperet, ne alioqui tota sua familia illustris illa regia sede deturbaretur. Nam Suedi, cum Fridericus longius rem cunctando protraheret, quendam ex nobilitate equestri sibi regem delegerant, quod et de Danis erat timendum.

Quare ipsius auspiciis exercitum in Daniam traduxisti nonnullisque locis ibi prius expugnatis Hafniam regalem urbem plus quam per integrum annum obsidione pressisti illaque

Von dort kehrtest du, auf deiner Reise um vielfältige Erkenntnis bereichert, durch Italien, Frankreich und Deutschland nach Hause zurück. Sofort machte Friedrich, der damals lediglich Fürst von Holstein war, dich wegen deiner großen geistigen Gewandtheit und Lebenserfahrung zum Wächter über den Charakter seines Sohnes Christian und zu dessen Lenker in allen Lebenslagen. Denn er wollte seinen Sohn gerade zum Kurfürsten von Brandenburg schicken, damit er mit ihm gemeinsam nach Worms führe, wo Kaiser Karl V. die Fürsten Deutschlands damals zum ersten Mal, seit er mit kaiserlicher Macht bekleidet war, einberufen hatte. An diesem Ort brachte Luther in Anwesenheit aller Reichsstände unerschütterlich seine Lehren vor und legte sie schriftlich nieder. Du nahmst sie dir in Demut zu Herzen und lerntest, einige überflüssige Riten zu verachten.

Nach Ende dieses Reichstages kehrtest du gemeinsam mit deinem Fürsten an den heimatlichen Herd zurück und wurdest zum Hofmeister bestimmt. Und als danach König Christian II. von Dänemark mit maßloser Grausamkeit gegen den gotischen, dänischen und schwedischen Adel wütete, sodass die Betroffenen sich mit Zustimmung und Erlaubnis Gottes, des zuverlässigsten Rächers aller Verbrechen, öffentlich miteinander verschworen und Friedrich, den Onkel Christians, zum Griff nach der Krone aufforderten, da gabst du deinem Fürsten Friedrich den entscheidenden Rat, das angebotene Reich zu übernehmen, damit nicht sonst sein ganzes glanzvolles Geschlecht vom dänischen Thron gestoßen würde. Denn als Friedrichs Entscheidung sich durch sein längeres Zögern hinzog, hatten die Schweden jemanden aus dem Ritteradel zu ihrem König gewählt, und von den Dänen stand dasselbe zu befürchten.

Deshalb führtest du unter seinem Befehl ein Heer nach Dänemark hinüber. Dort belagertest du nach der Eroberung einiger Orte die Königsstadt Kopenhagen über ein Jahr lang.

fame domita, cum ab esu felium ac canum non abstinerent, in tui principis gratiam suscepisti. Quibus rebus peractis cum quatuor cohortibus ac trecentis equitibus in Scandiam navigasti et commissa ancipiti pugna cum Severino *[p. 154]* de Norbu viro strenuo et rei militaris perito secum habente quindecim millia agrestium tandem eum superasti. Nam aut vincendum aut moriendum tibi erat: nullus locus fugae patebat. Circumdatus enim eras mari et hostili exercitu. Sic virtus viam invenit. Ac nisi summa festinatione usus fuisses, subsidio hostibus Otto Stigesen cum alia non contemnenda manu collecta ex plebe venisset: quem paulo post eodem die devicisti. Sic bis victor uno die factus binisque castris hostium potitus ducibusque ambobus captis secure castra es metatus.

Severinum paulo post non solum confessi facinoris veniam, sed etiam amplam praefecturam a Friderico adeptum pristinae libertati restituisti, ut omnes inde perspicerent te non solum in bello invictum, sed et in[5] inimicos tuos in pace beneficum esse: quae tamen ipse tua ingentia merita magna cum sui nominis pristini et gloriosi infamia novo scelere priori addito dedecoravit. Contra enim datam fidem clam ad Caesarem Carolum regis sui Christierni II. uxoris fratrem aufugit eiusque partes secutus in obsidione Florentina (cupiens sui animi magnitudinis apud exteras nationes exempla edere) fortiter pugnans interemptus est et sic perpetrati facinoris et violatae fidei iusta praemia recepit.

Nachdem der Hunger die Stadt bezwungen hatte (denn man verschmähte nicht mehr den Verzehr von Katzen und Hunden), nahmst du sie wieder in die Gunst deines Königs auf. Nach Abschluss dieses Vorhabens segeltest du mit vier Abteilungen und 300 Reitern nach Schonen. Zu einer Schlacht mit offenem Ausgang kam es gegen Søren von Norby, einen tüchtigen Mann und erfahrenen Militär mit einer Macht von 15.000 Bauern, den du schließlich überwandest. Denn du musstest siegen oder sterben: Es gab keinen Fluchtweg. Du warst umgeben vom Meer und dem Heer des Feindes. So fand der Kampfesmut den Ausweg. Aber wenn du dich nicht mit größter Schnelligkeit bewegt hättest, dann hätte Otte Stigsen den Feind mit einer anderen beachtlichen Streitmacht entsetzt: Auch ihn schlugst du wenig später noch am selben Tage vernichtend. So wurdest du an nur einem Tage zweimal zum Sieger, nahmst zwei feindliche Feldlager ein und konntest nach der Gefangennahme beider Kommandeure in Sicherheit dein Lager abstecken.

Søren, der wenig später nicht nur Gnade für sein eingestandenes Verbrechen, sondern auch ein reiches Verwaltungsgebiet von Friedrich erhielt, entließest du in seine angestammte Freiheit, sodass alle daran erkennen konnten, dass du nicht nur im Krieg unbesiegbar, sondern selbst gegen deine Feinde im Frieden wohltätig bist: Dennoch entwertete er deine enormen Verdienste, indem er – eine große Schande für seinen vormals ruhmreichen Namen – dem vorigen einen neuen Frevel hinzufügte. Gegen seinen Eid nämlich floh er zu Kaiser Karl, dem Bruder der Ehefrau seines Königs, Christians II. In dessen Gefolgschaft fiel er in tapferem Kampf bei der Belagerung von Florenz (denn er wollte den fremden Völkern ein Beispiel seines großen Mutes liefern). So empfing er den gerechten Lohn für das Verbrechen, das er begangen hatte, und für den Bruch seines Eides.

---

5 in *om. Iobinus.*

Iam regno aliquo modo pacato Christiernoque in Norvegia ab aliis *[m 2][p. 155]* proceribus conditionibus circumvento ipsoque in perpetuum carcerem condemnato Fridericus in eius locum procerum suffragiis rex declaratus est, qui regno ad annos decem summa cum moderatione praefuit.

Quo tandem e rebus humanis ad divinam patriam sublato relictis tribus filiis impuberibus et tertio Christiano virilem aetatem ingresso Lubecensis rei publicae turbatores nonnulli facto prius foedere cum duce Alberto Megapolensi et comite Christophoro Oldenburgensi et Danicis quibusdam proceribus novis rebus studentibus patriae tuae bellum acerrimum intulerunt: quod prius geri quam parari animadversum est anno proximo post Friderici mortem vestratibus in constituenda re publica tempore interregni et deliberationibus de novo rege faciendo[6] occupatis. Sperabant enim Lubecensium isti factiosi sese civitatem suam tribus regnis septentrionalibus potitam Venetiis aequalem reddere posse.

Tunc tu iterum, reverende senex, nactus iustam defendendae patriae causam et ab extrema servitute vindicandae in medium armatus ex tuo castro, quanquam uno pede aeger per integrum annum fueras, claudicans prosilis omnesque privatos dolores communi patriae saluti postponis: nec defuit fortuna audenti salutaria. Ilico enim non sine admiratione omnium, qui id divinitus contigisse religiose affir*[p. 156]*mabant, pristino pedum robori ac agilitati restitutus es. Collecta deinde parva manu cum Christiano Lubecenses non procul ab oppido Oetino desideratis multis aufugere, Segebergen-

---

6 faciendo *edd.*, *malim* faciendis.

Nachdem im Reich schon eine gewisse Befriedung eingetreten und Christian in Norwegen von anderen führenden Männern unter bestimmten Bedingungen verraten und zu lebenslanger Haft verurteilt worden war, wurde Friedrich an seiner statt durch die Wahl des Adels zum König erklärt. Etwa zehn Jahre lang war er dem Reich ein überaus maßvoller Regent.

Als er schließlich aus dem menschlichen Leben in das Vaterland bei Gott enthoben wurde, ließ er drei Söhne im heranwachsenden Alter zurück; Christian III. hatte gerade das Mannesalter erreicht. Deshalb begannen einige Störenfriede aus der Stadt Lübeck, nachdem sie zuvor mit Herzog Albrecht von Mecklenburg, Graf Christoph von Oldenburg und aufrührerischen Angehörigen des dänischen Adels ein Bündnis geschlossen hatten, einen zerstörerischen Krieg gegen dein Vaterland. Der Krieg war da, bevor man auch nur bemerkt hätte, dass er sich anbahnte, weil im Jahr nach dem Tode Friedrichs eure Landsleute damit beschäftigt waren, während des Interregnums das Staatswesen zu stabilisieren und über die Erhebung eines neuen Königs zu beraten. Jene umtriebigen Lübecker hofften nämlich, ihre Stadt, wenn sie die drei Nordreiche in ihre Gewalt bekäme, Venedig gleichstellen zu können.

Damals hattest du, verehrungswürdiger Greis, erneut einen gerechten Anlass zur Verteidigung deines Vaterlands und zu seiner Befreiung aus äußerster Knechtschaft gefunden. Obwohl du seit einem ganzen Jahr an einem Bein kranktest, stürztest du, hinkend, gerüstet aus deiner Festung hervor und stelltest alle persönlichen Schmerzen hinter das Gemeinwohl des Vaterlands zurück: Und das Glück, das dem, der etwas wagt, Rettung bringt, stand dir zur Seite. Denn sofort stellte sich, zum Staunen aller, die voll Ehrfurcht sagten, das sei göttliche Fügung gewesen, die alte Kraft und Geschmeidigkeit deiner Beine wieder ein. Du versammeltest dann eine kleine Truppe, und zusammen mit Christian zwangst du die

sem obsidionem relinquere ac de sua propria civitate defendenda sollicitos esse coëgisti: ac post haec Travemundam vi cepisti, naves subsidio missas expugnasti ipsamque urbem Lubecam obsidione cinxisti brevique tempore ex tuis per te collocatis castris tantum effectum, ut pacis condiciones vobis etiam non inutiles susceperint.

Tu enim eo tempore cum Erico Ericksen alias Banner et nonnullis equitum alis ac militum cohortibus in Gothiam sive Iutlandiam missus eras, ut agrestium multitudinem maxima ex parte rebellantem aut bona cum gratia ad pristinum officium et saniora consilia reduceres aut armis opprimeres et meritas ab illis poenas sumeres. Cui iniuncto officio satisfacere cupiens oppidum Alborch, in quo rustica plebs duce Clemente Nauclero congregata erat, fortiter illis defendentibus cum tuis feliciter expugnasti semelque non sine tuorum dolore, cum primus vallum conscendisses, a summo ad imum deiectus es: ibique multiplici caede exempli causa facta, captum vivum Clementem quasi regem plumbea corona dedecorasti et sic palo configendum curasti meritasque perfidiae poenas ab illo exegisti. Inde in Vuentzhusel tribus di/m 3]/[p. 157]versis itineribus cum copiis tuis contendisti ibique vacillantes in fide continuisti principibus factionis sublatis, reliquos ad officium reduxisti novoque iuramento obstrinxisti.

Hinc in Fioniam cum traiecisses, plebem etiam ibi maiore numero congregatam tuis copiolis adortus in fugam coniecisti ac paulo post non procul ab Assensen in aperto campo

Lübecker, unweit von Eutin unter großen Verlusten zu fliehen, die Belagerung von Segeberg aufzugeben und voll Sorge die Verteidigung der eigenen Stadt zu organisieren. Danach nahmst du Travemünde gewaltsam ein, erstürmtest die Schiffe, die man als Unterstützung geschickt hatte, und legtest einen Belagerungsring um das große Lübeck selbst. Und in kurzer Zeit wurde durch die von dir angelegten befestigten Stellungen so viel erreicht, dass sie Friedensbedingungen akzeptierten, die auch für euch von Nutzen waren.

Du warst damals nämlich mit Erik Eriksen, auch Banner genannt, und mit einigen Reiterschwadronen und Heeresabteilungen nach Gotien bzw. Jütland geschickt worden, um eine größtenteils aufständische Bauernmenge entweder in Gnaden wieder ihrer alten Pflicht und einem weniger irrwitzigen Verhalten zuzuführen oder sie mit Waffengewalt zu unterwerfen und die verdienten Strafen zu erteilen. Im Bestreben, dieser Aufgabe gerecht zu werden, erobertest du gegen heftigen Widerstand glücklich Ålborg, wo das Landvolk unter seinem Anführer Skipper Klement zusammengeströmt war. Einmal wurdest du zum großen Schmerz deiner Männer, als du als Erster auf den Schutzwall geklettert warst, von ganz oben in die Tiefe herabgestoßen: Zur Abschreckung ließest du dort viele Hinrichtungen vollziehen und verunstaltetest den lebendig gefangenen Klement als Möchtegern-König mit einer Krone aus Blei. Du sorgtest dafür, dass man ihn so auf einen Pfahl spießte, und vollzogst an ihm die gerechte Strafe für seinen Verrat. Von dort marschiertest du mit deinen Truppen auf drei verschiedenen Routen nach Vendsyssel. Diejenigen, deren Loyalität dort ins Wanken geraten war, überzeugtest du, treu zu bleiben, indem du die Anführer der Rebellion eliminiertest, die Übrigen führtest du wieder ihrer Pflicht zu und bandest sie mit einem neuen Eid.

Nachdem du von da nach Fünen übergesetzt hattest, griffest du mit deinen wenigen Leuten eine Volksmenge an, die sich dort in noch größerer Zahl versammelt hatte, und

seorsim ante primos ordines cum uno equite te imprimis petente concurristi[7] illumque mortifero vulnere affectum de equo non sine praesagio futuri eventus deiecisti signoque caeteris dato exercitum comitis de Oldenborch iusta acie ac praelio superasti interfectisque in illo praelio comitibus de Hoie et Techelnborch castris hostium et urbe potitus es. Unde in Selandiam profectus ibique plerisque locis vi subactis iterum ut ante decennium per XIIII menses Haffniam obsedisti defendentibus fortiter urbem et tuis virilibus conatibus egregie resistentibus duce et comite expectantibusque a Caesarianis auxilium sperantibusque eos occasioni non defuturos.

Quae opinio illos haud fefellisset, si tum ex tuo singulari consilio et solerti prudentia certa equitum peditumque manus in terram Groningensem Caesari parentem non fuisset missa, quae vicum Dam vallo fossaque muniret atque teneret. Qua re effectum est, ut Caesarianos magis de oppidulo Dam recipiendo quam *[p. 158]* de obsessis opem ferendo alienaque ora infestanda cogitare oportuerit: praesertim Carolo tunc Italicis rebus implicato deque regno Neapolitano ac ducatu Mediolanensi defendendo sollicito.

Quare obsessi in urbe Haffnia consumptis omnibus alimentis, quibus homines vesci poterant, extrema inopia premebantur ac desperatis tandem auxiliis, cum illis nihil aliud reliquum esset quam ex fame lurida mors, ad pedes Chris-

---

7 cucurristi *Iobinus.*

schlugst sie in die Flucht. Wenig später nahmst du unweit Assens' auf offenem Feld allein vor der ersten Schlachtreihe den berittenen Zweikampf mit einem Ritter auf, der es besonders auf dich abgesehen hatte, und warfst ihn tödlich getroffen von seinem Pferd. Das war ein Omen für den Ausgang, der bevorstand: Du gabst den anderen das Zeichen zum Angriff und besiegtest das Heer des Grafen von Oldenburg in einer offenen Feldschlacht. Die Grafen von Hoya und von Tecklenburg wurden getötet, und du brachtest das Lager der Feinde und die Stadt in deine Gewalt. Von hier brachst du nach Seeland auf, und nachdem du dort die meisten Orte eingenommen hattest, belagertest du wieder wie zehn Jahre zuvor vierzehn Monate lang Kopenhagen. Der Herzog und der Graf, die sich gegen deine mutigen Attacken zur Wehr setzten, verteidigten die Stadt tapfer. Sie erwarteten sich Hilfe von den Leuten des Kaisers und hofften, dass die in dieser Lage nicht tatenlos bleiben würden.

In dieser Erwartung hätten sie sich nicht getäuscht, wenn damals nicht dank deinem genialen Plan und deiner umsichtigen Klugheit ein bestimmtes Kontingent von Kavallerie und Infanterie ins Groninger Land, das dem Kaiser botmäßig war, geschickt worden wäre, um den Ort Dam mit Wall und Graben zu befestigen und zu halten. Dadurch wurde erreicht, dass die Truppen des Kaisers mehr darauf bedacht sein mussten, das Städtchen Dam zurückzugewinnen als die Belagerten zu entsetzen und fremdes Land zu verheeren: zumal Karl damals ganz in die italienischen Verwicklungen verstrickt und mit der Verteidigung des Königreichs Neapel und des Herzogtums Mailand sehr beschäftigt war.

Deshalb litten die Belagerten in Kopenhagen, nachdem sie alle Lebensmittel verzehrt hatten, von denen Menschen sich ernähren konnten, unter schwerstem Mangel. Endlich gaben sie die Hoffnung auf Entsatz auf, und als ihnen nichts anderes mehr übrig blieb als der schreckliche Hungertod, zwangst du den Herzog und den Grafen, sich Christian III. zu Füßen

tiani III. ducem et comitem se proicere et culpam agnoscere delictique veniam petere coëgisti. Quibus rebus confectis Christianus more Gothorum regio diademate ornatus ac patri suffectus est.

Fuerunt sequentes anni utcunque tranquilli, sed tamen semper timendus erat Carolus V. semel irritatus propter affinis sui captivitatem. Contigit tamen deinceps, ut bellum exarserit inter Caesarem et Iuliacensem de ducatu Geldriae Gallusque rex Iuliacensem sub spe matrimonii sororis suae filiae, reginae Navarrae, in partes suas traduxerat, quibus si se adiunxisset Christianus, ex usu regni fore existimabat. Ideo te ad percutiendum foedus cum istis duobus Iuliacum versus misit. Sed tu regem Galliae omnes suos conatus eo intendere facile perspexisti, ut Caesarem implicitum aliquibus negotiis redderet ipsumque longe a finibus suis amoveret. Ducis vero res eo loco esse intellexisti, ut per aetatem ipse parum aut *[m 4][p. 159]* nihil de bello cogitaret: illi vero, quibus bellum demandatum erat, segniter rem administrarent.

Qua re tu summa prudentia foedere illo infausto regem tuum implicare noluisti, cum ex longo rerum usu ac notitia didicisses magnos reges propter privata commoda publica sancire foedera ac raro sancta inviolataque praestare. Id tamen favens partibus regis Galliae promisisti, te legionem veteranorum militum et quingentos equites nigros ipsius sumptibus in Brabantiam ad Martinum de Rossheim missurum esse et apud regem tuum tantum effecturum, ut classem suam ad depopulandam et infestandam oram maritimam inferioris Germaniae mitteret et sic una cum aliis imperatoris opes distraheret sive distineret. Quod utrumque summa fide praestitisti. Quantam enim vastitatem Martinus adiunctis sibi tuis copiis Brabantiae attulerit, ruinae testantur et Antverpia

zu werfen, ihre Schuld anzuerkennen und um Gnade für ihr Verbrechen zu bitten. Gleich danach wurde Christian nach gotischer Sitte mit der Königskrone geschmückt und trat an die Stelle seines Vaters.

Die folgenden Jahre waren einigermaßen ruhig, aber dennoch musste man immer Karl V. fürchten, seit ihn die Gefangenschaft seines Verwandten einmal gereizt hatte. Allerdings ergab es sich dann, dass zwischen dem Kaiser und dem Herzog von Jülich ein Krieg um das Herzogtum Geldern entbrannte und der französische König den Jülicher durch die Hoffnung auf die Ehe mit der Tochter seiner Schwester, der Königin von Navarra, auf seine Seite gezogen hatte. Christian meinte, es werde die Interessen des Reiches fördern, wenn er sich ihnen anschlösse. Du aber erkanntest sofort, dass die gesamte Politik des Königs von Frankreich darauf abzielte, den Kaiser in irgendwelche Aktivitäten zu verstricken und ihn weit von den eigenen Grenzen fernzuhalten. Um den Herzog stand es nach deiner Analyse so, dass er sich wegen seines Alters zu wenig oder gar nicht um den Krieg kümmerte; diejenigen aber, denen die Kriegführung anvertraut war, erfüllten ihre Aufgabe mit wenig Engagement.

Daher wolltest du in kluger Umsicht deinen König nicht in dieses Unglück verheißende Bündnis verwickeln, denn du hattest durch deine reiche Lebenserfahrung gelernt, dass große Könige aus privaten Interessen Staatsverträge schließen, die ihnen dann meistens nicht heilig sind und verletzt werden. Zur Unterstützung der Partei des Königs von Frankreich versprachst du, du werdest eine Abteilung altgedienter Soldaten und fünfhundert schwarze Reiter auf seine Kosten nach Brabant zu Martin von Rossheim schicken und bei deinem König erwirken, dass er seine Flotte ausschickt, um die südliche Küste Deutschlands zu verheeren und unsicher zu machen und so gemeinsam mit anderen die Macht des Kaisers zu spalten beziehungsweise abzulenken. Beide Zusagen erfülltest du mit

fere capta perenne testimonium praebebit. Naves vero vento contrario orto per totam aestatem optatum cursum tenere non potuerunt, sed tamen homines maritimos, ne aliis opem ferre possent, suspensos tenuere.

Succedente autem tempore aliquoties cum Caesarianis non uno in loco, ut cum Maximiliano Bureno et aliis, de facienda pace egisti: quae colloquia et actiones tamdiu irritae fuerunt, donec Spiram versus profectus, ubi cum tuae legationis sociis solerti *[p. 160]* opera effecisti, ut Christianus honestis amicitiae legibus Caesari Carolo V. iunctus sit, catenaque aurea grandis valoris sicut et collegae tui a Caesare discedens donatus es.

Qua pace facta domum reversus principes tuos occupatos esse in dividendis principatibus avitis atque paternis cernens, quod tibi maxime ex gravissimis causis displicebat (diminui enim hac ratione potentiam coniunctam videbas ac facile oriri posse inter principes simultates timebas, quae ipsis et patriae extremum allaturae essent perniciem), te omni magistratu et praefecturis, quibus eras insignitus, volens abdicasti et cum tuis in posterum honorifice vivere decrevisti retentis solummodo illis, quae erant usque ad mortem tibi literis scriptis confirmatae et merito datae.

Ille recessus Christiani pristinam erga te benevolentiam plane evertit ac tali suspicione animum eius pupugit, quasi aliis ex causis te ab eius negotiis subducere, adiuvantibus

großer Zuverlässigkeit. Denn was für eine Verwüstung Martin im Verbund mit deinen Truppen in Brabant anrichtete, bezeugen die Trümmer, und das beinahe eingenommene Antwerpen wird ein ewiges Zeugnis ablegen. Die Schiffe allerdings konnten wegen widriger Winde den ganzen Sommer hindurch nicht den gewünschten Kurs halten, aber dennoch hielten sie die Küstenbewohner in Alarmbereitschaft, sodass sie den anderen nicht zu Hilfe kommen konnten.

In der Folgezeit aber führtest du gelegentlich mit den Leuten des Kaisers, z. B. Maximilian von Büren und anderen, an mehreren Orten Friedensverhandlungen. Diese Gespräche und Maßnahmen blieben aber so lange ergebnislos, bis du nach Speyer fuhrst. Dort erreichtest du mit deiner Delegation in intensiven Verhandlungen, dass Christian Karl V. nach den ehrenhaften Gesetzen der Freundschaft verbunden wurde, und erhieltest wie deine Mitstreiter eine goldene Kette von großem Wert zum Geschenk, als du vom Kaiserhof abreistest.

Als du nach diesem Friedenschluss nach Hause zurückgekehrt warst, musstest du feststellen, dass deine Fürsten damit beschäftigt waren, die vom Vater und Großvater ererbten Fürstentümer aufzuteilen. Das missfiel dir aus den schwerwiegendsten Gründen ganz außerordentlich, denn du erkanntest, dass auf diese Weise die Macht des Ganzen verringert wurde, und du hattest die Befürchtung, dass es leicht zu Feindseligkeiten unter den Fürsten kommen könnte. Deshalb tratest du freiwillig von allen Ämtern und Funktionen zurück, mit denen du ausgezeichnet worden warst, und fasstest den Entschluss, die Zukunft ehrenvoll im Familienkreis zu verleben. Du behieltest nur die Ämter, die man dir mit urkundlicher Beglaubigung auf Lebenszeit für deine Verdienste verliehen hatte.

Dein Ruhestand verkehrte nun Christians früheres Wohlwollen für dich in sein Gegenteil. In seinem Herzen erwachte der bohrende Verdacht, du entzögest dich seinen Regierungs-

clandestinis plurimum inimicis (nam virtutem invidia sequitur) et nitentibus praesertim eo, ut fictis et futilibus rationibus viam invenirent, qua alioqui praeclarum regem erga te ingratum efficerent et ut is ingentis tui beneficii merita insigni aliqua iniuria persolveret. Nam qui apertus tibi inimicus esset, rege tum alienato nemo inventus est.

Sed hoc tibi cum clarissimis ducibus commune fuit: hi plerumque in *[p. 161]* ultimo vitae actu invidia circumveniuntur, ut Hannibali, Scipioni, Bellisario, Narseti contigit et tua aetate Consalvo Magno accidit. Qui non tantum circumventi, sed etiam diminuti dignitate in ipso iniuste illatae contumeliae dolore mortui sunt: tu tamen ipsis omnibus longe beatior ac felicior fuisti.

Rex enim tractu temporis (qui re et nomine vere Christianus erat) intimis animi sensibus tua praestita officia perpendens teque falso ab inimicis clandestinis (qui aperte aggredi innocentiam tuam non poterant) delatum intelligens prius a te data suo filio fide ac manu te necessitatibus ingruentibus illi non defuturum additis his expressis verbis: si filius ea, quae essent tibi ab avo suo ipsoque propter summa merita usque ad mortem collata, non revocaret, sed rata haberet (non tantum sic te, sed etiam filium regis tibi obstringens), tibi est reconciliatus summoque te in honore ut antea ad supremos usque cineres habuit et coluit.

Filius regis quoque factae promissioni conditionem adiunctam probe intelligens regia plane indole summam erga te

geschäften aus anderen Gründen. Diese Entwicklung förderten deine heimlichen Feinde (denn auf Leistung folgt Neid): Sie verlegten sich vor allem darauf, durch leere Hirngespinste eine Möglichkeit zu finden, diesen eigentlich großartigen König gegen dich undankbar zu machen, damit er die gewaltigen Wohltaten, durch die du dich um ihn verdient gemacht hast, mit einer schlimmen Ungerechtigkeit vergölte. Denn jemand, der sich offen als dein Feind bekannt hätte, fand sich selbst damals nicht, als der König sich von dir abgewendet hatte.

Aber das hattest du mit den bedeutendsten Feldherren gemeinsam: Sie geraten sehr oft im letzten Abschnitt ihres Lebens unter die Neider, wie es Hannibal, Scipio, Belisar und Narses zustieß und wie es zu deiner Zeit mit dem Großen Connétable geschah. Diese Männer gerieten nicht nur Bedrängnis, sondern büßten ihre Stellung ein und mussten noch im Schmerz über die ihnen zu Unrecht zugefügte Demütigung sterben: Du jedoch erwiesest dich als weitaus erfolgreicher und glücklicher als sie alle.

Denn der König erwog mit der Zeit (im wahrsten Sinne des Wortes war er ein *Christianus*) in seinem tiefsten Herzen die Dienste, die du ihm geleistet hattest, und erkannte, dass du fälschlich von heimlichen Feinden (die deine Unschuld nicht offen attackieren konnten) denunziert worden warst. Da ließ er zunächst von dir seinem Sohn einen Eid und die Hand darauf geben, dass du ihm im Notfall zur Seite stehen würdest, und fügte die nachdrücklichen Worte hinzu: Nur wenn sein Sohn das, was dir von seinem Großvater und von ihm selbst wegen deiner großen Verdienste auf Lebenszeit verliehen wurde, nicht zurücknähme, sondern die Gültigkeit anerkennte. Damit verpflichtete er nicht nur dich, sondern auch dir den Königssohn. So versöhnte er sich wieder mit dir und hielt dich bis an sein Grab wie früher gewissenhaft in höchsten Ehren.

Auch der Königssohn, der klug erkannte, welche Bedingung an dein Versprechen geknüpft war, zeigte durch wahr-

benevolentiam ostendit et sese tibi non solum iusta laborum praemia parta conservaturum, sed si velles etiam cumulaturum pollicebatur. Cui tum respondisti nihil te amplius optare quam suam gratiam: tui officii nunc esse veteribus meritis avo ac patri praestitis iam fere obsoletis novis illa auge*[p. 162]*re et splendidiora efficere. Elapsis postea paucis annis rex Christianus longo morbo paulatim consumptus et ex his aerumnis ac laboribus (ut illi per somnium indicatum erat) ad semper mansuram patriam et requiem per mortem translatus est.[8] Continuo regni habenas Fridericus II. Christiani III. filius a patre designatus suscepit.

Contigit autem, ut eodem tempore dux Adolphus ex cupiditate honestae vindictae clanculum contra Dithmarsos exercitum conscriberet. Illorum enim terra saepius vestrorum ducum ac nobilium et popularium sanguine tincta est, cum vestrates redintegratis viribus clades fatales a maioribus suis (sed non sine forti ac virili repugnantia) in Dithmarsia acceptas novis partis victoriis resarcire studerent ac iustam sumere de crudelibus barbaris vindictam properarent: adeo ut contemtis[9] omnibus belli disciplinis soli confisi causae et iustae vindictae se ipsi in palustres voragines demiserint, ubi iniquitate loci circumventi et magna cum patriae calamitate oppressi ingens sui desiderium luctumque suis reliquerunt.

haft königliche Anlagen sein großes Wohlwollen dir gegenüber. Er versprach, dir nicht nur das zu bewahren, was dir als gerechter Lohn für deine Mühen zuteil wurde, sondern es, wenn du nur wolltest, noch zu vermehren. Damals antwortetest du, du wünschtest dir nichts mehr als seine Gnade. Es sei jetzt deine Aufgabe, nachdem deine alten, für Großvater und Vater erworbenen Verdienste beinahe vergessen seien, sie durch neue zu mehren und noch großartiger zu machen. Nach Verlauf weniger Jahre wurde König Christian durch eine lange Krankheit allmählich dahingerafft und aus den Beschwerlichkeiten und Mühen dieses Lebens (wie ihm in einem Traum verkündet worden war) durch den Tod in eine immerwährende friedvolle Heimstatt versetzt. Sofort übernahm Friedrich II., der Sohn Christians III., den sein Vater dazu bestimmt hatte, die Zügel des Reiches.

Es ergab sich aber, dass zu derselben Zeit Herzog Adolf aus dem Wunsch nach ehrenvoller Vergeltung heimlich ein Heer gegen die Dithmarscher verpflichtete. Denn deren Land wurde des Öfteren vom Blut eurer Feldherren, Adligen und Männer aus dem Volk gerötet, als sich eure Landsleute mit frischen Kräften bemühten, die vernichtenden Niederlagen, die ihre Vorfahren (aber nach tapferem, männlichem Widerstand) in Dithmarschen erlitten hatten, durch das Erringen neuer Siege wettzumachen, und losstürmten, um an den grausamen Barbaren gerechte Vergeltung zu üben: Aber so kopflos, dass sie ohne Rücksicht auf irgendwelche Grundregeln der Kriegführung allein im Vertrauen auf ihre Sache und die gerechte Vergeltung sich selbst in sumpfige Wasserlöcher stürzten, wo sie in ungünstigem Gelände eingeschlossen und mit für das Vaterland katastrophalem Ausgang geschlagen wurden. Ihren Familien hinterließen sie große Sehnsucht und die Trauer um sich.

---

8 Cf. supra *BD* 1 *p.* 2.
9 contemtis *Reg. in err. typ.*, contentis *Iobinus.*

Adolphus igitur, cum Dithmarsos privatis viribus aggredi festinaret, ut hinc maiorem nominis sui claritatem compararet et fines suos dilataret, persuasus seu opinans Fridericum consanguineum moerore ex morte patris ac rebus regni constituendis occupatum facile *[p. 163]* hoc sibi praesertim armato concessurum. Id tu statim exactae prudentiae senex olfaciens adhibito Andrea de Barbii episcopo Lubecensi et filio tuo Henrico (tunc temporis Friderici in ducatibus vicario), ne simultas ac sinistra suspicio inter consanguineos oriretur, in istum statum rem perduxisti, ut ab omnibus tribus principibus publico decreto sumptuque bellum contra sempiternos et avitos hostes gerendum et sic maiorum ossibus insepultis parentandum esse conclusum sit.

Prius rebus necessariis, quantum in tanta festinatione fieri potuit, ad id comparatis Fridericus et principes die constituta cum suis nempe quatuor legionibus peditum et tribus millibus equitum in unum locum convenerunt ac te unum invictae virtutis belli istius ducem delegerunt, sperantes Fortunam ut foeminam a te factis generosis olim subactam semper usque ad exitum vitae morigeram fore. Quem honorem primo repudians iam fere septuagenarius et aetatis excusationem adducens tandem victus illorum precibus ac postulationibus suscepisti.

Ac quando cum principibus hostiles fines ingressus fuisti, semper eo animum intendisti, ut principum iuveniles ac generosos insitos animis conatus (qui cupiebant aspera audacter

Adolf war also, als er eilig daran ging, die Dithmarscher mit privaten Mitteln anzugreifen, um so den Ruhm seines Namens zu vergrößern und sein Herrschaftsgebiet zu erweitern, überzeugt, oder er meinte jedenfalls, Friedrich als naher Verwandter werde ihm, weil ihn noch der Schmerz über den Tod seines Vaters und die für die Stabilisierung seiner Herrschaft notwendigen Maßnahmen beschäftigten, sein Vorhaben – zumal er Waffen hatte – ohne Schwierigkeiten zugestehen. Du als alter Mann von vollendeter Lebensklugheit bekamst sofort von dieser Entwicklung Wind. Mit Hilfe des lübischen Bischofs Andreas von Barby und deines Sohnes Heinrich (damals der Statthalter Friedrichs in den Herzogtümern) erreichtest du, damit keine Feindseligkeit und kein schlimmer Verdacht unter den nahen Verwandten aufkäme, dass man zu dem Ergebnis kam, der Krieg gegen den ewigen Feind, gegen die Feinde des Großvaters müsse von allen drei Fürsten auf Staatsbeschluss und Staatskosten geführt und so den unbegrabenen Gebeinen der Ahnen das Sühneopfer gebracht werden.

Nachdem man zuerst, soweit das in solcher Eile möglich war, alle notwendigen Vorbereitungen getroffen hatte, trafen Friedrich und die Fürsten am vereinbarten Termin mit ihren Truppen, und zwar mit vier Heeresabteilungen Infanterie und 3.000 Reitern, am Sammlungsort ein und bestellten dich zum alleinigen, durch nie bezwungene Tatkraft ausgezeichneten Befehlshaber in diesem Krieg. Sie hofften, dass Fortuna, weil sie eine Frau ist und du sie längst durch deine edlen Taten bezwungen hattest, dir bis zum Ende deines Lebens immer gehorsam sein werde. Du lehntest dieses Amt zunächst ab: Als beinahe Siebzigjähriger führtest du dein Alter als Entschuldigung an, doch schließlich gabst du ihren Bitten und Forderungen nach und nahmst es auf dich.

Als du dann mit den Fürsten Feindesland betreten hattest, da konzentriertest du dich stets darauf, die jugendfrischen, edelmütigen Vorstöße der Fürsten, die so ganz ihrer Persön-

aggredi et pugnam impigre ciere) senili cunctatione repri-
meres et, quam celerrime posses, hostium in magnam lon*[p.
164]*gitudinem productas triplices fossas ac munimenta cum
legionibus captata prius temporis et loci opportunitate trans-
cenderes memorabileque detrimentum, ubi barbari sese se-
curos esse crederent, illis inferres.

Primo oppidum Meldorp diviso exercitu tribus locis uno
tempore adortus non sine vulneribus tuorum expugnasti interfectisque multis hostibus, caeteris fusis fugatisque ibi castra tanquam in medio Dithmarsiae secundum longitudinem
inter Suderstrandt et Nordstrandt, quibus duobus locis flos
et robur militiae Dithmarsicae habitare solet, posuisti: atque
sic eorum copias, ne coniungi possent, diremisti ac separasti.
Inde in Suderstrandt cum parte copiarum profectus es reliquis copiis in castris et apud principes manentibus eo consilio, ut, si forte reliqui Dithmarsi periclitantibus Suder-
strandiensibus opem ferre vellent, illis obici possent: quo in
loco maxima strage edita reliquam multitudinem exercitu cir-
cundato sine ulla conditione sese dedere coegisti: quorum
pars Holsaticis carceribus usque ad belli exitum damnata,
pars Albim deportata alienis oris imposita est.[10]

Tertio Heydam, quae Dithmarsorum nobile emporium fuit,
cum principibus circa vesperam castra movens per noctem
contendisti. Inde non procul rustici adductis tormentis infes-
tisque volitantibus signis cum equitibus vestris ex *[p. 165]*
longa nocturna ac diurna profectione lassis et defessis

lichkeit entsprachen (sie wollten gerne kühn den harten Weg
gehen und unverzagt die Schlacht wagen), mit der Bedacht-
samkeit eines alten Mannes zurückzuhalten und so schnell
wie möglich in großer Länge ausgehobene dreifache Gräben
und Befestigungsanlagen der Feinde mit deinen Truppen zu
überwinden, aber erst zu einem günstigen Zeitpunkt und am
geeigneten Ort, sodass du den Barbaren, wo sie sich sicher
wähnten, einen denkwürdigen Schaden zufügtest.

Als Erstes ließest du Meldorf nach Aufteilung der Armee
an drei Stellen gleichzeitig angreifen und unter Verletzungen
etlicher deiner Männer einnehmen. Viele Feinde wurden getötet, der Rest floh in Auflösung. Du richtetest dort deinen
Stützpunkt ein, weil der Ort in der Mitte der Längsrichtung
Dithmarschens zwischen Süderstrand und Nordstrand lag,
zwei Regionen, in denen immer die Blüte und das Rückgrat
der dithmarsischen Landwehr gelebt hat. Auf diese Weise
trenntest du ihre Truppen vollständig, damit sie sich nicht
vereinigen konnten. Von dort zogst du mit einem Teil deiner
Truppen nach Süderstrand. Die restlichen Truppen blieben
bei den Fürsten im Hauptlager, in der Absicht, dass sie, falls
die restlichen Dithmarscher den Süderstrandern in der Gefahr zu Hilfe kommen wollten, ihnen entgegengeworfen werden könnten. In Süderstrand gab es ein großes Gemetzel; die
restliche Menschenmenge schlossest du mit deiner Armee
ein und zwangst sie zur bedingungslosen Auslieferung. Ein
Teil von ihnen wurde bis zum Kriegsende zu Kerkerhaft in
Holstein verdammt, ein anderer Teil an die Elbe deportiert
und in einem fremden Landstrich angesiedelt.

Als dritten Schritt verlegtest du mit den Fürsten gegen
Abend das Lager und marschiertest nachts gegen Heide, den
berühmten Markt der Dithmarscher. Unweit von dort eröff-
neten die Bauern, die Geschütze herangeführt hatten, mit fliegenden Fahnen kühn das Gefecht gegen eure Reiter, die von
dem langen Tag- und Nachtmarsch todmüde waren, während
deine Soldaten etwas zögerten und länger, als es die Lage er-

---

10 est *om. Iobinus.*

cunctantibus nonnihil tuis militibus et diutius, quam par erat, in itinere haerentibus audacter arma contulerunt. Ibique tui omnes principes primis in ordinibus hostes aggressi singuli specimen virtutis ediderunt et maioribus suis fuso hostium sanguine litarunt. Dux Adolphus fortiter pugnans graviter vulneratus est. Ab hostibus ter proelium redintegratum eo eventu, ut maxima pars illorum vitam, reliqui superstites diu defensam barbaricam libertatem ac terram ipsam amiserint, verosque eo die tuos principes Dithmarsiae duces effecisti.

Quo bello conficiendo non solum acutissimi ducis nomen, qui nihil absque summo consilio susciperet, sed etiam humanissimi tibi comparasti. Si enim acerbe vindictam exercuisses, fraternus amor te excusare potuisset: unum enim fratrem tibi Dithmarsi ante 59 annos fortiter pugnantem interfecerunt. Tu autem contra multorum sententiam quingentos Dithmarsos alioqui trucidandos Friderico rege in tuam sententiam traducto incolumes conservasti te palam humanum ducem belli esse glorians, non carnificem. Orta deinde seditione inter legiones, qui inhiantes rusticorum bonis discedere e finibus nolebant (cum tamen excepta Schonvesii legione non multum vera virtute dignum edidissent), tu Dithmarsis nonnullis restitutis armis *[p. 166]* legionibusque diversa in loca ablegatis tormentisque abductis et adiunctis equitibus vi et metu ad imperium redire et ex provinciis vestris sine maleficio discedere coegisti.

Hoc ultimo virtutis tuae specimine edito actum concludere volubilemque fortunam non ulterius periclitari sapienter decrevisti. Quare te iam fortunatum senem appellare non crevisti. Quare te iam fortunatum senem appellare non

forderte, auf dem Marschweg zubrachten. Dort griffen alle deine Fürsten in vorderster Linie die Feinde an: Sie bewiesen jeder einzeln beispielhaft ihre Tüchtigkeit und opferten ihren Ahnen, indem sie das Blut der Feinde vergossen. Herzog Adolf kämpfte tapfer und wurde schwer verwundet. Die Feinde nahmen dreimal den Kampf wieder auf, mit dem Ergebnis, dass der größte Teil von ihnen das Leben, der Rest aber, der überlebte, die lange verteidigte Barbarenfreiheit und das Land selbst verlor. An diesem Tag machtest du deine Fürsten tatsächlich zu Herzögen von Dithmarschen.

Beim Abschluss dieses Krieges erwarbst du nicht nur den Ruf, ein außerordentlich scharfsinniger Feldherr zu sein, der immer alles mit größter Umsicht angehe, sondern auch ein außerordentlich menschenfreundlicher. Wenn du nämlich bittere Vergeltung geübt hättest, so hätte die Bruderliebe dich rechtfertigen können: Denn einen deiner Brüder haben dir die Dithmarscher neunundfünfzig Jahre zuvor nach hartem Kampf getötet. Du aber ließest gegen vieler Leute Rat fünfhundert Dithmarscher, die eigentlich niedergemacht werden sollten, unversehrt, nachdem du König Friedrich von deiner Meinung überzeugt hattest. Du rühmtest dich öffentlich, ein militärischer Führer zu sein und kein Henker. Danach kam es zu einer Meuterei unter den Einheiten des Heeres: Ihr gieriger Blick richtete sich auf den Besitz der Bauern, und sie wollten nicht aus dem Gebiet abziehen, obwohl sie, das Korps Schoneweses ausgenommen, wenig geleistet hatten, das wahren Kriegertums würdig war. Du aber gabst den Dithmarschern einige Waffen zurück, kommandiertest die Truppenteile in getrennte Räume ab, ließest die Geschütze abtransportieren, stütztest dich auf die Reiterei und zwangst sie mit Gewalt und durch Furcht, deine Befehlsgewalt wieder anzuerkennen und aus euren Provinzen ohne Übergriffe abzurücken.

Nachdem du diesen letzten Beweis deiner Tüchtigkeit abgelegt hattest, fasstest du weise den Entschluss, diesen Akt zu beschließen und das flüchtige Glück nicht länger auf die

vereor, cum in tempore manum de tabula tollere didiceris ornatusque iam sis omnibus muneribus, quibus ullus unquam inter Cymbros tui ordinis ac loci cohonestatus fuit, ac tribus regibus Friderico I. Christiano III. et Friderico II. victrici manu singularique prudentia cum caeteris proceribus diadema regium imposueris receperisque profusi sanguinis et laborum tuorum iustam mercedem, eaque nunc laetus cum duobus filiis ad similes honores ex parte provectis et magna nepotum summae spei caterva laetus frueris extructis aedificiis multis regio luxu: ex quibus unum Bredenburg cum munitissimis, aliud Bothkamp cum ornatissimis in tota Cymbria arcibus conferri queat.

Hoc tibi nunc supremi laboris superest, ut, cum tua anima ex hoc ergastulo liberata erit, corpus tuum religiosis in monumentis maiorum ad spem beatae resurrectionis paulisper cum pompa funebri tuorum nepotum brachiis deponendum cures. Postremo opto, ut solita utens erga deos *[p. 167]* pietate te diu incolumem regi ac principibus tuis, patriae, filiis et nepotibus Deo opitulante conserves.

Probe zu stellen. Daher scheue ich mich nicht, dich schon jetzt einen glücklichen alten Mann zu nennen, weil du gelernt hast, beizeiten die Hand von der Tafel zu nehmen, weil du mit allen Ämtern ausgezeichnet wurdest, mit denen je ein Mann deines Standes und Ranges unter den Zimbern geehrt worden ist, weil du drei Königen, Friedrich I., Christian III. und Friedrich II., mit siegreicher Hand und einzigartiger Klugheit gemeinsam mit den anderen Würdenträgern die Königskrone aufgesetzt hast und weil du den gerechten Lohn für dein vergossenes Blut und deine Mühen empfangen hast: Und den genießt du jetzt voller Freude mit deinen beiden Söhnen, die zum Teil zu ähnlichen Ämtern aufgestiegen sind, und einer großen Schar von Enkeln, die zu den besten Hoffnungen berechtigen, nachdem du viele Gebäude mit königlicher Ausstattung errichtet hast. Von ihnen dürfte sich einerseits die Breitenburg mit den am besten befestigten, andererseits Bothkamp mit den prächtigsten Herrenhäusern ganz Zimbriens vergleichen lassen.

Eine letzte Arbeit bleibt dir noch: Dafür zu sorgen, dass dein Leib, wenn deine Seele aus diesem Sklavenhaus befreit wird, mit einem Leichenzug zur Hoffnung auf selige Auferstehung für kurze Zeit in den mit Ehrfurcht bewunderten Grabmälern deiner Ahnen durch deiner Enkel Arme niedergelegt wird. Am Ende wünsche ich, dass du in gleichbleibender Gottesfurcht dich noch lange unversehrt dem König und deinen Fürsten, der Heimat, den Söhnen und Enkeln mit Gottes Hilfe bewahren mögest.

ALIUD ELOGIUM SUB EFFIGIE EIUSDEM.

Deus trinus et unus te longe sospiter et in hoc vividae senectae robore diu foeliciter conservet, fortunate senex, quem ex equestri et pervetustae nobilitatis apud Holsatos Saxones Rantzoviorum familia natum syderum inclinatione genius di-

EINE ANDERE LOBREDE UNTER DESSELBEN MANNES BILD

Möge der dreifaltige und einige Gott dich behüten und noch lange glücklich in solcher Kraft deines jugendfrischen Greisenalters erhalten, du Glück gewohnter Greis! Du stammst aus dem bei den Holsteiner Sachsen uradligen Ritterge-

vûmque gratia per bellicas virtutes ad iustam fortunarum atque gloriae satietatem[11] extulerunt. Quo iam tum contendere es visus, quando proximus pubertati a patris morte arrepto domi equo ad vicina castra evolasti. A quibus provectiore aetate in Angliam Hispanias Italiam Cretam Asiam Syriamque progressus et apud Hierosolymas militari baltheo honestatus ex tam longa et periculis variis obnoxia peregrinatione non modo id honoris insigne, sed animum plurima variarum rerum imprimisque exquisitioris disciplinae militaris cognitione instructum ad patriae optimorumque principum tuorum Holsatiae ducum cultum retulisti.

Eam cum infracto animi corporisque robore temporibus ita postulantibus in campum produxisses, re ipsa *[p. 168]* comprobasti non pugnantium numero, sed imperatoris atque militum virtute constare insignes victorias. Sic ala una equitum et quatuor peditum Germanorum cohortibus post edomitam Haffniam Daniae regum permunitam sedem supra quindecim Scandianorum millia bis eodem die diversis locis acie victor ducibus captis profligasti.

Quo foelici rerum successu et pacis fundamenta a te iacta sunt et Borealis nobilitatis attritus laceratusque sub Christiano II. immanis crudelitatis rege splendor et tranquillitas revixit. Nam hinc eius spes, qua ad regna Septentrionalia respiciebat, ex fuga, in quam se coniecerat, scelerum ultrici-

---

11 satietatem *Reg. in err. typ.*, societatem *Iobinus*.

schlecht der Rantzaus, und dich hat durch die Neigung der Sterne dein Genius und die Gnade der Götter durch dein Soldatentum zu gerechter Sättigung an Reichtum und Ruhm emporgehoben. Dorthin warst du anscheinend bereits auf dem Wege, als du, fast noch ein Kind, nach dem Tod deines Vaters zu Hause ein Pferd stahlst und in ein nahe gelegenes Heerlager davonpreschtest. Von dort zogst du, älter geworden, nach England, Spanien, Italien, Kreta, Kleinasien und Syrien. Bei Jerusalem wurdest du mit dem Schwertgurt des Kriegers geehrt. So brachtest du von deiner langen und verschiedenen Gefahren ausgesetzten Pilgerfahrt nicht nur dieses Ehrenzeichen, sondern auch einen Geist mit, der durch reiche Kenntnis verschiedener Dinge, besonders aber ausgezeichneter militärischer Ausbildung herangereift war, und stelltest ihn in den Dienst des Vaterlandes und deiner vortrefflichen Fürsten, der Herzöge von Holstein.

Als du, als die Zeiten es erforderten, diese Kenntnis mit ungebrochener geistiger und körperlicher Kraft auf dem Schlachtfeld zum Einsatz brachtest, bewiesest du durch das Ergebnis deines Handelns, dass große Siege nicht auf der Zahl der Kämpfenden, sondern auf der Leistung des Feldherrn und der Soldaten beruhen. So strecktest du mit nur einem Reitergeschwader und drei deutschen Infanterie-Einheiten nach der Bändigung Kopenhagens, der stark befestigten Residenzstadt, über 15.000 Einwohner von Schonen an einem einzigen Tag an zwei verschiedenen Kriegsschauplätzen siegreich in der Schlacht nieder und nahmst ihre Kommandeure gefangen.

Durch dieses erfolgreiche Vorgehen wurden von dir die Grundlagen für den Frieden geschaffen, und die Sicherheit und der Glanz des Adels im Norden, der unter Christian II., einem König von enormer Grausamkeit, stark gelitten hatte, lebten wieder auf. Denn nun war die Hoffnung, mit der er die Nordreiche betrachtete, auf der Flucht, die er angetreten hatte, wobei die Rachegeister seiner Verbrechen seinem

bus diris consciam mentem impellentibus plane imminuta fractaque, aditus vero ad regni fastigium patefactus fuit optimo principi tuo Friderico Holsatiae duci. In quo ille iuste clementer pieque usque ad vitae exitum versatus et subditorum de se expectationi undiquaque satisfecit et fidei meritorumque tuorum magnitudinem regia liberalitate agnovit.

Ab eius e rebus humanis excessu, cum novi popularium motus per Daniam excitarentur et Lubecensium quidam rerum novandarum studiosi inopinato se in patriam tuam caedibus atque incendiis late effunderent, autor principi tuo Christiano Friderici filio Holsatiae duci fuisti, ut inter initia Lubecam invaderet. Quod cum te du*[n][p. 169]*ce administrari iussisset, id dexteritate consiliorum atque actionum tuarum celeritate consecutus est, ut Lubecenses fusis fugatisque ad Oetinum eorum copiis non modo ad solvendam Segebergensis castri obsidionem ***[12], sed Travemunda atque navibus aliquot captis urbeque ipsa obsessa, cum belli sumptus et dilabentem mercimoniorum quaestum ferre cives diutius aut non possent aut non vellent, certam pacem speratae victoriae praeferre maluerint.

Quae eo liberalius afflictis concessa fuit te Cymbricos motus coercente, quo magis principis atque patriae tuae interfuit vicinam hanc flammam restingui et tot simul enascentium hostium vires diduci. Nam factiosorum quorundam Danorum motus Albertus Megalopolitanus dux et Christophorus Oldenburgensis comes iustis exercitibus tuebantur Haffnia regali munitioribusque locis occupatis: quorum vires per Balthici maris insulas diffusas cum sigillatim adoriundas

schuldbewussten Geist keine Ruhe ließen, endgültig gebrochen, deinem vorzüglichen Fürsten Friedrich aber, dem Herzog von Holstein, war der Zugang zum Gipfel der Macht geebnet worden. Er übte sie gerecht, milde und fromm bis zum Ende seines Lebens aus. Den Erwartungen, die seine Untertanen an ihn hatten, entsprach er in jeder Hinsicht und zeigte seine Anerkennung für die Größe deiner Treue und deiner Verdienste mit königlicher Großzügigkeit.

Nachdem er die Welt der Menschen verlassen hatte, wurde das Volk in Dänemark zu neuen Unruhen aufgestachelt, und bestimmte umstürzlerische Kräfte in Lübeck fielen mit Mord und Brandschatzung über dein Vaterland her. Damals brachtest du deinen Fürsten Christian, den Sohn Friedrichs und Herzog von Holstein, dazu, dass er schon zu Beginn Lübeck angriff. Als er befohlen hatte, dass diese Maßnahme unter deinem Kommando durchzuführen sei, erreichte er durch die Zweckmäßigkeit deiner Planung und die Geschwindigkeit deiner Handlungen, dass die Lübecker, nachdem ihre Truppen bei Eutin völlig zerschlagen worden waren, nicht nur gezwungen waren, die Belagerung der Burg Segeberg abzubrechen: Sie wollten auch, als nach der Einnahme Travemündes und einiger Schiffe die Stadt selbst belagert wurde und als die Bürger die Kriegskosten und die Einnahmeausfälle im Handel nicht länger ertragen konnten oder wollten, den sicheren Frieden der Hoffnung auf Sieg vorziehen.

Der wurde den Besiegten umso großzügiger gewährt, während du den Aufruhr in Zimbrien in die Schranken wiesest, je wichtiger es für den Fürsten und dein Vaterland wurde, diese nahe Flamme zu ersticken und die Kräfte so vieler gleichzeitig auftretender Feinde zu zersplittern. Denn den Aufruhr gewisser illoyaler Dänen unterstützten Herzog Albrecht von Mecklenburg und Graf Christoph von Oldenburg mit regulären Truppen, indem sie das königliche Kopenhagen und gut befestigte Orte besetzt hatten. Du warst der Auffassung, man müsse ihre über die Ostsee verstreuten

---

12 *lacunam statui, e. g.* ‹coacti sint› *supplendum.*

censuisses idque salutare tuum consilium Christianus princeps approbasset, per continentem traductis copiis primo Cymbricos Iutas foeliciter aggressus Alborgo vi expugnato ac deletis adversariarum partium copiis redactisque in ordinem nonnullis praesulibus, qui se hominibus novandarum rerum studiosis duces authoresque praebuerant, non minimum Danici regni tractum *[p. 170]* principi tuo conciliasti.

Proxima erat Fionia, ubi valido hostium praesidio Assensen[13] oppidum tenebatur et cum iusto exercitu Germanorum illustres comites Iohannes ab Hoya et Nicolaus[14] a Techelnborch aliique strenui alarum atque cohortium duces excubabant. At tu nihil hostium potentia territus traiecto mari, cum obsidionem Assenii strenue coepisses, incumbentibus eius solutioni comitibus laudabilius existimasti producto in patentes campos milite praelii aleam subire quam intra castrorum munitiones obsessi praebere speciem. Itaque cum iusta acie loco ab hostium praesidio editiore confligeres, insigni victoria, quae comitem utrumque multosque fortes viros absumpsit, eoque arridentis fortunae progressu tota insula potitus es.

Hinc in Selandiam itum, in qua expugnatis propugnaculis et subditis pacatis restabat una Haffnia regum sedes. Ea tum illustrium virorum atque veterani Germanici militis praesidio tum suis munitionibus adversus omnem vim insigniter ar-

Kräfte einzeln attackieren, und König Christian erteilte deinem siegverheißenden Plan seine Zustimmung. Du führtest deine Armee über das Festland hinüber und griffest als Erstes die zimbrischen Jüten erfolgreich an: Ålborg wurde gewaltsam eingenommen, die Truppen der gegnerischen Seite vernichtet und einige Bischöfe an ihren Platz verwiesen, die sich den umstürzlerischen Kräften als militärische und als Rädelsführer zur Verfügung gestellt hatten. So bandest du einen bedeutenden Landstrich des dänischen Reiches an deinen Fürsten.

Als nächstes kam Fünen, wo die Stadt Assens durch eine starke feindliche Besatzung gehalten wurde und wo mit einem richtigen Heer deutscher Soldaten die berühmten Grafen Johann von Hoya und Klaus von Tecklenburg und andere tüchtige Kavallerie- und Infanterieoffiziere bereitstanden. Du aber ließest dich von der Stärke der Feinde überhaupt nicht schrecken, sondern setztest über das Meer. Nachdem du zielstrebig die Belagerung von Assens begonnen hattest, meintest du, als die Grafen sich auf deren Auflösung verlegten, es sei rühmlicher, die Soldaten ins freie Feld hinauszuführen und die Entscheidung im Gefecht zu suchen, als innerhalb des befestigten Lagers den Eindruck zu erwecken, als würdest du selbst belagert. Und so gelang, als du in offener Feldschlacht an einem oberhalb der feindlichen Besatzung gelegenen Ort ein Treffen eingingst, ein großer Sieg, der beide Grafen und viele tapfere Männer dahinraffte, und durch diesen Fortgang eines Glücks, das dir hold war, konntest du dich der ganzen Insel bemächtigen.

Von dort ging es nach Seeland, wo nach Eroberung der Festungen und Befriedung der Untertanen allein Kopenhagen, die Residenz, übrig blieb. Die Stadt war zum einen mit einer Besatzung edler Männer und altgedienter deutscher Soldaten, zum anderen durch ihre Befestigungsanlagen gegen jeden Angriff so hervorragend gewappnet, dass man sie durch Hunger bezwingen musste. Diese Strategie führte

---

13 Assensen *correxi coll. p.157*, Assense *Regius, Iobinus.*
14 Nicolaus *Iobinus,* M. *Regius.*

mata fame subigenda fuit. Quod post decimum quartum obsidionis mensem foeliciter cessit eoque maiorem principi tuo clementiae atque moderationis gloriam peperit, quo ille indulgentius ad Saguntinam (ut aiunt) famem adactis dimisso sine no*[n 2][p. 171]*xa praesidio eiusque ducibus ignovit.

Hac via Christianus princeps, vere Christianus, cum seditiosis hominibus Daniam purgasset, diademate regio procerum consensu ornatus per omnem vitam consilia actionesque suas maximo subditorum commodo et gratulatione eo retulit, ut lustrico nomini essent consentaneae. Qua excellenti virtute perpetuaque foelicitate impulsus Carolus Caesar, qui alienore a Christiano rege animo ob Christierni sororii sui custodiam liberis eius incitantibus erat, potius te paucisque aliis actoribus cum illo in gratiam redire quam huius deformatam scelestissimorum delictorum turpitudine causam persequi voluit.

Sic aucto confirmatoque principis tui imperio, cum iam sexagenarius ab aula ad quietem respiceres, a lividorum oculis atque dentibus semoveri tuus recessus tam longe non potuit, quin absentis gratia apud optimum regem attrectaretur. Quod tu eo nobiliori proposito negligendum existimasti, quo certius statuebas gratissimi benevolentissimique regis animo tot adversis prospere spectatam cum extremo vitae discrimine fidem integritatemque tuam malevolorum obtrectationibus eximi nunquam posse. Neque tua te fefellit opinio, quando decedente corporis vigore te solita gratia complexus Friderico filio regi designato ingenue commendavit.

nach vierzehnmonatiger Belagerung zum glücklichen Ausgang und trug deinem Fürsten umso größeren Ruhm für seine Milde und seine Mäßigung ein, als er besonders großzügig den unter, wie man sagt, saguntinischem Hunger leidenden Bürgern verzieh. Die Besatzung und ihre Kommandeure durften unbeschadet abziehen.

Auf diesem Wege wurde Fürst Christian, ein wirklicher *Christianus*, nachdem er Dänemark von aufrührerischem Gesindel gesäubert hatte, nach dem einvernehmlichen Willen des Adels mit der Königskrone bekleidet. Sein ganzes Leben lang richtete er seine Pläne und Handlungen zum großen, dankbar aufgenommenen Nutzen seiner Untertanen darauf aus, seinem bei der Geburt empfangenen Namen gemäß zu sein. Diese herausragende Eigenschaft und seine beständig glückliche Hand veranlassten Kaiser Karl, der König Christian wegen der Haft seines Schwagers Christians II., aufgehetzt von dessen Kindern, sehr feindselig gegenüberstand, dazu, dass er es vorzog, durch dich und wenige andere als Vermittler wieder freundschaftliche Beziehungen zu ihm aufzunehmen, anstatt sich weiter für Christian II. einzusetzen, dessen Sache durch übelste Verbrechen kompromittiert war.

So hattest du das Reich deines Fürsten gestärkt und abgesichert. Doch als du dich im Alter von nunmehr sechzig Jahren aus der Politik bei Hofe in den Ruhestand zurückziehen wolltest, war keine Abgeschiedenheit von Augen und Zähnen deiner Neider weit genug entfernt, dass man nicht versucht hätte, dir in deiner Abwesenheit die Gunst dieses ausgezeichneten Königs zu entreißen. In edler Haltung aber meintest du, ihre Umtriebe ignorieren zu können, denn du warst dir ganz sicher, dass die Gewissheit deiner Treue, die sich in so vielen Notlagen unter äußerster Lebensgefahr glücklich bewiesen hatte, und deiner Rechtschaffenheit durch böswillige Verleumdung niemals aus dem Herzen dieses unendlich gnädigen und wohlwollenden Königs zu verdrängen sei. In dieser Ansicht täuschtest du dich nicht: Denn als seinen Leib

Quem a patris morte *[p. 172]* cum patruis Iohanne et Adolpho Holsatiae ducibus in Dithmarsos gentem ferocem et hactenus pro invicta habitam vindicantem cano et pene septuagenario capite secutus delatum communi principum consensu magisterii equitum munus ut modesta aetatis excusatione declinare voluisti, ita strenue postulantibus principibus susceptum tutatus es nunquam pristini vigoris robore intermisso.[15] Sed eius secundissimi belli laudem sicut libenter et merito ad regis atque ducum gloriam refers, qui utiliter consulendo atque fortiter pugnando clarissimorum heroum munera impleverunt, ita vicissim tuam tot antea victoriis partam lauream hoc clementiae encomio ex eo bello non inviti reddent ornatiorem, quod supra quingentos Dithmarsos, qui adversum te in acie constiterant, cum proiectis armis extrema experiri non vellent, nonnullis eos ad necem poscentibus humaniore animi decreto vivos incolumesque conservasti, cum eorum sanguine interempti olim fratris manibus litare potuisses. Cuius facti memoria ingravescenti nunc aetati tuae eo dulcior procul dubio est, quo magis perpetuum animi tui propositum nunquam mercenariae externorum militiae, sed uni patriae eiusque legitimis principibus ea moderatione obstrictum, ut victricis manus robora clementi erga prostra*[n 3][p. 173]*tos indulgentia pro merito temperares, hoc velut extremo actu confirmare es visus.

die Kräfte verließen, umarmte er dich in alter Gunst und empfahl dich in Ehren seinem Sohn Friedrich, dem Kronprinzen.

Ihm folgtest du mit grauem, fast siebzigjährigem Haupt, als er nach dem Tod seines Vaters mit seinen Onkeln Johannes und Adolf, den Herzögen von Holstein, an den Dithmarschern, einem wilden Volk, das bisher als unbesiegbar gegolten hatte, Rache üben wollte. Man trug dir auf gemeinsamen Beschluss der Fürsten das Amt des Feldmarschalls an, das du mit der Entschuldigung deines hohen Alters ebenso bescheiden ablehnen wolltest, wie du es auf Drängen der Fürsten engagiert übernahmst und ausübtest, ohne jemals gegenüber deiner früheren Tatkraft nachzulassen. Aber so, wie du das Lob für diesen überaus erfolgreichen Krieg gerne und zu Recht dem Ruhm des Königs und der Herzöge anrechnest, die durch kluge Entscheidungen und in tapferem Kampf glorreiche Heldentaten vollbrachten, so werden auch sie umgekehrt bereitwillig deinen in so vielen Siegen zuvor errungenen Lorbeer nach diesem Krieg mit dem folgenden Preis deiner Milde noch reicher schmücken: Dass du über fünfhundert Dithmarscher, die sich gegen dich formiert hatten, als sie die Waffen von sich warfen und nicht bis zu Äußersten gehen wollten, obwohl etliche ihren Tod forderten, mit einem menschenfreundlicheren Ratschluss am Leben und unversehrt erhieltest, obwohl du mit ihrem Blut dem Geist deines einst erschlagenen Bruders hättest opfern können. Die Erinnerung an diese Tat ist dir in deinem hohen und jetzt immer beschwerlicheren Alter zweifellos umso angenehmer, als du damit als deiner gleichsam letzten Handlung offenbar deinen unverrückbaren, nie einer Söldnertruppe von auswärtigem Personal, sondern allein dem Vaterland und seinen rechtmäßigen Fürsten verpflichteten Grundsatz bestätigt hast, nämlich Zurückhaltung zu üben und die Stärke deines siegreichen Armes mit Milde und Nachsicht gegen die Niedergeworfenen, wie sie es verdienten, maßvoll zu gebrauchen.

---

15 *distinxit Reg. in err. typ.*

Igitur aetatis veniam legitimo iure consecutus vive in posterum tot exhaustis foeliciter belli laboribus diu foelix atque incolumis in tuis privatis aedibus – quarum alteras Bredenbergi perductis iustis munitionibus atque propugnaculis solo depresso ad Storam reciproco aestu fluctuantem, alteras Italicae elegantiae imitatione Bothcampii editiore specula ad lacum Bissenum magno sumptu excitasti – et inter gravissimas consultationes, quibus praesentem animi vigorem cum suo genio, tum diligenti rerum observatione ad circumspecti iudicii acumen perductum regi principibusque tuis fideliter impertis, te rerum gestarum recordatione et foecunda ex tribus liberis nepotum neptiumque sobole oblecta. Quos ut virtutis tuae aemulatione digna te patre avoque sectari atque consequi videas utque transcurso mortalis vitae spacio pie sancteque ad beatorum sedem hinc emigres, id tibi concedat inexhaustae bonitatis et clementiae numen aeternum. Amen.

Nun bist du also mit vollem Recht in den Altersruhestand entlassen worden. Lebe in Zukunft, nachdem du so viele Mühen des Krieges glücklich überstanden hast, noch lange glücklich und gesund auf deinen privaten Anwesen — von denen du das eine in Breitenburg, wo auf planiertem Grund an der hin und her flutenden Stör eine richtige Festung mit Bollwerken angelegt wurde, das andere in Nachahmung italienischer Eleganz in Bothkamp als hohe Warte am Bissee aufwendig hast errichten lassen — und erfreue dich zwischen Beratungsgesprächen über die wichtigsten Fragen, in denen du deine bestehende, durch eigene Veranlagung und besonders durch genaue Beobachtung der Welt zu umsichtiger Schärfe des Urteils ausgebildete Geisteskraft in Treue dem König und deinen Fürsten zur Verfügung stellst, an den Erinnerungen an deine Taten und an der reichen Nachkommenschaft deiner drei Kinder, deinen Enkeln und Enkelinnen. Dass du erlebst, wie sie, deiner Leistung nacheifernd, Ziele verfolgen und erreichen, die eines solchen Vaters und Großvaters würdig sind, und dass du, wenn du die Strecke deines sterblichen Lebens durchlaufen hast, in frommer Gottesfurcht von hier zu den Wohnstätten der Seligen wanderst, das gewähre dir die unerschöpfliche Güte und Milde der ewigen Gottheit. Amen.

[p. 174] EPITAPHIUM STRENUI ET NOBILISSIMI VIRI IOHANNIS RANTZOVII EQUITIS HOLSATI: QUOD EI IN PRIMARIA AEDE OPPIDI ITZOHOAE A PIISSIMIS FILIIS IN SEMPITERNAM MEMORIAM COLLOCATUM MARMORIQUE INCISUM EST.

EPITAPH DES TÜCHTIGEN UND BERÜHMTEN MANNES, DES HOLSTEINISCHEN RITTERS JOHANN RANTZAU, DAS IHM IN DER HAUPTKIRCHE VON ITZEHOE VON SEINEN SÖHNEN IN GEBÜHRENDER LIEBE ZU EWIGEM ANGEDENKEN ERRICHTET UND IN MARMOR GEHAUEN WORDEN IST.

Iohanni Rantzovio nobili Holsato, qui post susceptum balthei militaris decus et perlustratas remotissimarum gentium provincias, quantum pacis bellique artibus omnibusque corporis atque animi eximiis bonis eniti potuit, id omne secun-

Johann Rantzau, dem edlen Holsteiner, der nach Empfang des Schwertgurtes und nach einer Reise durch die Länder entlegenster Völker alles, was er durch die Künste des Friedens und des Krieges und durch all seine überlegenen kör-

dum pietatem in Deum uni patriae eiusque laudatissimis principibus Friderico I. Christiano III. et Friderico II. Danorum ex ordine regibus huiusque patruis Iohanni et Adolpho Holsatiae ducibus impendit felicissimo eventu, utpote summus cum iusto imperio dux exortis subinde bellis destinatus semper victor, qui praeter copias deditasque urbes atque arces, profligatos eiectosque procul Cymbricis et Holsaticis finibus hostes, in ordinem redactos seditiosos[16] antistites rebelliumque Dithmarsorum contusam et fractam armis contumaciam octies patentibus in campis diversis praeliis superatas hostiles acies vel ab ipsius indulgentia vel a foeda fuga vi[n 4][p. 175]tam coegerit impetrare, illustri et fidei erga patriam eiusque principes et clementiae erga victos gloria, quam ad fatalem maturae senectutis horam sine fortunae ludibrio perduxit sicque domi suae aetatis veniam nactus omnibus animi sensibus integris in charissimae coniugis filiorum atque nepotum complexu aeterno numini spiritum, a quo acceperat, firma in Christum fide et certa resurrectionis spe confirmatus reddidit,[17] Henricus et Paulus filii parenti carissimo moerentes posuere. Obiit anno domini 1565 die 12 mensis Decembris, cum vixisset annos 73 et mensem 1.

perlichen und geistigen Fähigkeiten zu leisten vermochte, in Ehrfurcht vor Gott ganz allein in den Dienst des Vaterlandes und seiner hoch gepriesenen Fürsten, Friedrichs I., Christians III. und Friedrichs II., Königen der Dänen in Folge, und der Onkel des Letzteren, Johannes und Adolf, der Herzöge von Holstein, gestellt hat: mit unerhört glücklichem Ausgang, wurde er doch mehrmals bei Ausbruch von Kriegen zum regulären Oberbefehlshaber ernannt und blieb immer Sieger, indem er, von Kapitulationen von Armeen, Städten und Festungen, von der Niederwerfung und völligen Vertreibung der Feinde aus dem zimbrischen und dem Holsteiner Land, von der Tatsache abgesehen, dass er aufrührerische Bischöfe wieder an ihren Platz verwies, und davon, dass er gewaltsam die Dreistigkeit der aufständischen Dithmarscher zerschmetterte, achtmal auf offenem Felde in verschiedenen Schlachten die feindlichen Heere besiegte und sie zwang, ihr Leben seiner Großzügigkeit oder schändlicher Flucht verdanken zu müssen; einem Mann von strahlendem Ruhm sowohl für seine Treue gegenüber dem Vaterland und seinen Fürsten als auch für seine Milde gegenüber den Besiegten, der ihm, ohne dass ihm das Glück jemals übel mitspielte, bis zu seiner Todesstunde in reifem, hohem Alter erhalten blieb, sodass er zu Hause, in den Altersruhestand entlassen, bei voller geistiger Gesundheit in den Armen seiner geliebten Ehefrau, seiner Söhne und Enkel der ewigen Gottheit, von der er ihn empfangen hatte, den Geist in festem Glauben an Christus und zuversichtlicher Hoffnung auf die Auferstehung gefasst zurückgab, ihrem geliebten Vater haben Heinrich und Paul in Trauer dieses Denkmal gesetzt. Gestorben am 12. Dezember im Jahre des Herrn 1565 nach 73 Lebensjahren und einem Monat.

---

16 papisticorum sacrorum seditiosos *Regius.*
17 reddidit. *Iobinus.*

In tumulum eiusdem equitis clarissimi.

Hic sita Rantzovii sunt frigida membra Iohannnis
   inclyta cui virtus nomen equestre dedit,
qui diadema tribus procerum statuente senatu
   regibus Arctois imposuit manibus
Christerni pepulitque duces virtute secundi   *5*
   eiecit regni sedibus eque tribus.
Quid referam comites, populos domitasque tot urbes?
   Bis rediit caeso victor ab hoste quater:
Dania testis erit, bello concussa Lubeca,
   hoc duce quae capta est, Haffnia testis erit,   *10*
[p. 176] Nauclerique feros compescuit ille tumultus,
   intulit et rigidus signa tremenda Iutis.
Ille armis frustra toties bellisque petitos
   tempore Dithmarsos contudit exiguo,
quemque ferox multis Dithmarsia fuderat annis,   *15*
   Cymbrorum vindex sanguinis ille fuit.
Singula quid referam? Nil non laudabile fecit.
   Consilio felix Marte togaque fuit.
Auspice multa Deo primo sub flore iuventae
   pro patria gessit multaque bella senex.   *20*
Ut charus patriae, charis iucundus amicis,
   hostibus adversis sic metuendus erat.
Quid structas aedes memorem magnoque labore
   condita magnanimi tot monumenta viri?
Qui licet exhaustus senio sua fata subibat,   *25*
   visa tamen patriae est mors properata nimis,
hoc duce quae caret et quondam fortasse carebit —
   quod tamen in ventos omen abire velim.
Adde quod et mansit iam succedente senecta
   corporis integritas ingeniique vigor,   *30*
unde futurarum prudentia maxima rerum
   perpetuo constans iudiciumque fuit.
At postquam cursum, dederant quem fata, peregit,

Auf das Grab desselben hochberühmten Ritters

Hier sind die kalten Gebeine Johann Rantzaus begraben, dem seine viel gerühmte Tapferkeit den Titel des Ritters verlieh, der mit seinen Händen auf Beschluss des Adelsrates drei nordischen Königen die Krone aufgesetzt und der durch seine Tapferkeit die Generäle des zweiten Christian geschlagen und aus dessen drei Thronreichen verjagt hat. Wozu soll ich von den Grafen, den Völkern, den vielen bezwungenen Städten berichten? Von erschlagenem Feind kehrte achtmal als Sieger er heim: Dänemark wird es bezeugen, das im Krieg erschütterte Lübeck und das unter seinem Kommando eroberte Kopenhagen wird es bezeugen. Auch bändigte er die wütende Revolte Skippers und trug mit Strenge furchterregende Feldzeichen ins jütische Land. Die so oft vergeblich mit Waffen und Krieg überzogenen Dithmarscher zerschmetterte er in kürzester Zeit und wurde zum Rächer des Zimbernblutes, das das wilde Dithmarschen viele Jahre lang vergossen hatte.

Wozu Einzelheiten berichten? Alles, was er tat, verdiente Lob. Glückliche Entscheidungen traf er im Kriege wie im Frieden. Mit Gottes Segen führte er für das Vaterland viele Kriege in der ersten Blüte der Jugend und viele als alter Mann.

So lieb er dem Vaterland war, so gern ihn seine lieben Freunde hatten, so sehr mussten seine Feinde ihn fürchten, wenn sie gegen ihn standen. Wozu soll ich die Häuser erwähnen, die er bauen, und die vielen Denkmäler, die der großherzige Mann unter großer Mühe errichten ließ?

Und obwohl ihn erst in der Erschöpfung hohen Alters sein Schicksal ereilte, schien dem Vaterland der Tod doch viel zu schnell gekommen zu sein, dem jetzt dieser Feldherr fehlt und einst vielleicht noch fehlen wird — doch möge dieses Omen in den Wind gesprochen sein! Dazu blieben ihm noch in fortgeschrittenem Alter körperliche Gesundheit und Geis-

defecit casto coniugis in gremio.
Terrores metuens nullos solatia sensit   35
in Christo moriens iustificante fide.
„Vita, vale", dixit, „spes et fortuna, valete:[18]
lubrica vos, vera est nunc mihi parta quies."
[n 5]

teskraft erhalten, sodass seine überlegene Weitsicht und sein Urteil immer beständig waren.

Doch nachdem er die Bahn, die das Schicksal ihm gab, durchlaufen hatte, verschied er in den Armen seiner züchtigen Ehefrau. Er fürchtete keinen Schrecken, sondern fand sterbend Trost in Christus, durch seinen Glauben gerechtfertigt. „Leben, leb' wohl", sagte er, „lebt wohl, Hoffnung und Glück: Ihr entgleitet ja doch. Jetzt habe ich wirkliche Ruh'."

[p. 177] **De obitu Iohannis Rantzovii equitis aurati ex cancellaria regis Daniae.**

Über den Tod Johann Rantzaus, Ritters vom Hl. Grabe, aus der Kanzlei des Königs von Dänemark

Cum placido vitae mutasset tempora fato
  Iohannes, heu, Rantzovius,
luxerunt nati, coniunx, Holsatica tellus
  uno ore plangentes patrem.
Mars tumulo imposuit laurum zonamque trophaeum   5
  et hostibus demptas opes.
Pax etiam aut concors huic aut contraria Marti
  amantem laudavit sui.
Fama hinc dispergens late ore manuque secuta est
  virtutum testimonia.   10
Qualiter hunc igitur vixisse putabimus annis
  lustrorum bis septem et tribus?
Tot namque hic vixit, quem Mars Pax Fama peremptum
  requirant laudent efferant
et pia cum natis coniunx viduata marito   15
  et patria lugeant patrem.

Als Johann Rantzau des Lebens Zeit, ach, mit dem Geschick der Todesruhe getauscht hatte, da trauerten seine Kinder, die Ehefrau und das Holsteiner Land und beweinten wie aus einem Munde ihren Vater. Mars legte Lorbeer auf das Grab, einen Schwertgurt, eine Trophäe und den eroberten Reichtum der Feinde. Auch Pax, in Eintracht mit Mars oder als seine Gegnerin, lobte ihn, der sie geliebt hatte. Es folgte Fama, die mit Mund und Hand weithin die Zeugnisse seiner Tugenden verstreute. Was also sollen wir glauben, wie er gelebt hat in zehnmal sieben und drei Jahren? Denn so lange hat er gelebt, den Mars, Pax und Fama nach seinem Tod vermissen, loben und ehren mögen und den seine ihres Mannes beraubte Frau zusammen mit den Kindern und das Vaterland als seinen Vater betrauern möge!

---

18 Cf. CIL 6, 11743 (= CEL 1498; cf. AP 9, 49): *Evasi effugi. Spes et Fortuna, valete. / nil mihi vobiscum est: ludificate alios.*

In tumulum eiusdem.

Conditur hoc tumulo rara pietate Iohannes
    Rantzovius claro stemmate natus eques.
Regibus imposuit tribus hic diadema superbis,
    fertile Danorum qui coluere solum,
et saeva iniuste Christernum bella moventem
    sedibus avertis Marte potente tribus.
[p. 178] Frena recusantes multas compescuit urbes
    submisitque ducum colla superba iugo.
Dania saepe eius norat fortissima nomen,
    sensit et illius pulchra Lubeca manus,
quae tulit illius Schoningia signa triumphi,
    Oetinum et pariter terra Fiona refert.
Est et adhuc memor hostilis Iudlandia cladis,
    Nauclerum domuit qua sua dextra trucem.
Omine testis et est pugnans Dithmarsia nuper
    infausto, cuius moenia victa iacent.
Sic felix fuit et fortem se praestitit, ut cum
    consereret victor bis quater hoste manus.
Quid referam mores mixtos gravitate decora?
    Quid quod erat iunctum cum bonitate decus?
Integer ipse fuit maculis non oblitus ullis
    atque tulit sortem, qualiter illa fuit.
Consiliis populum dubitantem iuvit honestis,
    iuvit et afflictos pro bonitate viros.
Rebus in ambiguis vultus non sumpsit acerbos
    nec fato elatus prosperiore fuit,
sed mens illius certo deducta tenore,
    quod fuit ante pedes, excutiebat opus.
Hinc sua clara viget gestarum gloria rerum,
    omnibus ipsius est cognita fama locis.
Sed postquam senio confectus et obsitus annis
    sensit se vitae continuasse viam,
speque fideque Deo certus constanter adhaesit

Auf desselben Mannes Grab

In diesem Grabe liegt Johann Rantzau, ein Mann von seltener Frömmigkeit, als Ritter aus edlem Geschlecht geboren. Drei stolzen Königen, die das fruchtbare Land der Dänen bebauten, hat er die Krone aufgesetzt, und Christian, der ohne Recht grausame Kriege führte, vertrieb er mit der Macht seiner Kriegskunst aus den drei Reichen.

Er bezwang viele Städte, die sich gegen ihre Zügel sträubten, und legte das Joch auf die Nacken stolzer Heerführer. Das tapfere Dänemark musste oft erfahren, wer er war, und das schöne Lübeck bekam seine Hand zu spüren; die Zeichen seines Triumphes, die Schonen ertrug, von denen berichten in gleicher Weise auch Eutin und Fünen. Auch das feindselige Jütland denkt noch immer an die Niederlage, durch die seine Rechte den grimmigen Skipper bändigte. Auch Dithmarschen ist Zeuge: Unter ungünstigen Vorzeichen kämpfte es jüngst, und seine Mauern liegen besiegt am Boden. So glücklich war, so tapfer zeigte er sich, dass er achtmal siegreich auf den Feind traf.

Wozu soll ich noch von seinem guten Charakter berichten, der gepaart war mit würdevollem Ernst? Wozu, dass in ihm Anmut und Güte vereint waren? Er war unanfechtbar, von keinem Makel befleckt, und er trug sein Los so, wie es war. Er riet zum Guten und half so dem zweifelnden Volk, auch half er Männern, die wegen ihrer Güte in Not waren. In Lebenskrisen machte er nie ein bitteres Gesicht und wurde in besseren Zeiten niemals übermütig, sondern sein Geist ließ sich von einer gleichbleibenden Haltung leiten und widmete sich konzentriert der Arbeit, die jeweils vor den Füßen lag. Daher blüht der strahlende Ruhm seiner Taten, und allerorts ist sein Name bekannt.

Doch als er, vom Alter überwältigt und von den Jahren niedergedrückt, spürte, dass er den Lebensweg zu Ende gegangen war, da hielt er sich in Treue und Glauben fest an

5
10
15
20
25
30

et sic voce pia, cum moreretur, ait:
„Reddam animam Christo. Mea pignora cara, valete,[19]   *35*
et tu me gremio suscipe, Christe, tuo."

Gott und sprach, als er starb, diese frommen Worte: „Ich will meine Seele Christus zurückgeben. Meine lieben Kinder, lebt wohl, und du, Christus, nimm mich in deinem Schoße auf!"

[p. 179] **Versus continens numerum anni, quo obiit Ioannes Rantzovius eques auratus.**

Ein Vers mit der Zahl des Jahres, in dem Johann Rantzau, Ritter vom Hl. Grabe, starb.

TeMpore qVo Vere sVbIIt sVa fata Iohannes
RantzoVIVs, VersVs Denotat eXIgVVs.

Zu welcher Zeit Johann Rantzau sein Geschick ereilte, bezeichnet wahrhaftig ein winziger Vers.

Querela Storae fluvii.

Klage des Flusses Stör

Rivule, cur praeter solitum tuus humor abundat
    dic, Stora: lucidulam quis tibi turbat aquam?
„Rantzovii miserum me tristia funera turbant.
    Cresco ego de lachrymis perditus ipse meis.[20]
Ille erat, heu, summi vivens mihi causa decoris,   *5*
    ille mihi moriens abstulit omne decus.
Ne mihi quis lympham violaret, condidit arcem
    me prope depresso Palladis arte solo.
Extinctum plangant Pax et cum Marte Minerva,
    Relligio, Charites, Cymbrica terra patrem."   *10*

Kleiner Fluss, warum fließt dein Nass noch reicher als sonst? Sage mir, Stör: Wer trübt dein schönes, klares Wasser? „Der traurige Tod Rantzaus wühlt mich Unglücklichen auf. Am Boden zerstört, schwelle ich von meinen eigenen Tränen an. Solange er lebte, war er, ach, Grund meiner herrlichsten Zier: Im Tod hat er mir alle Zier genommen. Damit niemand mein reines Wasser antastet, errichtete er nahe bei mir eine Burg, indem er mit der Kunst der Pallas den Boden planierte. Mögen Pax und Minerva gemeinsam mit Mars, die Religion, die Grazien und das Zimbernland ihren verstorbenen Vater beweinen!"

Epitaphium eiusdem.

Epitaph desselben Mannes

Quae, lector, celsis insignia iuncta columnis
    quaeque opera e Pario marmore facta vides,
inclyta Rantzovii sunt haec monumenta Iohannis,
    frigida defuncti sub quibus ossa cubant.

Die Wappen, Leser, die du an ragenden Säulen angebracht siehst, und das aus parischem Marmor gefertigte Kunstwerk, sie sind Johann Rantzaus berühmtes Grabmal, unter dem die kalten Gebeine des Verstorbenen ruhen. Als ein Mann von unübertroffener Tapferkeit erwarb er zu Lebzeiten den Titel „Gegüldeter Krieger". Denn als er ein munterer Jüngling mit starkem Leibe war, erkannte er die großen Gaben seines Ver-

---

19 i. e. M + V + V + V + II + V + I + VIV + V + V + D + XI + VV = 1565.
20 Cf. Ov. met. 11, 47 s. (*lacrimis quoque flumina dicunt / increvisse suis*).

Hic dum vivebat nulli virtute secundus,   5
  militis aurati nomen adeptus erat.
[p. 180] Nam firmi vegetus iuvenis cum corporis esset,
  ingenii sensit munera magna sui:
Per varios populos longinquaque climata terrae
  immensum ad Solymas per mare fecit iter,   10
unde illi rerum prudentia magna parata est,
  ut posset patriae commodus esse suae.
Cum Daniae primus Fridericus sceptra teneret,
  edita sunt fidei plurima signa suae.
Postea felici Clementen Marte repressit,   15
  Iutica cum fureret seditione cohors.
Obsidione premens Aleburgica moenia cives,
  rex Christiane, tuo subdidit imperio.
Christophori comitis dum rura Fionia miles
  vastaret, victrix hic quoque dextra fuit.   20
Haffnia cum nollet clausis se dedere portis,
  miles in hac praestans obsidione fuit.
Schanica Meiero[21] devicta fera agmina capto
  compulit et domini subdere colla iugo.
Extera funesto streperent cum bella tumultu,   25
  strennuus audaces movit ad arma manus,
publica res timidis tremuit quando anxia curis,
  consilio patriae profuit ille suae:
seu res consiliis, fuerat seu Marte gerenda,
  regibus ille suis instar Achatis erat.   30
Nobile Rantzovicum generoso a stemmate nomen
  nobilius factis reddidit ille suis.
Bis septem lustris quum tres adiunxerat annos
  vitaque iam finem coepit habere suum,
[p. 181] pressa gravi senio gemerent cum membra dolore,
  in Christo moriens leniter occubuit.

standes: Durch verschiedene Länder und entfernte Regionen der Erde machte er eine unermesslich weite Reise über das Meer nach Jerusalem. Dabei erlangte er große Klugheit in allen Dingen, sodass er seinem Vaterland von Nutzen sein konnte.

Als Friedrich I. Dänemarks Zepter trug, stellte er oft seine Treue unter Beweis. Später rang er in einem glücklichen Krieg den Klement nieder, als jütische Miliz sich rasend erhob. Er belagerte Ålborgs Mauern und unterwarf dessen Bürger, König Christian, deinem Befehl. Als Graf Christophs Truppen Fünens Gefilde verwüsteten, blieb auch hier seine Rechte siegreich. Als Kopenhagen seine Tore schloss und sich nicht ergeben wollte, erwies er sich bei der Belagerung als überlegener Soldat. Indem er Meyer fing, zwang er die wilden Heerscharen Schonens, auch ihre Nacken unter das Joch ihres Herren zu beugen.

Wenn auswärtige Kriege mit tödlichem Lärm ertönten, führte er kraftvoll und mutig die Waffen, wenn furchterregende Sorgen den Staat angstvoll zittern ließen, nützte er dem Vaterland als Ratgeber. Ob die Lage politischen Rat oder Waffengewalt erforderte: Er war für seine Könige wie Achates. Den durch seinen edlen Stammbaum berühmten Namen Rantzau machte er durch seine Taten noch berühmter.

Als er zu siebzig Jahren drei gefügt hatte und sein Leben sich dem Ende näherte, als sein Leib in den Beschwerden hohen Alters vor Schmerz ächzte, starb er in Christus einen sanften Tod.

---

21 Cf. infra *BD app. p.* 182 (*epit. acrost. v.* 27 *s.*).

Aliud epitaphium eiusdem, in quo primum distichon continet annum Christi, quo obiit, et primae literae maiusculae nomen autoris.

H oLsatIae[22] RanzoV DeCVs et tVteLa Iohannes
   hVC postVs, LaVDIs VIX poLVs Ipse CapaX,[23]
I mberbi Solymas mento qui venit in oras
   rettulit auratae militiaeque decus,
N ec non Christiano[24] Fridericis atque duobus   *5*
   tradidit Arctoi sceptra regenda soli:
R ectori quod erant Atridae Nestor Achillesque,
   id tribus his solus regibus ille fuit.
I llius est fractus Christernus fortibus armis,
   cederet ut regnis Marte cadente tribus: *10*
C hristophorum profugo stantem pro rege ducemque
   Albertum, nigri qui bovis ora gerit,
V asta instaurati renovantes bella Gradivi
   ad regis constat procubuisse pedes,
S ensitque infelix invictas Hafnia vires,   *15*
   illius auspiciis Hafnia capta piis.
R ostratae memorare potest quis praelia classis
   pro tanti digne conditione ducis?
A lta sed emensae referam vestigia vitae,
   et quoties hostis copia strata feri.   *20*
[p. 182] N orbius ingenti venit obvius agmine primum,
   est ubi Scandiaci grandis eremus agri,
T rita videns socii sed Otho Stigesenius arma:
   „Hic uno", dixit, „bina trophaea die?

---

22 HoLsatIae *correxi computandi causa*, HolsatIae *edd.*
23 i. e. L + I + V + D + CV + V + L + I + VC + V + L + VDI + VIX + LV + I + C + X = 1565.
   Cf. *Od.* 9, 20 (καὶ μεν κλέος οὐρανὸν κει) et ad *v.* 3 Verg. *Aen.* 1, 1 (*Troiae qui primus ab oris*).
24 Christâno *Regius.*

Ein weiteres Epitaph desselben Mannes, wobei das erste Distichon sein Todesjahr enthält und die Majuskeln am Anfang den Namen des Verfassers.

Holsteins Zierde und Schutz, Johann Rantzau, ist hier begraben. Der Himmel selbst ist für seinen Ruhm kaum groß genug. Mit noch bartlosem Kinn kam er an die Küsten des Heiligen Landes und brachte die Insignien Gegüldeten Rittertums wieder mit. Auch überreichte er Christian III. und den beiden Friedrichen die Zepter der Herrschaft über das Nordische Land: Was Nestor und Achill für den Fürsten Agamemnon waren, das war er allein für diese drei Könige. Die Macht seiner Waffen brach Christian II., sodass er, im Krieg unterlegen, die drei Reiche preisgeben musste: Als Christoph, der für den flüchtigen König einstand, und Herzog Albrecht, der den Kopf eines schwarzen Stieres trägt, erneut Krieg und Verwüstung begannen, mussten sie sich bekanntlich dem König zu Füßen werfen, und das unglückselige Kopenhagen bekam seine unbesiegbare Macht zu spüren, Kopenhagen, das unter seinem gottesfürchtigen Kommando eingenommen wurde.

Wer kann angesichts eines so großen Feldherrn angemessen von den Kämpfen der mit Schiffsschnäbeln bewehrten Flotte sprechen? Ich aber will von den tiefen Spuren berichten, die er auf seinem Lebensweg hinterlassen hat, und wie oft die Truppen des wütenden Feindes geschlagen wurden. Als Erstes zog Norby mit einem gewaltigen Heer gegen ihn, wo sich Schonens Gefilde in großartiger Leere erstrecken. Als Otto Stigsen die Waffen seines Gefährten zerschmettert sah, sagte er: „An einem einzigen Tag soll Rantzau zwei Trophäen davontragen? Auch wir haben starke Arme, und wenn er Achill übertrifft!" – aber kaum hatte er ihn gesehen, kehrte er schmählich den Rücken. Auch Markus Meyer leistete Widerstand: Als er schreckliche Taten beging, wurde er gevierteilt und starb.

S unt etiam nobis vires vel praestet Achillem!" –   *25*
at vix intuitus terga pudenda dedit.
O bstitit et Marcus Meyer: cum dira moveret,
quatuor in partes is laceratus obit.
V dus adhuc Oetinus habet fera signa cruoris,
caesorum variis ossibus albet humus.   *30*
P estifer hos sequitur Nauclerus in ordine quartus:
successum et vires sperat habere suas.
A t non Holsaticus cedens nec territus heros
obvia victrici tendit ad arma manu,
T urbatum superatque ducem stringitque catenis   *35*
firma procul muris non, Aleburga, tuis:
R egali donat sceptro plumboque coronat,
tunc ubi suppliciis afficiendus erat.
I nfaustos etiam comites extendit arena,
hic ubi Taurinus mons iuga celsus habet.   *40*
F ormidata olim totis Dithmarsia regnis
hoc duce principibus colla premenda dedit,
E t quamvis validis pugnarit fortiter armis,
in tribus est tandem victa cruore locis.
C aetera quae restant Sophoclaeo digna cothurno,[25]   *45*
cantet cum claris Holsata terra Danis;
I pse Deus vero talem vilescere gemmam
non passus coeli traxit ad astra vagi.
[HINRICVS RANTSOV PATRI FECI]

Von Blut triefend, trägt Eutin noch heute schreckliche Narben; der Boden glänzt an vielen Stellen weiß von den Gebeinen der Erschlagenen.

Ihnen folgte der Verderben bringende Skipper als Vierter in Folge: Er hoffte auf Erfolg und willkürliche Gewalt. Aber unerschrocken wich Holsteins Held nicht zurück: Mit siegreicher Faust zog er den Waffen entgegen, störte und besiegte den Anführer und legte ihn in Ketten, nicht weit entfernt, Ålborg, von deinen starken Mauern. Er schenkte ihm ein Königszepter und krönte ihn mit Blei, damals, als er vor der Hinrichtung stand. Auch die unglückseligen Grafen warf er sterbend in den Sand, dort, wo hoch der Rücken des Ochsenberges aufragt.

Das einst im ganzen Reich gefürchtete Dithmarschen beugte unter seiner Führung vor den Fürsten den Nacken unter das Joch, und obwohl es tapfer mit starken Waffen kämpfte, wurde es schließlich an drei Orten blutig besiegt. Was sonst noch übrig und eines Sophokles würdig ist, wird das Holsteiner Land und die ruhmreichen Dänen besingen. Gott selbst aber ließ nicht zu, dass ein solches Juwel vergeudet wird, und holte ihn herauf zu den Sternen des wandernden Himmels.

[Ich, Heinrich Rantzau, habe das für meinen Vater gedichtet.]

[p. 183] **De armis Iohannis Rantzovii equitis aurati, quorum suam partem Henricus etc‹etera› Rantzovius filius donavit fratri Paulo.**

Von den Waffen Johann Rantzaus, Ritters vom Hl. Grabe, deren ihm gebührenden Anteil Heinrich (usw.) Rantzau, der Sohn, seinem Bruder Paul geschenkt hat.

Dividere arma patris cum vellent bellica nati,
corpore quae proprio gesserat ipse suo,

Als die Söhne die Rüstung teilen wollten, die der Vater am eigenen Leibe getragen hatte, warf Mars den Schild ab und sprach: „Hört auf, ihr Söhne, hört auf! Auch Mars hat ein kleines Anrecht darauf. Es wäre eine Schande, wenn diese

---

25 Cf. Verg. *ecl.* 8, 10.

Mars clypeum abiecit dixitque: „O parcite, nati,
  parcite: in his aliquid Mars quoque iuris habet.
Quae toties genitor defendit ab hostibus arma,   *5*
  turpe, ea si natis diripiantur, erit.
Integra dante Deo post tristia fata manebunt,
  ut sacra, dum vixit, tutaque semper erant.“
Ergo dedit Paulo fraterni pignus amoris
  Henricus partem Marte monente suam,   *10*
exoptatque, armis cum laude utatur iisdem,
  his[26] usus genitor qualiter ante fuit.

Waffen, die euer Vater so oft gegen Feinde verteidigt hat, von den eigenen Söhnen auseinandergerissen würden. Mit Gottes Segen werden sie auch nach seinem traurigen Ende heil bleiben, so wie sie zu seinen Lebzeiten ihm immer heilig und sicher waren.“ Deshalb hat Heinrich als Pfand seiner Bruderliebe auf Mahnung des Mars Paul seinen Anteil geschenkt, und er wünscht, Paul möge rühmlich von denselben Waffen Gebrauch machen, so wie ihr Vater sie zuvor geführt hat.

Querela Annae Rantzovii in funere eiusdem dilectissimi coniugis sui incomparabilis virtute herois incisa lapidi sepulcri, quod in piam patri memoriam grati filii in templo primario oppidi Itzohoae statuerunt.

Klage Anna Rantzaus beim Begräbnis desselben, ihres geliebten Gatten, des Helden von unvergleichlicher Tapferkeit, eingemeißelt auf dem Grabstein, den die dankbaren Söhne ihrem Vater zu ehrendem Angedenken in der Hauptkirche von Itzehoe gesetzt haben.

Coniugis Anna sui cum conderet ossa sepulchro,
  haec ait in lachrymas tota soluta pias:
„Si mihi non tecum licuit, vir, ponere vitam,
  mox tamen, intereunt ni mea vota, sequar,
et, precor, ut placide coniuncti viximus ambo,   *5*
  sic quoque coelesti nos beet arce Deus.“

Als Anna die Gebeine ihres Ehemannes im Grab beisetzte, sagte sie, ganz in Tränen aufgelöst: „Wenn es mir schon nicht vergönnt war, mein Mann, gemeinsam mit dir das Leben zu lassen, so werde ich dennoch, wenn meine Gebete erhört werden, bald folgen; und darum bete ich: Dass uns Gott so, wie wir zu zweit in ruhigem Glück vereint gelebt haben, ebenso auch in der Himmelsburg beseligen möge!“

[p. 184] DE SEPULTURA ET EXEQUIIS FUNEBRIBUS EIUSDEM NOBILISSIMI EQUITIS IOHANNIS RANTZOVII APPENDIX PER CHRISTOPHORUM KELLINGHAUSEN HAMBURGENSEM.

ANHANG ÜBER DIE BEERDIGUNG UND DIE BEGRÄBNISPROZESSION DESSELBEN BERÜHMTEN RITTERS JOHANN RANTZAU. VON CHRISTOPH KELLINGHAUSEN AUS HAMBURG.

Cum de praeclarissimi herois cum illustri vitae curriculo rebusque fortiter gestis tum placida et beata ex hac mundi col-

Nachdem über den glänzenden Lebenslauf und die mutigen Taten des berühmten Helden und vor allem auch über seinen friedvollen und seligen Ausgang aus dem Abschaum dieser Welt weiter oben ein langer vorzüglicher Bericht ge-

---

26 hic *Iobinus.*

luvie emigratione multa superius luculenter commemorata sint, id unum te, humanissime lector, desiderare amplius posse existimavi, quod diserte illic explicatum non erat, qua is funeris pompa et honore ad sepulturam elatus quoque splendore et magnificentia iusta ei facta essent. De qua re, quoniam ea quoque ut reliqua honorificentissima ipsi merito contigerunt, quam potero paucis dicam.

Nam cum annis iam tribus septuagenario provectior et ipso praegravantis aetatis senio debilitatus et lenta morbi diuturni tabe confectus integris plane universis et immotis animi sensibus de aerumnosa hac vita obitu sane perquam tranquillo et pio discederet, inter caetera plurima, quae prudenter pieque admodum et munifice se fatis functo peragenda testatus constituit, et illud filiis, quos omnino duos paternae virtutis et gloriae aemulos reliquit, praeceperat: ut se post mor*[o][p. 185]*tem illatum maiorum sepulchro, quo et pater et avus et proavus et abavus conditi quietem sanctam in Domino agerent, in oppido propinquo Itzohoa tumularent.

Quia vero grassabatur tunc in eo oppido vehementer pestis (ut et in aliis plerisque Germaniae locis et oppidis), qua multi in dies mortales mortem obirent, ne propinquos suos, gentiles et amicos ad honestandum funus eum in locum accerserent, quem iusto metu propter vitae periculum adire omnes formidare poterant, tamdiu id differre seque in aedem proximam deponere, quoad pestilens contagio illic serpere et saevire omnino desiisset, iusserat. Quod supremum dulcissimi parentis mandatum, ut ei post obitum quoque morem gererent, quem viventem amore summo complexi mira cum pietate et observantia obsequentissime

liefert worden ist, dachte ich, gebildeter Leser, dir könnte nur eines noch fehlen: dass dort nämlich nicht ausführlich dargelegt worden war, mit welch einem ehrenden Leichenzug er zu seiner Beerdigung getragen und mit welchem Glanz, welch großartiger Feierlichkeit sein Begräbnis begangen wurde. Davon will ich, weil ihm auch das Begräbnis wie alles andere in ehrenvollster Weise zuteil wurde, so knapp wie möglich erzählen.

Denn als er sein siebzigstes Lebensjahr schon um drei Jahre überschritten hatte, da schied er, einerseits schon von den Folgen eines beschwerlichen, hohen Alters geschwächt und andererseits vom langen Siechtum einer schleichenden Krankheit zermürbt, bei bester geistiger Gesundheit und in unerschütterlicher Gemütsruhe durch einen ganz friedlichen Tod voll Gottvertrauen aus den Widrigkeiten dieses Lebens. Damals trug er neben all den anderen Maßnahmen, deren Umsetzung er für die Zeit nach seinem Ableben umsichtig, sehr verantwortungsvoll und großzügig testamentarisch verfügt hatte, seinen Söhnen (er hinterließ insgesamt zwei, die der Leistung und dem Ruhm ihres Vaters nacheiferten) auch auf, dass sie ihn nach seinem Tod in die Gruft ihrer Ahnen, wo sein Vater, sein Großvater, sein Urgroßvater und dessen Vater im Herrn zur heiligen Ruhe gebettet lagen, tragen und im nahe gelegenen Itzehoe bestatten sollten.

Aber damals wütete in jener Stadt schwer die Pest (wie auch in den meisten anderen Ortschaften und Städten Deutschlands), sodass jeden Tag viele Sterbliche verstarben. Deshalb hatte er, damit sie nicht seine Verwandten, Landsleute und Freunde, um dem Leichnam Ehre zu erweisen, an einem Ort zusammenbrächten, den zu betreten sie aus Lebensgefahr mit gerechtfertigter Sorge fürchten konnten, befohlen, das so lange aufzuschieben und ihn in der nächstgelegenen Kirche aufzubahren, bis die Verderben bringende Seuche ganz und gar aufgehört hätte, sich dort rasend zu verbreiten. Auch diesen letzten Auftrag ihres zärtlich geliebten

semper coluissent, fideliter quoque et solerter sunt executi filii.

Exemptis enim intestinis arculaque ex plumbo seorsum conditis exenteratum primum cadaver opobalsamoque inunctum et fragrantibus aromatis molli intersperso Anglici fili tomento effartum deinde sarcophago item plumbeo querno intecto ligno compositum in aede paroeciali pagi Bredenbergae (quam collapsam ipse olim restituerat et donariis elegantique exaedificata turri pio liberalique animo exornaverat) lateritia extructa domuncula deposuerunt. Ubi cum in tertium *[p. 186]* iam mensem supra annum constitisset, mitescente magis magisque in oppido lue ad principes et civitates finitimas, ad agnatos, necessarios et amicos literas dederunt, ut in colliculum imminentem oppido pridie Calendas Martias convenire et deducendo funeri interesse pompae vellent.

Quo adveniente tempore alter filiorum maior natu Henricus Rantzovius regius in Holsatia vicarius (nam Paulus iunior frater cum illustrissimo principe Adolpho ad obsidionem arcis Gothae profectus ex necessaria ea causa parentalibus adesse non poterat) cum familiaribus nonnullis biduo ante ad templum sese conferens, ubi in aedicula clausum funus custodiebatur, ea effracta post habitam funebrem ab eius aedis presbytero Nicolao Vinterbergio orationem, cum per fenestellam stanneam, quae eum in usum in loculo erat, faciem defuncti charissimi parentis desiderio etiamnum nimio vix lachrymis temperans supremum contuitus esset et aliquot eius imagunculas ex argento conflato inauratas iniecisset, id serici villosi atro intectum velamine et

Vaters führten die Söhne, um ihm auch nach seinem Tod noch gehorsam zu sein, wie sie sich zu Lebzeiten in tiefer Liebe an ihn gehalten und ihm mit Pflichtbewusstsein und Genauigkeit eilfertig ihre ganze Aufmerksamkeit gewidmet hatten, mit treuem Fleiß aus.

Man entfernte also seine Eingeweide und hob sie getrennt in einem Bleigefäß auf. Der ausgeweidete Leichnam wurde mit Balsam gesalbt und mit duftenden Substanzen gefüllt, die mit weicher Watte aus englischer Faser gemischt waren. Dann wurde er in einen Sarg gelegt, der ebenfalls aus Blei und mit Eichenholz bekleidet war, und in der Pfarrkirche des Dorfes Breitenburg zur Ruhe gebettet, wo man ein kleines Ziegelgebäude errichtet hatte. Die Kirche hatte er selbst früher nach einem Einsturz restaurieren und durch den Bau einer Sakristei und eines eleganten Turmes in frommer Großzügigkeit ausschmücken lassen. Als er dort bereits ein Jahr und über zwei Monate gelegen hatte, ließ die Seuche in der Stadt mehr und mehr nach. Daraufhin schickten sie Briefe zu den Fürsten, den Nachbarstädten, den Verwandten, Vertrauten und Freunden: Sie möchten sich am 28. Februar auf dem Hügel oberhalb der Stadt treffen und an dem feierlichen Leichenzug teilnehmen.

Als diese Zeit näher kam, begab sich der ältere Sohn, Heinrich Rantzau, der königliche Statthalter in Holstein (denn Paul, der jüngere Bruder, war mit dem erlauchten Fürsten Adolf zur Belagerung der Burg von Gotha ausgezogen und konnte aus diesem zwingenden Grund nicht bei dem Grabesfest des Vaters dabei sein), mit einigen Angehörigen seines Hauses zwei Tage vorher zu der Kirche, wo der Leichnam in einem Totenhaus aufbewahrt wurde. Man brach es auf, und der Pfarrer der Kirche, Nikolaus Winterberg, hielt eine Grabrede. Heinrich Rantzau erblickte durch ein kleines Sichtfenster aus Zinn, das zu diesem Zweck auf dem Sarg angebracht war, zum allerletzten Mal das Gesicht des geliebten verstorbenen Vaters, und von heftiger Sehnsucht

arc‹er›ae[27] impositum in castrum suum Bredenbergam secum avexit.[28] In quod praecedentibus arcerae[29] cum faculis nepotibus et honorifica insequente pompa illatum in cubiculum pullato undique panno instratum velatumque accensis circum funalibus pheretro collocavit.

Huc postridie eius diei Eber*[o 2][p. 187]*hardus ab Holle Lubecensium et Verdensium praesul et Henrici affinis, vir spectabilis eoque honoris fastigio longe dignissimus, cum honesto et mediocri comitatu advenit aliique item nonnulli nobiles viri, ut funeri efferendo interessent: qui honorifice omnes excepti et tractati splendide noctem ibi unam cum suis egerunt.

Insequenti die, qui exequiis praefinitus Calendas Martias antecedebat, elatum cubiculo in vehiculum idem, quo fuerat advectum, pullo integumento obductum collocaverunt. Et aliis nonnullis pone legentibus eius vestigia curribus, quibus moestissima coniunx nurusque geminae cum numerosa et pulchra nepotum neptiumque sobole et agnatae quaedam foeminae vehebantur, satellitibus stipatum undiquaque circumcursantibus ita in oppidum inducitur.

Interea Henricus Rantzovius cum antistite et quibusdam agnatione proximioribus amplaque ministrorum familia lugubri omnes habitu pullis ex syndone peplis a pileis in terga

---

27 arcerae *scribendum puto.*
28 avexisset *Iobinus.*
29 arcerae *Reg. in err. typ., omm. edd.*

überwältigt, konnte er die Tränen kaum zurückhalten. Er warf ein paar kleine, aus gegossenem Silber gefertigte und vergoldete Bilder von ihm hinein. Dann ließ er eine schwarze Decke aus rauem Seidentuch über den Sarg breiten und ihn, auf einem Wagen liegend, mit in seine Festung, die Breitenburg, transportieren. Dem Leichenwagen gingen mit Fackeln die Enkel voraus; ein Ehrengeleit folgte. So wurde er dorthin getragen und in einem Zimmer aufgebahrt, das überall mit schwarzem Tuch ausgeschlagen und verhängt war. Ringsum brannten Fackeln.

Hierhin kam tags darauf mit einer erlesenen und nicht zu großen Schar von Begleitern Eberhard von Holle, der Bischof von Lübeck und Verden, ein Verwandter Heinrichs von großem Ansehen, der dieses hohen Amtes bei Weitem der würdigste war, und desgleichen einige andere Edelmänner, um zu helfen, den Leichnam herauszutragen. Sie alle wurden in Ehren empfangen und bewirtet und verbrachten dort mit ihren Angehörigen einen herrlichen Abend.

Am folgenden Tag, dem 28. Februar, der für das Begräbnis angesetzt war, trugen sie ihn aus dem Zimmer und legten ihn, mit einem schwarzen Tuch bedeckt, auf dasselbe Gefährt, auf dem er gebracht worden war. Und während andere Wagen im selben Geleise hinterher fuhren, auf denen seine trauernde Ehefrau, die beiden Schwiegertöchter mit einer schönen und zahlreichen Nachkommenschaft an Enkeln und Enkelinnen und bestimmte Frauen aus der Verwandtschaft saßen, wurde er inmitten von Begleitern, die überall um ihn herumliefen, auf diese Weise in die Stadt überführt.

In der Zwischenzeit ritten Heinrich Rantzau, der Bischof, einige sehr enge Verwandte und eine beträchtliche Anzahl von Dienern, alle in Trauer gekleidet mit schwarzen Roben aus Musselin, die von den Kopfbedeckungen den Rücken hinabflossen, wobei die Sättel der Pferde mit schwarz gefärbten Pferdedecken verhüllt waren, auf den Hügel in der Nähe der Stadt, wo die Vertreter der Fürsten und der Städte, die

defluentibus equorumque ephippiis atratis stragulis opertis in collem oppido propinquum contenderunt, quo principum civitatumque legati, propinqui, gentiles et amici, praeclari omnes et nobiles viri magno numero confluxerant. Quibus in corona circum sistentibus Henricus illustri et facunda oratione amplissime gratias egit, quod in locum illum ad diem dictum rogati prompte accessissent, *[p. 188]* utque ad reliqua exequialis eius honoris et celebritatis solennia peragenda supremam et piam paternis manibus secum operam praestare et iis finitis epulo funebri interesse non gravarentur, perhumaniter perque amanter rogavit.

Inde ternis simul binisve iunctim equitantibus composito decenter ordine currum, quo funus deferebatur, consectati longo agmine (nam trecenti ferme erant, qui equis vehebantur) lentoque et moderato equorum gradu sensim et magnifice oppido adequitarunt. Quod ingressi, ubi in aedes atratas undique et funalibus collucentes (quas magnificus heros peramplas sibi et splendidas olim extruxerat) funus deposuissent, in hospitia per oppidum plerique dilapsi sunt, ut equis in stabula traditis singuli ad cohonestandam funeris pompam redirent.

Sub idem praeterea tempus curribus frequentibus, quorum supra quinquaginta fuisse constat, ingens foeminarum virginumque nobilium turba advecta est: quae cunctae pro regionis more, ut funus comitarentur, candidis lineis velamentis capita obvolutae, quae inde per scapulas utrasque licenter errantia dependeant, sese perornaverant. Earum complures ad defuncti equitis coniugem Annam ex vetusta et clara Valstorpiorum gente prudentissimam honoratissimamque foeminam sese conferentes, quae iisdem in aedibus ad funus viri

Verwandten, Landsleute und Freunde, alles vortreffliche, edle Menschen, in großer Zahl zusammengeströmt waren. Während sie im Kreis um ihn herumstanden, stattete Heinrich ihnen in einer rhetorisch glänzenden Rede reichen Dank dafür ab, dass sie auf seine Bitte hin am anberaumten Tag an jenem Ort erschienen seien und dass sie es nicht als Zumutung empfinden möchten, gemeinsam mit ihm den letzten frommen Dienst an der Seele seines Vaters zu leisten, damit die weiteren Schritte zu einem ehrenvollen Begräbnis und den Feierlichkeiten für großen Ruhm getan würden, und nach ihrer Beendigung an einem Leichenschmaus teilzunehmen, darum bat er sie mit sehr freundlichen und liebevollen Worten.

Von dort schlossen sie in Gruppen von zwei oder drei Reitern nebeneinander in schöner Ordnung zu dem Wagen auf, auf dem der Leichnam gefahren wurde, und ritten in langem Zuge (denn es waren fast dreihundert Mann zu Pferde) in langsamem, gemessenem Schritt gemächlich und in großem Stil auf die Stadt zu. Nachdem sie sie betreten und den Leichnam in ein ganz in Schwarz getauchtes und mit Fackeln beleuchtetes Haus gebracht hatten (das der prachtliebende Held weiträumig und glanzvoll für sich hatte errichten lassen), gingen die meisten auseinander in die Stadt zu ihren Unterkünften, um die Pferde im Stall abzugeben und danach einzeln zu dem ehrenden Geleitzug für den Leichnam zurückzukehren.

Etwa gleichzeitig fuhr auf zahlreichen Wagen – es waren mit Sicherheit über fünfzig – eine große Schar älterer und jüngerer Edelfrauen in die Stadt. Sie alle hatten sich, um den Leichnam zu geleiten, nach regionaler Sitte geschmückt, indem sie ihre Köpfe mit weißen Schleiern aus Leinen verhüllt hatten, die von dort frei und lose über beide Schultern herabhingen. Etliche von ihnen suchten die Ehefrau des verstorbenen Ritters auf, Anna aus der alten, berühmten Familie Walstorp, eine sehr kluge, hochgeehrte Frau, die in

moesta atque adeo exanimata fere[30] *[o 3][p. 189]* luctu morabatur largifluis opplentibus vultum lachrymis et ingenti animi dolore intercipiente spiritum, eam verbis amanter et diligenter consolatae sunt.

Quae dum fierent, interim aera campana in aedibus sacris cum in oppido tum in vicinis circumquaque pagis paroecialibus nuspiam cessabant: quibus et oppidum ipsum et omnis circum vicinia late personuit. Caeterum ubi efferendo funeri destinata advenit hora, illud serico villoso nigro obductum seni eiusdem gentis et stemmatis praestantes omnes animis et viribus nobiles viri succollantes in humeros pheretro sustulerunt et lento gravique incessu, dum subinde ob nimium plumbei ligneique loculi pondus furcis perticisque transverso subiectis subsistere cogerentur, in templum eius oppidi primarium divo Laurentio martyri dicatum deduxerunt longo honoratissimoque et praecedentium et comitantium agmine.

Imprimis ex ludo literario pueri de more antecedebant lugubres cantiones vernacula Latinaque lingua alternatim decantantes, quibus nunc gaudium, nunc tristitiam auscultantium animis infundebant. Eos verbi divini mystae et interpretes in oppido et pagis finitimis insequebantur,[31] quibus sacratae supra quadraginta ex nobilitate virgines eiusdem coenobii contigui templo alumnae candido omnes amictu (ut eius sectae mos et instituta ferunt) *[p. 190]* succedebant et ipsae temperatis vocibus suaviter funeri[32] praecinentes. Hinc ministri universi Henrici habitu obscuro et tristi funalia ma-

demselben Haus am Leichnam ihres Mannes trauernd und halbtot vor Schmerz verweilte: Tränennass war ihr Gesicht, und aus entsetzlicher Seelennot ging ihr Atem stoßweise. Die Frauen sprachen mit ihr und trösteten sie mit liebevoller Zuwendung.

Während das geschah, hörten inzwischen die Kirchenglocken in der Stadt und sogar in den benachbarten Kirchdörfern ringsum niemals auf zu läuten, und die Stadt selbst und das gesamte benachbarte Umland waren von ihrem Klang erfüllt. Als nun die für das Heraustragen des Leichnams bestimmte Stunde gekommen war, nahmen ihn, mit rauem, schwarzem Seidentuch bedeckt, je sechs Edelmänner derselben Familie und Abstammung, die sich alle durch ihren Charakter und ihre Stärke auszeichneten, auf seiner Bahre auf die Schultern und trugen ihn mit langsamem und würdevollem Schritt, während sie das allzu drückende Gewicht des Blei- und Holzsarges und der quer darunter geschobenen Tragestangen immer wieder zum Anhalten zwang, hinab in die Hauptkirche jener Stadt, die dem heiligen Märtyrer Laurentius geweiht ist. Ein langer, überaus ehrenvoller Zug ging voraus und begleitete sie.

Besondere Erwähnung verdienen die Knaben des Gymnasiums, die, wie es Brauch ist, voran gingen, indem sie abwechselnd in der Volkssprache und auf Latein Trauerlieder absangen und so die Herzen der Zuhörer bald mit Freude, bald mit Traurigkeit erfüllten. Ihnen folgten die Eingeweihten in das Wort Gottes und dessen Deuter in der Stadt und den benachbarten Dörfern, und nach ihnen kamen über vierzig heilige Jungfrauen von Adel, Bewohnerinnen desselben, an die Kirche angrenzenden Klosters, alle in weißen Gewändern (wie es die Sitte und die Regeln ihres Ordens vorsehen), und auch sie sangen vor dem Leichnam im mehrstimmigen Chor wohlklingende Lieder. Hinter ihnen schritten alle Diener Heinrichs in dunkler Trauerkleidung mit Fackeln in den Händen voran; in ihre Spuren traten neun

---

30 fero *Iobinus.*
31 Cf. supra BD 2 p. 128.
32 funeri *Reg. in err. typ.*, funere *edd.*

nibus gestantes ingrediebantur: eorum vestigia calcabant novem e duobus filiis nepotes deducentibus praeceptoribus et ipsi cereos grandiusculos, quibus conversa gentis Rantzoviae insignia (ut caeteris funalibus cunctis) appensa spectabantur, funeri avito praeferentes. Inde proxime ante loculum absolutae nigredinis equus unicolor pullato terram radente stragulo a vicarii regii puero sessore segniter adigebatur.

Sequebatur vero longe honestissimus illustrium et ornatissimorum virorum comitatus, quibus unus omnibus habitus atratus et lugubris erat. In his nobilissimi gravissimique viri legati Friderici II. Daniae regis, trium Holsatiae principum Iohannis senioris atque iunioris et Adolphi, reverendus amplissimusque Lubecensium et Verdensium antistes, legati comitis Schovenburgii civitatumque Lubecensium et Hamburgensium conspiciebantur. Aderant ex gentilitia stirpe Ranzoviorum prognati plures paucioresve triginta viri prope omnes emeriti et prisca rerum gestarum memoria florentes etaetate canisque decoris venerandi.

Nam quos ex nobilitate omni Holsatica florenti aevo integer adhuc et vividus ad praeclara eximiae virtutis premia et ornamenta consectanda capien*[o 4][p. 191]*daque sanguis alebat, eorum pars multo maxima ad obsidionem arcis Gothae ab illustri magnanimoque duce Adolpho evocata sub pellibus et velis canabeis in castris excubabat. Quae expeditio cum in idem forte tempus incidisset, effecit, ut rariores virorum nobilium, quam accessissent alioqui, pompae huic exequiali interessent: cum praeterea complures quoque in Dania Friderico regi contra Suecum iam pridem militarent. Sed nobilium tamen eiusdem ditionis numerus, qui funus sectati sunt, trecentos circiter nihilo minus adaequavit.

Enkel, Kinder der beiden Söhne, von ihren Lehrern geführt. Auch sie trugen dem Leichnam des Großvaters ziemlich große Wachskerzen voran, an denen man (wie an allen übrigen Fackeln) das Wappen des Hauses Rantzau umgekehrt hängen sah. Dann wurde unmittelbar vor dem Sarg ein einfarbiges Pferd von vollkommener Schwärze, dessen schwarz gefärbte Satteldecke mit den Spitzen über die Erde strich, von des königlichen Statthalters Knappen langsam vorwärtsgetrieben.

Hinter dem Sarg aber ging ein außergewöhnlich ehrenvoller Geleitzug der bedeutendsten Würdenträger, die alle die gleiche schwarze Trauerkleidung trugen. Unter ihnen waren die Gesandten König Friedrichs II. von Dänemark, würdige, ernste Männer von höchstem Adel, zu sehen, die der drei Fürsten von Holstein, Johannes des Älteren, Johannes des Jüngeren und Adolfs, der verehrungswürdige, hoch angesehene Bischof von Lübeck und Verden und Gesandte des Grafen von Schauenburg sowie der Städte Lübeck und Hamburg. Es waren um die dreißig aus dem Familienstamm der Rantzaus geborene Männer anwesend, fast alle über das waffenfähige Alter hinaus, aber blühend im weiten Zurückdenken an das Vollbrachte und verehrungswürdig durch ihr Alter und den Schmuck ihrer grauen Haare.

Denn die Angehörigen des gesamten holsteinischen Adels, deren blühende Jugend ihr noch unverbrauchtes, lebendiges Blut dazu antrieb, erfolgreich nach herrlichen Preisen und schmückenden Zeichen ihrer herausragenden Tapferkeit zu jagen, von denen war der weitaus größte Teil von dem erlauchten, kampfesmutigen Herzog Adolf zur Belagerung der Burg Gotha gerufen worden. Sie mussten unter Fellen und Decken aus Hanf im Felde schlafen. Weil dieser Kriegszug zufällig in dieselbe Zeit fiel, bewirkte er, dass weniger Männer aus dem Adel, als sonst gekommen wären, an dem Leichenzug teilnahmen; im Übrigen dienten etliche schon lange auch in Dänemark König Friedrich gegen den Schweden.

Post nobilitatem succedebat oppidi senatus civesque honoratiores, quos ex pagis circumquaque finitimis coloni longo ordine insequentes agmen claudebant. Nec longo hinc intercedente intervallo frequens elegantissimaque foeminarum nobilium spectabatur series, quae et ipsae pro regionis more habitu funebri, ut dictum est, praecedentium virorum pompam comitabantur: easque inter eminens luctuque et moerore prope confecta clarissimi equitis coniunx cum nuru utraque et neptibus pluribus omnium oculos in se vertebat.

Ubi iam in coemiterium ventum est, circuito ter de more templo funus intulerunt idque media in aede ante suggestum, ex quo conciones sacrae ad populum haberi solent, sub machinula lignea instar aediculae fabrefacta cancellataque, quae undiquaque defixis cereis collucen*[p. 192]*tibus ardebat, constituerunt. Exinde finitis cantionibus usitatis et solennibus orationem funebrem habuit eius aedis oppidique presbyter summus dominus Iohannes Vorstius, quem praepositum vulgo vocant, vir pietate et doctrina senioque venerabilis. Qui dum peroraret, funus ex eo loco succedentium nobilium humeris sublatum et ad latus australe chori prope clathros, quo loco maiores eius complures tumulati sunt, ut et lapides impositi eorumque inscriptiones et ara ab iisdem inibi Sanctae individuae Trinitati dicata abunde testantur, in sepulchrum arcuatum, quod pii gratique filii cum in sempiternam charissimi parentis memoriam tum proprium et perpetuum familiae suae monumentum haud levibus impensis pulcherrimum aedificarant, depositum est.

Nichtsdestoweniger erreichte die Anzahl der Edelleute aus demselben Fürstentum, die dem Leichnam folgten, dennoch an die dreihundert.

Hinter dem Adel gingen der Rat und die Honoratioren der Stadt; ihnen folgten aus den Nachbardörfern ringsum in langer Reihe die Bauern. Sie bildeten den Abschluss. Aber mit geringem Abstand war dann die zahlreiche, wunderbar elegante Kette der Edelfrauen zu sehen, die selbst ebenfalls, wie gesagt, in der üblichen Trauerkleidung der Region die Prozession der Männer, die vorausgingen, begleiteten. Unter ihnen ragte, aus tiefster Trauer beinahe am Ende ihrer Kräfte, die Ehefrau des großen Ritters hervor, die mit ihren beiden Schwiegertöchtern und den vielen Enkelinnen aller Augen auf sich lenkte.

Als man bereits den Friedhof betreten hatte, zogen sie, wie es Brauch war, dreimal um die Kirche. Dann trugen sie den Leichnam hinein und stellten den Sarg mitten im Gebäude vor der Kanzel, von der aus dem Volk immer die Predigten gehalten wurde, unter einem kleinen Holzgerüst ab, das nach Art einer Kapelle aus Latten gezimmert war und das von überall daran befestigten brennenden Kerzen erstrahlte. Gleich darauf hielt, nachdem die traditionellen feierlichen Gesänge beendet waren, der oberste Pastor dieser Kirche und der Stadt, Herr Johannes Vorstius, den man allgemein den Propst nannte, ein durch Frömmigkeit, Bildung und hohes Alter verehrungswürdiger Mann, die Grabrede. Während er zum Schluss kam, wurde der Leichnam von dort auf die Schultern adliger Männer genommen, die sich daruntersstemmten. An der Südseite des Chores nahe dem Lettner, wo mehrere seiner Ahnen begraben sind, wie sowohl die Grabsteine und ihre Inschriften als auch ein dort von ihnen der heiligen unteilbaren Dreifaltigkeit geweihter Altar mehr als eindeutig bezeugen, wurde er in ein gewölbtes Grabmal zur Ruhe gebettet, das seine Söhne in liebevoller Dankbarkeit zum ewigen Andenken an ihren geliebten Vater, aber gerade

Id supra reliquam pavimenti planiciem[33] tribus fere ulnis gibbo expolito levigatoque candido lapide porrecto et utrinque redacto altius assurgens, cui insignia gentis artificiose eleganterque incisa et coloribus distincta quoquo versus latera exornant, vivas superne utriusque parentis quasi recubantis imagines niveo marmore affabre effictas spectantibus ostendit. Eodem quoque loco passim epitaphia et elogia, quae hoc libro continentur, lapidibus in columnas parietemque immissis incisa insculptaque de vitae cursu rebusque gestis tam praestantis et specta*[o 5][p. 193]*tissimi inclyta virtute viri lectores erudiunt.

At peractis rite et solenniter in aede sacra ceremoniis cunctis hinc ad convivium funebre discessum est: quod magna lectissimorum convivarum frequentia et splendore ac munificentia, ut tanti viri exequiis conveniebat, celebratum est. Aeris quoque plurimum in pauperes distributum et larga aliis aliisque, et quae pater moriens passim et a se nuncupatis donari mandaverat, et quae his filiorum insuper adiecit liberalitas, munera praebita sunt. Quibus per dies aliquot, ut mos est, agitatis universi inde post actas utrinque prolixe decenterque gratias in sua discesserunt.

auch als persönliches und dauerhaftes Denkmal für ihre Familie unter beträchtlichen Kosten in großer Schönheit hatten errichten lassen.

Es erhebt sich höher als drei Ellen über der sonstigen Fläche des Fußbodens aus einem lang gestreckten, beidseitig schmaler zulaufenden, gewölbten, zu vollkommener Glätte polierten weißen Stein. Seine Seiten schmückt in jeder beliebigen Richtung das Familienwappen in fachmännischer, eleganter Steinmetzarbeit und farblicher Akzentuierung. Oben zeigt es den Betrachtern lebensechte Darstellungen beider Eltern als Ruhender aus weißem Marmor von exzellenter bildhauerischer Qualität. An derselben Stelle unterrichten überall die in diesem Buch enthaltenen Epitaphien und Lobreden, fest eingemeißelt in Steine, die in die Säulen und in die Wand eingelassen sind, die Leser über den Lebenslauf und die Taten dieses hervorragenden Mannes, der seine viel gerühmte Tüchtigkeit unzählige Male unter Beweis gestellt hat.

Nachdem aber alle Zeremonien in der Kirche korrekt und feierlich vollzogen worden waren, ging es von dort weiter zum Leichenschmaus. Der wurde mit einer Vielzahl der vornehmsten Gäste glanzvoll und üppig gefeiert, wie es sich für die Beerdigung eines so bedeutenden Mannes gehörte. Auch wurde sehr viel Geld an die Armen verteilt und immer wieder anderen großzügige Gaben überreicht: Sowohl solche, von denen der sterbende Vater aufgetragen hatte, dass sie an alle oder an von ihm benannte Personen verschenkt werden sollten, als auch solche, die die Freigebigkeit der Söhne den ersteren noch hinzufügte. Einige Tage lang beschäftigte man sich, wie es Brauch ist, mit diesen Dingen, dann statteten alle einander ausgiebigen und höflichen Dank ab und machten sich von dort auf den Weg nach Hause.

---

33 planiciem *Reg. in err. typ., omm. edd.*

Ita, qui placide beateque de instabilis huius vitae, quam omnem praeclaram fortunatamque exegit, praesidio et statione discesserat, qui immortalem meritis illustribus ubique terrarum de se famam et gloriam excitaverat, qui spectata et sempiterna egregiae atque invictae virtutis monumenta posteris moriens reliquerat, honestissimam quoque caduci atque emortui cadaveris sepulturam iustaque et exequias se dignas hoc extremum honoris et officii defuncto parenti in moerore et luctu maximo piissimis filiis tribuentibus cumulate consecutus est. Quod equidem ipsum ad reliquam eius in vita felicitatem, qua non sine admiratione magna occulto quodam conspirantium syderum *[p. 194]* favore ac consensu vel potius effusa atque constanti divini numinis rectissimam mentem gubernantis adiuvantisque benignitate atque clementia ad extremum usque halitum perpetua usus est, quasi coronidem seu colophonem aptissime congruentem accessisse arbitror, ut, qui in vita prospera gloriosaque omnia habuisset, nec hoc extremo mortalibus praestari solito honore ac munere careret.

Etsi enim sunt, qui sepulturae iacturam levem ducant,[34] quando ex quocunque terrae operculo tantundem ad superos itineris esse piis creditur, et multi praestantissimi viri et aeternis ob comprobatam factis virtutem laudum praeconiis celebrati vel in teterrimis carceribus aegritudine et squalore consumpti sint vel pisces in undis obruti agitatique fluctibus paverint vel in pulvere coenoque patente sub dio a vermibus ferisque immitibus laniati devoratique sint aliisve indignis extincti suppliciis passim et misere computruerint, ii tamen ipsi honestum post mortem sepulchrum haud adeo asper-

---

34 Cf. Verg. *Aen.* 2, 646, Krantz *Sax.* 13, 26.

Auf diese Weise erlangte ein Mann, der in seligem Frieden von seinem Schutzposten in diesem hinfälligen Leben, das er in Gänze ruhmvoll und glücklich verlebt hatte, geschieden war, einer, der durch sein strahlendes Verdienst überall auf der Welt seinen unsterblichen, herrlichen Ruhm verbreitet und der im Tode der Nachwelt bewährte und dauerhafte Denkmäler seiner herausragenden, unbesiegbaren Tapferkeit hinterlassen hatte, vollends auch ein besonders ehrenvolles Begräbnis für seine vergängliche, leblose Leiche und eine Beerdigung, die seiner würdig war. Diesen letzten ehrenden Dienst leisteten die Söhne ihrem verstorbenen Vater in tiefer, schmerzlicher Trauer und großer Liebe. Dank der Gunst und dem einvernehmlichen Zusammenwirken der Sterne oder vielmehr dank der beständigen Güte und Gnade des göttlichen Willens, der seinen durch und durch rechtschaffenen Geist hilfreich lenkte, war er unter größter Bewunderung in seinem übrigen Leben bis zu seinem letzten Atemzug immer glücklich gewesen. Gerade dieses Begräbnis, so denke zumindest ich, kam dann wie ein vollkommener, passender Schlussstrich, wie ein Kolophon hinzu, damit ein Mann, der in seinem glückbegünstigten, ruhmreichen Leben alles gehabt hatte, auch diese letzte Ehrengabe nicht entbehren musste, die den Sterblichen zuteilzuwerden pflegt.

Zwar gibt es Menschen, die den Verlust der Bestattung für geringfügig halten, weil man glaubt, dass für den Frommen der Weg in den Himmel von jedem irdischen Grab aus gleich lang sei, zwar sind schon viele ausgezeichnete Männer, gefeiert durch das ewige, weithin tönende Lob ihrer im Handeln erwiesenen Tugend, im finsteren Kerker krank und elend verschmachtet, haben, von den Wellen verschlungen und von den Fluten hin und her geworfen, den Fischen als Speise gedient, wurden in Staub und Dreck unter freiem Himmel von Würmern und grausamen wilden Tieren zerfleischt und verschlungen oder mussten, durch andere unwürdige Todesarten ausgelöscht, wo auch immer erbärmlich

nantur, quin, si contingat, ingens bonum, sin denegetur a fortuna, leviter ferendum esse statuant. Omnes certe mortales praestantibus et magnis ingeniis praediti illud potissimum in votis habent, ut tranquillo et praeclaro vitae exitu diem suum extremum claudant exemptique vivis tumulo *[p. 195]* uti supremo corporis humani receptaculo donataeque post exhaustos vitae labores quietis sede honeste contegantur. Nam et sanctissimos illos viros, quos antiquissimis saeculis ob summam vitae innocentiam ac religionem Deo percharos fuisse sacrae literae testantur, iam morituros vel imprimis praecepisse posteris suis legimus, ut obita morte cadavera sua sepulchris vel a se ipsis vel maioribus suis constructis honorifice inferrent atque deponerent.[35]

verwesen: Aber dennoch achten auch sie ein ehrenvolles Grab nach dem Tode keineswegs so gering, dass sie es, wenn es ihnen zuteil würde, nicht als ein großes Glück, wenn es ihnen das Schicksal aber vorenthielte, diesen Umstand als etwas ansähen, das leicht zu ertragen sei. Alle mit einem großen, ausgezeichneten Verstand begabten Sterblichen beten vor allem darum, dass sie ihren letzten Tag mit einem friedvollen, schönen Lebensende beschließen dürfen und, wenn sie aus dem Leben geschieden sind, in einem Grab als letztem Behältnis des menschlichen Leibes und als Stätte des Friedens, der ihnen geschenkt ist, nachdem sie die Mühen des Lebens hinter sich gebracht haben, zugedeckt werden. Denn selbst von den heiligen, ehrwürdigen Männern, von denen die Heilige Schrift bezeugt, dass Gott sie in ältesten Zeiten wegen der wunderbaren Unschuld ihres frommen Lebenswandels besonders lieb hatte, lesen wir, dass sie, schon an der Schwelle des Todes, ihren Nachkommen als Wichtigstes aufgegeben haben, nach dem Tode ihre Leichen ehrenvoll in Gräber zu tragen, die von ihnen selbst oder auch von ihren Vorfahren gebaut worden waren, und sie dort zur Ruhe zu betten.

Epitaphium, in quo ipse magnanimus et spectatissimus heros Iohannes Rantzovius loquitur, auctore[36] eodem.

Dum licuit voluitque Deus, mihi vita placebat
   lubrica, nunc mors est non gravis ipsa mihi.
Sed patriae forsan nimis immatura videtur,
   semper viventi quae mihi chara fuit,
pro qua non timui terraque marique labores   5
   et prope praesentem laetus adire necem.

Epitaph, in dem der edelmütige, bewährte Held Johann Rantzau selbst spricht, von demselben Verfasser.

Solange ich durfte und Gott es so wollte, gefiel mir das Leben, das man jedoch nicht festhalten kann: Jetzt bedrückt selbst mein Tod mich nicht. Für das Vaterland aber ist er vielleicht allzu früh gekommen, das ich im Leben immer geliebt habe, in dessen Interesse ich zu Lande und zu Wasser keine Mühen fürchtete, auch nicht, mich frohgemut dem fast schon gegenwärtigen Ende zu stellen. Das Vaterland verlangt jetzt vielleicht, allein gelassen, nach meiner Hilfe, derer es sich in großem Unglück oft bedient hat.

---

35 deponerent. Finis. *Regius.*
36 authore *Iobinus.*

Illa meam nunc forsan opem deserta requirit,
　　saepius in magnis qua fuit usa malis.
At mihi quo pacto nimium properata senectus[37]
　　absciderit vitae stamina pulla meae?　　　　　　　　*10*
Naturae (quodcunque datum) satis et mihi vixi:
　　sic aetate gravis perfero fata lubens.
[p. 196] Namque quotis aevum iam tot producitur annos,
　　quot mihi praescripta vivere lege datum?
Et vitae satis, ad laudem quod sufficit, egi,　　　　　　*15*
　　nec periit virtus nostra caduca nimis:
gloria per totum mea iam percrebruit orbem,
　　qua radiis cincti solis aditur equis.
Illa superstes erit, donec benefacta probare
　　suppliciisque malos subdere moris erit.　　　　　　*20*
Sic merui, virtute bonam dum profero famam
　　et mihi pars vitae nulla labore caret.
At dulces utinam moveant mea fata nepotes,
　　ut fieri similes aut superare iuvet.
Nondum etiam horrebant prima lanugine malae,　　　　*25*
　　cum fato functis arma parente tuli.
Hinc lubuit procul amotas invisere terras
　　et magni varios orbis adire situs:
visa mihi tellus, quam flavus arare Britannus,
　　laedere quam ferro fuscus Iberus amat,　　　　　　*30*
quam molles habitant Itali Cretesque Syrique,
　　quam gentes Asiae Martis amore truces;
ad Solymas sacras fortunatumque sepulchrum
　　sum meritis nactus nomen equestre meis.
Hoc etiam feci pulchris illustrius ausis　　　　　　　*35*
　　et decus extendi Marte togaque meum.
Nam patriam claros repetens per Teutonas oram,
　　gessi victrici fortia bella manu,
et via quas longinqua mihi patefecerat artes,

---

37 Cf. Maximian. 1, 1 (*Aemula, quid cessas finem properare, senectus?*).

Aber inwiefern wäre das hohe Alter für mich allzu schnell gekommen, um des Lebens schwarze Fäden abzuschneiden? Was auch immer mir geschenkt war: Für die Natur und für mich selbst habe ich genug gelebt. Denn wie wenige dürfen so viele Jahre ihrer Lebenszeit hinbringen, wie es mir durch vorherige Bestimmung gewährt war? Auch so viel Leben nötig war, um Lob zu ernten, hatte ich zur Genüge, und meine Leistung war nicht zu vergänglich, nicht umsonst: Mein Ruhm hat sich schon über die ganze Welt verbreitet, soweit die Pferde der Sonne in ihrem Strahlenkranz sie erreichen. Er wird bleiben, solange es Sitte bleibt, Wohltaten zu billigen und schlechte Menschen der Strafe zu unterwerfen. So habe ich es mir verdient, während ich durch meine Tüchtigkeit meinen guten Ruf verbreitete und kein Teil meines Lebens ohne Arbeit war.

Doch möge mein Schicksal meine lieben Enkel dazu bewegen, dass es sie freut, mir ähnlich zu werden oder mich gar zu übertreffen! Denn noch waren meine Wangen nicht rau vom ersten Flaum, als ich nach dem Tod des Vaters zu den Waffen griff. Danach überkam mich der Wunsch, fern entlegene Länder zu besuchen und in verschiedene Gegenden des großen Weltkreises zu reisen: Ich sah die Erde, die der blonde Brite zu pflügen, die der schwarzhaarige Spanier mit Eisen aufzubrechen liebt, die weichliche Italer, Kreter und Syrer und die Asiens kriegsliebende, grimmige Völker bewohnen; im heiligen Jerusalem an dem Grab, das glückselig macht, erwarb ich durch meine Verdienste den Titel des Ritters.

Den machte ich durch schöne, mutige Taten noch glanzvoller. In Krieg und Frieden vergrößerte ich meinen Ruhm. Denn als ich durch das berühmte Deutschland in mein Vaterland zurückkehrte, kämpfte ich mit tapferer Hand in siegreichen Kriegen, und durch die Künste, die mir die weite Reise eröffnet hatte, begann ich, meinem Vaterland nützlich zu sein. Das kämpferische Dänemark selbst ist Zeuge meiner

his patriae coepi commodus esse meae.

[p. 197] Ipsa mihi testis meritorum Dania pugnax: 40

    quam lata profert ius ditione suum!

novit et oceanus mea Balthicus inclyta facta,

    creverit ut fuso saepe cruore rubens,

virtutemque meam merito complexa favore, 45

    quae mihi natalis Cimbrica terra fuit.

Hanc quoque cum damno mirata bis Hafnia capta,

    principibus sedes Hafnia grata suis,

cognovitque potens opibusque virisque Lubeca,

    eminet Arctoo quae decus alta solo, 50

nec secus hanc cum clade sua Dithmarsia sensit,

    cum subiit iustum me duce victa iugum —

et tamen est, quod victa mihi quoque debeat ultra,

    vita quod est multis voce redemta mea.

Sic operam tribus impendi pro regibus omnem, 55

    sub gelido regnum qui tenuere polo,

et charae vigilans patriae ducibusque dicavi,

    in me quicquid opis consiliique fuit.

Hinc opibus partis patriae natale subivit

    his quoque collatis amplificare decus 60

impensisque duas construxi grandibus arces,

    quas soboles aequa nunc mea sorte tenet.

His, precor, utantur post secula multa nepotes

    et mea conentur fortia facta sequi.

Hac fragilis vitae cursum ratione peregi, 65

    sic obii mortem sustineoque lubens.

Depositum tumba corpus mortale quiescit,

    spiritus in sancta sede perennis agit.[38]

Verdienste: Wie weit reicht die Macht, mit der es seine Rechtsordnung verbreitet! Auch die Ostsee kennt meine ruhmreichen Taten, wie sie ja oft anschwoll und sich rötete von vergossenem Blut, und an meine Tapferkeit denkt mit wohlverdienter Zuneigung das Zimbernland, wo ich geboren bin. Auch Kopenhagen, zu seinem Schaden zweimal eingenommen, musste sie bewundern, Kopenhagen, die geliebte Residenz seiner Fürsten. Das durch Reichtum und Menschen mächtige Lübeck lernte sie kennen, das auf nordischem Boden als dessen größter Schmuck erstrahlt, und genauso bekam in der Niederlage Dithmarschen sie zu spüren, als es sich unter meiner Führung unter ein gerechtes Joch beugte — und dennoch gibt es etwas, wofür es, besiegt, mir sogar noch verpflichtet ist: Dass vielen durch meine Stimme das Leben gerettet wurde.

So setzte ich meine ganze Arbeitskraft für drei Könige ein, die unter kaltem Himmel die Herrschaft innehatten, und wachsam weihte ich dem lieben Vaterland und seinen Herzögen, was an Rat und Hilfe in mir war.

Weil ich dabei zu Reichtum gekommen war, kam mir in den Sinn, indem ich auch ihn einsetzte, die ursprüngliche Schönheit des Vaterlandes zu vergrößern, und unter großen Kosten errichtete ich zwei Schlösser, die jetzt durch das gleiche Los in der Hand meiner Nachkommen sind. Mögen meine Enkel, darum bete ich, sie noch in vielen hundert Jahren besitzen, und mögen sie versuchen, meinen mutigen Taten nachzufolgen! Auf diese Weise habe ich die Bahn meines zerbrechlichen Lebens vollendet. So bin ich gestorben, ertrage ich gerne den Tod. Im Grab ruht der sterbliche Leib, der ewige Geist lebt an seinem heiligen Wohnsitz.

---

38 *Abhinc infra quae sequuntur additamenta omnia apud Regium desiderantur.*

[p. 198] Ad lectorem.

Quoniam in hac descriptione historica, benigne lector, plurima et frequens est mentio clarissimi nobilissimique viri Iohannis Rantzovii equitis Holsati et bellatoris praestantissimi, cuius potissimum ductu et auspiciis per regem et principes id bellum foeliciter est confectum, ne quid forte rerum gestarum ab eodem te lateat, non ab re facturos nos esse censuimus, si bina elogia sub eius effigie ipso etiamnum vivente collocata et diversis in locis in lucem typis edita corollarii loco huic historiae nostrae adiungeremus. Quibus et epitaphia diversa adiecimus, eandem fere rem sed modo dissimili explicantia et praeterea honorificae sepulturae et iustorum eidem factorum succinctam recitationem, quae nusquam hactenus publicata apparuit. Accessit praeterea hac altera editione[39] monumentum nobilissimae in Cymbrica chersoneso familiae Rantzoviorum, quod maioribus suis cognatisque pie defunctis Henricus Rantzovius serenissimi regis Daniae in ducatibus Slesvicensi Holsatiae Stormariae et Dithmarsiae vicarius in arce sua Bredenberga statuit: itemque epicedia duo,[40] quibus tristem obitum praestantissimorum virorum Danielis et Mauritii Rantzoviorum filiique sui charissimi Theodorici prosecutus est. Haec tu, candide lector, boni consule et vale.

An den Leser

Da in dieser Geschichtsdarstellung, wohlwollender Leser, der weithin berühmte, hochedle Johann Rantzau, holsteinischer Ritter und ausgezeichneter Kriegsherr, immer wieder erwähnt wird, der Mann, unter dessen vorrangiger Führung und Kommando dieser Krieg durch König und Fürsten an ein glückliches Ende gebracht wurde, kam ich, damit du nicht etwa in Unkenntnis einer seiner Taten bliebest, zu der Auffassung, es werde eine sinnvolle Maßnahme sein, wenn ich dieser historischen Schrift als Zugabe zwei Lobreden beifügte, die noch zu seinen Lebzeiten unter seinem Bild angebracht und an mehreren Orten im Druck veröffentlicht worden sind. Ihnen habe ich noch einige Grabinschriften angefügt, die in etwa denselben Inhalt, aber in anderer Form wiedergeben, und außerdem einen knappen Bericht über sein ehrenvolles Begräbnis und die für ihn abgehaltene Totenfeier, der bisher nirgends veröffentlicht worden ist. Außerdem ist in dieser zweiten Auflage das Denkmal einer Familie von auf der Zimbrischen Halbinsel höchstem Adel, der Rantzaus, hinzugekommen, das Heinrich Rantzau, der Statthalter seiner Durchlaucht, des Königs von Dänemark, in den Herzogtümern Schleswig, Holstein, Stormarn und Dithmarschen, seinen in Gottesfurcht verstorbenen Ahnen und Verwandten auf seinem Schloss Breitenburg hat setzen lassen, und ebenso zwei Totenklagen, mit denen er den traurigen Hingang des Daniel und des Moritz Rantzau, zweier vortrefflicher Männer, und seines geliebten Sohnes Theodor begleitet hat. Damit nun, verehrter Leser, gib dich zufrieden und lebe wohl.

---

39 editione *correxi*, aditione *Iobinus*.
40 duo *correxit nescioquis in margine cod. Chilon. SH 944*, tua *Iobinus*.

[p. 199] MONUMENTUM NOBILISSIMAE FAMILIAE RANTZO-VIORUM IN CIMBRICA CHERSONESO PER STRENUUM ET MAG-NIFICUM VIRUM HENRICUM RANZOVIUM SERENISSIMI REGIS DANIAE ET‹CETERA› IN DUCATIBUS VICARIUM IN ARCE SUA BREDENBERGA IN HONOREM ET MEMORIAM PROGENITORUM SUORUM POSITUM SCULPTUMQUE ANNO MDLXVIII.

In aenea hac tabula Henricus Ranzovius pio erga maiores suos ductus affectu sculpi et describi curavit nomina annos-que obitus progenitorum suorum, quorum in memoriam la-pides et monumenta collocata visuntur in primario d‹ivi› Laurentii templo oppidi Itzohoae ad altare Sanctae Trinitatis: quod altare ab ipsis Deo trino et uno non paucos ante annos dicatum annuisque et perpetuis in hunc usque diem proven-tibus liberaliter ditatum est. Multi vero ex eadem familia eodem loco humati quiescunt, quibus haeredes posterique parum erga eos grati nullum ad memoriam honorem impen-derunt. Quare liberis suis mandat, nepotes posterosque ex [p. 200] ipsis orituros rogat, ne quem in avita inferri sepulcra si-nant, cui a suis aliquod non statuatur sepulturae monumen-tum, nomenque aetas dignitates gestae et obitus in hanc tabulam annotata referantur.

Anno 1440 obiit Breda Ranzovius patre natus domino cas-telli Crummendick, proavus Henrici autoris huius tabulae. Hic plurium pagorum possessor fuit, qui postea monasterio dicti templi partim precio venditi, partim religionis nomine dono dati sunt. Complures quoque liberos genuit, quorum, qui Petrus fuit dictus, eius posteri hac aetate domini sunt praediorum Nienhoff et Wammendorp. Quorum ex numero Daniel Ranzovius est, qui summus belli dux contra Suecum

DENKMAL DER AUF DER ZIMBRISCHEN HALBINSEL HOCHAD-LIGEN FAMILE RANTZAU, DAS DER TÜCHTIGE UND GROSSE HERR HEINRICH RANTZAU, STATTHALTER DES ERHABENEN KÖNIGS VON DÄNEMARK USW. IN DEN HERZOGTÜMERN, AUF SEINEM SCHLOSS BREITENBURG SEINEN VORFAHREN ZU EHRE UND ANGEDENKEN SETZEN UND ANFERTIGEN LIESS IM JAHRE 1568.

Auf dieser Marmortafel ließ Heinrich Rantzau, geleitet von dem Gefühl der Hochachtung für seine Ahnen, die Namen und Todesjahre seiner Vorfahren abbilden und niederschrei-ben, deren Gedenksteine und Grabmäler sich in der Haupt-kirche von Itzehoe, St. Laurentius, am Altar der Heiligen Dreifaltigkeit befinden und dort zu sehen sind. Der Altar selbst wurde von ihnen vor nicht wenigen Jahren dem drei-einigen Gott geweiht und durch ständige jährliche Erträge bis auf den heutigen Tag großzügig bereichert. Viele nun aus derselben Familie ruhen an demselben Ort begraben, für die ihre Erben und Nachkommen, undankbar gegen sie, kein eh-rendes Andenken aufgewendet haben. Deshalb trägt er sei-nen Kindern auf und bittet die Enkel und Nachfahren, die ihnen entstammen werden, nicht zuzulassen, dass jemand in die ererbte Grablege gebracht wird, dem nicht von seinen Angehörigen ein Grabmal gesetzt wird und von dessen Namen und Alter, den Würden, die er trug, und den Um-ständen des Todes nicht auf dieser Tafel in einem Anhang berichtet wird.

Im Jahre 1440 starb Breide Rantzau, Sohn eines Vaters, der Herr auf Burg Krummendieck war, er selbst der Ur-großvater Heinrich Rantzaus, des Verfassers dieser Ge-denktafel. Er war Besitzer mehrerer Ländereien, die später an das Kloster der besagten Kirche teils für Geld verkauft, teils im Namen des Glaubens verschenkt worden sind. Er zeugte auch recht viele Kinder, von denen eines Peter hieß. Dessen Nachkommen sind in unserer Zeit die Herren der

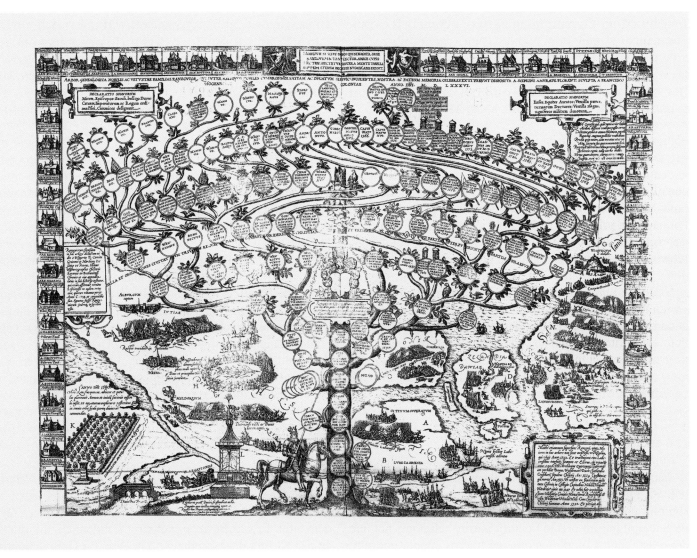

Kupferstich des Rantzau-Stammbaums, mit Szenen des Dithmarscher Krieges, von Franz Hogenberg, 1586.

Danorum regi cum praeclarissima laude fortitudinis et peritiae bellicae militat.

Alii praeterea duo Petri fratres, alter Hermannus Hamburgensis, alter Bartoldus Bremensis canonici fuere, quem canonicatum illis familiaeque ipsorum certo praefinito tempore singulari quadam indulgentia anno 1489 contulit pontifex Innocentius IIII. Hic Bartoldus canonicus Bremensis Hamburgensis ac praepositus Hadeleriensis obiit anno 1489 die 8. Ianuarii in oppido Buxtehude translatusque Bremam ibi sepultus est in pri*[p][p. 201]*maria aede lapide ipsius tumbae imposito additoque epitaphio versibus, ut tunc tempora ferebant, utcunque conscripto.

Undecimo post Petrum defunctum anno obiit uxor eius Druda Ratlovia die Bartholomaei. Qui ambo eodem loco ad latus australe chori eo in templo sepulti sunt sub lapide albo in margine quadrata annotationem annorum obitus utriusque, in medio insignia familiarum continente.

Supra huius caput alter eius frater cum coniuge sepultus iacet lapide cum utriusque insignibus ita inscripto: „Anno 1450 obiit Caius Ranzovius et anno 1439 Anna uxor eius die Francisci."
Supra Caium alius quiescit Caius filius Bredekindi posterioris, qui ante patrem obiit tumulatusque est sub lapide huiusmodi inscriptionis: „Anno 1459 die Petri et Pauli obiit Caius Ranzovius." Insigne additum nullum est spacio tantum, quo includi possit, relicto.

Ex adverso eius lapidis, sub quo prior Caius conditus est, chorum versus iacet saxum nullam imaginem, sed nudam hanc inscriptionem cum utriusque insignibus leviter incisis

Güter Nienhoff und Wammendorf. Einer von ihnen ist Daniel Rantzau, der dem König der Dänen gegen den Schweden als Oberkommandierender dient und für seine Tapferkeit und seine militärische Kompetenz den herrlichsten Ruhm erntet.
Ansonsten waren zwei Brüder Peters, der eine, Hermann, in Hamburg, der andere, Berthold, in Bremen, geistliche Chorherren. Das Kanonikat für einen bestimmten, vorher festgesetzten Zeitraum übertrug ihnen und ihrer Familie Papst Innozenz IV. mit einzigartig gnädigem Wohlwollen im Jahre 1489. Dieser Berthold, Kanonikus in Bremen und Hamburg und Propst im Hadeler Land, starb 1489 am 8. Januar in Buxtehude. Er wurde nach Bremen gebracht und dort in der Hauptkirche beerdigt. Auf sein Grab wurde ein Stein gesetzt und ein Epitaph hinzugefügt, das nach damaligem Brauch über und über mit Versen beschriftet war.
Im elften Jahr nach dem Tod Peters starb seine Frau Traute Ratlau am Bartholomäustag. Beide sind an demselben Ort an der Südseite des Chores in der besagten Kirche beerdigt, unter einem weißen Stein, der an seinem viereckigen Rand den Vermerk über beider Sterbejahre und in der Mitte die Familienwappen enthält.
Oberhalb seines Hauptes liegt der eine seiner beiden Brüder mit seiner Frau begraben. Der Stein mit beider Wappen trägt die Inschrift: „Im Jahre 1450 starb Kai Rantzau und im Jahre 1439 Anna, seine Frau, am Franziskustag."
Oberhalb von Kai ruht ein weiterer Kai, Sohn des jüngeren Bredekind, der vor seinem Vater starb und begraben ist unter einem Stein mit einer solchen Inschrift: „Im Jahre 1459 verstarb an Peters und Pauls Tag Kai Rantzau." Ein Wappen wurde nicht hinzugegeben, sondern nur Platz gelassen, wo es eingefügt werden könnte.
Gegenüber dem Stein, unter dem der ältere Kai beigesetzt ist, liegt in Richtung des Chores ein Block, der kein Bild, sondern bloß die folgende Inschrift und beider leicht einge-

continens: „Anno 1465 obiit Bredekindus Ranzovius. Anno 1460 Margareta uxor eius.“

In medio inter hunc et illum qui*[p. 202]*escit Metta soror germana Breidae proavi Henrici viventis. Haec nobili ex Reventlaviorum familia viro nupsit, ex quo cum prolem nullam sustulisset, aliquam bonorum suorum partem monasterio largita est. Lapis imaginem habitu ornatae nobilis matronae eleganter incisam praefert, ad cuius pedes utriusque familiae insignia spectantur. Inscriptio vero haec est: „Anno 1489 dominica Cantate obiit nobilis domina Metta Reventlavia, quae contulit huic monasterio quinque millia marcarum.“

Ex adverso eius lapidis, sub quo posterior Caius humatus est, versus altare Sanctae Trinitatis sepultus cum uxore beatam resurrectionem expectat Henricus Ranzovius primi Breidae filius, Henrici posterioris avus. Is fuit praefectus Hamburgensium in arce Steinburg, nec sexagesimum aetatis annum excessit. Uxorem habuit Oligardam a Bockwolden filiam domini in Borstel Sirhaven et Neverstorp, quae multos ipsi filios filiasque genuit. Post obitum viri, cum per 41 annos vidua vixisset, octogenaria fere peste obiit. Lapis duobus viri foeminaeque simulachris insignitus hanc inscriptionem habet: „Anno 1498 die Sabbati post Viti obiit Henricus Ranzovius filius Breidae. Anno 1538 die *[p 2][p. 203]* Sabbati post Laetare Oligarda uxor eius.“

Inter hunc et Caium in medio tertius iacet lapis viri item foeminaeque et puellae affabre incisas monstrans imagines, sub quo requiescit Paulus Ranzovius primi Henrici filius, patruus posterioris, una cum uxore Abela et filia Anna. Fuit consiliarius Friderici I. regis Daniae praefectusque et administrator aulae ipsius. Inscriptio talis est: „Anno 1521 die Viti vesperi vita excessit Paulus Ranzovius filius Henrici. Anno

ritzte Wappen trägt: „Im Jahre 1465 verstarb Bredekind Rantzau, im Jahre 1460 seine Frau Margarethe.“

In der Mitte zwischen diesen beiden Gräbern ruht Meta, die Vollschwester von Breide, dem Urgroßvater des heute lebenden Heinrich. Sie heiratete einen Mann aus der adligen Familie Reventlow, und weil sie von ihm kein Kind geboren hatte, schenkte sie einen Teil ihrer Güter dem Kloster. Der Stein zeigt das stilvoll eingemeißelte Bild einer mit dem Habit geschmückten edlen Dame. Zu ihren Füßen sind die Wappen beider Familien zu sehen. Die Inschrift aber lautet: „Im Jahre 1489 am Sonntag Cantate verstarb die edle Frau Meta Reventlow, die diesem Kloster fünftausend Mark vererbte.“

Gegenüber dem Stein, unter dem der jüngere Kai beerdigt ist, erwartet, in Richtung des Altars der Heiligen Dreifaltigkeit mit seiner Frau begraben, Heinrich Rantzau, Sohn des ersten Breide und Großvater des jüngeren Heinrich, seine selige Auferstehung. Er war hamburgischer Amtmann auf Burg Steinburg und wurde nicht älter als sechzig. Zur Frau hatte er Oligard von Bockwolden, eine Tochter des Herren in Borstel, Sierhagen und Neversdorf, die ihm viele Söhne und Töchter gebar. Nach dem Tod ihres Mannes lebte sie einundvierzig Jahre lang als Witwe und starb dann fast achtzigjährig an der Pest. Der Stein, der die Bilder beider, des Mannes und der Frau, trägt, hat folgende Inschrift: „Im Jahre 1498 verstarb am Sonnabend nach St. Vitus Heinrich Rantzau, der Sohn Breides, im Jahre 1538 am Sonnabend nach Laetare seine Frau Oligard.“

Zwischen diesem Stein und Kai liegt in der Mitte ein dritter Stein, der in schöner Steinmetzarbeit Bilder eines Mannes und ebenso einer Frau und eines Mädchens zeigt. Unter ihm ruht Paul Rantzau, ein Sohn des ersten und Onkel des jüngeren Heinrich, zusammen mit seiner Frau Abela und ihrer Tochter Anna. Er war ein Berater König Friedrichs I. von Dänemark und Präfekt und Verwalter seines Hofstaats. Die

1526 die Mercurii post Pascha Abela uxor eius. Anno 1533 octava Martii Anna Ranzovia."

Ad idem latus chori, ubi angulum efficit, lapis iacet subniger duplicem referens imaginem matris cum infante linteis fasciisque, ut defuncti solent, illigatae informi praeterea circumscripto spacio, quo viri viventis adhuc post mortem imago incidi possit. Sub hoc Magdalena Iohannis Ranzovii equitis filia, soror Henrici posterioris a patre fratribusque honorifice primum condita est, deinde in monumentum paternum per fratres translata. Nupserat viro nobili Osewaldo a Wische, cumque annos vixisset 29 et menses circiter quinque, diem suum in puerperio clausit ante tamen puerulum enixa, cum quo tumulata est. *[p. 204]* Lapidis inscriptio haec est: „Anno 1557 die quinta Augusti obiit Magdalena a Wische filia Ioannis Ranzovii equitis."

Iuxta columnam, cui contiguum est altare, sepultus est Caius Ranzovius primi Henrici filius, patruus posterioris. Discessit anno 1560, cum vixisset annos 72. Fuit a consiliis Christiano III. regi Daniae ducique Holsatiae Adolpho, et praefectus Trittoviensis dominusque castellorum Hannerou Clekamp et Cherubi. Uxorem habuit Idam ex famila Blomen, quae viro defuncto annum non supervixit. Ex hac multas suscepit filias filiosque, quorum nonnulli eo vivente impuberes mortui, duo in bellis periere: hic in Caroli Quinti imperatoris Germanico, ille[41] in eiusdem expeditione Metensi. Reliqui pro generis dignitate contractis matrimoniis hodie supersunt.

---

41 ille *correxi*, illa *Iobinus*.

Inschrift lautet: „Im Jahre 1521 schied am Veitstag abends Paul Rantzau, der Sohn Heinrichs, aus dem Leben, im Jahre 1526 am Mittwoch nach Ostern seine Frau Abela und im Jahre 1533 am achten März Anna Rantzau."

An derselben Seite des Chores, wo ein Winkel entsteht, liegt ein ziemlich schwarzer Stein, der das Bild zweier Personen zeigt: eine Mutter mit ihrem Neugeborenen. Sie ist, wie bei Verstorbenen üblich, mit Leinentüchern und Bändern umwickelt. Außerdem ist ein noch unausgeformter Platz umrissen, sodass dort nach seinem Tod das Bild ihres jetzt noch lebenden Mannes eingemeißelt werden kann. Darunter ist Magdalena, die Tochter des Ritters Johann Rantzau, die Schwester des jüngeren Heinrich, von Vater und Brüdern ehrenvoll beigesetzt, später aber durch die Brüder in das Grabmal des Vaters umgebettet worden. Sie hatte den Adligen Oswald von Wische geheiratet, und als sie neunundzwanzig Jahre und etwa fünf Monate gelebt hatte, beschloss sie ihre Tage im Kindbett, hatte zuvor aber ein kleinen Jungen geboren, mit dem sie begraben wurde. Die Inschrift auf dem Stein lautet: „Im Jahre 1557 verstarb am fünften August Magdalena von Wische, die Tochter des Ritters Johann Rantzau."

Neben einer Säule, die der Altar berührt, ist Kai Rantzau begraben, ein Sohn des ersten und Onkel des jüngeren Heinrich. Er verschied im Jahre 1560, nachdem er zweiundsiebzig Jahre gelebt hatte. Er war Berater König Christians III. von Dänemark und Herzog Adolfs von Holstein, Amtmann von Trittau und Herr der Burgen Hanerau, Kletkamp und Cherubi. Zur Frau hatte er Ida aus der Familie Blomen, die nach dem Tod ihres Mannes kein Jahr mehr lebte. Sie gebar ihm viele Töchter und Söhne, von denen einige zu seinen Lebzeiten noch im Kindesalter starben, zwei fielen im Krieg: Der eine in Kaiser Karls V. deutschem Krieg, der andere in dessen Kampagne gegen Metz. Die anderen haben standesgemäß geheiratet und sind noch am Leben.

Anno 1564 die Ianuarii 23. obiit Catharina filia prioris Henrici, amita posterioris, quondam abbatissa eius monasterii, cum id 20 annos prudenter admodum fideliterque rexisset iamque octogenaria maior aetatem ageret. Sepulta est in peristylio eiusdem coenobii australi in angulo: quo loco ei frater Ioannes Ranzovius eques monumentum lapide parieti iniuncto statuit. [p 3]

[p. 205] Anno 1565 13. die Decembris obiit strenuus heros Ioannes Ranzovius eques auratus, cui viro aetate illa in re militari haec regio Aquilonaris vix parem habuit. Fuit summus bellorum dux et intimis a consiliis tribus ordine Danorum regibus Friderico I. Christiano III. et Friderico II. ducibusque Holsatiae Iohanni et Adolpho fratribus. Octies iusta acie semper victor cum hostibus conflixit. Danicos subinde exortos et intestinos et externos tumultus virtute singulari et felicitate admiranda repressit. Dithmarsos ob hostes prospere saepe profligatos totque annorum illibata libertate ferocientes iugum accipere coëgit. Cuius memoriae sempiternae, quam rebus ipse a se gestis promeritus est, grati erga parentem filii Henricus et Paulus Ranzovii pro se quoque consulere volentes haud tenui impensa elegantissimum ipsi monumentum tribus amplius ulnis prominens ad idem latus templi prope clathros chori posuere ex lapide affaberrime inciso atque ita laevigato, ut procul spectantibus candidi marmoris speciem reddat, cui impositae ex marmore utriusque parentis imagines miro artificio vivos exprimunt. Addita praeterea diversa et illustria vitae eius elogia *[p. 206]* cryptaque subtus aedificata, quam perpetuum familiae suae monumentum esse voluerunt.

Im Jahre 1564 verstarb am dreiundzwanzigsten Januar Katharina, eine Tochter des älteren und Tante des jüngeren Heinrich, die ehemalige Äbtissin des Klosters, nachdem sie es zwanzig Jahre lang mit großer Umsicht und Zuverlässigkeit geleitet und schon das achtzigste Lebensjahr überschritten hatte. Sie ist im Kreuzgang des Klosters an der südlichen Ecke begraben. An dieser Stelle hat ihr Bruder, der Ritter Johann Rantzau, ihr als Grabmal einen in die Wand eingelassenen Stein gesetzt.

Im Jahre 1565 verstarb am dreizehnten Dezember der tatkräftige Held Johann Rantzau, Ritter vom Hl. Grabe, ein Mann, dem zu jener Zeit an militärischem Können in diesen nördlichen Gefilden kaum jemand gleichkam. Er war oberster Feldherr und vertrauter Berater für drei dänische Könige nacheinander, Friedrich I., Christian III. und Friedrich II., und zwei holsteinische Herzöge, die Brüder Johannes und Adolf. Achtmal und immer siegreich traf er in offener Feldschlacht auf den Feind. In Dänemark schlug er mehrfach sowohl im Inneren als auch auswärts entbrannte Konflikte mit einzigartiger Tapferkeit und bewundernswert glücklicher Hand nieder. Die Dithmarscher, die, weil sie ihre Feinde oft erfolgreich bezwungen hatten, ihre so viele Jahre lang uneingeschränkte Freiheit immer aggressiver machte, zwang er, das Joch zu ertragen. Zu seinem ewigen Angedenken, das er durch seine Taten verdient hat, wollten die Söhne, Heinrich und Paul Rantzau, in Dankbarkeit gegen den Vater jeder für sich ein Beitrag leisten. Sie setzten für ihn unter beträchtlichen Kosten an derselben Seite der Kirche beim Lettner des Chores ein besonders stilvolles, mehr als drei Ellen aufragendes Grabmal aus einem in meisterlicher Arbeit gehauenen Stein, der so glatt poliert ist, dass er für Betrachter aus der Ferne wie weißer Marmor wirkt. Darauf sind aus Marmor Statuen ihrer Eltern aufgesetzt, ein wunderbares Kunstwerk, das beide lebensecht abbildet. Außerdem wurden verschiedene bedeutende Elogien auf sein Leben hinzu-

Anno 1569 die 11. Novembris Daniel Ranzovius filius Godscalci pronepos Petri Ranzovii, dominus castrorum Nienhoves, Troieburgi et Woldenhorn, primarius belli a Friderico II. rege Daniae contra Suecum gesti praefectus, cum arcem Warpurgam eo bello Daniae a Suecis ereptam obsedisset, globo tormentario in caput adacto in ipso victoriae cursu occubuit. Fuit omnium bonorum mortalium iudicio vir clarissimus regis sui ac patriae amantissimus, linguarum peregrinarum Latinae Italicae ac Danicae peritus nec modo virtute et scientia militari praestantissimus, sed etiam felicitate in bello mirifica praeditus, ut qui magnas saepe hostium copias exigua suorum manu fuderit fugaveritque et abstrusas incognitasque antea in hostile solum vias aperuerit et iusto cum exercitu penetraverit. Illatus est honorifice sepulchro maiorum suorum in aede sua paroeciali in Wuestensehe, uti ipse testamento a se condito fieri mandaverat, adfueruntque funeri illustriss‹imus› princeps Holsatiae Adolphus, le*[p 4][p. 207]*gati civitatis Lubecensium et universa Holsatiae nobilitas.

Anno 1572 die 2. Maii Mauricius Ranzovius posterioris Caii filius hydrope correptus obiit Lubecae quadragenario iam provectior. Hic fuit praefectus Trittoviensis et Reinbeccensis, consiliarius ducis Holsatiae Adolphi et dominus castelli Hannerou Holtenklincke et Bockhorst. In expugnatione Dithmarsica et Gothana turmae equitum ductor fuit. Sepultus est Itzehoae sub lapide prioris Caii, eodemque in sepulchro viginti duo crania defunctorum ex eadem famila progenitorum inventa fuerunt.

gefügt und unterhalb eine Krypta gebaut, die das dauerhafte Grabmal ihrer Familie werden soll.

Im Jahre 1569 fiel am 11. November Daniel Rantzau, der Sohn Gottschalks und Urenkel Peter Rantzaus, Herr der Burgen Nienhoff, Troyburg und Woldenhorn, als Oberkommandeur im Krieg König Friedrichs II. von Dänemark gegen den Schweden, als er die Festung Warberg belagert hatte, die in jenem Krieg Dänemark von den Schweden entrissen worden war, von einer Geschützkugel am Kopf getroffen, mitten im Siegeslauf. Nach dem Urteil aller wohlmeinenden Menschen war er ein großartiger Mann, der seinen König und sein Vaterland über alles liebte, die Fremdsprachen Latein, Italienisch und Dänisch beherrschte und sich nicht nur durch Tapferkeit und militärische Kompetenz besonders auszeichnete, sondern auch mit wunderbarem Kriegsglück begabt war: Hat er doch oft große Verbände der Feinde mit der kleinen Schar seiner eigenen Leute vollkommen zerschlagen und verborgene, zuvor unbekannte Zugangswege auf feindlichem Boden erschlossen, sodass er mit einem richtigen Heer eindringen konnte. Er wurde ehrenvoll im Grab seiner Ahnen in seiner Pfarrkirche in Westensee bestattet, wie er es selbst in dem von ihm niedergelegten Testament zu tun aufgetragen hatte. Bei seinem Begräbnis waren Holsteins erlauchter Fürst Adolf, Gesandte der Stadt Lübeck und der gesamte Holsteiner Adel zugegen.

Im Jahre 1572 verstarb am zweiten Mai Moritz Rantzau, ein Sohn des jüngeren Kai, in Lübeck an der Wassersucht in einem Alter von über vierzig Jahren. Er war Amtmann in Trittau und Reinbek, Berater Herzog Adolfs von Holstein und Herr auf Burg Hanerau, Holtenklinke und Bockhorst. Bei der Eroberung von Dithmarschen und von Gotha führte er eine Kavallerieabteilung. Begraben ist er in Itzehoe unter dem Stein des älteren Kai, und in demselben Grab fand man die Schädel zweiundzwanzig verstorbener Angehöriger derselben Familie.

Anno 1572 die 27. Iunii obiit Theodoricus Ranzovius Lubecae, Henrici huius tabulae autoris filius, ibidemque in aede cathedrali in communi Ranzoviorum sepulchro a patre conditus est, cum vixisset annos XI dies XXXIIII, positumque est in eodem templo a patre illi monumentum hanc inscriptionem et hos versus continens:

„Henricus Ranzovius nobilis Holsatus D‹omini› Ioannis Ranzovii equitis aurati f‹ilius›, regis Daniae Friderici II. vices in ducatibus Sles‹viciae› Holsat‹iae› et Dith‹marsiae› gerens, Theodo rico Ranzovio summae spei optimaeque et generosae *[p. 208]* indolis vixdum pubescenti filiolo suo dulcis‹simo› praepropera immaturaque morte sibi erepto nec non Nicolao Ranzovio eiusque uxori Luciae, a quibus hic Theodoricus educatus est, in memoriam et certam futurae resurrectionis spem posuit.

Theodoricus natus est Segebergae anno MDLXI die 24. Maii, obiit Lubecae anno MDLXXII die 27. Iunii.

Pater ad tumulum filii.

Haec tibi, nate, mei capias monumenta doloris
    et simul has lachrymas, ultima dona patris,
qui clarum referens specimen virtutis avitae
    Ranzovidum poteras condecorare genus,
qui carae matris requies patriaeque senectae   *5*
    solamen quondam dulce futurus eras.
Sed, Theodore, iaces, et quae mihi solvere, fili,
    debueras, merito nunc tibi iusta petis
et desiderium patri mihi triste relinquis,
    quem sacra debueras ad monumenta sequi.   *10*

Im Jahre 1572 verstarb am 27. Juni in Lübeck Theodor Rantzau, ein Sohn Heinrichs, des Verfassers dieser Gedenktafel, und wurde ebendort im Dom im Familiengrab der Rantzaus von seinem Vater zur Ruhe gebettet, nachdem er elf Jahre und vierunddreißig Tage gelebt hatte. In derselben Kirche wurde ihm von seinem Vater ein Grabmal gesetzt, das diese Inschrift und die folgenden Verse trägt:

„Heinrich Rantzau, holsteinischer Edelmann, Sohn Herrn Johann Rantzaus, Ritters vom Hl. Grabe, der in den Herzogtümern Schleswig, Holstein und Dithmarschen König Friedrichs II. von Dänemark Stelle vertritt, hat Theodor Rantzau, seinem geliebten, kaum heranreifenden kleinen Sohn, der große Hoffnungen geweckt hatte und die besten, edelsten Anlagen zeigte, ihm aber durch einen viel zu frühen Tod entrissen wurde, und ebenso Klaus Rantzau und dessen Frau Lucia, von denen Theodor aufgezogen wurde, zum Angedenken und zur sicheren Hoffnung auf zukünftige Auferstehung dieses Grabmal gesetzt.

Theodor wurde im Jahre 1561 am vierundzwanzigsten Mai in Segeberg geboren und verstarb in Lübeck im Jahre 1572 am siebenundzwanzigsten Juni.

Der Vater am Grab des Sohnes

Nimm dir, mein Sohn, diese Andenken meines Schmerzes und zugleich diese Tränen, die letzten Geschenke deines Vaters: Du hättest wieder ein Musterbild der Tüchtigkeit deines Großvaters abgeben und das Geschlecht der Rantzaus zieren können, du solltest deiner lieben Mutter Frieden bringen und für deinen Vater im Alter eines Tages ein süßer Trost sein.

Doch du, Theodor, liegst im Grab, und die Beerdigung, die auszurichten du mir geschuldet hättest, verlangst du jetzt zu Recht für dich. Mir, deinem Vater, hinterlässt du nur sehn-

Bissena (heu) primus genialis pignora lecti
  imminuis: vivant turba relicta, precor.
Una tamen spes est, quod Christi morte resurges,
  non expectata qui modo morte iaces. *[p 5]*
[p. 209] Ergo vale, fili: nos lux aeterna piorum   *15*
  coniungat rursus perpetuoque beet.

Filius ad patrem.

Desine, chare pater, mea funera plangere fletu
  et lacrymas tandem comprime, chare pater.
Nam quos disiunxit fragili mors pallida mundo,
  nos iterum iunget vita beata polo.

Distichon continens annum obitus.

HIC De Rantzoa est TheoDorVs stIrpe,[42] LVbeCae
  ContegIt ossa LapIs, spIrItVs astra CoLIt."[43]

Finis.

süchtige Trauer: Du hättest doch hinter mir zu dem geweihten Grabmal gehen müssen! Als Erster verringerst du, ach, die Zahl der zwölf Pfänder meines Ehebetts: Möge, darum bete ich, die noch übrige Schar am Leben bleiben! Dennoch besteht eine einzige Hoffnung: Dass du durch Christi Tod wieder auferstehen wirst, der du jetzt durch einen unerwarteten Tod im Grab liegst. Lebe also wohl, mein Sohn: Möge uns das ewige Licht der Gottesfürchtigen wieder vereinen und in Ewigkeit selig machen.

Der Sohn an den Vater

Hör auf, lieber Vater, meinen Tod klagend zu beweinen, und unterdrücke endlich die Tränen, lieber Vater. Denn uns, die der bleiche Tod auf dieser vergänglichen Welt getrennt hat, wird ein Leben in Seligkeit im Himmel wieder vereinen.

Ein Distichon mit dem Todesjahr

Hier ist Theodor vom Stamme Rantzau. Seine Gebeine deckt in Lübeck ein Stein, der Geist lebt unter den Sternen."

Ende

---

42 De […] stIrpe *correxi computandi causa*, de […] stirpe *Iobinus*.
43 i. e. IC + D + D + V + I + LV + C + C + I + L + I + I + I + V + C + LI = 1572.

Anmerkungen

BD 1, 1   *Patientia vincimus:* Motto der Druckermarke „Patientia" nach Sebaldus Beham (1540): Eine geflügelte Frau (Patientia) wird auf einem Säulenstumpf sitzend von zwei fliegenden Putten mit Lorbeer gekrönt. Sie hält schützend ein Lamm umfangen, während von hinten ein Teufel ihre Aufmerksamkeit auf sich zu ziehen sucht (zu Samuel König s. Heitz–Bernoulli XXXVII Nr. 45; 106f).
Sapientia constans: Motto der Druckermarke „Kaiserbüste" (im Profil von links; zu Bernhard Jobin s. Benzing 449, Heitz–Barack XXV; Tafel XXXVII [hier: Nr. 1] – XL).

BD 1, 3   *septem [...] sub axe Trionum:* „unter dem Siebengestirn", d. h. dem Großen Bären. Das Sternbild markiert im Lateinischen die Himmelsrichtung Norden.

BD 1, 7   *Ex quo et historiae appellatio nomen accepit:* von gr. ἱστορέω (untersuchen, beobachten).

BD 1, 9f   *omne scriptionis suae telum ad unicum eum scopum intendunt et dirigunt:* wörtl. „Sie richteten das ganze Geschoss ihres Schreibens auf das eine Ziel, [...]".

Erstes Buch

BD 1 p. 8   *a Gomero nepote Nohae:* zu der auf Ps.-Berosus Chaldaeus gestützten Genealogie der Germanen s. Mundt 144.

BD 1 p. 10   *oceanus orientalis:* „Westsee" (dän. Vesterhavet), die Nordsee.

BD 1 p. 11   *Fimbria:* Fehmarn.

BD 1 p. 12   *ad Bosphorum Maeotidi paludi proximum:* die Straße von Kertsch.
Sabellicus: Marcantonio Coccio (1436–1506).

BD 1 p. 15   *a conditi mundi exordio:* nach der in der Nacht vom 22. auf den 23. Okt. 4000 (4004) v. Chr. als dem genauen Zeitpunkt der Schöpfung errechneten Weltära; s. Dutripon VIII–XII.

Artaxerxes Longimanus: Artaxerxes I. Μακρόχειρ, Großkönig 464–424 v. Chr.
Harcinia: eigtl. *Hercynia,* das Waldland längs der Donau.
Noricum: der Alpenraum östlich des Inns.

BD 1 p. 16   *is hoc ipsis negavit:* 109 v. Chr.; tatsächlich erfolgte der Sieg über Silanus erst, nachdem das Siedlungsgesuch zurückgewiesen worden war (Cüppers).

BD 1 p. 17   *anno sexcentesimo quadragesimo post urbem conditam:* 114 v. Chr.
anno ab urbe condita nono et quadragesimo post sexcentos: 105 v. Chr. Scaurus fiel als römischer Heerführer den Kimbern bei der Schlacht an der Rhone in die Hände, während Caepio und Cn. Mallius (nicht C. Manlius) im selben Jahr bei Arausio scheiterten (Cüppers).
ad scalas Gemonias: s. R. Groß: Gemoniae scalae. Kl. Pauly 3. München 1975, 736.

BD 1 p. 20   *tertius urbis Romae conditor:* nach Romulus und Camillus.
a Caecilio Metello et Papyrio Carbone consulibus ad alterum usque Traiani imperatoris consulatum: 113 v. Chr. – 98 n. Chr.

BD 1 p. 24   *quos [...] auratos vocamus:* den Kandidaten des Ritterordens vom Heiligen Grabe wurden während des Zeremoniells für den Ritterschlag in der Grabeskirche in Jerusalem goldene Sporen angeschnallt, „ein Brauch, der Anlaß bot, einen Ritter des Hl. Grabes auch goldenen oder gegüldeten Ritter (eques auratus) zu benennen" (Cramer 24f).
cum [...] praelio Helvetios [...] non procul Insubria fudisset: die Schlacht von Marignan‹o›/Melegnano (13.IX.1515).
de manu Baiardi impigri ducis: Pierre du Terail, Seigneur du Bayard (1475–1524), der „Ritter ohne Furcht und Tadel".

BD 1 pp. 24f   *equestris dignitatis ornamenta adhibitis de more ceremoniis accepit:* vgl. das Deckengemälde von Fragonard im Louvresaal.

BD 1 p. 29   *precaria*: s. W. Rösener: „Leihe" LdMA 5. München–Zürich 1991, 1856f.

BD 1 p. 30   *allodialia*: s. K. H. Burmeister: „Allod". LdMA 1. München–Zürich 1980, 440f.

BD 1 p. 33   *ad meridiem [...], ad Aquilonem*: hier liegt offenbar eine Verwechslung von Ost- und Nordgrenze vor.

BD 1 p. 37   *in proximam aedem sacram fuga delati [...] sese defendere conati sunt*: die Schlacht von Oldenwöhrden (1322).

BD 1 p. 40   *Proferebant enim [...] tabellas sive literas publicas*: zur Echtheitskritik s. Neoc. 1 p. 382; die dortige Stellenangabe *(Cilicius [...] lib. 1 [...] fol. 40)* belegt, dass Neocorus mit der Ausgabe des Iobinus gearbeitet hat (falsch D. Lohmeier: Neocorus, Johannes. Schleswig-Holsteinisches Biographisches Lexikon 5. Neumünster 1979, 171f: „Heinrich Rantzaus *Belli dithmarsici descriptio* [1570] versah er denn auch in seinem Handexemplar [...] mit [...] Anmerkungen").

BD 1 p. 42   *caedemque faciunt*: Rantzau lehnt seine Darstellung der Schlacht in der Süderhamme eng an die Beschreibung an, die Livius vom Untergang der gens Fabia an der Cremera liefert (Liv. 2, 50). Auch das literarische Vorbild unterstützt seine These von der charakteristischen Verschlagenheit der Dithmarscher *(consilium ex re natum insidiis [...] hostem captandi*: Liv. 2, 50, 3).

Zweites Buch

BD 2 p. 59   *conventus in oppido Chilonio*: der Kieler Umschlag.

BD 2 p. 60   *Philippus Grubenhagius*: Herzog Philipp von Braunschweig-Lüneburg-Grubenhagen.

quae penes eum potestas est: d. h. kraft seiner Amtsgewalt als Kreisoberster.

BD 2 p. 66   *cancellarius regis*: deutscher Kanzler (Vorsteher der deutschen Kanzlei bei Hofe).

BD 2 p. 74   *legatus*: Eine Anspielung auf die Legaten, die in der römischen Armee den Imperator vertraten; der Stellvertreter des Kommandeurs heißt bei [H. Rantz.] und Neoc. sonst stets „Leutnant" *(Lutenant)*.

BD 2 p. 84   *Georgius Rautenus*: zur Wiedergabe von Namen s. Bertheau 257 Anm. 2.

BD 2 p. 86   *quin ipsas aedes sacras caede nefarie inibi perpetrata funestarent*: es geht um den Mord an Wiben Peter auf Helgoland.

BD 2 p. 93   *terra campestris, terra palustris*: Geest und Marsch.

BD 2 p. 95   *Bartoldus Petri*: ein Bruder von Wiben und Hans Peter.

BD 2 p. 95⟨2⟩   *horam circiter sextam*: eine Formulierung, die in antikem Latein die Mittagsstunde bezeichnet; hier „gegen 18 Uhr" *(tho 6 Schlegen* Neoc. 2 p. 189).

BD 2 p. 127   *oculis in regem versis collimans*: beim Zielen.

BD 2 p. 128   *sacrorum mistae*: Geistliche.

BD 2 p. 133   *pensiones*: die Landfolge, eine im Kriegsfall erhobene Sonderabgabe.

BD 2 p. 134   *de via expedita pacis monstranda*: d. h. sie umzubringen.

BD 2 p. 144   *quod confluxissent dilaberenturque*: für Anritt und Abzug (vgl. [H. Rantz.] 196).

Appendix Ranzoviana

BD app. p. 151   *ut multarum gentium mores tractandique belli rationes acutissime perspiceres*: die *a. l.* zitierte lateinische Homerübersetzung gibt νόον wie der Text des Elogiums mit *mores* wieder. Der Verfasser ersetzt hier die religiöse Motivation der Pilgerfahrt, die für einen Protestanten theologisch unsinnig wäre (vgl. Hale 199f), durch den impliziten Vergleich mit dem brillanten Feldherrn Odysseus.

testantibus id annalibus vestris: Da die Holsteiner hier in der 2. Ps. angeredet werden, der Sprecher sich selbst also nicht dazuzählt, ist es unwahrscheinlich, dass das Elogium von Heinrich Rantzau verfasst wurde; vgl. *p. 162 vestrorum ducum, p. 164 cum equitibus vestris, p. 166 ex provinciis vestris*.

BD app. p. 151   s. *susceptaque nobili peregrinatione [eqs.]*: zur Ritterreise, ihren Stationen und den damit verbundenen Gefahren s. Cramer 22f.

BD app. p. 152   *mortuo Campsone et interfecto Tomombeio*: 1517.

BD app. p. 157   *Dam*: welcher Ort genau gemeint ist, ist unklar; vielleicht Veendam.

BD app. p. 161   *Consalvus Magnus:* Karl III. von Bourbon, Connétable von Frankreich, der 1527 bei der Belagerung Roms fiel.

BD app. p. 165   *verosque:* „wahr" im Sinne von „nicht nur dem Namen nach"; denn nach dänisch-holsteinischem Standpunkt gehörte Dithmarschen schon seit der Herrschaft Christians I. zum Herzogtum Holstein (vgl. *BD* 1 *p.* 46).

BD app. p. 166   *te iam fortunatum senem appellare non vereor:* eine Anspielung auf den Lyderkönig Krösus, der sich Solon gegenüber verfrüht für glücklich gehalten hatte (Hdt. 1, 30–3).

BD app. p. 170   *Saguntina (ut aiunt) fames:* eine Anspielung auf die Eroberung Sagunts durch Hannibal (219 v. Chr.).

BD app. p. 176   *spes et fortuna, valete:* zu Variationen dieser beliebten Wendung s. *Musa lapidaria. A Selection of Latin Verse Inscriptions.* Hrsg. und komm. von E. Courtney (American Classical Studies 36). Atlanta 1995. zu *c.* 70, 13f.

BD app. p. 177   *De obitu:* eine Epode nach dem Vorbild von Hor. *epod.* 14 und 15 (daktylischer Hexameter im Wechsel mit jambischem Dimeter).

BD app. p. 178   *Mea pignora cara, valete:* eine Variante der zu *p.* 176 angeführten Verse. Rantzau hat offenbar den Zusammenhang mit AL 667, dem sogenannten *Epitaphium Senecae* („Grabinschrift Senecas"), gesehen:
Cura, labor, meritum, sumpti pro munere honores,
ite, alias posthac sollicitate animas!
Me procul a vobis deus evocat. ilicet actis
rebus terrenis, hospita terra, vale.
Corpus, avara, tamen sollemnibus accipe saxis:
namque animam caelo reddimus, ossa tibi.

BD app. p. 179   *militis aurati nomen:* gemeint ist *eques auratus,* eine Bezeichnung der Ritter vom Hl. Grabe (vgl. o. zu *BD* 1 *p.* 24).

BD app. p. 180   *Achates:* der treue Freund des Aeneas bei Vergil.

BD app. p. 181   *LaVDIs VIX poLVs Ipse CapaX/*[…] *Solymas* […] *qui venit in oras:* Rantzau erscheint hier als jemand, der die Eigenschaften des Odysseus und des Aeneas übertrifft: Sein Ruhm ist fast größer als der Himmel,

und er reist schon als bartloser Jüngling in das Gelobte Land. In *v.* 7 sehen sich auch Nestor und Achill von ihm in den Schatten gestellt.

nigri qui bovis ora gerit: als Herzog von Mecklenburg auf seinem Wappen.

BD app. p. 185   *Anglicum filum:* was sich Kellinghausen darunter genau vorstellt, ist unklar; vielleicht eine Art Watte.

BD app. p. 186   *pridie Calendas Martias:* 28. Februar 1567.

ad obsidionem arcis Gothae: zu diesem Krieg s. E. Wülcker: Johann Friedrich Herzog zu Sachsen (Allgemeine Deutsche Biographie 14). Berlin 1969 (München 1881), 341f.

Nicolaus Vinterbergius: Ansonsten unbekannt; sicherlich ein naher Verwandter (Vater oder Großvater?) des Holsteiner Gelehrten Nikolas (Nicolaus) Winterberg d. Ä., der frühestens 1640 starb (Jöcher 4, 2016).

BD app. p. 189   *verbi divini mystae et interpretes:* die Pfarrer.

BD app. p. 189   *candido omnes amictu (ut eius sectae mos et instituta ferunt):* Zisterzienserinnen; s. Brandt (1957) 83 mit Verweisen auf weiterführende Literatur.

BD app. p. 192   *Iohannes Vorstius:* Johannes Vorstius, geb. 1529 (Antwerpen), verst. 1599 (Itzehoe), seit 1560 Pastor und Superintendent aller Kirchen in Holstein kgl. dänischen Anteils. Vater von Martin Vorstius (Pastor in Wesselburen und Propst von Norderdithmarschen; s. Neoc. 2, 509) und Großvater von Johannes Vorstius, dem Präfekten der Bibliothek des Kurfürsten zu Brandenburg und Rektor des Joachimischen Gymnasiums (geb. 1623 in Wesselburen, verst. 1676 in Berlin) (Zedler 50, 1310f).

tribus fere ulnis […] *altius:* „höher als drei Ellen", d. h. mindestens ca. 1,70 m.

BD app. p. 195   *vitae stamina pulla meae:* eine Art Hysteron Proteron; *pullus* ist die Farbe von Trauerkleidung. Hier nimmt der Lebensfaden diese Farbe an, weil er durchtrennt worden ist.

BD app. p. 203   *anno 1533 octava Martii:* der Übergang von der Nennung des Tagesheiligen zur Tageszählung ist eine Konsequenz der Reformation.

Literaturverzeichnis

Ausgaben und Übersetzungen

[Augenzeuge]   Michelsen, A. L. J. (Hrsg.): Bericht eines Augenzeugen über die Eroberung Dithmarschen's (Archiv für Staats- und Kirchengeschichte der Herzogthümer Schleswig, Holstein, Lauenburg und der angrenzenden Länder und Städte 3). 1837, 340–370.

Bartsch   Koch, Robert A. (Hrsg.): The Illustrated Bartsch 15. Formerly Volume 8 (Part 2). Early German Masters. Barthel.

Beham   Hans Sebald Beham. New York 1978.

Beat. Rhen.   Beati Rhenani Selestadiensis rerum Germanicarum libri tres, quibus nunc denuo diligenter revisis et emendatis praemissa est vita ipsius Beati Rhenani a Ioanne Sturmio eleganter conscripta. Accedit hac editione eiusdem Beati Rhenani et Iodoci Willichii in librum Cornelii Taciti de moribus Germanorum commentaria, Bilibaldi Pirckheimeri descriptio Germaniae, Gerardi Noviomagi inferioris Germaniae historia, Conradi Celtis de situ et moribus Germaniae ac Hercinia sylva additions. Straßburg 1610.

Celt. *Germ.*   Conrad Celtis: De situ et moribus Germaniae; s. Beat. Rhen.

CCD   Cimbricae chersonesi [...] descriptio nova e penu lucubrationum Henrici Ranzovii producis Cimbrici deprompta et conscripta. Hrsg. und übers. von Hans Braunschweig. In: Heinrich Rantzau (1526–1598) – Statthalter in Schleswig und Holstein. Ein Humanist beschreibt sein Land. Katalog zur Ausstellung im Landesarchiv Schleswig-Holstein (Veröffentlichungen des Schleswig-Holsteinischen Landesarchivs 64). Husum 1999, 95–161.

Heitz–Barack   Heitz, Paul (Hrsg.): Elsässische Büchermarken bis Anfang des 18. Jahrhunderts. Mit Vorbemerkungen und Nachrichten über die Drucker von Karl August Barack. Naarden 1984 (Straßburg 1892).

Heitz–Bernoulli   Heitz, Paul (Hrsg.): Basler Büchermarken bis zum Anfang des 17. Jahrhunderts. Mit Vorbemerkungen und Nachrichten über die Basler Drucker von Carl Christoph Bernoulli. Naarden 1984 (Straßburg 1895).

Höhnk   Rantzau, Heinrich: Geschichte des Dithmarscher Krieges. Frei aus dem Lateinischen übertragen von Helene Höhnk. Heide 1914.

Iobinus   Cilicius, Christianus: Belli Dithmarsici [...] vera descriptio. Duobus libris comprehensa. Denuo nunc et de integro recognita auctaque, Argentorati per Bernhardum Iobinum. 1574.

Krantz *Sax.*   Krantz, Albert: Saxonia. Hrsg. von Johannes Heil. Köln 1520.

Neoc.   Johann Adolfis, genannt Neocorus, Chronik des Landes Dithmarschen. Aus der Urschrift hrsg. von Friedrich Christoph Dahlmann. 2 Bde. Leer 1978 (Kiel 1827).

Mundt   Bocer, Johannes: Sämtliche Eklogen. Mit einer Einführung hrsg., übers. und komm. von Lothar Mundt. Tübingen 1999.

Osius   Osius, Hieronymus: Historia belli Ditmarsici. Regis Friderici coronatio. In: Schardius redivivus (s. Schardius) 3, 46–72 (1. Aufl. Wittenberg [1560]).

Pirckh.   Pirckheimer, Willibald; s. Beat. Rhen.

[H. Rantz.]   [Rantzau, Heinrich:] Wahrhafftige unnd kurtze Verzeychniß des Krieges/in welchem König Friderich zu Dänemarck [...]/und ihrer Kön. Maj. Vettern/Johann unnd Adolff/gebrüder/alle Hertzogen zu Sleßwick/Holsteyn/[...] im Maien und Brachmonat des 1559. jars wider die Dietmarsen geführt (Dithmarschen 16). 1939, 151–199 (Straßburg 1569).

Regius   Cilicius, Christianus: Belli Dithmarsici [...] vera descriptio. Duobus libris comprehensa, Basileae per Samuelem Regium. 1570.

Reuch. *verb. mir.*   Reuchlin, Johannes: Sämtliche Werke. Hrsg. von Widu-Wolfgang Ehlers, Hans-Gert Roloff und Peter Schäfer. Bd. I, 1: De verbo mirifico. Hrsg. von Widu-Wolfgang Ehlers, Lothar Mundt, Hans-Gert Roloff und Peter Schäfer unter Mitwirkung von Benedikt Sommer (Berliner Ausgabe). Stuttgart–Bad Cannstatt 1996.

Schardius   Schardius redivivus sive Germanicarum rerum scriptores varii. Hrsg. von Hieronymus Thomas. Gießen 1673 (1. Aufl. Basel 1574).

Waitz   Waitz, G. (Hrsg.): Quellensammlung der Schleswig-Holstein-Lauenburgischen Gesellschaft für vaterländische Geschichte. Zweiter Band: Urkunden und andere Actenstücke zur Geschichte der Herzogthümer Schleswig und Holstein unter dem Oldenburgischen Hause. Erstes Heft. Kiel 1863.

Willich.   Willichius, Iodocus; s. Beat. Rhen.

Wimpf. *epith.*   Wimpfeling, Jakob: Epithoma rerum Germanicarum. In: Vita M. Catonis. Sextus Aurelius de vitis Caesarum. Benevenutus de eadem re. Philippi Beroaldi et Thomae Wolphii Iunioris disceptatio de nomine imperatorio. Epithoma rerum Germanicarum usque ad nostra tempora. Hrsg. von Thomas Wolphius Iunior. Argentinae 1505.

Wolff   Alberti Krantzii […] Chronica. […] Accessit supplementi cuiusdam instar Dithmarsici belli historia Christiano Cilicio Cimbro autore. […] Cum praefatione […] Ioannis Wolffii. Frankfurt/Main 1583.

Konkordanz

Dutripon   Dutripon, François Pascal: Vulgatae editionis bibliorum sacrorum concordantiae. Hildesheim–New York 1976 (8. Aufl. Paris 1880).

Literatur

Andermann   Andermann, Ulrich: Albert Krantz. Wissenschaft und Historiographie um 1500. Weimar 1999.

Benzing   Benzing, Josef: Die Buchdrucker des 16. und 17. Jahrhunderts im deutschen Sprachgebiet. 2. Aufl. Wiesbaden 1982.

Bertheau   Bertheau, Friedrich: Zur Kritik der Quellen der Unterwerfung Dithmarschens (ZSHG 17). 1887, 223–279.

Bolten   Bolten, Johann Adrian: Ditmarsische Geschichte. 4 Bde. Leer 1979 (Flensburg–Leipzig 1781–1788).

Brandt (1957)   Brandt, Otto: Geschichte Schleswig-Holsteins. Neu bearbeitet von Wilhelm Klüver. Mit Beiträgen von Herbert Jankuhn. 5. Aufl. Kiel 1957.

Brandt (1927)   Brandt, Otto: Heinrich Rantzau und seine Relationen an die dänischen Könige. Eine Studie zur Geschichte des 16. Jahrhunderts. München–Berlin 1927.

Colding   Colding, Poul: Studier i Danmarks politiske Historie i Slutningen af Christian III.s og Begyndelsen af Frederik II.s Tid. Diss. Kopenhagen 1939.

Cramer   Cramer, Valmar: Der Ritterorden vom Hl. Grabe von den Kreuzzügen bis zur Gegenwart. Ein geschichtlicher Abriß. Köln 1952.

Cüppers   Cüppers, Heinz: Cimbri (Kl. Pauly 1). München 1975, 1188f.

Hale   Hale, John: Die Kultur der Renaissance in Europa. Aus dem Englischen von Michael Schmidt. München 1994.

Hansen (1999)   Hansen, Reimer: Heinrich Rantzau und das Problem des europäischen Friedens in der zweiten Hälfte des 16. Jahrhunderts. In: Heinrich Rantzau (1526–1598) – Statthalter in Schleswig und Holstein. Ein Humanist beschreibt sein Land. Katalog zur Ausstellung im Landesarchiv Schleswig-Holstein (Veröffentlichungen des Schleswig-Holsteinischen Landesarchivs 64). Husum 1999, 31–42.

Jexlev   Jexlev, Thelma: Banner, Erik Eriksen (Dansk Biografisk Leksikon 1). Kopenhagen 3. Aufl. 1979, 434f.

Jöcher — Jöcher, Christian Gottlieb: Allgemeines Gelehrten-Lexikon. Leipzig 1751.

Jöcher–Adelung — Fortsetzung und Ergänzungen zu Christian Gottlieb Jöchers allgemeinem Gelehrten-Lexikon, angefangen von Johann Christoph Adelung und fortgesetzt von Heinrich Wilhelm Rotermund. Bremen 1816.

Kammenhuber — Kammenhuber, Annelies: Kimmerier (Kl. Pauly 3). München 1975, 210f.

Kern — Kern, Margit: Tugend versus Gnade. Protestantische Bildprogramme in Nürnberg, Pirna, Regensburg und Ulm (Berliner Schriften zur Kunst 16). Berlin 2002.

Lammers — Lammers, Walther: Die Schlacht bei Hemmingstedt. Freies Bauerntum und Fürstenmacht im Nordseeraum. Eine Studie zur Sozial-, Verfassungs- und Wehrgeschichte des Spätmittelalters. Heide 1953.

Lohmeier — Lohmeier, Dieter: Heinrich Rantzau. Humanismus und Renaissance in Schleswig-Holstein (Kleine Schleswig-Holstein-Bücher 50). Heide 2000.

Ludwig — Ludwig, Walther: Der Humanist Heinrich Rantzau und die deutschen Humanisten. In: Chloe. Beihefte zum Daphnis 32. Humanismus im Norden. Frühneuzeitliche Rezeption antiker Kultur und Literatur an Nord- und Ostsee. Hrsg. von Thomas Haye. Amsterdam 2000, 1–41.

Prange — Prange, Wolfgang: Eberhard von Holle (Schleswig-Holsteinisches Biographisches Lexikon 4). Neumünster 1976, 112–144.

Venge, „Clement" — Venge, Mikael: Clement (Skipper Clement) (Dansk Biografisk Leksikon 3). 3. Aufl. Kopenhagen 1979, 439f.

Venge, „Norby" — Venge, Mikael: Norby, Søren (Dansk Biografisk Leksikon 10). 3. Aufl. Kopenhagen 1982, 544f.

Venge, „Rantzau" — Venge, Mikael: Rantzau, Johann (Schleswig-Holsteinisches Biographisches Lexikon 5). Neumünster 1979, 217–225.

Venge, „Stigsen" — Venge, Mikael: Stigsen, Otte (Dansk Biografisk Leksikon 14). 3. Aufl. Kopenhagen 1983, 116f.

Wetzel — Wetzel, August: Zu Cilicius Cimber (ZSHG 10). 1881, 199–208.

Will — Will, Günter: Das Ende der Dithmarscher Freiheit. Eine politisch-militärische Studie zur Mitte des 16. Jahrhunderts. Diss. Hamburg 1952.

Witt (1969) — Witt, Reimer: Die Dithmarscher Kapitulationsakte vom Jahre 1559 und ihre Bewertung in der Regionalforschung der letzten 200 Jahre (Dithmarschen). 1969, 53–73.

Witt (1996) — Witt, Reimer: Dithmarschens letzte Fehde 1559 – die Vorgeschichte einer Kapitulationsurkunde (Dithmarschen). 1996, 53–64.

Namens- und Ortsindex

Alle Angaben nach der Seitenzählung der Straßburger Ausgabe von 1574 (Iobinus). Angaben in eckigen Klammern beziehen sich auf die Widmungs- und Begleitbriefe vor dem ersten Buch. Gedichtstellen werden unter einer Abkürzung des lateinischen Titels mit Angabe der Seiten- und Verszahl zitiert.

Achates *epitaph.* 180.30

Achilles *epitaph.* 181.7., 182.25

(die) Achtundvierzig (*quadragintaoctoviri*) 87, 90, 130

Adolf (Graf von Oldenburg) (*Adolphus*) 51

Adolf (Herzog von Holstein) [13], *pp.* 53, 55–57, 59, 60, 63–65, 67, 69, 71, 72, 74, 79, 82, 92, 95, 98⟨2⟩, 115, 117, 125, 126, 130, 131, 140, 162, 165, 172, 174, 186, 190, 191, 204–207

Adolf der Letzte (Herzog von Holstein) 32, 45, 46

Adolf II. (Graf von Holstein) 31

Adolf III. (Graf von Holstein) 35

Adolf IV. (Graf von Holstein) 35

Aduatiker (*Aduatici*) 22

Afrika (*Lybia*) 18

Agamemnon *epitaph.* 181.7

Ahlefeldt (*ab Alevelde*):
- Benedikt (*Benedictus*) 75, 92
- Bertram (*Bertramus*) 75, 126, 127
- Burkhart (*Borchardus*) 126
- Gregor (*Gregorius*) 92, 126

Albersdorf (*Alverstorp*) 91, 94⟨2⟩, 111

Albert (Graf von Holstein) (*Albertus*) 38, 39, 41

Ålborg (*Alborch, Alburgum*) 156, 169, *epitaph.* 180.17, *epitaph.* 182.36

Albrecht (Herzog von Mecklenburg) (*Albertus*) 155, 169, *epitaph.* 181.12

Alpen (*Alpes*) 16, 17, 19

Alsen (*Alsia*) 10

Alyattes (*Aliates*) 12

Ambronen (*Ambrones*) 16, 18, 19

Ammerswurth (*Amesphurtum*) 100

Angeln (Landschaft) (*Anglia*) 9

Angeln (Volk) 9

Annonius Benedictinus 10

Antenor II. 14, 15

Antwerpen (*Antverpia*) 159

Apollo (*Delphicus*) [8], *p.* 17

Aquae Sextiae 18

Artaxerxes I. 15

Aschkenas (*Ascan*) 14

Asowsches Meer (*Maeotis palus*) 12, 21

Assens (*Assensen*) (*Assenium*) 157, 170

Atrides s. Agamemnon

Augsburg (*Augusta Vindelicorum*) 5

Augustus 21

August von Sachsen (Kurfürst) 66

Aurelius Scaurus 16

Banner s. Eriksen

Barner, Johann (*Iohannes Barnerus*) 70, 77

Bayard (Pierre du Terail) (*Baiardus*) 24

Barby, Andreas (*Barbey*) 66, 68, 70, 124, 163

Beda Venerabilis 9f

Belgien (*Belgicum*) 31

Belisar (*Bellisarius*) 161

Bille (*Bilena*) 10

Bissee (*lacus Bissenus*) 173

Blanckenburg (*Blanchenburgi, Blancenburgii*):
- Jakob (*Iacobus*) 75, 114
- Joachim (*Ioachimus*) 61, 91, 93, 92⟨2⟩, 101, 105, 106, 110, 111, 113, 115, 117, 123

Blomen, Ida s. Rantzau

Bockhorst 207

Bockwolden, Oligard (*Oligarda*) s. Rantzau

Bökelnburg (*Bocelenburgum*) 34, 106

Bojer (*Boii*) 15

Bolus 16

Bordesholm (*Bordesholmium*) 69

Bornhöved (*Bornhovede*) 35, 36

Borstel 202

Bosporus (Kimmerischer) 12

Bothkamp (Schloss) (*praedium Bothcampianum*) 65, 166, 173

Brabant (*Brabantia*) 31, 159

Brandenburg (Kurfürst: *elector Brandeburgensis*) 152

Braunschweig (Herzogtum) (*ducatus Brunsvicensis*) 32

Braunschweig (Stadt) (*Brunsvigium*) 60

Breitenburg (Schloss) (*Bredenburg, -berga*) 166, 173, 185, 186, 198, 199

Bremen (*Brema*, Einwohner: *Bremenses*) 34, 46, 55, 88, 146, 200

Britannien s. Großbritannien

Briten (*Britanni*) *epitaph.* 196.29

Brockdorff, Joachim (*Ioachimus Brochtorpius*) 85, 95f

Brunsbüttel (*Brunsbuttelium*) 101, 104, 105

Buchwald, Jasper (*Gaspar Bocvoldius*) 74

Bülow, Franz von (*Franciscus Bulovius*) 70, 73, 93⟨2⟩, 126, 134

Büren, Maximilian von (*Maximilianus Burenus*) 159

Büsum (*Buesen*) 10

Buxtehude 200

Caecilius Metellus 20

Cambra 15
Cäsar (*C. Iulius Caesar*) [8], *pp.* 4, 22, 28
Catulus, Q. 19
Cherubi 204
Christian I. von Dänemark (*Christianus*) 32, 46
Christian II. von Dänemark (*Christiernus*) 3, 153, 154, 168, 171, *tumul.* 175.5, *tumul.* 177.5, *epitaph.* 181.9
Christian III. von Dänemark 2, 5, 27, 55, 56, 59, 76, 91⟨2⟩, 152, 155, 156, 158, 160–162, 166, 168, 169, 171, 174, *epitaph.* 180.18, *epitaph.* 181.5, 204, 205
Christus 175, *tumul.* 176.36, *tumul.* 178.35.36, *epitaph.* 181.36, *tumul.* 208.13
Coccio, Marcantonio s. Sabellicus
Krempermarsch (Einwohner: *Crempermarsi*) 76

Daker (*Daci*) 14
Dam 91⟨2⟩, 157
Dänemark (*Dania*) [7], [11], [13], *pp.* 1, 2, 3, 4, 10, 32, 35, 45, 70, 74, 76, 84, 91⟨2⟩, 143, 153, 168, 169, 171, *tumul.* 175.9, *tumul.* 178.9, *epitaph.* 180.13, 191, *epitaph.* 197.41, 198, 199, 205, 206
Dänen (*Dani*) *lect.* [3].13, *pp.* 1, 4, 10f, 14, 21, 31, 36, 45, 51, 62, 92, 116, 127, 153, 169, *tumul.* 177.4, *epitaph.* 182.46, 200
Danewerk 10
Dedo (Graf) 34
Dellbrück (*Delffbrugga*) 40, 43
Deutschland (*Germania*) 6, 7, 8, 16, 21, 46, 60, 89, 152, 159, 185
Deutsche, deutsch (germanisch) (*Germani, Germanicus*) 14, 23, 28, 95, 168, 170, 204
Dithmarschen (*Dithmarsia*) [7], *passim*
Dithmarscher (*Dithmarsi*) *lect.* [3].20, *passim*
Dohna (Freiherr) (*a Donou*) 126
Don (*Tanais*) 12
Donau (*Danubius*) 15

Drakenburg (von D.: *Dracenburgensis*) 75
Dusenddüwelswarft (*cacodaemonis iactus*) 50f

Eburonen (*Eburones*) 22
Edler der Weiße (Graf) (*Etelerus Albus*) 34
Eider (*Eidora*) 10, 11, 33, 44, 76, 91⟨2⟩
Eiderstedt (von E.: *Eiderstadensis*) 44, 76, 137
Elbe (*Albis*) 9, 10, 33, 76, 78, 96, 101, 104, 107, 127, 164
Eleonora von Frankreich 5
England (*Anglia, Anglicus*) 5, 151, 167, 185
Erich (Herzog von Sachsen) (*Ericus*) 38
Eriksen, Erik (*Ericus Ericksen*) 156
Ersam, Sebastian (*Sebastianus Ersamenus*) 94⟨2⟩, 95⟨2⟩
Etsch (*Athesis*) 19, 21
Europa 1, 4, 7, 11
Eutin (*Oetinum*) 156, 169, *tumul.* 178.12, *epitaph.* 182.29

Fehmarn (*Fimbria*) 10, 11
Fama, *obit.* 177.9.13
Ferdinand (Kaiser) 4, 5, 145
Flandern (*Flandria*) 31
Florenz (von F.: *Florentinus*) 154
Florus 18
Fortuna 163
Frankreich (*Gallia*) 4, 5, 16, 18, 22, 77, 95, 152, 158, 159
Franz I. von Frankreich (*Franciscus*) 24
Friedrich I. von Dänemark (*Fridericus*) 3, 50, 65, 132, 144, 152–155, 161, 166, 168, 174, *epitaph.* 180.13, *epitaph.* 181.5, 203, 205
Friedrich II. von Dänemark 61, 63, 65, 66, 69, 70, 74, 80, 82–84, 98⟨2⟩, 106, 111, 115, 118, 123, 124, 126, 127, 129, 135, 161–163, 165, 166, 171, 174, *epitaph.* 181.5, 190, 191, 205–207

Friedrich III. (Kaiser) 46, 56
Friedrich von der Pfalz (*elector Palatini*) 4
Friese, Andreas (*Frisius*) 116
Friesen (*Phrisii*) 44, 45, 48, 76, 137, 138
Friesland (*Phrisia*) 91⟨2⟩
Fünen (*Fionia*) 77, 83, 157, 170, *tumul.* 178.12, *epitaph.* 180.19

Gallien s. Frankreich
Gallier (*Galli*) 4
Geldern (*Geldria*) (Einwohner: *Geldrenses*) 14, 158
Gemonische Treppe (*scalae Gemoniae*) 17
Gerhard (Graf von Holstein) 36–38, 40
Gerhard (Herzog von Schleswig) 39, 41f, 94
Germanen s. Deutsche
Germanicus 8
Germanien s. Deutschland
Geten (*Getae*) 14
Gradivus s. Mars
Grazien (*Charites*) *quer.* 179.10
Griechenland (*Graecia*) 21
Grubenhagen, Philipp (*Philippus Grubenhagius*) 60
Gomer 8, 11, 12, 14, 25
Goten (*Gothi*) 13, 14, 151, 153, 158
Gotha 186, 191, 207
Gottfried von Dänemark (*Godefridus*) 11
Gottorf (*Gottorpium*) [13], *pp.* 11, 83, 84
Groninger Land (*terra Groningensis*) 157
Großbritannien (*maior Britannia*) 10

Hadeler Land (Einwohner: *Hadelerienses*) 200
Hamburg (*Hamburgum*, von H.: *Hamburgensis*) 10, 64, 68, 184, 200, 202
Hamme (*Hamma*) 93, 94, 96, 92⟨2⟩, 94⟨2⟩, 101, 103, 125
Hanerau (*Hannerov*) 41, 204, 207
Hannibal 161

Hartwig (Bischof von Bremen) (*Hartvicus*) 35
Hartwig (Graf) 34
Haseldorfermarscher (*Haseldorpermarsi*) 9
Heide (*Heida*) 87, 113, 114, 121, 124, 128, 139, 143, 164
Hl. Röm. Reich s. Deutschland
Heinrich der Löwe (*Henricus Leo*) 34
Heinrich der Vogeler (*Auceps*) 31
Heinrich (Graf von Holstein) 36
Heinrich (Herzog von Braunschweig) 60
Heinrich von Mecklenburg 38
Heinrich II. von Frankreich 4
Heinrich III. (Kaiser) 34
Helgoland (*Sacra Terra*) 86
Hemmingstedt (*Hemmingstadium*) 50, 110, 112, 121
Helvetien s. Schweiz
Herkynien (*Harcinia*) 15
Hermann Billung (*Hermannus Billingius*) 32
Herodot (*Herodotus*) 12
Hesekiel (*Ezechiel*) 12
Hohenaspe (*Hogaspa*) 94⟨2⟩
Hohenwestedt (*Hohenvestede*) 84
Holle (*ab Holle*):
 – Asche (*Ascanius*) 75, 114
 – Dietrich (*Theodoricus*) 91, 93⟨2⟩, 95⟨2⟩, 96⟨2⟩, 121
 – Eberhard (*Eberhardus*) 186f, 190
 – Georg (*Georgius*) 55
Hollingstedt (*Hollingstadium*) 11
Holstein (*Holsatia*) [7], [11], [13], *pp.* 1, 8–11, 23, 29, 32, 35–38, 42f, 46, 50, 51, 56, 59, 60, 62, 63, 67, 71, 76, 78, 79, 101, 102, 104, 107, 128, 133, 141, 142–144, 152, 164, 167, 172, *obit.* 177.3, *epitaph.* 181.1, 182.46, 186, 190, 198, 207
Holsteiner (*Holsati*) 1, 8, 9, 35, 40, 41, 43, 44, 48, 62, 73, 75, 85, 95, 96, 93⟨2⟩, 94⟨2⟩, 112, 147, 150, 151, 167, 174, *epitaph.* 182.33, 198, 207

Holtenklinke 207
Hoya, Johann von (Graf) (*Hoie*) 157, 170

Ida (Gräfin) 34
Illyrikum (*Illyricum*) 16
Innozenz IV. (Papst) (*Innocentius*) 200
Italien (*Italia, Italicus*) 16–20, 22, 23, 30, 61, 76, 82, 83, 152, 158, 167, 173
Italer (*Itali*) *epitaph.* 196.31
Itzehoe (*Itzohoa*) [12], *pp.* 90, 102, 121, 135, 183, 185, 199, 207
Iunius Silanus, M. (*Sylvanus*) 16

Jafet 11
Jahrscher Balken (*annua trabes*) 27
Jerusalem (*Hierosolyma, Solymae*) 152, 167, *epitaph.* 180.10, *epitaph.* 181.3, *epitaph.* 196.33
Johann (Herzog von Holstein) (*Iohannes*) 56, 61, 65, 69, 71, 72, 74, 82, 106, 115, 140, 172, 174, 190, 205
Johann d. J. (Herzog von Holstein) 190
Johannes von Dänemark 46–50, 110, 132, 143
Johannes (Graf von Holstein) 37
Johannes (Graf von Wagrien) 36
Jugurtha 18
Jülich (*Iuliacum*) (von J.: *Iuliacensis*) 158
Jüten (*Iutae*) 169
Jütland (*Gothia, Iutia, Iutlandia*) 10, 21, 31, 77, 83, 156, *epitaph.* 180.16
Kansu al-Gauri (*Campso*) 152
Karl der Große (*Carolus Magnus*) 11, 31
Karl III. von Bourbon (der Große Connétable) (*Consalvus Magnus*) 161
Karl V. (Kaiser) 4, 5, 54–56, 61, 69, 76, 91⟨2⟩, 152, 154, 158, 160, 171, 204
Kassander I. (*Cassander*) 16
Kellinghausen, Christoph (*Christophorus Kellinghausen*) 184
Keltiberer (*Celtiberi*) 16

Kiel (*Chilonium*) 36, 59
Kimmerier (Volk, Berg und Stadt) (*Cimmerii*) 12, 14
Kleinasien (*Asia minor*) 11, 12, 152, 167, *epitaph.* 196.32
Kleinzimbrien s. Fehmarn
Klekamp (*Clekamp*) 204
Kolding (*Coldinga*) 83
Kolding, Klaus von (*Nicolaus Coldingensis*) 129
Kopenhagen (*Hafnia*) 153, 157, 158, 168, 169, 170, *tumul.* 175.10, *epitaph.* 180.21, *epitaph.* 181.15.16, *epitaph.* 197.47.48
Krantz, Albert (*Albertus Cranzius*) 13
Krempermarscher (*Crempermarsi*) 9, 137, 138
Kreta (*Creta*) 152, 167
Kreter (*Cretes*) *epitaph.* 196.31
Kroatien (*Pannonia*) 6
Krummendieck (*Crummendick*) 200

Lange, Herwart (*Harvardus Langius*) 113
Leo VIII. (Papst) 34
Leo X. (Papst) 152
Litauen (*Lituania*) 12
Livland (*Livonia*) 6, 12
Lothringen, Herzog von (*dux Lotharingilae*) 4
Lübeck (*Lubeca*) (von L.: *Lubecensis*) 11, 35, 64, 66, 68, 69, 91⟨2⟩, 94⟨2⟩, 124, 137, 155, 156, 168, 169, *tumul.* 175.9, *tumul.* 178.10, 187, 190, *epitaph.* 197.49, 207, 208, *dist.* 209.1
Lüneburg (Herzogtum) (*ducatus Luneburgensis*) 10, 32
Lüneburger (*Luneburgenses*) 68, 94⟨2⟩
Luther, Martin (*Lutherus*) 153
Lüttich (Einwohner: *Leodicenses*) 22
Lydien (*Lydia*) 12
Lyder (*Lydi*) 12

Mailand (*Insubria*) (Herzogtum: *ducatus Mediolanensis*) 24, 158
Mameluken (*Mameluchi*) 152
Manlius, C. 17
Marcomyrus 14
Maria von England (Queen Mary) 5
Maria von Ungarn 5
Marius 18–20
Mars [8], *pp.* 27, 127, *obit.* 177.5.7.13, *quer.* 179.9, *epitaph.* 181.13, *arma* 183.3.4.10, *epitaph.* 196.32.36
Marseille (Einwohner: *Massilienses*) 18
Marser (*Marsi*) 8, 9
Marsus 8
Martha 18
Mecklenburg (Herzogtum) (*ducatus Megalopolitanus*) 10
Mecklenburger (*Megalburgici*) 12
Mehlbek (Schloss) (*praedium Melbachianum*) 85
Meldorf (*Meldorpa*, Einwohner: *Meltorpani*) 41, 48, 50, 93, 95–98, 92‹2›, 93‹2›, 100, 102, 103–105, 108, 110, 123, 140, 141, 143, 164
Meradocus I. 15
Meradocus II. 15
Metz (von M.: *Metensis*) 55, 204
Meyer, Marcus (*Meierus*), *epitaph.* 180.23, *epitaph.* 182.27
Minerva *quer.* 179.8.9
Moskauer (*Mosci*) 6, 7
Moskauer Land (*Moscovia*) 7
Münchhausen, Hilmar (*Hildemarus Monninchausen*) 55
Musen (*Musae*) [8]

Narses 161
Navarra (Königin von) 158
Neapel (*Neapolis*) 152, 158
Nervier (*Nervii*) 22
Nestor *epitaph.* 181.7

Neumünster (*Novomonasterium*) 64f, 71, 84
Neversdorf (*-dorp*) 202
Niedersachsen (*Saxonia*) (*inferior Saxonicorum ducum regio*) 10, 21
Nienhoff 200, 206
Nikolaus (Graf von Holstein) 38
Noah 8, 11
Norby, Søren (*Severinus de Norbu*) 153f, *epitaph.* 182.21
Norderstrand (*Nordestrant*) 37, 97, 164
Nordhamme 41
Nordsee (*mare Britannicum*) (*oceanus occidentalis*) 8, 10, 33; Verwechslung mit Ostsee 11
Norikum (*Noricum*) 15, 16, 19
Nortorf (*Nortorpa*) 72, 80, 82
Norwegen (*Norvegia*) 2, 3, 4, 32, 154

Obotriten (*Obotritae*) 31
Ochsenberg (*mons Taurinus*) *epitaph.* 182.40
Oelixdorf (*Oerichstorp*) 90
Oldenburg (Geschlecht) (*Oldenburgici*) 32, 35 (Stammbaum: 32)
Oldenburg (Grafen) (*Oldenborch*) 76, 78, 91‹2›, 157
– Anton (*Antonius*) 70, 91, 96, 93‹2›, 94‹2›, 97‹2›, 99, 100, 103, 105, 106, 109f, 111, 126
– Christoph (*Christophorus*) 155, 169, *epitaph.* 180.19, *epitaph.* 181.11
Oldenburger (Landsmannschaft) 97‹2›, 105
Ostsee (*mare Germanicum*) (*mare Balthicum*) (*oceanus orientalis*) 8, 10, 169, *epitaph.* 197.43; Verwechslung mit Nordsee 11, 14
Otto der Große (*Otho Magnus*) 31
Otto (Graf von Oldenburg) 51
Otto (Herzog von Braunschweig) 36

Palästina 12
Pallas s. Minerva
Pannonien 21

Papirius Carbo, Cn. (*Papyrius*) 16, 19, 20
Paros (parisch: *Parius*) *epitaph.* 179.2
Pax, *obit.* 177.7.13, *quer.* 179.9
Peine (Burg) (*arx Peinensis*) 61
Perser (*Persae*) 15
Peters, Bartelt (*Bartoldus Petri*) 95, 93‹2›, 95‹2›, 96‹2›
Philipp II. von Spanien 4, 5
Pinneberg (Einwohner: *Pinnenbergenses*) 70
Plinius d. Ä. 11
Plutarch 20
Podebusch, Erich (*Ericus Podebuschius*) 116
Pogwisch, Wolfgang (*Poggeviscius*) 43
Pommern (Volk) (*Pomerani*) 12
Preußen (*Borussia*) 12
Priamus 15
Ptolemäus 11

Qualen (Geschlecht) (*Qualii*) 104

Ratlau, Traute (*Druda Ratlovia*) s. Rantzau
Rantzau (*Ranzovii*): 51, 102, 151, 167, *epitaph.* 180.31, 190, 198, 199, 207, *tumul.* 208.4, *dist.* 209.1
– Abela 203
– Anna 201
– Anna 203
– Anna 183, *quer.* 183.1, 188
– *anon.* 43
– Berthold (*Bartoldus*) 200
– Bredekind d. J. 201
– Breide (*Breida*) 200, 202
– Breide (*Breda*) 51, 165
– Breide 75, 90‹2›, 91‹2›, 107
– Christoph (*Christophorus*) 75
– Daniel (*Danielis*) 61, 99, 102, 198, 200, 206
– Gottschalk (*Godscalcus*) 206
– Heinrich, Sohn des ersten Breide (*Henricus*) 202–204

– Heinrich d. Ä. 76
– Heinrich [7], *passim*
– Hermann (*Hermannus*) 200
– Ida 204
– Joachim (*Ioachimus*) 126
– Johann 51, *passim*
– Johann d. J. 126
– Kai (*Caius*) 201, 207
– Kai d. J. 201–203
– Kai 91, 204, 207
– Katharina (*Catharina*) 204
– Klaus (*Nicolaus*) 74, 76, 96, 101, 105
– Klaus (Scheele) 74, 208(?)
– Lucia 208
– Magdalena s. Wische
– Margarethe (*Margareta*) 201
– Meta (*Metta*) 202
– Moritz (*Mauritius*) 61, 75, 91, 94, 93⟨2⟩, 100, 103, 106, 110, 121, 198, 207
– Oligard 202, 203
– Paul 203
– Paul 74, 130, 175, 183, *arma* 183.9, 186, 205
– Paul 65
– Peter (*Petrus*) 200, 201, 206
– Theodor (*Theodorus*) 198, 207, 208, *tumul.* 208.7, *dist.* 209.1
– Traute 201
Reims (von R.: *Rhemensis*) 4
Reinbek (von R.: *Reinbeccensis*) 207
Relligio *quer.* 179.10
Rendsburg (*Rendesburgum*) 27, 46, 83, 126, 141
Renow, Marquardt (*Marquardius Rannovius*) 120
Reventlow (*Reventlovii*)
– Iven (*Ivo*) 126
– Meta s. Rantzau
Rhein (*Rhenus*) 14, 15, 22
Rhone (*Rhodanus*) 17

Ritzerow, Paul (*Paulus Ritzerovius*) 126
Rode, Reimer (*Reinholdus Rubeus*) 95
Rom (*Roma*) 17, 19, 152
Römcr, römisch (*Romani*) 7, 11, 16, 17, 19–22, 27, 28, 73, 85
Rosenkrantz, Holger (*Holgerus Rosencranzius*) 74, 75
Rossheim, Martin von (*Martinus de R.*) 159
Rud, Erik (*Georgius Rautenus*) 84
Rudolf (Markgraf) (*Rodolphus*) 34
Russen (*Ruteni*) 6, 7
Russland (*Russia*) 12

Sabellicus 12
Sachsen (Land) s. Niedersachsen
Sachsen (Volk) (*Saxones*) 8, 13–15, 23, 25, 31, 34, 146, 167
Sagunt (*Saguntum*) 170
Saken 14
Samarobrina 4
Schafstedt (*Scapstadium*) 144
Schauenburg (Geschlecht) (*Scovemburgii*) 32, 35, 190
Schenk, Georg (*Georgius Schenkius*) 91⟨2⟩
Schlei (*Slue*) 11
Schleswig (Herzogtum) (*ducatus Slesvicensis*) [7], *pp.* 9, 32, 42, 45, 76, 198, 207
Schleswig (Stadt) (*Slesvicum*) [13], *pp.* 11, 143
Schonen (*Scandia*) 153, 168, *tumul.* 178.11, *epitaph.* 180.23, *epitaph.* 182.22
Schonewese, Wolfgang (*Volffgangus Schonvesius*) 61, 75, 84, 91, 93⟨2⟩, 95⟨2⟩–97⟨2⟩, 99, 102
Schonewese (Korps) (*legio Schonvesiana*) 95⟨2⟩, 97⟨2⟩, 111, 141, 144, 165
Schwaben (Volk) (*Syevi, Suevi*) 14, 34
Schwabstedt (*Suavestadium*) 41
Schwansen (*Suvantia*) 10
Schweden (Land) (*Suecia*) 4, 23, 47

Schweden (Volk) (*Sueci, Suedi*) 4, 14, 23, 153, 191, 200, 206
Schweiz (*Helvetia*) 16, 22
Schwcizcr (*Helvetii*) 24
Scipio 161
Seeland (*Selandia*) 157, 170
Segeberg (*Segeberga*) [7], *pp.* 63, 83, 156, 169, 208
Sehestedt (*Sestedii*)
– Bertram (*Bertramus*) 64, 69, 71, 73, 75, 92, 107
– Iohannes 71
Selim (Sultan) 152
Servilius Caepio, Q. (*Servius*) 17
Sierhafen (*Sirhaven*) 202
Skagen (*Schagen*) 10
Skipper Klement (*Clemens Nauclerus*) 156, *tumul.* 176.11, *tumul.* 178.14, *epitaph.* 180.15, *epitaph.* 182.31
Sophokles *epitaph.* 182.45
Spanien (*Hispania*) 4, 5, 16, 77, 82, 151, 167
Speyer (*Spira*) 159
Splitt Harring (*Splitteringus*) 95
Sporck (Geschlecht) (*Sporchii*) 94⟨2⟩
Stigsen, Otte (*Otto Stigesen*) 153, *epitaph.* 182.23
St. Jakob (von Compostela) (*Iacobus*) 151
St. Just (*coenobium Sancti Iusti*) 5
St. Laurentius 189, 199
Stade (Grafschaft) (*comitatus Stadensis*) 34
Steinburg 74, 76, 202
Stör (*Stora*) 10, 90, 173, *quer.* 179.2
Stormarn (*Stormaria*) 9, 46, 133, 198
Stormarscher (*Stormarsi*) 9
St.-Quentin (*Sancti Quintini oppidum*) 4
Strabon (*Strabo*) 11, 21
Struckmann, Johann (*Iohannes Strugmannus*) 99
Süderhamme 41
Süderstrand (*Sudestrant*) 97, 164

Sueben s. Schwaben
Sugambrer (*Sicambri*) 14, 15
Syrien (*Syria*) 152, 167
Syrer (*Syri*) epitaph. 196.31

Tacitus 8, 11, 16, 17, 20
Taurisker (*Taurisci*) 22
Tecklenburg, Klaus von (Graf) (*Techeln-borch*) 157, 170
Tensbüttel (*Tinsbuttelium*) 94⟨2⟩
Teutonen (*Teutones*) 14–16, 18, 19, 22, *epitaph.* 196.37
Thienen, Otto von (*Otho a Tinnen*) 74
Thrakien (*Thracia*) 12
Thucydides [8]
Thuiskon (*Thuisco*) 8, 14
Thuiskonen (*Thuiscones*) 14
Tielenbrücke (*Tilebrugga*) 93, 96, 97, 90⟨2⟩, 92⟨2⟩, 103, 110, 112
Tielenburg (*Tileburgum*) 41
Tiperslo (*Tirperslo*) 38
Togarma (*Thogorma*) 12
Tongern (Einwohner: *Tornacenses*) 22
Toulouse (*Tholosa*) 17
Trajan 20
Tratziger, Adam (*Adamus Thracigerus*) [13], *p.* 61
Trave (*Travena*) 10
Travemünde (*Travemunda*) 156, 169

Trittau (von T.: *Trittoviensis*) 204, 207
Troyburg (*Troieburgum*) 206
Truthsen (*Trusii*):
– Jens (*Iohannes*) 84, 92, 116
– Klaus (*Nicolaus*) 116
Tuman Bey (*Tomombeius*) 152
Türken (*Turcae*) 6, 152

Ungarn (*Ungaria*) 5
Uranienser (*Uranienses*) 22

Vendsyssel (*Vuentzhusel*) 156
Verden (Einwohner: *Verdenses*) 187, 190
Vorstius, Johann 192

Wagrer (*Vagri*) 31
Wagrien (*Vagria*) 9, 31
Walburga (Gräfin) (*Valpurga*) 34
Walde, Reimer vom (*Reimarus a Walde*) 75, 84, 91, 93⟨2⟩, 95⟨2⟩, 101, 105
Waldemar von Dänemark (*Valdemarus*) 35
Wallertum, Wilhelm (*Gulielmus Valtherthumbius*) 75, 91, 93, 93⟨2⟩, 95⟨2⟩, 103, 105, 106, 110
Walstorp (Geschlecht) (*Valstorpii*) 188
Wammendorf (-*dorp*) 200
Wandalien (*Wandalia*) 12
Warberg (*Warpurga*) 206
Wedel (*Vedela*) 96

Wenden (*Vandali*) 31, 151
Wesseln (*Vilsa*) 125
Westensee (*Wuestensehe*) 206
Westsee s. Nordsee
Wilhelm von Oranien (*Gulielmus Aurantius*) 5
Wilser (*Vilsi*) 31
Wilstermarsch (*Vilstermarsia*, Einwohner: *Vilstermarsi*) 9, 76, 105, 137, 138
Windbergen (*Vintbergum*) 93⟨2⟩
Winterberg, Nikolaus (*Nicolaus Vinterbergius*) 186
Wische(, von) (*a Wische*)
– Magdalena 203, 204
– Oswald (*Osewaldus*) 203
Woldenhorn 206
Wolfenbüttel (*Vulffenbuttelium*) 60
Worms (*Wormatia*) 152
Wrisberg, Christoph (*Christophorus Vrisbergius*) 75, 97⟨2⟩, 102, 103, 104, 111, 144

Xenophon [8]

Zimbern (*Cimbri*) lect. [3].14.18, *pp.* 8, 9, 11–15, 17–23, 25, 31, 53, 151, 152, 166, 169, 174, *tumul.* 176.16
Zimbrische Halbinsel (*chersonnesus Cimbrica*) (*Cimbria*) 9, 10, 12, 82, *quer.* 179.10, *epitaph.* 197.46, 198, 199

Abbildungsnachweis

S. 10: *Titelblatt der Historia belli Ditmarsici.*
aus: Hieronymus Osius: Geschichte des Dithmarscher Krieges („Historia belli Ditmarsici gesti anno MDLIX [...]“).
Herzog August Bibliothek Wolfenbüttel H: P 1405.8 o Helmst. (4)

S. 21: *Titelblatt der Ausgabe von Johannes Wolff.*
aus: Albert Krantz: Rerum Germanicarum historici clariss. Regnorum Aquilonarium, Daniae, Sueciae, Norvegiae chronica. Frankfurt 1575.
Landeszentralbibliothek Kiel Qh 3011

S. 22: *Textanfang der Ausgabe von Johannes Wolff.*
aus: Albert Krantz: Rerum Germanicarum historici clariss. Regnorum Aquilonarium, Daniae, Sueciae, Norvegiae chronica. Frankfurt 1575.
Landeszentralbibliothek Kiel Qh 3011

S. 30: *Peter Boeckel: Karte von Dithmarschen.*
aus: Abraham Ortelius: Theatrum oder Schauplatz des Erdtbodems, dt. Erstausgabe des „Theatrum Orbis Terrarum [1570]“. Antwerpen 1572.
Hermann-Tast-Schule Husum Q I 143 Blatt 22

S. 46: *Marcus Jordanus: Karte über die Herzogtümer Schleswig und Holstein, mit einem Kalendarium für die Jahre 1558-1585. Hamburg 1559.*
Nachdruck des Holzschnitts. Hrsg. vom Landesvermessungsamt Schleswig-Holstein 1988.
Landesarchiv Schleswig-Holstein P 416

S. 83: *Holzschnitt der Schlacht bei Hemmingstedt.*
aus: Hermann Hamelmann: Oldenburgisch Chronicon. Oldenburg 1599, 222.
Landesarchiv Schleswig-Holstein F I 42

S. 96: *Kupferstich von Heinrich Rantzau.*
aus: Michael Beuther: Kurtzbegriffene Anzeygung vom Leben, Stannde und Wesen der Gestrengen, Edlen und Vesten Herrn Johann Ranzawen [...], Hainrich Ranzawen [...], Deßgleichen Daniel Ranzawen [...]. Basel 1582, 384.
Niedersächsische Staats- und Universitätsbibliothek Göttingen

S. 132: *Kupferstich der Schlacht bei Meldorf am 3. Juni 1559.*
aus: Franz Hogenberg/Simon Novellanus, Res gestae serenissimi [...] domini Friderici II. [...] ex monumento pyramidali Segebergo. Heide/Meldorf 1586.
Schleswig-Holsteinische Landesbibliothek Yb 54

S. 141: *Kupferstich der Schlacht in der Südermarsch am 7. Juni 1559.*
aus: Franz Hogenberg/Simon Novellanus, Res gestae serenissimi [...] domini Friderici II. [...] ex monumento pyramidali Segebergo. Heide/Meldorf 1586.
Schleswig-Holsteinische Landesbibliothek Yb 54

S. 150: *Kupferstich der Schlacht bei Heide am 13. Juni 1559.*
aus: Franz Hogenberg/Simon Novellanus, Res gestae serenissimi [...] domini Friderici II. [...] ex monumento pyramidali Segebergo. Heide/Meldorf 1586.
Schleswig-Holsteinische Landesbibliothek Yb 54

S. 181: *Kupferstich von Johann Rantzau.*
aus: Michael Beuther: Kurtzbegriffene Anzeygung vom Leben, Stannde und Wesen der Gestrengen, Edlen und Vesten Herrn Johann Ranzawen [...], Hainrich Ranzawen [...], Deßgleichen Daniel Ranzawen [...]. Basel 1582, 365.
Niedersächsische Staats- und Universitätsbibliothek Göttingen

S. 226: *Kupferstich des Rantzau-Stammbaums, mit Szenen des Dithmarscher Krieges, von Franz Hogenberg, 1586.*
aus: Hieronymus Henninges: Genealogiae aliquot familiarum nobilium Saxoniae. Hamburg 1590 fol. 35v-36r.
Bibliothek Breitenburg R 13/8-9

Veröffentlichungen des Landesarchivs Schleswig-Holstein

Band 1: Findbuch der Bestände Abt. 268 und 285: Lübecker Domkapitel mit Großvogtei und Vikarien sowie Amt Großvogtei, von Wolfgang Prange. 1975. XVII, 324 Seiten.
ISBN 3-931292-01-0

Band 2: Findbuch des Bestandes Abt. 400.5: Von der Universitätsbibliothek Kiel übernommene Handschriften, von Wolfgang Prange. 1975. IV, 84 Seiten. ISBN 3-931292-02-9

Band 3: Findbuch des Bestandes Abt. 320 Eckernförde: Kreis Eckernförde, von Hans Wilhelm Schwarz. 1976. VIII, 89 Seiten. Vergriffen. Neuauflage siehe Band 44.
ISBN 3-931292-03-7

Bände 4 und 5: Findbuch des Bestandes Abt. 7: Herzöge von Schleswig-Holstein-Gottorf 1544–1713. 1. und 2. Band, von Kurt Hector. 1977. XVI, XII, 852 Seiten. Vergriffen. Auf die Nachträge und Indices, die als Band 11 erschienen sind, wird ausdrücklich verwiesen. ISBN 3-931292-04-5

Band 6: Findbuch des Bestandes Abt. 320 Eiderstedt: Kreis Eiderstedt 1867–1950, von Reimer Witt. 1978. VIII, 144 Seiten. Vergriffen. Neuauflage siehe Band 62.
ISBN 3-931292-06-1

Band 7: Findbuch des Bestandes Abt. 218: Lauenburgisches Konsistorium zu Ratzeburg, von Wolfgang Prange. 1979. V, 148 Seiten. ISBN 3-931292-07-X

Band 8: Findbuch des Bestandes Abt. 320 Steinburg: Kreis Steinburg, von Robert Knull und Dagmar Unverhau. 1980. XVI, 215 Seiten. ISBN 3-931292-08-8

Band 9: Findbuch des Bestandes Abt. 65.1: Deutsche Kanzlei zu Kopenhagen bis 1730, von Konrad Wenn. 1981. VII, 171 Seiten.
ISBN 3-931292-09-6

Band 10: Findbuch des Bestandes Abt. 107: Ämter Cismar und Oldenburg, von Wolfgang Prange. 1982. VIII, 73 Seiten.
ISBN 3-931292-10-X

Band 11: Findbuch des Bestandes Abt. 7: Herzöge von Schleswig-Holstein-Gottorf 1544–1713. 3. Band, von Kurt Hector und Heinrich Frhr. von Hoyningen gen. Huene. 1983. Enthält Nachträge und Indices zu Band 4 und 5. XXIV, 422 Seiten.
ISBN 3-931292-11-8

Band 12: Findbuch der Bestände Abt. 231, 232, 233 und 234: Ämter Lauenburg, Ratzeburg, Schwarzenbek und Steinhorst, von Wolfgang Prange und Konrad Wenn. 1984. XVII, 358 Seiten. ISBN 3-931292-12-6

Band 13: Findbuch des Bestandes Abt. 210: Lauenburgische Regierung zu Ratzeburg, von Wolfgang Prange und Konrad Wenn. 1985. XVII, 597 Seiten. ISBN 3-931292-13-4

Band 14: Findbuch des Bestandes Abt. 320 Segeberg: Kreis Segeberg, von Robert Knull und Dagmar Unverhau. 1985. XVIII, 140 Seiten. ISBN 3-931292-14-2

Band 15: Findbuch des Bestandes Abt. 320 Plön: Kreis Plön, von Hartmut Haase und Hans Wilhelm Schwarz. 1986. VIII, 262 Seiten. ISBN 3-931292-15-0

Bände 16 und 17: Findbuch der Reichskammergerichtsakten (Abt. 390 und andere), von Hans-Konrad Stein-Stegemann. 1986. XIX, 734 Seiten. 2 Bände: Titelaufnahmen und Indices. Nur zusammen zu beziehen. ISBN 3-931292-16-9

Bände 18 und 19: Findbuch der Reichskammergerichtsakten im Archiv der Hansestadt Lübeck, von Hans-Konrad Stein-Stegemann. 1987. XXI, 1067 Seiten. 2 Bände: Titelaufnahmen und Indices. Nur zusammen zu beziehen. ISBN 3-931292-18-5

Band 20: Schleswig-Holsteinische Archivtage 1985–1987 – Ansprachen und Vorträge. Hrsg. von Angelika Menne-Haritz. 1987. 140 Seiten.   ISBN 3-931292-20-7

Band 21: Schleswig-Holsteinische Regesten und Urkunden. Band 9: Herrschaft Breitenburg 1256–1598. Bearb. von Kurt Hector und Wolfgang Prange. Neumünster 1988. XI, 657 Seiten. Nur im Buchhandel erhältlich. ISBN 3-931292-21-5

Band 22: Landschaft und Siedlung im Wandel. Alte Flurkarten aus Schleswig-Holstein, Erdbücher, Urkunden, Vermessungsinstrumente. Eine Ausstellung im Landesarchiv Schleswig-Holstein 1989/1990, von Susanna Misgajski. 1989. 64 Seiten.   ISBN 3-931292-22-3

Band 23: Schleswig-Holsteinische Regesten und Urkunden. Band 10: Kloster Ahrensbök 1328–1565. Bearb. von Wolfgang Prange. Neumünster 1989. 455 Seiten. Nur im Buchhandel erhältlich.   ISBN 3-931292-23-1

Band 24: Findbuch des Bestandes Abt. 8.1: Schleswig-Holstein-Gottorfisches (Großfürstliches) Geheimes Regierungs-Conseil zu Kiel 1720–1773, von Wolfgang Prange und Konrad Wenn. 1989. X, 258 Seiten. ISBN 3-931292-24-X

Band 25: Findbuch des Bestandes Abt. 8.2: Schleswig-Holstein-Gottorfische (Großfürstliche) Rentekammer zu Kiel 1720–1778, von Wolfgang Prange. 1990. IX, 207 Seiten.   ISBN 3-931292-25-8

Band 26: Schleswig-Holsteinische Regesten und Urkunden. Band 11: Die Protokolle des Lübecker Domkapitels 1535–1540. Bearb. von Wolfgang Prange. Neumünster 1990. 330 Seiten. Nur im Buchhandel erhältlich. ISBN 3-931292-26-6

Band 27: Durchs Objektiv gesehen. Aspekte der Filmgeschichte in Schleswig-Holstein. Eine Ausstellung im Landesarchiv Schleswig-Holstein 1992/93, von Jutta Matz. 1992. 59 Seiten.   ISBN 3-931292-27-4

Band 28: Historisches Ortsnamenlexikon von Schleswig-Holstein. 2. völlig veränderte und erweiterte Auflage, von Wolfgang Laur. Neumünster 1992. 755 Seiten. Vergriffen.   ISBN 3-931292-28-2

Band 29: Findbuch der Bestände Abt. 216 und 217: Lauenburgische Gerichte, von Wolfgang Prange. 1992. 149 Seiten.   ISBN 3-931292-29-0

Band 30: Schleswig-Holsteinische Regesten und Urkunden. Band 12: Die Protokolle des Lübecker Domkapitels 1522–1530. Bearb. von Wolfgang Prange. Neumünster 1992. 874 Seiten. Nur im Buchhandel erhältlich. ISBN 3-931292-30-4

Bände 31 bis 33: Findbuch des Bestandes Abt. 66: Rentekammer zu Kopenhagen, Schleswig-Holsteinische Kammer auf Gottorf, General-Landwesens-Kollegium, Steuerkommissionen, von Wolfgang Prange und Konrad Wenn. 1993. 3 Bände, 1078 Seiten. Nur zusammen zu beziehen.   ISBN 3-931292-31-2

Band 34: Findbuch des Bestandes Abt. 320 Bordesholm: Kreis Bordesholm 1867–1932, von Veronika Eisermann und Hans Wilhelm Schwarz. 1993. V, 86 Seiten.   ISBN 3-931292-34-7

Band 35: Urkundenbuch des Bisthums Lübeck. Teil 1. Hrsg. von Wilhelm Leverkus. Neudruck der Ausgabe von 1856. Neumünster 1994. XXX, 901 Seiten. Nur im Buchhandel erhältlich.   ISBN 3-931292-35-5

Band 36: Schleswig-Holsteinische Regesten und Urkunden. Band 13: Urkundenbuch des Bistums Lübeck. Band 2: Urkunden 1220–1439. Bearb. von Wolfgang Prange. Neumünster 1994. XIV, 656 Seiten. ISBN 3-931292-36-3

Band 37: Schleswig-Holsteinische Regesten und Urkunden. Band 8: Kloster Itzehoe 1256–1564. Bearb. von Hans Harald Hennings. Neumünster 1993. XIV, 569 Seiten.   ISBN 3-931292-37-1

Band 38: Schienen zum Fortschritt. 150 Jahre Eisenbahn in Schleswig-Holstein. Ausstellungen zum Jubiläum der Eisenbahn in Schleswig-Holstein, von Christian Küster, Susanna Misgajski, Manfred Schulz und Günther Ungerbieler. 1994. 116 Seiten.   ISBN 3-931292-38-X

Band 39: „Der Stand der Frauen, wahrlich, ist ein harter Stand". Frauenleben im Spiegel der Landesgeschichte. Hrsg. von Elke Imberger. 1994. 231 Seiten.   ISBN 3-931292-39-8

Band 40: Schleswig-Holsteins Lied und Farben im Wandel der Zeiten. Vorträge und Diskussionen eines wissenschaftlichen Symposiums: „150 Jahre Schleswig-Holstein-Lied". Hrsg. vom Schleswig-Holsteinischen Heimatbund und dem Landesarchiv Schleswig-Holstein. 1995. 112 Seiten.
ISBN 3-931292-40-1

Band 41: Der 8. Mai als politische Zäsur. Ansprachen und Vorträge zum Symposium „Ende und Anfang im Mai 1945" in der Marineschule Mürwik am 17. Mai 1995 (Landeszentrale für Politische Bildung. Labskaus 4). 42 Seiten.
ISBN 3-931292-41-X

Band 42: Der Kaiser, der Kanal und die Kinematographie. Begleitheft zur Ausstellung im Landesarchiv Schleswig-Holstein: Birt Acres – 100 Jahre Film in Schleswig-Holstein, von Hauke Lange-Fuchs. 1995. 72 Seiten.
ISBN 3-931292-42-8

Band 43: Archive in Schleswig-Holstein. Bearb. von Veronika Eisermann und Hans Wilhelm Schwarz. 1996. 115 Seiten.
ISBN 3-931292-43-6

Band 44: Findbuch des Bestandes Abt. 320.3: Kreis Eckernförde 1867–1950, von Veronika Eisermann und Hans Wilhelm Schwarz. 1996. 2. wesentlich erweiterte Auflage. VIII, 290 Seiten.   ISBN 3-931292-44-4

Band 45: Schleswig-Holsteinische Regesten und Urkunden. Band 14: Urkundenbuch des Bistums Lübeck. Band 3: Urkunden 1439–1509. Bearb. von Wolfgang Prange. Neumünster 1995. 806 Seiten.   ISBN 3-931292-45-2

Band 46: Schleswig-Holsteinische Regesten und Urkunden. Band 15: Urkundenbuch des Bistums Lübeck. Band 4: Urkunden 1510–1530 und andere Texte. Bearb. von Wolfgang Prange. Neumünster 1996. 840 Seiten.   ISBN 3-931292-46-0

Band 47: Landgraf Carl von Hessen 1744–1836. Statthalter in den Herzogtümern Schleswig und Holstein. Eine Ausstellung im Landesarchiv Schleswig-Holstein, von Jens Ahlers, Jürgen Ostwald, Reimer Witt und Heyo Wulf. 1996. 142 Seiten. Vergriffen.   ISBN 3-931292-47-9

Band 48: Findbuch des Bestandes Abt. 320.9: Kreis Husum 1867–1950, von Marion Dernehl und Reimer Witt. 1997. VII, 119 Seiten.   ISBN 3-931292-48-7

Band 49: Die Wappen der Kreise, Ämter, Städte und Gemeinden in Schleswig-Holstein. Bearb. von Martin Reißmann unter Mitwirkung von Uta Hess, Jutta Matz und Hans Wilhelm Schwarz. Husum 1997. 415 Seiten.   ISBN 3-931292-49-5

Bände 50 bis 53: Findbuch des Bestandes Abt. 260: Regierung des Bistums, Fürstentums, Landesteils Lübeck zu Eutin, von Gertrud Nordmann, Wolfgang Prange und Konrad Wenn. 1997. 4 Bände, 1896 Seiten. Nur zusammen zu beziehen.
ISBN 3-931292-50-9

Band 54: Die Anfänge des Landes Schleswig-Holstein. Vier Vorträge aus Anlaß des 50jährigen Landesjubiläums. Hrsg. vom Schleswig-Holsteinischen Heimatbund und dem Landesarchiv Schleswig-Holstein. 1997. 104 Seiten mit 10 Abb.
ISBN 3-931292-51-7

Band 55: Landgraf Carl von Hessen 1744–1836. Vorträge zu einer Ausstellung. Hrsg. von Reimer Witt und Heyo Wulf. 1997. 163 Seiten. Vergriffen.   ISBN 3-931292-52-5

Band 56: Der Hesterberg. 125 Jahre Kinder- und Jugendpsychiatrie und Heilpädagogik in Schleswig. Eine Ausstellung im Landesarchiv Schleswig-Holstein, von Susanna Misgajski. 1997. 158 Seiten.   ISBN 3-931292-53-3

Band 57: Die Gottorfer auf dem Weg zum Zarenthron. Russisch-gottorfische Verbindungen im 18. Jahrhundert. Katalog zur Ausstellung im Landesarchiv Schleswig-Holstein, von Michail Lukitschev und Reimer Witt, unter Mitwirkung von Svetlana Dolgova, Jutta Matz, Marina Osekina und Sven Schoen. 1997. 199 Seiten. Vergriffen. ISBN 3-931292-54-1

Band 58: Schleswig-Holsteinische Regesten und Urkunden. Band 16: Urkundenbuch des Bistums Lübeck. Band 5: Siegelzeichnungen, Überlieferung, Indices. Bearb. von Wolfgang Prange. Neumünster 1997. 363 Seiten. ISBN 3-931292-32-0

Band 59: Schleswig-Holsteinische Beamte 1816–1848, von Gertrud Nordmann. 1997. VII, 445 Seiten. ISBN 3-931292-56-8

Band 60: Findbuch des Bestandes Abt. 170: Landschaft Stapelholm 1699–1867 (–1925), von Marion Dernehl. 1998. V, 52 Seiten.   ISBN 3-931292-17-7

Band 61: Findbuch des Bestandes Kreis Herzogtum Lauenburg (Ratzeburg) 1873–1950, von Cordula Bornefeld und Hartmut Haase. 2001. 2 Bände. XIII, 693 Seiten. ISBN 3-931292-33-9

Band 62: Findbuch des Bestandes Abt. 320.4: Kreis Eiderstedt 1867–1950. Neu bearb. von Marion Dernehl und Reimer Witt. 1998. 2. erweiterte Auflage. IX, 172 Seiten.
            ISBN 3-931292-19-3

Band 63: Die Staatsgrundgesetze 1848/49 in Schleswig-Holstein und Lauenburg: Reprint zeitgenössischer Drucktexte. Hrsg. vom Verein zur Förderung des Landesarchivs Schleswig-Holstein e. V. 1998. 64 Seiten. ISBN 3-931292-55-X

Band 64: Heinrich Rantzau (1526–1598) – Statthalter in Schleswig und Holstein. Ein Humanist beschreibt sein Land. Katalog zur Ausstellung im Landesarchiv Schleswig-Holstein. Landesbeschreibung – Aufsätze – Katalog. Hrsg. von Marion Bejschowetz-Iserhoht, Hans Braunschweig, Reimer Witt und Heyo Wulf. 1999. 346 Seiten. ISBN 3-931292-57-6

Band 65: Findbuch der Bestände: Tønder kreds/Kreis Tondern 1867–1920 und/og Kreis Südtondern/Sydtønder kreds 1920–1950 i/im Landsarkivet for Sønderjylland und/og Landesarchiv Schleswig-Holstein. Redaktion Bettina Reichert und Hans Schultz Hansen. 1999. 353 Seiten. ISBN 3-931292-58-4

Band 66: Staatsgrundgesetze 1848/49 in Schleswig-Holstein und Lauenburg. Katalog zur Ausstellung im Haus Mecklenburg, Ratzeburg, 11. Mai bis 7. November 1999, von Hans Wilhelm Schwarz. 1999. 112 Seiten. ISBN 3-931292-61-4

Band 67: Findbuch des Bestandes Abt. 20: Herzöge von Schleswig-Holstein-Sonderburg-Plön, von Wolfgang Prange und Konrad Wenn. 1999. XVIII, 220 Seiten. ISBN 3-931292-62-2

Band 68: Findbuch des Bestandes Abt. 2002: Landesfilmarchiv, von Dirk Jachomowski. 1999. XII, 258 Seiten mit 70 Abb.
            ISBN 3-931292-59-2

Band 69: Gilden in Schleswig-Holstein. Vorträge zur Ausstellung im Landesarchiv Schleswig-Holstein. Hrsg. von Marion Bejschowetz-Iserhoht, Reimer Witt und Heyo Wulf. 2000. 172 Seiten mit 17 Abb. ISBN 3-931292-63-0

Band 70: Findbuch Helgoländer Bestände: Abt. 174 Landschaft und britische Kronkolonie Helgoland; Abt. 131 Helgoland, Landgemeinde; Abt. 320.22 Inselkreis Helgoland, von Malte Bischoff und Robert Knull. 2003. 70 Seiten.
            ISBN 3-931292-60-6

Band 71: Wappen – Zwischen Tradition und Fortschritt. Begleitheft zur Ausstellung im Landesarchiv Schleswig-Holstein, von Martin Reißmann. 2000. 36 Seiten mit 24 Abb.
            ISBN 3-931292-65-7

Band 72: Findbuch des Bestandes Abt. 3: Grafschaft Holstein-Schauenburg-Pinneberg. Bearb. von Malte Bischoff und Lars E. Worgull. 2002. 89 Seiten.   ISBN 3-931292-66-5

Band 73: Findbuch der Bestände: Tønder amt til 1867/Amt Tondern bis 1867 i/im Landsarkivet for Sønderjylland og/und Landesarchiv Schleswig-Holstein. Bettina Reichert und Jesper Thomassen. 2001. XXX, 377 Seiten.
          ISBN 3-931292-67-3

Band 74: Im Spannungsfeld zwischen Regional- und Landesgeschichte. Vorträge eines Regionalsymposiums im Landesarchiv Schleswig-Holstein. Hrsg. von Reimer Witt. 2003. 116 Seiten.   ISBN 3-931292-64-9

Band 75: Von Gottesfurcht und Kirchenzucht. Aspekte kirchlichen Lebens in Schleswig-Holstein im 17. Jahrhundert. Katalog zur Ausstellung im Landesarchiv Schleswig-Holstein. Hrsg. von Marion Bejschowetz-Iserhoht, Malte Bischoff und Reimer Witt. 2001. 72 Seiten mit 38 Abb.   ISBN 3-931292-68-1

Band 76: Wolfgang Prange, Beiträge zur schleswig-holsteinischen Geschichte. Ausgewählte Aufsätze. Neumünster 2002.

Band 77: Archivalien zur Geschichte Schleswig-Holsteins im Niedersächsischen Staatsarchiv in Stade, von Robert Gahde. 2002. 91 Seiten.   ISBN 3-931292-69-X

Band 78: Kirchliches Leben in Schleswig-Holstein im 17. Jahrhundert. Vorträge zu einer Ausstellung im Landesarchiv Schleswig-Holstein. Hrsg. von Marion Bejschowetz-Iserhoht und Reimer Witt. 2003. 216 Seiten.   ISBN 3-931292-71-1

Band 79: Nicht erschienen.

Band 80: Schleswig-Holstein und die Niederlande – Aspekte einer historischen Verbundenheit. Katalog zur Ausstellung im Landesarchiv Schleswig-Holstein. Hrsg. von Ernst Joachim Fürsen und Reimer Witt. 2003. 184 Seiten.
          ISBN 3-931292-72-X

Band 81: Findbuch des Bestandes Abt. 320.12: Kreis Pinneberg, von Robert Knull. 2003. 126 Seiten.   ISBN 3-931292-73-8

Band 82: Das dritte Elbherzogtum. Der Kreis Herzogtum Lauenburg und seine Geschichte. Eine Ausstellung des Landesarchivs Schleswig-Holstein und des Kreises Herzogtum Lauenburg, von Eckardt Opitz und Martin Knauer. 2003. 34 ungezählte Blätter. Vergriffen.   ISBN 3-931292-74-6

Band 83: Von ehrbaren Handwerkern und Böhnhasen. Handwerksämter in SCHLESWIG-Holstein. Katalog zur Ausstellung im Landesarchiv Schleswig-Holstein. Hrsg. von Marion Bejschowetz-Iserhoht und Reimer Witt. 2004. 76 Seiten mit 36 Abb.   ISBN 3-931292-75-4

Band 84: Findbuch des Bestandes Abt. 320.11: Kreis Oldenburg 1867–1950. Bearb. von Veronika Eisermann. 2004. VI, 53 Seiten.   ISBN 3-931292-76-2

Band 85: Findbuch des Bestandes Abt. 314: Oberversicherungsamt, von Wulf Pingel. 2005. 72 Seiten.   ISBN 3-931292-77-0

Band 86: Heinrich Rantzau (Christianus Cilicius Cimber): Belli Dithmarsici vera descriptio – Wahre Beschreibung des Dithmarscher Krieges. Übersetzt, ediert und eingeleitet von Fritz Felgentreu. 2009. 252 Seiten mit 12 Abbildungen.
          ISBN 978-3-931292-78-2

Band 87: Findbuch des Bestandes Abt. 301: Oberpräsidium und Provinzialrat der Provinz Schleswig-Holstein, von Elke Imberger. 2005. 584 Seiten.   ISBN 3-931292-79-7

Band 88: Findbuch des Bestandes Abt. 111: Ämter Reinbek, Trittau, Tremsbüttel, von Dirk Jachomowski und Wulf Pingel. 2006. 261 Seiten.   ISBN 3-931292-80-0

Band 89: Roland Lucht: Das Landesarchiv Schleswig-Holstein. Eine Betrachtung aus archivtechnischer Sicht. 2006. 51 Seiten. Vergriffen.   ISBN 3-931292-81-9

Band 90: Findbuch des Bestandes 47: Christian-Albrechts-Universität Kiel, Teil 1: 1665–1945, von Georg Asmussen. 2007. 197 Seiten. ISBN 978-3-937816-43-2

Band 91: Findbuch des Bestandes 47.1: Kuratorium der Christian-Albrechts-Universität Kiel, von Georg Asmussen. 2007. 75 Seiten. ISBN 978-3-937816-44-9

Band 92: 99 Silbermünzen. Der Haselauer Münzfund aus der Zeit des Dreißigjährigen Krieges. Katalog zur Ausstellung im Landesarchiv Schleswig-Holstein. Hrsg. von Marion Bejschowetz-Iserhoht und Rainer Hering. 2008. 216 Seiten mit 151 Abb. ISBN 978-3-931292-82-9

Band 93: Die Ordnung der Natur. Historische Gärten und Parks in Schleswig-Holstein. Katalog zur Ausstellung des Landesarchivs Schleswig-Holstein in Zusammenarbeit mit dem Archiv für Architektur und Ingenieurbaukunst. Hrsg. von Marion Bejschowetz-Iserhoht und Rainer Hering. 2008. 216 Seiten mit 121 Abb. ISBN 978-3-931292-83-6

Band 94: Findbuch des Bestandes Abt. 79: Ministerium für das Herzogtum Schleswig zu Kopenhagen 1851–1864, von Jörg Rathjen. 2008. 137 Seiten. ISBN 978-3-937816-48-7

Band 95: Archive zwischen Konflikt und Kooperation/Arkiver mellem konflikt og samarbejde. 75 Jahre deutsch-dänisches Archivabkommen von 1933/75 år dansk-tyske arkivoverenskomst af 1933, von Rainer Hering, Johan Peter Noack, Steen Ousager und/og Hans Schultz Hansen. 2008. 152 Seiten. ISBN 978-3-937816-59-3

Band 96: Die Ordnung der Natur. Vorträge zu historischen Gärten und Parks in Schleswig-Holstein. Hrsg. von Rainer Hering. 2009. 216 Seiten. ISBN 978-3-937816-49-4

Band 97: Findbuch der Bestände Abt. 80 und 56: Ministerium für die Herzogtümer Holstein und Lauenburg zu Kopenhagen 1852–1864 sowie Holsteinische Regierung zu Kopenhagen bzw. Plön 1862–1864. Teil 1 und 2, von Jörg Rathjen. 2009. ISBN 978-3-937816-62-3

Bestellungen sind zu richten an:

Landesarchiv Schleswig-Holstein
Prinzenpalais, 24837 Schleswig
Tel. 04621 8618-00
Fax 04621 8618-01
E-Mail: landesarchiv@la.landsh.de
www.landesarchiv.schleswig-holstein.de